湘潭文化丛编

吴小月 主编

罗玲玲 副主编

明清时期『金湘潭』研究

陈准 金身佳 编著

湘潭大学出版社

明清时期“金湘潭”研究

统　　筹：王龙林

策划统稿：陈　准

撰　　稿：何歌劲　周黎民　尹铁凡

张作奇　唐　徽　金身佳

湘潭市文化事业引导经费支持项目

前　言

明清时期是湘潭历史发展的重要时期。这个时期的湘潭以商业繁荣著称于世，是中国南方连接汉口—广州最重要的商品集散、货物转输的枢纽，是一个以水运港埠、转口贸易市场为命脉，四方商贾辐辏，货物吞吐、市井繁华可以比肩汉口的商业都会；还因为其宽广的视野和累积的财富效应，人才蔚起，灿若群星，支撑湘军群体及近现代湘潭志士仁人投身中国命运抉择，成为近现代中国历史无法绕过的、最富魅力的地区。

明清时期湘潭崛起，是中国经济史上突兀、另类的珍贵标本。明代中叶，中国进入自然经济向商品经济过渡的重要转型期，当时的形势是“燕、赵、秦、晋、齐、梁、江淮之货，日夜商贩而南，蛮南、闽广、豫章、楚、瓯越、新安之货，日夜商贩而北”，商品贸易氛围十分活跃。正是在这种背景下，各地域和城市竞相融入商品经济的大潮，寻找各自发展的动力，展开城市间的角力。自然禀赋较差，如山西的平遥、浙江的新安等，它们采取抱团走出去的战略，辉煌六百年的著名晋商、徽商由此形成，并走出了累积财富支撑地域竞争的发展模式。另一种模式就是江河流域的港埠城市，它们接纳各地商帮的商业活动，形成层级不一的商业市场、商业群体，以壮大城市经济。湘江流域的长沙、岳阳、衡阳、湘潭，都属于这种情况。后一种模式比前一种模式后发且具有两种模式的兼容性。客观地说，湘潭作为长沙府一个辖县，明代中叶以前经济总体发展水平落后于府城长沙、衡阳、岳阳。明中叶开始，发展程度有明显差异的它们重新站在经济转型竞赛的起跑线上，展开新一轮的角逐。这一次，湘潭抓住了发展契机，从明中叶万历年间（1573 年）至清光绪末株萍铁路通车（1907 年）近四百年间内，其经济总量、税收贡献、市井繁华全方位将省内长沙、衡阳、常德、岳阳等府城丢在身后，演绎出经济腾飞、人文鼎盛的种种奇迹，成为湖南经济中心；其积聚起来的商业底蕴，在传统商业衰落后，仍支撑湘潭近现代工业化走在全国前列；其人文影响更是直接影响中国历史发展进程。

2014 年，湘潭市文化与发展研究会为促进商业文化资源的保护开发利用，从往日的民间商业中吸取灵感，寻找城市发展动力，首度把湘潭明清时期由商业牵引，由自然经济形态迅速过渡到商品经济形态，由长沙府辖的一个县城迅速崛起为江南经济重镇、湖南经济中心的发展模式，定义为“金湘潭现象”，并认为“金湘潭现象”是经济（商业）概念，也是文化概念。从经济概念着眼，活跃在“金湘潭”舞台的不论是客籍还是本地商帮，它们都是当时民营资本最强的代表、城市发展的核心力量。它们跌宕起伏、慷慨悲歌的创富传奇，打破了绵延千年铁板一块的旧经济形态，经济体制由此绽放出新的生机。湘潭实现了由小规模的谷米、淮盐、蓝靛贸易到全国最重要的米市、药都、酒酱、猪鬃、丝茶瓷器国际转口贸易市场、湖南经济中心的巨大变迁。从商业文化角度着眼，“金湘潭”浓郁的商业氛围带来的影响更加深远。昔日农家得到商风淬炼，他们放下锄头，从学徒到店家到商界巨子，形成庞大的本土商业队伍，以眼界、创新实现若干重要市场、百年品牌、伟大产品的创造。他们的子孙凭借积聚的商业底蕴，走向并引领湖南近代工业化进程；在多元思想文化冲撞中，在开放、包容和排外、守旧的激烈冲突中，湘潭撕开“铁桶”式的封闭，成为全国社会变革“最富生气”的地区之一。湘潭由此一改过去科甲寥寥、政坛寂寂、文坛罕入著述之林的状况，而人才蔚起，灿若群星，大家巨匠，递次闪耀，湘军群体及近现代湘潭志士仁人跻身风云变幻的中国历史舞台，成为近现代中国历史无法绕过、最富魅力的地区。从这个意义上说，忽视“金湘潭”商业文化的历史，只能是残缺或不完整的历史，也必定是湘潭文化的一大损失。

在随后的三年中，湘潭市文化与发展研究会以经济（商业）、社会治理、人文交互发展为视角展开研究，并在史料发掘、专题研究方面取得突破。湘潭虽然与徽商、晋商是同样级别的商业传奇，但资料保存却非常匮乏。我们的研究团队以客籍商帮活动为线索，广泛搜罗，在洞庭帮《洞庭西山八大商业家族谱牒》中发现了大量洞庭商人在湘潭活动、建立金庭会馆的资料；在《清江县宾兴全集》中发现了清江在湘潭经营药材的大量资料；在《希青亭集》中发现了清顺治至嘉庆年间新安（徽商）盐商的资料；在山西太谷县博物馆藏《行商纪要》中发现了湘潭是“万里茶路”的重要节点，湘潭苏广杂市场的覆盖范围、规模等重要资料；最重要的是我们从《中国道观志集成续集》中发现了湘潭闽馆刊刻的《类成堂集》，该书刊刻于道光十四年（1834），完整记录了福建会馆的初创、重建、格局、管理、馆规、节会庆典等资料。因为新资料的发现，此次付梓的《明清时期“金湘潭”研究·〈类成堂集〉笺注》方能对湘潭的市场、商帮、商业管理、城市建设、社会治理、商业与文化的关联等，进行更加深入的研究。

尽管《明清时期“金湘潭”研究》还是一个粗浅的成果，我还是要为研究团队的辛苦付出鞠上一躬，只因为我们有一颗不计报酬、只为拥抱乡土的共同的心。也希望湘潭政界和全社会珍视湘潭历史发展辉煌时点的永恒价值，加强支持力度，使“金湘潭”这一中国经济史上突兀、另类的珍贵标本能够像徽商、徽学研究一样，走向全国，走向世界。

陈　准

2018年10月10日

目　录

第一章　概述 …………………………………………………… 1

一、"金湘潭"之前奏 …………………………………………… 1

二、"金湘潭"的兴盛与衰落 …………………………………… 9

第二章　"金湘潭"的市场 ……………………………………… 19

一、大米市场 …………………………………………………… 19

二、淮盐市场 …………………………………………………… 21

三、药材市场 …………………………………………………… 23

四、苏广杂货批发市场 ………………………………………… 26

五、茶叶市场 …………………………………………………… 27

六、猪鬃市场 …………………………………………………… 28

七、鱼苗市场 …………………………………………………… 29

八、槟榔市场 …………………………………………………… 30

九、酱业市场 …………………………………………………… 31

第三章　"金湘潭"的产业 ……………………………………… 34

一、"金湘潭"的工业 …………………………………………… 34

二、"金湘潭"的农业 …………………………………………… 37

第四章　"金湘潭"的金融与财税 ……………………………… 40

一、"金湘潭"的金融 …………………………………………… 40

二、"金湘潭"的财税 …………………………………………… 43

第五章　"金湘潭"的商业管理 ………………………………… 44

一、政府商业管理 ……………………………………………… 44

二、私营商业管理 ……………………………………………… 44

第六章　“金湘潭”的教育与文化 …… 50
一、“金湘潭”的教育 …… 50
二、“金湘潭”的文化 …… 53
第七章　“金湘潭”的城市建设与市总 …… 57
一、湘潭的城池 …… 57
二、总市忆繁华 …… 61
三、湘潭古城的标志性建筑 …… 66
第八章　“金湘潭”的名人名流 …… 83
一、政界名人 …… 83
二、商贸名人 …… 88
三、文化名人 …… 92
四、其他社会名流 …… 99
第九章　“金湘潭”与湘军 …… 103
一、“金湘潭”助推湘军发展与壮大 …… 103
二、湘潭之战与“金湘潭” …… 108
三、湘军促进“金湘潭”转型升级 …… 111
附录　《类成堂集》笺注 …… 119
概述 …… 121
类成堂记 …… 127
类成堂集序 …… 136
显圣录序 …… 137
卷一　昭应录 …… 143
卷二　显圣录 …… 169
卷三 …… 219
卷四 …… 262
后　记 …… 311

第一章　概述

一、“金湘潭”之前奏

1. 唐五代时期的湘潭

湘潭境域自秦汉始置县以来，经由湘南、湘西、衡山等县名，到唐代始定名湘潭县，县境亦始有定壤。宋人说湘潭境是“山连大岳，水接潇湘”。由于其天赋的自然条件，地通水陆要冲，故经济素称发达。而在农业经济中萌生的商业，也很早地在这方土地上发育起来，并且将之推进到商贸发达的繁盛之邦。迨至明代，湘潭即有“小江南”“小南京”之称；而到了晚清，复有“天下第一壮县”“金湘潭”之誉。

唐阎立本绘有《萧翼赚兰亭图》（载《钦定四库全书·石渠宝笈》卷十四《贮养心殿五列朝人画卷·上等》），画后有文嘉书唐何延之《兰亭记》。此文约撰于唐玄宗开元年间之前期。文中记述了监察御史萧翼受唐太宗李世民委派，自京城长安出发，途中化装前往越州（今绍兴），入高僧辨才驻锡的永欣寺，巧计赚取秘藏的晋王羲之书《兰亭序》帖之事。文中称，萧翼“遂改冠微服，至湘潭，随商人船下，至于越州”。这则短短的文字却透露出了一个重要的信息，在唐代，湘潭已然成为国内重要的商业集散地。

唐代的越州是江南最大的中心城市。今考萧翼当年路线，系从长安出发，抵洛阳，下襄阳，途汉水，泛长江，溯湘江，抵湘潭，水陆继进，最终抵越州。唐人记述的这条道路准确吗？换句话说，湘潭在历史上真的是江浙与湖南乃至北上关陕的商路节点吗？

由于缺少当时更为详尽的历史记载，要还原这段历史，不妨采用倒推法。也就是说，在后来若干朝代的历史材料中去寻找当年商路的踪迹，从而去准确认识这一早期的历史记载。

湖南巡抚王国栋于清雍正六年（1728）向皇帝呈上《请浚长沙北门旧河疏》奏折，称：

> 窃臣上年奉命自浙赴湖南任，道经长沙所属之湘潭县，见千艘云集，四方商贾辐辏，数里市镇，堆积货物，懋迁有无，居民栉比。

这段文字说明，当时由浙赴湖南的旅途，是要先经过湘潭然后才抵达长沙的。如果反向而行，这不正是当年萧翼入浙之路吗？如此看来，清雍正年间沟通湘浙的商旅路线，依然保持着唐代的轨迹，而湘潭也还是保持着商务繁盛的景象。

在此之前，明万历四十年（1612），浙江岳和声由家乡赴任广西宜山，其日记《后骖鸾录》（载钦定四库全书桂林府通判汪森编《粤西丛载》卷四），记载了他自嘉兴赴湘潭之水陆行程。岳和声携其门人周孝修，自当年正月二十日由家乡嘉兴出发，越赣、湘两省，二月二十六日陆路发萍乡，经湘东镇、醴陵、白关铺，于二十七日抵荷塘铺，二十八日抵湘潭。

在此之后，中国近代著名教育、外交和社会活动家容闳（1828—1912）所著《西学东渐记》，详细记载了他在清咸丰九年己未（1859）自上海来湘潭的旅途。是年3月11日（二月初七日）出发，舟行三日至杭州，15日离开，自江口起碇，溯钱塘江而上，夜泊七龙（富春江上游桐庐七里泷），次日泊于兰溪，夜舟行至衢州，17日陆行经常山抵玉山。玉山为江浙两省通衢，常、玉“二埠间有广道，坦坦荡荡，阔约三十英尺，花岗石所铺，两旁砌以碧色之卵石，中国最佳路也”，“苦力运货，项背相望，耶许相应答也，每日不下数千人”。过此则“新航路乃向西北行，顺流而下，掠鄱阳湖南岸而至南昌”。这一次，因是走水路，乃循长江入湘江，溯流而上，经长沙而于4月15日晨抵湘潭。

晚清大学者、湘潭人王闿运于清光绪三十年（1904）三月由湘潭赴江西南昌，其日记所记载行程为：二十一日具六船，率从者与仆佣共二十一人，外加船夫十二人，自湘潭县云湖湖口出发，行至袁（家）河泊船。二十二日，湘涨逆流逆风，一日乃至马颊（家）河。二十三日，泊雷打石。二十四日至漉（渌）口，溯漉水上，泊胡琴滩。二十五日行四十五里，泊卷步口。二十六日行二十五里经醴陵泊丁家坊。二十七日行三十五里泊金鱼石，萍乡、醴陵分界处。早起行三十五里至湘东，甚早。为省费用，改计陆行。二十九日陆行午饭萍乡十里铺，未夕至芦溪，仍复归舟。

梳理以上明清间湘潭东向交通路线，在现代交通工具产生之前，由浙江通湘潭的道路，江西湘东镇为一节点，陆行则自此可以经醴陵、白关至湘潭；水道则可下渌水，经渌口入湘江而下湘潭。显然，早在唐代，湘潭就已经成为南北交通通道上的一个重要节点，并由此形成了商业城市的地位。

唐大历四年（769）、五年（770），诗人杜甫四次来到并一度留居湘潭，写有“岸花飞送客，樯燕语留人”与“乱离难自救，终是老湘潭”的诗句。大历四年（769）的暮春时节，杜甫二来湘潭时，在这里还遇见了大乐师李龟年，写下了令后人唏嘘不已的绝句。唐范摅《云溪友议》卷中《云中命》记载：“唯李龟年奔迫江潭，杜甫以诗赠之曰：‘岐王宅里寻常见，崔九堂前几度闻。正值江南好风景，落花时节又逢君。’龟年曾于湘中采访使筵上唱：‘红豆生南国，秋来发几枝。赠君多采撷，此物最相思。’”宋人姚宽（1104—1162），字令威，号西溪，在其所著《西溪丛语》上卷中说：“范摅《云溪友议》言，明皇幸岷山，伶官奔走，李龟年奔迫江潭，甫以诗赠龟年云云。又云龟年曾于湘中采访使筵上，唱‘红豆生南国，秋来发几枝。赠君多采撷，此物最相思’云云。歌阕，莫不望行在而惨然，龟年唱罢，忽闷绝仆地，以左耳微暖，妻子未忍殡殓，经四日乃苏，曰：‘我遇二妃，令教侍女兰苕唱祓禊毕，放还。’且言主人即复长安而有中兴之主也，谓龟年：‘汝何忧乎?’时甫正在湘潭，或有此诗，更须考究。”即使在乱离时代，湘潭也不乏名人流连，渗透着商风文韵。晚唐最具影响力的诗人之一许浑也曾写下《送客南归有怀》的诗章，称：“绿水暖青苹，湘潭万里春。瓦尊迎海客，铜鼓赛江神。避雨松枫岸，看云杨柳津。长安一杯酒，座上有归人。”

唐懿宗咸通初（860 年）前后在世的唐末文学家裴铏，在其笔记小说《郑德璘》中记载：“德璘抵江夏，将返长沙，驻舟于黄鹤楼下。傍有鹾贾韦生者，乘巨舟，亦抵于湘潭。”郑德璘时任湘潭知县，而韦姓盐商之巨舟，航行目的地就是湘潭，这同样说明湘潭在唐代为大型商埠。

五代北宋间孙光宪（901—968）所撰《北梦琐言》，被收入《太平广记》卷一百二十四之《报应二十三》，有一篇《沈申》记载：

> 湖南帅马希声在位多纵率，有贾客沈申者常来往番禺间，广主优待之，令如北中求宝带，申于洛、汴间市得玉带一，乃奇货也。回由湘潭，希声窃知之，召申诣衙，赐以酒食，抵夜送还店。预戒军巡以犯夜戮之，湘人俱闻，莫不嗟悯。尔后常见此客为祟，或在屋脊，或据栏槛，不常厥处。未久，希声暴卒，其弟希范嗣立，以玉带还广人。

马希声（898—932），字若讷，许州鄢陵人，马殷次子，五代十国时期南楚第二任君主，930—932 年在位。这则笔记亦是对湘潭在五代间作为商旅重地的佐证。

2. 宋朝的湘潭

北宋政治家、文学家欧阳修（1007—1072）于景祐三年丙子岁（1036）五月“丁酉之明日，贬官夷陵宜昌；七月丙戌（按：十日）至于真州（江苏仪征）”，在这里乘上湘潭船民李迁之之船，于八月“丙辰（按：十一日）祷小姑山神，至江州”；九月“己卯（按：初四日）”至岳州，在此与李迁之分手。九月十六日为李迁之作《湘潭县修药师佛殿记》，其中记载：“迁之贾江湖，岁一贾，其入数千万。”这从一个侧面反映了湘潭水运之盛。文中又载：“湘潭县药师院新修佛殿者，县民李迁之所为也。”“于是得此寺废殿而新之，又如其法作释迦佛、十六罗汉塑像皆备。凡用钱二十万。自景祐二年（1035）十二月癸酉，讫三年（1036）二月甲寅以成。”这里面则又透露出了湘潭城市建设的一个事例，亦可为管中窥豹之一斑。

最能反映宋代湘潭之盛的是孔武仲的诗作《湘潭二首》。孔武仲（1042—1098），字常父，临江军新淦（今江西新余）人，北宋仁宗嘉祐八年癸卯（1063）中进士。神宗元丰六年年底（1084 年初）离信州从事任抵京，旋出任湘潭县令，一直做到八年十二月（1086 年元月）以奉议郎身份迁正字，于哲宗元祐元年丙寅（1086）春才离开湘潭，赴京就职。其诗作反映了湘潭城市的面貌：

其一

禄仕飘然寄楚乡，才能苦短志方强。
已栽绿柳如彭泽，况有黄金似栎阳。
风飐湘波天影动，云来衡岳雨声长。
尚疑卑湿难安处，更起西边百尺堂。

自注：湘潭近有告发金坑者。余作堂于厅西，谓之月堂。

其二

县街重叠俯惊湍，正与湘江咫尺间。
侵啮最忧东汇水，蔽遮惟有北来山。
清流倒影楼台壮，白瓦连云市井闲。
捍患持危功不小，亭亭千古镇荒湾。

自注：县西七里有唐兴山，耸出江上，水趋南岸，故邑居得完。

从其第二首诗所描写的地理位置来看，此时的县治已由易俗河搬来今湘潭市址无疑。此时的湘潭城已经颇有承平气象了。孔武仲还有《湘潭城北阜筑亭诗并序》：

县圃有小城环之，北面有邱阜耸出，乔木蔽其上，盖古战棚也。到县之三月，得荒径攀援而上，视其形势，可以为亭，北望平野，乃增筑之，度为四楹。公事之隙，休息其间。

堆案盈庭势未休，灰心聊此作天游。剪除榛莽成幽径，支架茅篁接古丘。叶密风多能庇暑，云开山出更宜秋。西园日涉从今始，谁信民官得自由。

孔武仲又有《城上亭二首》《逍遥亭独游》诗，皆咏此亭。于诗中可见，当时的湘潭城已经筑有城池了。这比光绪刊《湘潭县志》追溯湘潭筑城史为明万历四年（1576）要提早了两个朝代。

北宋徽、钦朝及南宋建炎、绍兴初（1131 年）前后在世的高邮（今属江苏）人张邦基，字子贤，少时曾居湘潭一带。其所著《墨庄漫录》卷七载有《敦酒器》一文：

宣和（自 1119 年至 1125 年）中，予客唐州外氏吴家时，兖阳府光化县村人耕穴一冢，得一器，类鼎而有盖，盖及鼎腹皆雷纹，中有虬形，两耳为饕餮，足为蚩尤，制作甚精。一足微蚀损，尚可立也。表勇唐悊端仲数金得之，以与舅氏顺图好古博雅，乃以归之，而强名曰虬鼎，且作歌以记之，予得熟观焉。

予以为古之鼎鼐皆无盖，而足皆圆直，无作兽形者，此乃敦耳。端仲以其腹高如鼎，而敦乃形匾，故名之为鼎耳。其饕餮、蚩尤，与李伯时古器图所画小敦耳、足正同，但小敦耳之两兽间口有饰玉处，古之玉敦多如此也；

而此器乃无饰玉之状，状复无款职耳。有按《吕氏春秋》云：“周鼎，饕餮有首无身，食人未咽，害及其身。”此盖周器也。古器多为饕餮、蚩尤者，深戒于贪暴也。两舅皆以予言为然，乃秪名曰虬敦，极宝惜之。

时京西漕时道陈闻有此器，讽太守王牲来取之，舅氏秘而不出，后欲自携往京师，并关中侯金印献之上方，未几而俶扰，外氏避地湘潭，平时玩好书画宝玉悉为贼有，不知此器存亡何所，惜哉！

此文记载了一件绝世国宝在宋代流落湘潭的故事，这也从一个侧面反映了湘潭当时的社会生活气象。

南宋建炎三年（1129），建州崇安（今福建五夷山）籍大学者胡安国以右文殿修撰试给事中，被召趋皇帝行在，时因女真轻兵渡淮扬，乃过洞庭，落籍湘潭。与其子胡宏讲学碧泉，后来成为理学大师的张栻亦入门拜胡宏为师，共同开创了著名的湖湘学派。

文化的繁荣常常与经济的发达相关联。同样，间接地反映了湘潭城市繁盛面貌的还有宋代最著名的话本小说《碾玉观音》。该篇小说记述了宋抗金名将刘锜寄居湘潭昭山的事实。刘锜寄居昭山，当在宋绍兴十七年（1147）秋七月至二十五年（1155）十一月提举江州太平观闲职期间。史载其曾于二十五年（1155）五月壬申获“赐湖南路官田百顷，官给牛、具与粮种”，所受宋高宗赐田当在昭山附近。

南宋人周必大（1126—1204），字子充，一字洪道，于光宗绍熙三年（1192）在潭州判官任上，就湘潭知县择人事致函新上任的知州丰叔贾，称“某契勘，湘潭最为大邑，乡分阔远，财赋居本州十之三”，要知道当时潭州有十二县。宋嘉定十五年（1222）潭州太守真德秀（字西山）上任之初，宴请十二县知县，赋诗云：“从来守令与斯民，都是同胞一样亲。岂有脂膏供尔禄，不思痛痒切吾身。此邦祗是唐时古，我辈当如汉吏循。今日湘潭一杯酒，直须散作十分春。”题中之“湘潭”，意为湘水之潭，或亦为实指属地湘潭，借辖地以宴请属官，自古有之。

也就在这个时候，为纪念诗人杜甫，在湘潭的城市里建起了景观“岸花楼”：

杜若青青湘水深，长官为政见瑶琴。
飞花几度春来去，行客自如人古今。
天池百年供旅寓，江山一色费登临。
楚峰驿伴湘中馆，更有高楼待赏心。

此诗题作《范湘潭岸花楼诗》，被收录在四库全书的许纶《涉斋集》中。后来有人考订，《涉斋集》实为温州永嘉（今浙江温州）人许及之（？—1209，字深甫）所作，他是宋孝宗隆兴元年（1163）进士。许纶是其子，是《涉斋集》的整理者与出版者。细读此诗，这个岸花楼，是建立在“楚峰驿”与“湘中馆”这两座高档次接待宾馆的附近。诗题提到的“范湘潭”，显然是担任湘潭知县的范某，他就是岸花楼的主修者。诗中“长官为政见瑶琴”一句亦明在写范知县为政“弹琴而治”，轻松而高效。

古往今来，行客自如，登楼赏景，怎么能没有飞花几度的感慨呢？这些都是一座繁华城市的写照。

南宋宝祐元年（1253），特科状元乐雷发来到了湘潭下摄市（今易俗河），这里曾经是唐代的县城所在，此时却是县下的一个城镇了，但依然保留着商贸的繁华景象。他写下了《下摄市》一诗，描写了眼前所见：

> 吟到湘潭一叶黄，贾胡踪迹正悲凉。
> 抱琴沽酒异乡客，打鼓发船何郡郎。
> 楚女越商相杂沓，淮盐浙楮自低昂。
> 尘埃市井无人识，濯足江头望八荒。

南宋人程珌（1164—1242），字怀古，光宗绍熙四年（1193）进士，理宗宝庆元年（1225）除试礼部尚书，次年除翰林学士知制诰兼修玉牒官。他曾撰有《潭州湘潭县新建堂宇记》：

> 湘潭之从予也久矣。予见其敏而恪，廉而不懈，盖期其必有立也。今也初为古县猺人信之，今为湘潭百姓歌舞之，又能以其余力而新其所治之堂，百里之人若曰：“吾之所以安于室庐者，令君之赐也；令君之居，岂容不相与叶力以治之乎？”于是不日而成，人不知役。

上文的“湘潭”指其弟子，时任湘潭知县。

生活在南宋宁宗、理宗时期（13 世纪上半期）的文人罗大经，在其所著笔记《鹤林玉露》中记载了湘潭：

> 胡澹庵十年贬海外，北归之日，饮于湘潭胡氏园，题诗云：“君恩许归此一醉，傍有梨颊生微涡。”谓侍妓黎倩也。厥后朱文公见之，题绝句云：“十年浮海一身轻，归时黎涡却有情。世上无如人欲险，几人到此误平生。”文公全集载此诗，但题目“自警”云。

当时的艺妓，并不是现代意义上的妓女，应该是歌女一类。这位叫黎倩的侍妓，称得上是湘潭历史上有名的美女。“梨颊”，像梨子形状的脸蛋也；“微涡”，浅浅的酒涡。“回眸一笑百媚生，六宫粉黛无颜色”，这位绝色女子一定才貌双全，技艺精湛，要不然胡铨、朱熹这样的高官大儒怎么会先后为之倾倒呢？这种笔记中的细节也透露出了湘潭当时歌舞升平的景象。

3. 元明的湘潭

元代湘潭建制为州，这是由于人口达到一定规模而升格的。于此亦可见当时社会发展之盛。元朝是蒙古人统治天下，各州府县除设知州、府尹、县尹，还另设“达鲁花赤”（意为掌印官）一员，由蒙古人充任，掌握实权。因此，当时有一批蒙古人、色目人在湘潭落籍。色目人的后代中出了个燮理溥化，其人字元溥，又字玄溥。少时在杨梅洲读书，至治二年（1322）成进士，先后当了舒城、乐安达鲁花赤，后来入京为治书御史，遍历三台，以奉直大夫致仕（退休），归住湘潭。史书载：“营别业于湘潭北郊，与宾客姬侍，画舸箫鼓，日夕游乐。”今湘潭城内“燮湖”“燮园”即为其旧居遗迹。其人重文教，敢言事，所在多有政声，与诗人虞集、揭奚斯过从甚密。他在《望岳亭》诗中描写过湘潭：

十载重来一凭栏，光阴不改旧江山。
亭高下瞰龙藏室，天远遥瞻虎拜班。
耕钓每怀生处乐，驰驱未许老来闲。
雄风入座披襟好，静看渔舟上锦湾。

锦湾即今窑湾，望岳亭在壶山，是陶侃旧迹。湾内与壶山隔水相望的是杨梅洲。这里是宋代进士姜天麟读过书的地方：

宋进士姜天麟筑室读书处：在杨梅洲。世传杨、梅二姓居之，故名。

［清乾隆二十一年（1756）刊湘潭县志］

这里文化丰厚，风景佳绝。溥化生于斯、长于斯，久别重来，自然感触良多。“驰驱未许老来闲”，看来此诗作于致仕之前。“龙藏室”，写陶公潭。此处素有龙宫之神话传说。“虎拜班”，周召公名虎，奉周宣王之命，讨伐淮夷有功，宣王对其行赏，召公拜谢，“虎拜稽首”。此后大臣拜见君王，便称“虎拜”。班，朝班，也就是朝廷。“天远遥看虎拜班”，应是“处江湖之远，则忧其君”之意。不过，溥化不是谪臣，因此全诗颇有些自负和怡然之气。外仕腾达，总忘不了生长之处，也许只有湘潭才能给他这种美好的心境和永久的回忆。

明朝是湘潭的大发展时期，县志载：“邮传舟航，往来如织，号称剧邑。”“沿湘以上十余里，自前明号为小南京。依水列肆，不可以郛（外城，即郭），前湘后湖，形势比于夏口。”也就是这个时期，湘潭大兴土木，有了自己的城池，有了自己的楼阁宝塔。

大观元龙百尺雄，顿令心目尽玲珑。
帘拖好雨九天外，坐透风光万户中。
岳列画屏恒拱北，湘流环带迴朝东。
年年倚遍栏干曲，满树桃花绿映红。

（明·黄世资《题远景楼》）

楼踞潭州第一雄，峥嵘形势倚层空。
万家城郭青山绕，十里帆樯翠霭笼。

（明·沈璠《登万楼》）

这样的繁盛之地，自然是文人骚客游宴赏心之所。著名诗人谭元春，就有《湘潭游宴》五言诗一首：

空湘待春雨，薄旭照湘浑。卜筑聚风骚，鱼鸟入高门。
堂幽宜晚座，舟事沿芳荪。欲知所历妙，信棹觅溪村。
柳絮点浊醪，野香行岸根。小湾水夜夜，前者濶平原。
勿谓湖岳远，厥势如吐吞。一醉古人到，重游安可论。

经过近乎有明一朝的艰苦奋斗，到了万历前后，湘潭又重新站立了起来，甚至有了“小江南”“小南京”之称誉。

明代政治家、文学家、茶陵诗派掌门人李东阳写的《长沙竹枝歌》，其中第十首是这样写的：

长沙少年无奈春，青衫白面不生尘。
劝君莫向湘潭住，江燕含泥解涴人。

唐代杜甫写湘潭的诗句有“樯燕语留人”之句，那是乱离之时的心境，仍掩饰不住亮丽之色。到了李东阳的时候，没有了乱离之忧，这里就是一片升平景象，心境也就迥然不同了。“劝君莫向湘潭住”，这是诙谐的说法，其实就是要到湘潭住。湘潭的风光太美了，多情的江燕含泥，呢喃作语，自然会泥落蓝天，污染白面青衫了。“涴”是弄脏，但好一个“解”字，这里释为“懂得”，顿时把禽与人的交流写得楚楚动人。难怪活得百无聊赖的长沙纨绔子弟，也要赶到湘潭来赏春了。这是多么令人神往之乡！难怪明朝的湘潭人要在自己的江边修建一座“岸花亭”，去纪念那位流寓过此邦的诗客。这简短的词语已经为我们勾画出繁华与宜居的明代湘潭。

晚明湘潭人李腾芳（1565—1632），字子实，号湘洲。万历三十七年（1609），45岁的李腾芳，因事乞休，挂冠归。在乡为知县包鸿逵撰有《湘潭戍兵议》，为文的目的是因为在湘潭驻兵，故要清查社会治安上的问题，于是有以下一段文字：

而试问湖南诸郡，其为水陆之会，上下走集之门户，谁如湘潭？大盗之作，必有小盗以为之耳目，故四方作奸犯科之人，其以手作工伎、丐食侨居者，虽未必皆盗而盗在焉；然是人也，非百货辐辏之地不居，而试问湖南诸郡，其泉币之所集，流移之所聚者，谁如湘潭？典当铺，盗之转输藏也，彼攫而此售矣；游妓馆，盗之外家室也，酉入而寅出矣，试问湖南诸郡，二者之多又谁如湘潭？

透过文字描写的乱象，我们不难在背后看出湘潭作为商业都会的繁盛。翻开这一页，湘潭就将进入晚明迄清末的“金湘潭”时代了。

二、“金湘潭”的兴盛与衰落

1. “金湘潭”兴盛的原因

历史自有其因果，“金湘潭”的辉煌硕果，实由多重因素凑合而成。既有内因又有外因，既有近因亦有远因，既有显因亦有难以追寻的隐秘因素。尤其历史是过去的烟云、堆积的尘土，有些已深埋尘埃，需深度挖掘，小心擦拭，方可见其真貌。更多的则湮灭在时间的长河里，无处叩问。好在有几行陈旧的文字述说着“金湘潭”曾经的历史，亦有几处古建筑或几个古董显示着曾经的辉煌。在天时、地利、人和的大板块之下，“金湘潭”的兴盛有如下八个方面的因素：

（1）优越的地理环境

人、城市、民族乃至国家无不受环境之巨大影响，尤其是地理环境常常是决定性的因素。人类早期文明在北纬三十度左右出现，而不是北纬60度或赤道附近，这是地理决定人类文明的明证。“金湘潭”现象作为一特定时段、特定地域的文明，首先得益于它优越的地理环境。

湘潭位于湖南中部偏东，湘江中下游。地处北纬28度、东经112度。在地球上这个纬度附近，正是人类文明集中孕育区。亚热带季风气候，四季分明，雨水充沛，水旱有时，冷暖有度，极有利于农作物的生长，为文明的孕育奠定了良好的食物基础。

湘潭地貌是南方丘陵，处南岳衡山和湘西雪峰山余脉向洞庭湖平原过渡地带，虽山岭纵横而小盆地、小平原众多，有利于土地开垦，农业耕种，人口聚集。

从商业而言，湘潭地处水陆交通的要冲，是人员往来和货物的集散地，极有利于商业活动的开展。

湘潭陆上交通就形成了南连交广，北达中原，西至滇黔，东向分两路连通江浙、江西、福建的交通网络，号称“四通五达”。水运方面，湘潭河网密布，湘江及支流涟、涓流贯全境，可以连通三江七泽大江南北的水运。湘潭是湘江上下游交汇的枢纽，通过湘江及其支流涟、涓的航运可以覆盖二分之一省内地域。与湘江流域其他城市相比，岳阳水陆交通条件与湘潭不相上下，但毗邻汉口，没有足够的商业覆盖区域；长沙陆路交通与湘潭差别不大，但泊舟条件远不如湘潭；衡阳因三门一带湘江控制性险滩，水运条件亦不及湘潭。“湘潭居湖南中部（有足够辐射区域）”“湘江上下游交汇枢纽”“四通五达”是湘潭自然地理环境的最基本特征。明末清初思想家顾炎武在纵论湖湘形胜时说：“（湘江）南桂岭过斗飞泷，自分水岭以北，滔滔滚滚，由永州达衡山，而湘潭实全汇之。则为交广之门户者，非湘潭耶?”指出湘潭是转输百货、搬运糇粮、交通各处之咽喉，不可一日失守的兵家必争之地。（顾炎武《天下郡国利病书》）。毫无疑问，在以舟楫水运为主要交通方式的古代，湘潭的区位优势及其所衍生的水运优势在湖南是无与伦比的。

《湖南地理志·湘潭县》称：“湘潭水凡九曲，形如弓字，行二十百四十余里，通行无阻，此县商繁盛之利源也。”

（2）商路的变迁

隋唐之时，沟通帝都长安与岭南广州的官道，分东西两线。东线沿大运河南下，至扬州沿长江西上，进鄱阳湖入赣水，越大庾岭至广州。西线是从长安越秦岭，经商、洛、襄、邓，从荆门到江陵，进洞庭湖，经湘江越南岭或灵渠到两广、越南。隋朝和唐初东线因大运河的便利，是南下两广的主要线路。初唐诗人王勃去交趾（越南）探望父亲，走的就是东线，因缘际会在洪都写成了千古名篇《滕王阁序》。唐朝甚至两次大规模开挖大庾岭，让险峻的山路变成了坦途。

但中唐时的“安史之乱”及其后的藩镇割据改变了这一格局。东线因动乱和地方割据而中断，东线经赣水与吴越、两广的交往，被迫绕行西线。江淮、吴越、岭南、湖湘的漕粮市场，商旅百货的转运均取道西线，西线成了唐王朝的生命线。唐中以后，朝廷对西线各节点的官员，都选忠心的重臣，以保安全。货物往西线走，人员亦往西线走。唐宋八大家之首的韩愈，因佛骨事发配广东潮汕就走的是西线，并因此在湘潭衡山一路留下名篇佳作。晚唐诗人吴融在《商人》一诗中说：“北抛衡岳南过雁，朝发襄阳看暮花。”吴诗所描写的正是岭南、衡岳、湘潭、长沙、襄阳至洛阳商道的艰辛与繁忙。

水陆商路的西移后，东线便基本废弃。尤其南入两广都走西线，历宋、元、明、清，成为历史惯例。湘潭本就当西线要冲，控湖岭之咽喉，通七泽三湘之漕运，南来北往之商货遂云集湘潭。

（3）经济重心南移

中国经济重心的南移，到南宋时期基本完成，商品经济开始蓬勃发展。由于中原人口的大规模南迁，湖南人口激增，湘江流域荒闲土地得到深度开垦，粮食产量增加，茶叶、桑麻、蓝靛等经济作物种植日渐普及且呈现出商品化趋势。以粮食、茶、蓝靛为例，宋代湖南的粮食已经自给有余，开始外运，到明代，湖南已成为最大的粮仓。明李釜源在《地图综要》内卷中说：“楚故泽国，耕稔甚饶。一岁多获，柴桑吴越多仰给焉。谚曰‘湖广熟，天下足’。”由于长江三角洲地区发展丝、棉织业商品生产，沃土肥田大面积转种桑麻，粮食转依两湖供给。这种需求刺激了湖南粮食生产商品化，这也是湘潭米市形成的直接原因之一。

（4）移民带来的新因素

移民现象会带来城市居民社会结构、价值取向发生改变，也会带来跨地域商业发展。

明初、清初湘潭因战乱人口损失严重，明、清政府采取“移江西、填湖广”的强制移民和“招徕移民”措施，大规模移民迁入湘潭。人口迁移的结果是原住民成为少数，外来特别是江西移民成为居民的主要组成部分。从整体而言，移民迁出地江浙、福建、江西经济发展水平普遍优于湖南。移民涌入湘潭，带入了先进的生产技术和文化观念，有效改变了原住民的价值取向。粮食生产层面，宋代开始引种的占城稻双产技术，在明代因为江浙、江西移民入湘而得以普遍推广。湘潭野产靛苗，除乡村土法印染偶然用及外，视同蒿草，当福建移民进入后，蓝靛的市场价值开始得到重视和发掘。苏浙地区先进的桑麻种植和纺织技术，也带来了湘潭纺织业的飞速发展。移民进入也带来跨地域商业发展，江浙移民多运用亲缘关系经营稠布、酒酱，贩运谷米；福建移民多种植蓝靛，利用亲缘关系建立营销网络；江西自古重商，移民也多从事商贸，明末在湘潭的商户中江西是“十占其九”。至清初，由吉安、建昌、临丰等商人组成的西帮财多势众，长期执七帮牛耳。原本“勤于农耕、拙于商贾”的原住民受其影响也纷纷弃农从商。

明代善化知县唐源因长沙港淤塞，力举工商皆本、开河通商，保护移民对当地开发的积极性。他十分清醒地认识到区域发展需要“来百工则财用足，通百货则生计饶”，若是依靠原住居民，“十无二三，且性拙且懒。其务本者，不过从事一熟之田畴，至于麦、豆、竹、木皆可生利，而彼不事。其逐末者，不过肩一瓜一菜，及持罟网，觅蝇头于苍莽烟水之间，所属几何?”采取传统的耕植、商业方式，带不来地域经济发展；必须依靠移民带动原住民，共同发展工商业，培养浓郁商业氛围，在明清各地商贸发展竞争中，才可能获得先机。湘潭正是吸纳了移民不为恋土重迁情结所束缚、高人一等的视界和进取心，使之与经济转型的潮动和湘潭优越的自然禀赋等因素叠加，才实现了城市跨越发展。

(5) 海禁之后的一口通商

郑和七下西洋之后，中国突然与大海几乎断绝关系，标志性事件是海禁。海禁分三个时期，一是明朝为打击倭寇时期，二是清康熙收回台湾时期，三是乾隆二十二年(1757)传谕各国，只准在广州一口通商。

海禁和一口通商，一方面使天国丧失了一次与西方资本主义同步发展的机遇；另一方面，广州垄断对外贸易，促成了广州—湘潭间的转口贸易商路形成，对此后一百余年湘潭社会经济发展产生了巨大的影响。清中叶以来，湘潭本已是中原交通岭南、滇黔出西北和邻县物资的集散地。海禁和一口通商后，湘潭作为内地进入广州的商路枢纽，内贸取道湘潭的物流不仅没有改变，而且苏、浙、皖、闽的出口丝茶，改由湘潭集散，湘潭中转贸易的地利更加突出，商业繁荣达到鼎盛。

(6) 长沙港的淤塞

中国古代经济网络依水道铺开，木帆船是最经济、最主要的运载方式，陆上车载背负只是辅助形式，商业水道的价值对商业都会的兴衰起着决定性作用。湘潭地处湘江黄金水道上下游交替的枢纽，也是滇、黔、粤、桂进入中原的商业通道，江深水缓，航漕稳定，泊舟条件得天独厚。湘潭的上游有昭灵、三门、凿石三滩，江窄且礁石林立，大船无法上驶，中原、江淮、巴蜀大船载往两广的货物，必须在湘潭分装，改成小舟运往上游；而省内、岭南小船运输来的货物，又因为吨位小，难以安全抗御洞庭湖的风浪，必须在湘潭归集为大船。下游的长沙虽然是湖南政治经济文化中心，但是因为江岸平直，正对北风，滩浅水急，不利于商船停泊。唐以前民间商业没有大规模兴起，官方的漕粮和其他货物运输因为船舶吨位较大，加之淤塞程度较轻，影响尚不明显。明代中叶民营商业大规模兴起后，常用的运载工具是5吨至20吨的民用商船，在长沙港停泊常有翻船之虞。更为严重的是长沙港的淤塞程度不断加深。湘江连接长江，每年长江涨水期会形成江水携带泥沙向湘江倒灌，在湘江下游河段（长沙及以下）形成淤积，长沙水陆洲迅速扩大就是泥沙大量淤积的结果。到了明代万历、嘉靖年间，长沙各港淤积的程度已经非常严重，几乎无法泊船。官府看到长沙商业日渐流失，开展了长达半世纪的开河疏淤工程。疏淤的效果不佳，随疏随淤，长沙港逐渐不能适应民用商船停泊需要，原来停泊长沙的商用船舶，多改泊湘潭，彼消此涨，湘潭逐渐成为湖南中转贸易的枢纽。所以，从某种意义上说，湘潭转输贸易中心、商品集散中心是从湘潭独有的泊舟优势派生出来的。

（7）城市规划与建设

目前所有的迹象都表明，“小南京”在明朝末年才出现，确切地说是明万历年间的事。万历时，大明朝已腐败得不行，一片末时景象，湘潭反而在末时创造了辉煌，真是一个让人难解之谜。拨开历史尘埃，聚焦万历时期，就会发现此时的湘潭，有了一些前所未有的举动，这就是城市规划、城市建设、城市管理。虽然其间的一些细节已淹没在时间的长河中，但筑城、建街、造楼、修塔的壮举仍留下厚重的一笔。

①吴仲筑城。吴仲是明万历时的湘潭县令。明万历四年（1576），县令吴仲首次对湘潭进行了城市规划和城市建设，当时建造的是土城。其后不断扩建、改建，至清初城垣长1332丈，高1丈8尺，垛口2600个，辟有观湘、文星、熙春、通济、拱极、瞻岳6门。城市布局分城内、城外两部分。城内设县署、监狱、学校和庙宇，城外是商店、码头、会馆、居民区。难以想象的是，在吴仲之前，湘潭并无城墙，也无任何关于城市建设的记载。也许明末天下不宁，有大乱之兆，吴仲筑城以防范，由于条件有限，只好筑夯土城墙。

②王相捐建半边街。明万历四十二年（1614），县人王相捐银1200两建半边街。据《半边街砌石记》载：县治西大步桥和流水桥临湘江一线，常年饱受水患。居民只好拿着竹竿在水中探路而行，常有人不慎跌入水中淹死。大洪水时，河破城而入，城中只好用舟作交通工具，城墙和房屋受到极大损害。“城之人震悼涕泗，聚而忧之曰：将无诚矣，无室庐矣。”却没有一人出钱出力想办法解决水患。县人王相不知何乡人氏，只知是在湘潭经商的盐商，主动捐银1200两，建半边街以除水患。不想他的主动，非但没有感动城中之人，反而受到别人的冷嘲热讽。说他捐银建街是把钱投入水中，将一无所获。王相不为困难所阻，在县令包鸿逵的支持下，建起了400尺长、30尺高、30尺宽的石砌半边街，解除了县城水患。受惠的城里人感而歌颂道：“石硌硌兮，水丧其威。城矗矗兮，河循其规。居者以安兮，行者以夷。系谁之力兮，老子东溪。”

③包鸿逵、李腾芳倡建万楼。明万历四十三年（1615），包鸿逵、李腾芳倡建万楼。万楼是湘潭城建史上的第一大手笔，也是神来之笔。它的建筑对湘潭发展影响深远，故有“万楼兴，湘潭兴”的传说。被后人称为一代仙吏的包鸿逵，刚支持王相建好半边街，李腾芳就因言被贬回乡。李腾芳是湘潭出的第一个大人物，官至礼部尚书，谥号文庄。为官一任、造福一方的包县令与素称远见卓识又关心家乡的李大人为湘潭的发展走到了一起。那时的湘潭还不是“小南京”，而是“民岁饥，缺贡赋，鲜蓄积”的穷地方。湘潭本是一风水宝地，处水陆交通要冲，何以却发展不起来呢？李腾芳在《万楼记》中曾分析说：“邑之形如展幅绡，上下两出如左右手。上出者，巨石百余尺，潺潺江波间，下出者，颓然而矣。颓然者，正水之所出也，邑人以为弗善也。或是之，以告于包侯，谋筑石为台，堑沙截波，覆之以楼。”万楼的建设用古人的话说，是为了改善风水，让上游下游有一种平衡；用今人的科学解释，是建了一座提高湘江水位、减少流出量、以利行船泊舟的水利工程。万楼是湘江上的第一座水利工程，也是一座地标式建筑。万楼“台高三十尺，楼高四十尺，离波之面已七十尺矣。用石三十万尺，用木三千个”。

④张嘉言捐建高峰塔。明万历四十三年（1615），张嘉言捐建高峰塔，包鸿逵、李腾芳大力支持。李腾芳在《高峰石塔记》说：“湘潭于湖南最有名，地势自交广峤岭戟立斗折而来者，故生于斯者，向学文秀之民多，然竞介距以斗科名则士犹欠然自少之也。商于乡先生克扬张公辈，告于邑令仪甫包公，为石浮屠尖于邑治之南山，占巽之隅，因崇为高，凡若干尺。”其大意是说，湘潭是湖南最有名的地方，山水从交趾两广百折而来，会于湘潭，此地读书向学的人不少，但科举考中的人却不多。李腾芳与张克扬商量，并告诉县令包仪甫，在县城南面的山上建造石头佛塔。仪甫是包鸿逵的字，克扬是张嘉言的字。张嘉言是湘潭第一个传奇人物，自小聪慧，誉为神童。明万历十三年（1585）中举，后中进士，是方圆数百里读书人的榜样，成名在李腾芳之前。曾在广州任司理，官至工部郎中。张嘉言却辞官回乡，干起了为读书人所不耻的工商业，受到当时人的讥笑嘲讽。张嘉言不为所动，凭自己的胆识，先是购买船只，经营水上货运，后又在乡下种田植树，采桑养蚕。他带着三个儿子艰苦创业，亲力亲为，凡四十年。资产达数十万白银，每年田租可收粮万石以上。富裕后的张嘉言积德行善，听说县治南山有蜈蚣精作孽，又传言此地有天子气，故倡建佛塔以镇压，与民消灾祈福。塔形如巨笔，以启文运昌，人才出。

明万历时，从吴仲筑土城，到王相捐建半边街、包鸿逵和李腾芳倡建万楼、张嘉言捐建高峰塔，湘潭的城市格局基本形成。《湘潭市志》卷2城市建设篇说：“明朝后期，湘潭特有的城区规划形成。”湘潭特有的城区格局与“小南京”的出现在时间上是一致的，这充分说明合理的城市规划与配套建设才是“小南京”“金湘潭”形成的重要原因。在湘潭上千年的城建史上，万历年间的城建是最集中、最大手笔的。在此之前，湘潭城建只有石嘴垴上的陶公台、黄土山上的石头寺。那是唐朝以前的事，县城还在易俗河的洛口。以后除万楼的多次重建外，大规模的城市公共建设，要到窑湾潭宝汽车站的建设和1928年王捷俊的拆城让街。

(8) 简政放权让商会主导经济的发展

在湘潭的古街旧巷，给人印象最深的建筑是会馆：江西会馆、关圣殿、鲁班殿。在“金湘潭”繁华的时期，湘潭城有大小会馆数十座，其建筑之豪华远超县衙，这些建筑主人的地位可见一斑。这些豪华会馆的主人，就是商会。“金湘潭”的商会主要有两种：地域商会和行业商会。关圣殿又名北五省会馆，是由山东、山西、陕西、甘肃、河南五省驻潭商人所建，与江西会馆一样是地域商会所在地。鲁班殿是泥木匠敬鲁班祖师的地方，是泥木工行业商会所在地。有时地域商会和行业商会是合二为一的，因为一个行业往往由某一地商人所垄断。因此，“金湘潭”时期以地域商会为主，行业商会为辅。商会的主导主要表现如下：

①官阶高。商会会长都有官阶，以便与政府对等沟通。大商会的商长都是五品官，虽然是花钱捐来的，但七品的湘潭县令上任，便要去逐一拜会这些商界大佬，而不能以调查座谈的形式召集一起见面。“金湘潭”的地方官在级别上比大商会会长低两级，只能为商会服务。

②权力大。商会充分履行了市场管理职能，是政府管理的助手。商会管市场的公正买卖，管行业内的合理竞争，管物价的平衡波动，管人员的有序进出。北五省会馆里的《棉花规例》就是商会管市场的最好文物见证。所有民船必须在船行编列号码报行，否则视为“黑船”或”“鸡船”，不得承运商货。这些都是商会管理市场的有力证明。商会履行了现代工商、物价、质监、工会、协会，甚至城管、居民委员会（社区）的多种功能。

③效果好。由于商会不仅管好了市场的事，还管了许多政府的事，尤其是政府不便、失职、瘫痪的时候，商会对城市特别重要。湘潭圆丝银的货真价实、信誉卓著，政府禁用，而百姓乐用，并成就白银王国的美名，反映的是湘潭钱庄行会的有效管理超越了政府、超越了地域。清初，安徽商人程青来雇人收603篓无名骸骨，数万冤魂，归葬希青亭，这种清理城市的善举，反映在潭商人的社会责任。在“金湘潭”繁荣时期，商会在管理上是起了主导作用的。商会的主导作用，当然离不开政府的支持。政府恤商，商会拥政，政商共治同荣，成就了“金湘潭”的辉煌、天下壮县的奇迹、湘人崛起的伟业。美国著名学者约瑟夫·奈是国际关系理论中新自由主义学派的代表人物，以最早提出软实力概念而闻名。他说“软实力来自公民社会”，“美国的软实力主要依靠的是公民社会而不是政府”。因此，政府让位于公民社会才是最佳方案。“金湘潭”时期，政府简政放权，让商会在市场中唱主角，早已证明政府放权是搞好经济、稳定社会的最佳方案。

“金湘潭”的出现是靠天时，因地利，得人和。商路西迁，经济重心南移，移江西、填湖广，禁海与一口通商是天时的因素；湘潭得天独厚的自然条件与长沙港不利泊舟是地利因素；湘潭明万历时期政府与商人的城市规划与建设，明、清地方政府的简政放权，让商会主导经济的举措是人和因素。古语说：“天时不如地利，地利不如人和。”由此可见，“金湘潭”的出现虽是多种因素的结果，但重要的因素是城市建设与商会建设。如果说是商业的力量推动了“金湘潭”的发展，“金湘潭”的发展推动了湘军、湘政、湘教、湘艺、湘商的崛起，那么城市建设和商会建设就是湘潭商业飞翔的双翼、驱动的双轮。城市建设是商业发展的硬件，起到了筑巢引凤的功能；商会建设是商业发展的软件，起到了安商亲商的功能。引得来留得住，这就是“金湘潭”商业以及各业发展的关键。

2.“金湘潭”的衰落及其原因

从明末到清末，“金湘潭”持续辉煌了三百年的时间。湘潭不仅成了全省的经济中心，也一度成为全省最大的城市，甚至还是湖南的娱乐中心。如今名扬天下的安化黑茶，在“金湘潭”时期，却以湘潭茶的身份名重北国，以及俄罗斯等陆上丝路沿线。“挑上河街称铁色，湘潭名久重京华”，《湘潭竹枝词》中的这两句讲述的正是那三百年的辉煌。然而有兴必有衰的历史规律，是谁也逃不脱的。在清末民初，“金湘潭”走向了衰落。抗战时期，虽一度繁荣，但繁华就如湘江边的岸花，不可避免地落去了。

是什么原因造成了湘潭衰败的命运呢？兴亡自有定，富贵定有缘。湘潭的定数和缘分总结起来是这五个方面：

（1）交通的改变，铁路绕开了湘潭

“金湘潭”的兴盛，全赖湘江这条黄金水道。湘潭是因水而兴、因水而盛的城市。“西水东来东水西，杨梅洲上落苏红。行船座船知浪起，都进沙湾避大风。”这是清朝的一首诗，讲的是窑湾一带水路连东启西，又是天然的避风港。因水路便利，湘潭成为百货的集散地。“上湘广货下湘盐，舟到湘潭尽换添。”然而时代的进步，科技的发展，改变了世界，也改变了湘潭。

1906 年，湖南的第一条铁路——萍潭铁路竣工，但这条铁路只修到湘潭境内的株洲，因此历史上也称之为株萍铁路。铁路是当时最新最便捷的交通工具。这个湖南第一条铁路在湘潭竣工，本应是湘潭续写辉煌的好机会，但这个机会却与湘潭擦肩而过了，成了永久的遗憾。

萍潭铁路是清末著名的国企——汉冶萍公司运煤的铁路专线。湖广总督张之洞兴办洋务，在武汉建了钢铁厂，其原料就是大冶的铁矿石和萍乡的煤炭。萍潭铁路原计划是要修到湘潭城东坪镇一带的，但因经费短缺，只建到了株洲镇。当时有倡议要湘潭商人集资，将铁路按计划建到湘潭，却无人响应。于是计划中的萍潭铁路，便变成了现实中的株萍铁路。1909 年建粤汉铁路，因株洲有现成的铁路连接，粤汉铁路经易家湾后，便往株洲南行了。中国南北铁路大通道从此避开了湘潭城区。

其后的湘黔铁路建设，株洲成为两大铁路的交汇点，成为战略重镇。火车给株洲带来了繁荣、发展，株洲迅速崛起，并最终脱离湘潭管辖。1983 年地市合并时，株洲又将湘潭南四县划去。湘潭从此变成了全省管辖面积最小的地级市。

水路成就了湘潭，而铁路成就了株洲。火车拖来的城市——株洲吸去了滋养湘潭的资源，“金湘潭”的衰落成了不可避免的命运。

（2）长沙重新崛起

“金湘潭”时期，长沙是湖南的政治中心，湘潭则是湖南的经济中心，但这种状况并非是省府官绅愿意接受的。在水路交通为主的时代，由于长沙湘江段的淤积和不避北风，大小船只全集于湘潭。长沙官府屡次疏浚河道，无奈随疏随淤，只得罢了。

1904 年，长沙重新崛起终于有了机会。这年 7 月，长沙正式开埠，迅速成为省内洋货批发、分销中心。洋商洋行也以长沙为据点，大量收购他们所需的桐油、茶叶、猪鬃、皮毛、棕片、苎麻、湘莲、烟叶、五倍子和矿产品等。省内农产品和矿产市场向长沙转移，长沙逐渐成为全国四大米市之首、长江流域七大棉纱市场之一，一时之间百货辐辏，商贾云集。长沙开埠仅仅八年，海关交税就达白银 3388 万两。

而湘潭的情形正好相反，大批原在湘潭的商品交易转到长沙，商行及人员也随之离开湘潭。

其实外国列强首先看中的开埠城市，并不是长沙、岳阳，而是湘潭。光绪十七年（1891），英国人格列菲兹·约翰就向英国政府报告说湘潭市是“实行开放的理想之地”。光绪二十三年（1897），英国驻华大使窦纳尔正式向中国政府提出开辟大连、南宁、湘潭为商埠的要求。总理衙门接到英国开放湘潭的要求后，即以文书征询湖南的意见。时任巡抚陈宝箴是曾国藩的老部下，他非常慎重，转而征求湖南绅士的意见，结果著名绅士王先谦、文坛泰斗王闿运均反对湘潭通商开埠。由于湘潭当时是湖南商业重镇，一旦开埠，影响重大。陈宝箴建议以岳阳代替湘潭，朝廷采纳了这个建议。岳阳虽开放，但并不是列强的理想之地，继续要求湘潭开埠，于是朝廷又以长沙代湘潭，长沙于 1904 年开埠。

长沙开埠后，列强很不满意，日本、美国等国要湘潭开埠。英国太古、怡和轮船公司，日本邮船会社已着手在湘潭十二总、十三总、十五总码头堆栈、趸船。时任湖南巡抚端方也奏请将湘潭河东一带划为外商居住区，并说：“中外通商……实属时势使然。”但湘潭学士和士绅群体反对，纷纷“公禀省城洋务局，力争不可”，清朝政府惧惹起事端，激成民变，终不敢贸然将湘潭正式开埠，只允许外轮行驶湘潭，运载货物，称之为“寄港地”，湘潭就这样丧失了开埠的机会。

（3）五口通商的出现

在“金湘潭”的形成因素中，海禁后的一口通商是一个重要原因。明清时海禁的出现，让中国走向了闭关锁国的困境。而清乾隆年间的第三次海禁，只准在广州一口通商，这个政策对整个中国是极大的伤害，但对湘潭来说却是一个发展的机会。这种一口通商的状况持续了一百多年，这一百多年也正是“金湘潭”的黄金时期。

1840 年的鸦片战争，西方列强用大炮轰开了中国的大门，战败的清政府被迫签订了《南京条约》，清政府不仅被迫赔款割让香港，还被迫开放广州、厦门、福州、宁波、上海。五口通商的出现，广州失去了垄断地位，湘潭在贸易上的地位随之下降；开放的上海不仅成了西方冒险家的乐园，也成了中国贸易金融的新中心，长江成了贸易进出的大通道。长江中下游的汉口迅速崛起，湘潭乃至湖南的地位，在湖北的影响下都变弱了。1858 年的《天津条约》，中国又被迫开放牛庄、台南、潮汕、登州、淡水、琼州、汉江、九江、南京、镇江等十个口岸。于 1890 年新订《烟台条约续增专条》，又开放了重庆。这样长江干流就有了五座开放城市，处长江支流湘江上的湘潭，在贸易上的地位不可避免地大幅下降。

（4）经济中心进一步偏移

唐朝中期“安史之乱”及其后的藩镇割据，造成了商路的西迁，促进了湘潭的发展，同时中国的经济重心也不断向东向南转移。八百里的秦川，乃至沃野千里的天府，在中国的经济版图上已风光不再，“上有天堂，下有苏杭”的江浙，“湖广熟，天下足”的两湖已是中国经济的新中心；尤其在自然经济的农业时代，南方雨水丰沛，阳光充足的优势仿佛是不可动摇的。但鸦片战争让中国走上了工业化的道路，洋务运动加快了这一进程。虽然中国人尚有诸多抵触，这一进程已不可逆转，工业品已成为中国人的主要需求，洋货充满了市场。洋烟、洋火、洋油、洋布、洋伞，乃至洋人轮船从汪洋大海破浪而来，与大海最近的东南沿海地区，逐渐成为经济的中心。火车、海运这些新的交通工具取代了内河航行。深处内地，依靠内河航行生长的湘潭，不可避免地远离了这个新的经济中心。

（5）革命成了时代的关注点

清朝末年，由于西方列强对中国的频繁入侵，中华民族面临亡国的危机。救亡图存，反帝反封建成为社会的主流，投身革命成为年轻人义不容辞的使命。湘潭是湖湘学派的发源地，经世致用的学术传统代代相传。当国家和民族面临危难时，以天下兴亡为己责的湘潭青年，义无反顾地扛起了救亡的大旗，而对商业等经济活动则没有什么兴致了。1929 年旷代逸才杨度在《长沙柳虎溪先生 80 寿辰序》中说：“今日世界，为经济战争之世界，湖南人不竞争于工商，而惟作官与当兵之竞争。”湘潭人和湖南人为什么不争于工商，而惟对做官和当兵感兴趣呢？其实杨度在《湖南少年歌》中已作了回答：“于今世界无公理，口说爱人心利己。天演开成大竞争，强权压倒诸洋水。公法何如一门炮……内政修成武装体。”在弱肉强食的世界，以天下为己任的湖南人，只好拿起武器，结成军人团队，捍卫国家和民族。“一自前人血战归，后人不叹无家别。城中一下招兵令，乡间共道从军乐。……农夫释来只操戈，独子辞亲去流血。……军官归为灶下养，秀才出作谈兵客。……独从中国四民外，结此军人社会群。”湘潭有志少年都成群结队当兵去了，商业成了废弃的末业。毛泽东的父亲、杨度的父亲、刘道一的父亲、陈赓的父亲都是当过兵的人。

其实湖南人，尤其是湘潭人，并不轻视经商，明末捐银修建高峰塔的张克扬就是一个典型。张克扬本是读书出身，并在广州为官。后来辞官回乡，专心经商，并要自己的儿子一起创业，经营农业、船运等都获成功；有了钱就捐资做社会公益事业。辞官在家的京宦李腾芳、县令包鸿逵都与之交往密切，因湘潭的社会风气并不鄙视商人，相反，只要是成功的商人都可获得全社会的尊敬。而像张克扬这样的社会精英，也为湘潭经济的繁荣做出了积极的贡献。

晚清的内忧外患让湘潭的社会精英都积极投身革命。农夫操戈、秀才谈兵成为主流。秋瑾本是富商的儿媳，若天下太平，她在家相夫教子，其丈夫当可在商业上有一番作为，但她难以安心做一个富家婆。她拔剑而起，以救天下，自己掉了头颅，夫家的商业也受到重大打击。毛泽东本是一个米商的儿子，其父毛顺生也希望把他培养成一个生意上的好帮手，但他却视金钱如粪土，一心要寻找救国救民的大道理。其实，毛家的儿子是很有经商天赋的。毛泽民就是中央苏区第一任国家银行之长，国民经济部之长，还出任过新疆省财政厅厅长，是一个天才的经商高手。若不出去革命，而走他父亲的经商之路，肯定能成一代大富豪。

事业都是人做大的，准确地说是社会精英做大的。湘潭的精英将军事做大了，将政治做大了，不可避免地就影响了经济的发展。若修潭萍铁路时，湘潭商人中有几个像张克扬一样有远见、重公益的大商人捐点银子，铁路就修到了湘潭城区来了。但那时的商人由于整体素质不高，宁愿用金砖铺地以示富豪，也不愿捐银子修路，“金湘潭”的衰落便不可避免了。

第二章 “金湘潭”的市场

明清时期，湘潭万商云集，市场异常繁荣。商业精华集中在城外的总市，东连城堞，西抵窑湾，街道分河、正、后三重，沿延江岸，绵长十五六里，略作半月形。大埠桥至万家巷为九总，以上依次为十至十九总，十八、十九总又有正、上之分，故共有13个总。正街路面用石板铺成，宽十五尺，两旁店肆鳞次栉比，店铺、客栈应有尽有，十四总至十七总为富商大贾萃集之区。总市前江后湖，沿江为河街，按正街商业区段对应划分，各商帮、行栈的通商码头都集中于河街，乾隆年间达至37处，光绪年间达到53处。后街多为各商帮的居住区，临街一面为市肆，26条街巷沟通正街和后街。街巷店铺毗邻、摊担密布，光绪年间行、栈、店、庄达5400余家，车、船、脚、牙、斋作（饮食）及无数行商组成的庞大商业队伍，共同托起湘潭的金粉繁华。王闿运笔下湘潭市场繁荣的状况是：“（总市）人肩摩，夫担争，行者不遑趾，居者不暇餐……言贸易者，码头、口岸、装口，举世无比。”意即：街巷商客如流，人肩相接；挑运商货的脚夫、挑夫拨开人群，奋力前行；逛店铺的人流密集，以致无处下脚，经营商铺的店主因生意繁忙顾不上吃饭……说到码头、商业口岸的优势和装运的便利，湘潭更是天下无双。乾隆《湖南通志》说“（湘潭是）湖南第一大码头”。湖南《大公报》［民国十年（1921）十月十八日］赞湘潭“繁荣实为湘省之最”。

由于商业的繁荣，湘潭形成了众多蜚声遐迩的省际和全国性市场。湘江、涟涓水网和以县城为中心的五条驿道，把湘潭县城与江南各省商埠和“天子南库”广州的商业网络连接在一起。湘潭不仅是省际苏广杂、竹木、槟榔、鱼苗中心市场，也是全国性的米市、药都和最富影响力的茶叶、猪鬃市场。湘潭作为中南地区区域市场的最高层级，通过众多在潭商帮与其他区域市场联系，发挥着传递信息、调配资源、运输转口的重要功能。

一、大米市场

米市是湘潭经济的第一大支柱。明清时期，湖南号称“天下粮仓”。明代中叶李釜源《地图综要·内卷》记载：“楚故泽国，耕稔甚饶。一岁再获，柴桑吴越多仰给焉。谚曰‘湖广熟，天下足’。”楚即当时的湖广行省，包括湖北、湖南。江浙一带因元、明以来丝棉纺织业发达，田地改种桑麻，粮食只能仰赖湖南、湖北。据历史学家研究，湖南、湖北粮食外运江浙，占到同期江浙粮食调运总量的70%以上，其中大部分又是由湖南供给。到了清乾隆年间，湖南粮食产量进一步提升，远超湖北，所以民谚有“湖南熟、湖北足”说法。湖南成为江浙、广东采购粮食的最重要地区，湘潭成为湖南乃至全国最著名的粮食转口贸易市场。

在古代，粮食外运主要依赖水道。湘潭因为地处湘江上下游交汇，地理位置和泊舟条件优良，湘江流域上游各州县甚至滨洞庭湖区的粮食都集中在湘潭转运。明代中期以后，湘潭逐渐成为具有省际聚集、扩散、中转功能的粮食集散市场，潮、广、浙、益、汉、本六大粮帮在湘潭设庄收购，运往江浙、广东销售。湘江湘潭段运米之船常年衔樯连尾，风帆相望。转运线路主要分东、南两线：东线从湘潭经汉口，输入江宁（今南京）、常州、无锡、苏州，或经仪征，北输扬州。南线经湘江上溯，输出广东。

明末湘潭米市集中于城内小东门和通济门外。万历年以后，东岳庙旁柏荫塘一带，布满官仓、常平仓、商仓、民仓。随着粮食交易规模增大，仓储压力日增，新仓储堆栈向通济门外扩展。《湘潭景》记录通济门外粮食市场盛况：“粮食铺子真不少，车子担子满街跑。麦子高粱谷米多，一船一船满江河。又有碓房（坊）左右摆，南北货物分好歹。”光绪刊《湘潭县志》记录了明末的一条民谚：“满目仓粮、满目苍凉”，意指明末战乱未起之时，湘潭粮食交易火爆，入眼都是粮仓；而经历明清鼎革之际的兵燹战乱，粮仓尽毁于兵火，繁荣不再，满目苍凉。入清后，湘潭商业复兴，粮食行更加兴旺发达。清雍正初年，领贴开设粮行的增至48家，年交易额保持在100万石以上。随着业务的拓展，米市迅速向沙湾一带扩散，大批粮行（贸易）、仓栈（储存）、碓坊（加工）、米店（零售）在沙湾聚集，粮食行业形成了“坐色”“带色”“西色”沿湘江3片排列的格局。“坐色”集中开设在十八总河街一带，多为集伙经营，业务主要是代客买卖谷米、枯饼。因为纯属居间贸易，不附带其他经营，所以称“坐色”，又称“坐粮行”。“带色”散设在十八总至十六总河街一带，除代客买卖棉花、粮食以及南杂、土果外，还附带自营，故称“带色”，也称“带坐粮行”，信誉优于“坐色”。“西色”是由江西人组成，集中于十总万寿宫一带，以自营为主，只经营杂粮、棉花，又称“西帮粮行”。与其他行业一样，粮行、碓坊、仓栈的行户为维护行业利益，制定行规公约、处理同业纠纷、校正斛桶衡器，设有各自的行业组织。坐粮行设“五谷殿”，带坐粮行、西帮粮行设“同春堂”，碓坊设“增福堂”。易俗河米市的粮行、碓坊也都有各自的堂会，并成立总堂，称“同一堂”。粮食行内部分工也逐渐细密，有拿盘、跑街、下河、管房（货）、管钱、管账、学徒之分。下河先生负责一大早带着学徒到河下了解到货情况，把货主接来，并带回货样交拿盘先生。拿盘先生是粮行掌管业务的核心人物，所以俗话又称“头靠”，拿到货样后，负责与供、受双方撮合，做盘成交。跑街先生又称“二靠”，任务是上街、巡河结识供货和受货客商，起发展客户的作用。这些人各司其事，各负其责。

乾隆年间，“金湘潭”百业兴旺，店肆林立，人烟踵接，土地金贵。城区沙湾米市受城市空间限制，已无法满足日益膨胀的谷米业储存、加工、码头的用地需要，开始向东南的集镇易俗河分流。易俗河位居沙湾上游涟水、涓水与湘江交汇处，交通、泊船条件不逊于沙湾，在此之前米业已初具规模。涓水、涟水流域稻产丰富，以涓水的碧泉和涟水的十万垅稻谷碾出的“油米”洁白如玉，光彩油润，盛名在外。尤其是涓、涟二水筒车坝多，极利开设碾坊利用水力和牛力进行粮食加工。易俗河用水力、牛力碾出来的米叫“上熟米”，比人力碾出来的“元熟米”要洁白得多，潮、广、浙、益、汉各帮商人都知“白米出在易俗河”，纷纷在易俗河设庄收购。

至19世纪中叶，易俗河取代沙湾成为湘潭米市的主体、湖南最大的谷米市场。全盛时期，易俗河为湖南百谷总集之区，粮仓栉比，米袋塞途，常年贸易额达400—500万石。谷米来源很广，湘江流域甚至滨洞庭湖一带多集散于此。销售非常畅旺，来自潮、广、浙、益、汉等处的商人多于过江之鲫，纷纷分帮设庄洽购；湘江之上运米之船连樯衔尾，光益、汉两帮运载谷米的船舶就不下千艘。至清末民国年间，易俗河有米行28家，谷行4家，从业商人900余人；碓坊200余家，仓栈2000间，常年储谷米500—600百万石，加工工人达4000余人；有专业运粮码头19座，载运量1000石以上的运粮般32艘，数十至数百石的民船1565艘，从事谷米搬运的箩工1000余人，粮商云集，购销两旺，盛况空前。最大的粮行郭正泰行，交投旺盛，获利颇丰，建有专门装运谷米的码头——正泰码头。易俗河以区区5000户的蕞尔小镇，能跻身全国四大米市，其管理模式和经营之道值得后人深思。

清末民初，全国始有无锡、芜湖、九江、长沙“江南四大米市”之说。事实上湘潭米市兴起最早，清顺治至乾隆年间，湘潭米市的规模就达到了清末无锡、芜湖、九江米市的市场规模，交易量仅次于无锡，犹在芜湖、九江之前。到了民国初年，由于运输方式的改变，湘潭米市才为长沙靖港取代。所以，真正意义上的江南四大米市应是无锡、湘潭、芜湖、九江。民国六年（1917）以前，湘潭易俗河和沙湾米市仍然不衰，行户、资金和从业人员都远远超过清时，时有“易俗河的米，到岸就起”的说法。民国六年（1917）以后，谷米运输多由外商太古、怡和、日清三大公司铁驳船拖运至汉口，滨湖一带谷米改趋长沙，长沙靖港米市兴起，往年潮、浙、沪、汉各帮来潭者逐渐减少，繁荣了400多年的湘潭米市遂告衰落。至民国十二年（1923）易俗河仅存米行12家，从业者不足百人，碓坊存者不过百家，多呈半失业状态。

二、淮盐市场

盐业是“金湘潭”第二大支柱产业。清乾隆以前，湘潭贸易以米谷为第一，盐利第二（乾隆刊《湘潭县志·卷十一·积储附盐法》）。

明清两代食盐实行“引岸制”。所谓“引”，是盐商到盐运司交纳课税后由官方开具、到指定区域支取和运销食盐的凭证，也称“盐钞”。“盐引”载明运盐数量、销售区域，票面分前后两幅，盖骑缝印，后卷作为盐商贩运的校验凭证，称为“引纸”，前卷存根，称“引根”，每引300斤。“盐引”取得销售的口岸和地区称作“岸”，故称

“引岸制”。乾隆三十三年（1768）发生“两淮盐引案”，清政府对“引岸制”的弊端进行改革，道光三十年（1850）改行票盐制，不再限定行盐区。湖南主要为淮盐行盐区（衡阳以上主食粤盐），扬州淮盐总商将淮盐运至汉口，再由水商运至各州县，总商、水商不能在行盐区自行销盐，只能按额引（即规定数量的盐引）交当地的铺户零售。

乾隆刊《湘潭县志·卷之十一·积贮附盐法》记录了明末至清乾隆时期湘潭盐业的粗略情况：“潭邑贸易米谷而外，盐利颇饶。潭之所销者额引而已，即铺户行售，初无定数，多寡裒益，正复无多。惟淮盐行至衡州、耒阳、安仁等卡，上游各县之不足者，必资于潭。潭之铺户又转支汉商之盐以为囤卖。汉商至潭，不能自行分售，亦不得不假手于各铺店。”意即湘潭规定的“额引”每年都有变化，并不是一个定数，总体上数量也不大（为2900引左右），但湘潭是淮盐在湖南重要的集散地。盐业利润巨大，上游各州县不足都依赖湘潭供给，采用的方法是盐商和铺店联合，在额引以外采取夹带、转支来年盐引的手段，“转支汉商之盐以为囤卖”。在这一背景下，湘潭形成了湖南最大的盐业市场，徽帮、江西帮大盐商长期驻扎湘潭，以致湘潭上游各县之盐价“俱以湘潭盐价消长为准”（清·赵申乔《赵恭毅公剩稿》卷七）。

明代湘潭盐业的具体情况因为资料缺乏，难以明晰。万历年间湘潭产生了本土大盐商王相。王相，字东溪，独资捐建半边街石路（长四百丈，宽、高各三十尺）。李腾芳《半边街修造记》记录了他行盐遇水难、后因祷告神明转危为安的一个传闻，王相捐修半边街或许是出于“还愿”的动机。王相是当时湘潭巨富，除捐资城建外，还十分重视子女教育。王氏人才辈出，其子王应中得中进士，侄曾孙王岱成为享誉全国的大诗人、书画家。清初，湖南本土商绅在战乱中或死亡或迁徙，湘潭盐业主要由徽商和江西商帮把持。明末至清乾隆，徽商占据上风。通过对徽帮盐商同人集资刊刻的《希青亭集》的研究，湘潭盐业明末即为徽商把持，歙县汪辉家族在汉口、湘潭经营淮盐，并在明嘉靖年间捐修十四总黄龙巷街的石路。明清换代之际，汪辉家族在兵燹中，叔、伯、堂兄弟被杀，但在顺治六年（1649）战乱未靖之际又开始在湘潭经商。顺治六年（1649），新安盐商结成商帮（据清·何字恕辑、湘潭闽馆刊刻《类成堂集》），是湘潭已知的成立最早的商帮。新安盐帮未正式成立前就已经开始结帮事宜。据《希青亭集》记载，凤竹庵即是新安一个叫“吴鼎和”的盐商组织花300两白银购买、由节中和尚建凤竹禅寺的产业，同时也作为新安盐商聚会的场所。顺治七年（1650），新安盐商黄克念、程奭来潭销盐，当他们看到屠城后遍布城郊的白骨，遂出资委托凤竹庵、小普陀、西禅寺等五寺僧人收瘗白骨，建希青亭，为湘潭做出一件大功德。查阅新安旧志，程奭，字青来，出自新安一个著名的盐商家族——岑山程氏，其父程大典，乃是明末扬州盐商中非常有影响力的一位“扬州总商”，主要经营汉口—湘潭盐业。明代定制湖南衡州（今衡阳）以上主食粤盐，他凭借与朝廷的关系，将湖南淮盐的行盐区扩大至衡阳。黄姓亦是新安盐商大族，但未发现黄克念详细资料。徽帮盐商垄断湘潭盐业近百年，由“吴鼎和”这个盐商同人组织刊刻的《希青亭记》记录了十数位盐商的名姓。其中，嘉庆年间，歙县大盐商黄承增（1756—1821），字心庵，清嘉庆年间监生，工诗词，文思斐然。因科举失利，往汉口、三湘经营盐业，遂成巨富，一时官场、文士都乐与交结。他常驻湘潭，交通府道和湘潭仕绅，除经常参加雨湖诗社，与张九钺、张礼、秦关等湘潭籍诗人唱酬外，还在雨湖另组“湖山诗社”，著有《汉口漫志》23 卷、《槠山草堂诗文稿》等，资助张礼、秦关等刊刻诗集，将“湖山诗社”同人唱酬诗集结为《湖山吟诗》刊刻，为湘潭文化事业做出了贡献。

乾隆年间，徽州盐商与湘潭销盐铺户发生重大讼控事件。乾隆刊《湘潭县志》记载了这一讼控事件的梗概：“……潭之铺户又转支汉商之盐以为囤卖。汉商至潭，不能自行分售，亦不得不假手于各铺店。价昂则铺户资以为利；价平则铺户又资以为那（挪）此填彼之项，至铺户亏折，而汉商之讼控兴矣。多者数千金，少者数百金，追赔无着，案牍滋繁。是铺户之利在此，其自贻伊戚者亦在此也。”所谓汉商是指徽帮驻汉口的盐商，徽帮的盐只能运至汉口“销岸”，再通过水商运至湘潭。因徽帮盐商与本地铺户的讼控造成关系恶化，江西盐商乘机进入，并渐渐压倒徽商占住上风。

江西盐商分吉安、泰和、抚州三帮，其中列名扬州八大盐商总商的吉安周扶九、泰和萧炳南均在湘潭设有多家盐号，周家招牌嵌“裕”字，萧家嵌“丰”字。湘潭商业传奇——“萧怡丰”，就是由萧炳南创设。萧炳南，字衡庵，别号鉴亭，原籍江西泰和县，嘉庆年间落籍湘潭。他在湘潭经营盐业发迹后，成为扬州“总商”，在长江中下游流域广设分号，年获利百万。除盐业以外，萧怡丰还经营钱庄和杂货业，成为嘉庆年间湖南首富，经湖南巡抚荐奏，嘉庆皇帝钦点他为“皇清义士”。王闿运受其子萧绍棻请托，撰有《皇清义士荣禄大夫萧君碑》，碑文称“萧有怡丰，名震于潭”。萧炳南的公馆（湘潭萧怡丰）位于十六总三元宫侧。萧炳南去世后，长子萧绍棻继承其事业，萧怡丰更是蒸蒸日上。票盐制改革后，萧怡丰自己拥有盐票百余张，还租用他人盐票，远超长沙朱昌琳、魏鹤龄，成为湖南最大盐商。目前已公映的《大清盐商》，即是以湘潭盐商萧炳南之子萧绍棻（字芸浦）为原型。萧氏的商业传奇，可以从湖南图书馆收藏的萧氏三种重要资料得出大概，一是翁纯义撰《湘潭萧氏家传》稿本一卷，收录萧炳南及萧绍棻（字芸浦，炳南长子）、绍典（字楷堂，炳南次子）、绍渠（字小泉，炳南第三子）父子四人传略。二是《敬止斋杂录》（不分卷），民国抄本，萧敷咏抄。敷咏是萧绍渠之子，该书抄录萧氏家族在湘潭、长沙、汉口等地经营钱庄、盐业、杂货等商号沿革考。三是萧政敏等编《湘潭萧氏家事簿记大全》稿本四卷。

三、药材市场

明清时期，湘潭不过一人口二十万的弹丸小城，却令人难以置信地成为了全国的“药都”，名动天下。从光绪刊《湘潭县志》有十至十二总药商争奇斗富以金银铺地、富可敌国的描述，到民国三十六年（1947）8 月 15 日《中兴时报》刊载刘崇高的一篇文章：“从九总一直望到十五总的铺面招牌上，写着浑红的药行大字的很有几十家……

‘四川的桂枝、云南的当归、广西的陈皮、北方的羚角，以及各地种的药材应有尽有，无美不备。’而各省各县的药商所需药材，都由这儿大批地运销，湘潭确实成为了全国药材的集中地点。”所描述的中华人民共和国成立前夕药业不衰的盛况，大致可以见出湘潭三百年药业繁荣的轨迹。

湘潭药材业的历史可以追溯到大唐盛世。唐中叶沟通中原与岭南的商路分东西两条，东道经江西赣州越大庾岭，叫“大庾岭路”，西道经湘潭、郴州越骑田岭，称“郴连路”。“安史之乱”后，东道断绝，商旅相习沿西路往还，湘潭遂成为岭北岭南茶、药贸易的重要埠口（《十国春秋·武穆王传》）。明代中叶以后，在米、绸布、土靛市场的拉动下，湘潭万商云集，与湘潭邻近的江西临江府樟树坊（樟树明清时期名清江，隶属临江府），此时已有“药码头”之称，是南方最大的药材集散地。临江府的药贩为开拓市场，最先肩挑背负尝试到湘潭来摆摊谋生。现存《清江湘田聂氏族谱》收录有湖南巡抚杨锡绂为其岳丈之父撰写的墓志，记载了崇祯时期樟树坊“聂昆甫先生”在樟树、湘潭间数十载经营药业的情况，是研究湘潭药业起源的重要资料。湘潭转口市场巨大的辐射力，使第一批临丰药业拓荒者获得了丰厚的回报，于是辗转相牵，粤、桂、川、赣、闽等省药商均来湘潭从事药材转口交易，湘潭药材市场初现雏形。

明崇祯十七年（1644），江西临江府清江县樟树坊一黄姓药商，长期贩运药材来湘潭销售，数年舟车劳顿，颇有积蓄，遂蒙生在湘潭开设药材行栈的念头。黄氏于康熙初年领帖租房，在城区十二总开设了第一家安吉药行。大概连黄氏自己也不曾想到，他这样一个举动，遂开创了湘潭三百年“天下药都”的辉煌。黄氏开设药行以后，业务兴隆，财源广进，于是，江西临江府新余、清江、新淦、峡山、丰城等县的商人闻风而至，纷纷在十、十一、十二总间开设行栈字号，湘潭药商日众。至乾隆四年（1739），领有官帖的药材行已满 10 家（牙帖由户部发给，湘潭药业限额 10 家），即安吉、丰泰、恒升、义利、大德、生泰、乾元、正昌、恒昌、张全福。这 10 家药材行中安吉最早、恒升资金规模最大。除 10 家药材行外，经营药材的字号更多达百家。

从明清湘潭药业起源来看，湘潭药业是“四大药都”之一樟树药都在湖南的延伸，但由于湘潭的交通优势、商业地位，清代湘潭药业青出于蓝而胜于蓝，实现了对四大药都的超越。湘潭药市货源充盈，品种齐全，广西全、柳、桂、梧，广东清远、肇庆所产药材以及东南亚印尼、安南、暹罗、缅甸等国的进口药材，越南岭顺湘江进入湘潭；云、贵、川和鄂西所产药材顺长江东下经洞庭溯湘江而上入湘潭；黔、蜀、湘三省毗邻地区经酉水或沅水转常德运至湘潭；北地陕西、山西、甘肃等省则经汉水入汉口转运湘潭，各种普通药材、名贵药材应有尽有，以致十至十二总药袋塞途，交通不畅。药材销售十分畅旺，各行省的药商莫不辐辏湘潭，各取所需，一时有“药不到湘潭不齐，药不到湘潭不灵”之说，药业从业者达到 400 余人。道光二十九年（1849）药材购销银两光临丰一帮就达到“岁可八百万”的规模，“各省各县的药商所需药材，都由这儿大批地运销，湘潭确实成为了全国药材的集中地点”，湘潭“天下药都”的地位最终奠立。

湘潭药市行栈集中于九至十五总正街，尤以十至十二总最为集中。药材批发和代客买卖业务为江西临丰药商垄断，领有衙帖的行商全为临丰药商。他们互通声气，按从业性质设立临丰行帮，在十总兴建“三皇宫”作为议事场所，宫内设有神农帝、药王先师、财神菩萨三尊神位。下设“八堂”，即崇谊、崇福、崇庆、全美、聚福、福顺、怀庆、公正堂。其中，全美堂为临丰药材行老板组成的堂会组织，因为其时只允许开设药材行10家，取十全十美之意定名“全美堂”；公正堂为执行堂规、约束药商的组织。为垄断湘潭药业，临丰行帮制定了严格的行规，除远近无欺、公平合理的交易原则外，尤其强调：不论采取独资或合资的形式，投资人一定得是临丰人，且朝俸、账房、信房、学徒也一律只能用临丰籍人；崇福堂、福顺堂、聚福堂、怀庆堂四堂分别是专营代客买卖，经营川货、汉货、淮货的组织。临丰行帮药业交易兴隆，光绪刊《湘潭县志》记载“（乾隆以后）临江擅药材，岁可八百万”“皆恃行帖擅利”。光临丰府的临江一县就有如此大的交易量，整个湘潭药材业的规模可见一斑。

除主营药材批发的行栈外，零售商号亦十分发达。乾隆时期湘潭药材行号已达百家，著名中药大店有协盛西、太真芝、松鹤龄等，膏丸丹散、地道药材一应俱全。协盛西是湘潭一家具有近三百年历史、资财雄厚、久享盛名的中药老字号，系河南怀庆府泌阳县刘村李氏家族于清康熙十三年（1674）创设，店址设十二总正街老岸，即唐家码头对面。泌阳刘村李氏家族是天下四大药市怀庆药市中著名的怀帮药商家族，李氏“协盛全”（注：在怀庆称“协盛全”）字号享誉大江南北。康熙年间，李氏家族的第三代李国运在长沙另创“协盛西”药店，后见湘潭药材市场活跃，行号集中，故迁湘潭经营，取牌“协盛西地黄药材”，主要经营各种地道药材、膏丸丹散、花露药酒。协盛西创办时规模不大，因为恪守济世救人、货真价实的经营思想，把“常觉胸中生意满，需知世上苦人多”的堂联挂起，业务拓展迅速，获利颇丰。到光绪初年，店员增至50余人，业务遍及江南各埠，协盛西之名如日中天，老幼皆知。尤其是拳头产品虎骨酒、金橘露，畅销全国，远销香港、东南亚。民国十八年（1929）以后，协盛西又在长沙、衡阳设立分店，在甘肃岷县、河南禹县、汉口、广州设立座庄，协盛西达到鼎盛。民国三十三年（1944），湘潭沦陷，协盛西停业。抗日战争胜利后，恢复经营，一直坚持至1956年的公私合营，改名为国营韶山路药店。

清道光三十年（1850），太平军兴，受战火影响，湘潭药业一度没落。光绪、民国初年迅速恢复，药材行栈增至12家，即福昌、安吉、恒隆、生和、大德、同仁、生泰、恒太、乾元、太和、正昌、元昌，从业人员增至600多人。民国二十六年（1937），抗日战争全面爆发，大批人员疏散来潭，湘潭成为辐射全国的药业中心，药材行号猛增至33家，从业人员增至1800余人，最高年购销额达1250万银元。1944年，湘潭沦陷，药材行栈纷纷歇业或迁至安化桥头河继续经营。湘潭光复后，国民党随即发动内战，导致市场萧条，繁荣三百年的湘潭药业最终衰落。

四、苏广杂货批发市场

明清时期，食杂、日用百货因产地而称名。湖南的日用食货多取自江苏、广东。来源于江苏的绸缎、丝线、酒酱，以及江南（清初设，含江苏、浙江、安徽长江以南地区）杂货等称“苏货”；由广东韶关经郴州运抵湘潭的食用干货、海产、杂货等称“广货”；经营苏广杂货品的行业称为苏广杂业。

从明中叶至清末的数百年间，江浙丝绸、杂货以及广货源源不断地运往湘潭，转销本省各地和云、贵、川等省，邻近湘潭的各州县的土布、土纸也莫不以湘潭为集散地。苏货以丝绸、绒线、染织、酒酱、水果、纸业、杂货为大宗，明中叶至清初，主要由苏帮西洞庭山商人（洞庭山在太湖中，属江苏吴县，地少人稠，居民素习商业，“洞庭商帮”为中国古代十大商帮之一）经营。据现存西洞庭山八大商业家族的谱牒资料记载，明中叶以后即有大量苏州西洞庭山商人在湘潭经商。如：康熙壬午举人秦文超家族就是西洞庭山人而落藉湘潭。洞庭山马氏商业家族马奎，他的族祖两次到楚地经营，父亲在湘潭有店业，自己弃学游楚，隐迹湘潭（《光绪洞庭林屋马氏宗谱》卷一）。蒋氏家族的蒋世业，“服贾三楚，侨居湘潭，力行赈饥、育婴、施榇诸善举，以故楚吴两地罔弗仰其名而慕与之交”。堂兄弟蒋德宏、蒋寅“贸迁南楚，侨居中湘”。清初蔡宗扬的伯母以丝绸起家后专营酒酱闻名。嘉庆年间王闿运母舅均从吴县落籍湘潭经营酒酱。

苏广杂业经营的商品虽不起眼，但日用所需，商业规模非常巨大。康熙年间张垣《湘潭竹枝词》有“上湘广货下湘盐，舟到湘潭尽货添”，反映了清代前期各地舟船载土货而来添百货而返的盛况。近年，山西太谷博物馆发现了晋商茂盛德记商行的《茂盛德行商纪要》，“纪要”记载：道光十七年（1837），山西茂盛德记商行从中湘（湘潭古称中湘）购入洋糖 134 包 8600 余斤，各种纸张 1100 块，经汉口、樊城运抵赊旗（今河南社旗县）。洋糖在赊旗交由晋和店、元吉店出售，纸张则运往周口销售。道光二十二年（1842），该商号又从湘潭购入苏木（药材）120 捆、各种纸张 500 块、洋糖 342 包、冰糖 20 箱，于次年 2 月运抵赊旗镇销售。这些购自湘潭的商品中，洋糖、苏木系进口商品，应从广东输入（广货），纸张则应为湖南土产。该“纪要”是研究湘潭苏广杂业的珍贵资料，从上述交易的时间跨度、交易产品、市场参与者分析，湘潭苏广杂市场辐射范围、交易规模非常可观；“纪要”另一可贵之处，明确湘潭换船——传闻湘江上游只能通行小船，而向下游出洞庭、入长江，必在湘潭换大船重新装载，“纪要”给出了确切的文字证明。同治刊《湖南通志》记载，“湘潭，则衡、永、郴、桂、茶、攸二十余州县之食货，皆于是地取给，故江苏客商最多；又地宜泊舟，秋冬之交，米谷骈至，樯帆所舣，独胜他邑”“为湖南第一大码头”。光绪刊《湘潭县志》记载，广货海味、葵扇、槟榔等食用、日用品，每年销售不下三百万（两），获得丰厚，堪与赣商角逐。这种盛况一直持续到光绪、宣统和民国初。据清宣统三年（1911）

出版的《湖南商事习惯报告书》记载，湘南、湘西各县所需布匹、百货、五金等皆从湘潭批发，其批发额占到总营业额的80%，湘潭此期仍然是湖南苏广杂货转运中心。

“五口通商”以后，列强的洋货开始涌入古老封闭的中国，部分苏广杂商家开始从广州、汉口、上海购进洋货，转销广西桂林，江西萍乡，本省长沙、衡阳、永兴、道州、宝庆、武冈、醴陵、茶陵、攸县等地。所以这一时期，湘潭又成为湖南洋货的批发中心。

光绪以后，随着铁壳轮船的增多，入湘的洋货和苏、浙、沪所产的百货，不再通过木帆船运泊湘潭，而是改由轮船运输改泊长沙，长沙苏广洋杂批发市场崛起，湘潭批发市场随之衰落。民国十八年（1929），百货、南货业正式取代苏广洋杂业，省内始有南、北货业的称谓。此期湘潭从事百货业的店铺共213家，从业人员1402人，年销售额126万元。其中信誉较高、影响较大的商店有28家，纸业有忠信厚、富新、永昌隆、亿丰和、义丰、姚义诚、刘仁昌、黄翰、宝源、刘湘厚；笔业有王义和、乾坤大、王荪亭、王玉生；墨业有詹彦文、胡开乾、周永孚；鞋业有李居仁、李君仁、姚福盛、姚泰昌、麒麟阁、长丰裕；洋货业有德珍昌、大丰和、同人利、谦益；香粉业有清芝斋。南货业分为杂货行和广货行。杂货行由本帮商人经营，集中在十五总至十八总河街一带，著名行号有老同昌、同昌、颜鼎盛、德太、元昌、裕丰、瑞丰、谦裕茂、振兴、方永茂、日新等，其中以同昌、颜鼎盛开设最早。广货行由西帮（江西帮）控制，集中在十四总河街经营，著名商号有荣昌、刘德昌等7家，规模大于本帮，业务也胜过本帮。

湘潭苏广洋杂批发市场的兴衰更替与湘潭商贸中心地位的确立、衰落、凋零的轨迹是一致的，它们的命运完全系于商路的变迁和运载工具的改变。

五、茶叶市场

湘潭不是产茶大县，却是南方最大的茶叶集散地，茶马贸易的重要结点。五口通商（1841年）以前，湖南黑砖茶供应西北、俄罗斯等地，皆是从湘潭启运。第一次鸦片战争后，运往西方的红茶兴起，湘潭又成为湖南红茶出口的集散地。1859年，容闳受宝顺洋行委派，由上海出发至各茶产区、中心市场调查。湘潭是他考察的重要一站，他在尔后所著的《西学东渐记》一书中，记述了他对湘潭茶业贸易的观感：“湘潭亦内地商埠之巨者，凡外国运来货物，至广东上岸后，必先集湘潭，由湘潭分运内地。又非进口货然，中国丝茶之运往外国者，必先在湘潭装箱，然后再运广东放洋。是以湘潭广州间商务异常繁盛。”因为茶叶贸易大兴，湘潭市场结构发生了较大调整，茶叶贸易成为第一支柱产业，米市和猪鬃分排二、三位，行业扩充至20类230种，与汉口商业行业分布基本一致。

湘潭在明代中期以后，开始为湖南最大的茶叶外销集散市场。湖南最大产茶区安化在明万历年间开始创制黑茶，运销西北、京师、俄罗斯，“茶产安化者焦，充贡而外，西北各省多用此茶，而蒙省及西域外蕃需之尤切。设立官商，做成茶封，取官茶以充市易、赏来（徕）诸蒙古之用，每年商贾云集”。而安化、新化、平江所产茶叶都集中在湘潭装箱转运。茶商以晋商和陕甘商人为主，他们在湘潭坐庄收购，外销途径主要是经张家口运至俄罗斯的恰克图，转销欧洲，内销则主要是京师、陕甘。晋商《大德诚簿记》明确记载“晋帮茶商常在安化、新化、平江……并以湘潭为转运码头”。黑茶在湘潭装箱外运，以致清代《茶谱》作者将安化茶叶极品——铁色茶，误作“潭州铁色茶”，清人江昱《潇湘听雨录》对此进行纠正，说“湘中产茶，不一其地，安化售茶湘潭，即名湘潭（京师称为湘潭茶），极为行远”。指出极为行远的“湘潭茶”为安化所产。乾隆刊《湘潭县志》亦有记载：安化茶制成后，色深如铁，茗香扑鼻，“今京师皆称湘潭茶”，故“湘潭（茶）名久重京华”。

与“潭州铁色茶”“湘潭茶”相印证，康熙五年（1666），湘潭籍诗人王岱访京城诗坛领袖施闰章（号愚山），施闰章以特制茗茶“绿雪”款待他。他当场作《愚山自制园茗绿雪，取玉泉烹之饮予。是日余乡土茶适至，戏为放歌》一诗：“……吾乡安（化）新（化）产茶邑，粗枝大叶多枯黄。重烹殷红状琥珀，回味甘润同蔗浆。入口顿觉风生腋，久服愈觉精神强。价廉费省兼易得，一金便可盈筐箱。大罂小罐任汲取，有时巨瓮供道旁。男耕女织皆肆饮，炎天道渴日相望。里人昨日远贩至，骡驼车载临康庄……”记载了湘潭茶商贩运的大众茶品“乌云”。“乌云”属黑茶，茶汤呈琥珀色，味甘，产自安化、新化，在京城采取“骡驼车载”的方式，足见具有相当的规模。

“海禁开后”，红茶贸易兴起。咸丰初，粤商为扩大红茶出口，来湘潭传授红茶制作技术，大规模在湘潭城区石塔庵一带设庄或委托本地商人设庄收购，安化、新化、平江、湘乡、醴陵、浏阳等地所产茶叶均集中湘潭装箱运汉口、广州，销欧美、俄罗斯诸国。在湘潭经营茶叶的商人主体一是粤商，一是北五省茶商，本帮则以湘乡帮实力最强。光绪刊《湘潭县志》记载：“清初茶业日兴，陕甘两省茶商领引来安办茶者甚多。迨咸丰八年，粤商估帆取道湘潭，抵安化境，倡制红茶转输欧美。及洪杨事息，西北商亦接踵而至。”湘潭茶业全盛时期，仅市区石塔庵一带就有茶庄60余处，交投火爆，“率五六十日而贸买千万”。由于红茶市场拉动，湘潭茶商纷纷改制红茶，湘乡发展最快，成为湘中地区仅次于安化的红茶主产地。湘乡帮朱紫桂同治六年（1867）在湘潭设庄，收制本地红茶运汉口外销，获利近百万两，成为名闻遐迩的巨富。光绪六年至十年（1880—1884），湖南外销红茶90万箱，湘潭占到9万多箱，约占总数的10.8%。

六、猪鬃市场

五口通商后，湘潭猪鬃产业崛起并迅速成为仅次于茶叶、谷米，与湘莲并列第三位的支柱产业。湘潭白猪鬃产量居全国第一，本省芷江、邵阳、衡阳、茶陵、津市、益阳、宁乡以及广西、云南、贵州、江西、湖北一带的毛货大多在湘潭集散；广东、汉口、上海等地商人坐潭收购，湘潭成为与汉口、天津、上海、重庆齐名的全国五大猪鬃集散市场之一。

清咸丰九年（1859），湘潭商贩开始设行收购猪鬃并进行加工处理，将猪鬃运往广州。因湘潭的收购价与广州大致持平，故省内芷江、邵阳、衡阳、茶陵、津市、益阳、宁乡以及广西、云南、贵州、江西、湖北一带的商贩，将猪鬃转运湘潭，湘潭猪鬃行商及加工作坊迅速发展。光绪六年（1880），作坊增至30余家，多集中在壶山、雨湖，少数设在城外姜畲、正心两镇，年产猪鬃40吨左右。作坊较大的有史洪发、德生成等四家。至光绪二十年（1894）前后，湘潭成为全国五大猪鬃市场之一。

民国时期，因战争影响及西方各国猪鬃商相互争购，湘潭猪鬃业起伏较大。民国三年（1914），第一次世界大战爆发，海运受阻，湘潭猪鬃行庄和作坊被迫停业。民国六年（1917），汉口三井洋行（日商）派买办高锦堂来潭，争购白猪鬃，以先付几成货款方式使作坊恢复生产。民国八年（1919）冬，日商中岛、山本、嘉泰、岩井洋行均在潭设常驻收购庄。日本收购的猪鬃要求做成“东洋装”，俗称“顺把子”，即不洗不漂的半成品，日商购进后再行加工，从中获得优厚利润。因日商大量收购，湘潭猪鬃市场再度兴旺，作坊发展至58家，最高年产猪鬃近200吨。据民国二十四年（1935）的统计，出口猪鬃成品3000关担（约5000市担），总值60万元，猪鬃出口占当时湘潭13种主要出口物资总值的11.4%，仅次于茶叶、谷米，与湘莲并列第三。

民国二十六年（1937），日本发动全面侵华战争，日商撤走，欧美各国恐日本封锁中国沿海港口，竞相争购湘潭猪鬃，使湘潭猪鬃生产销售两旺，达到鼎盛。其时有大小作坊80余家，从业者3000余人，年产猪鬃250余吨，白猪鬃产量全国第一。

民国二十八年（1939），国民党政府颁布《修正全国猪鬃统销办法实施细则》，湘潭猪鬃成货必须由贸易委员会复兴商业公司湖南分公司湘潭收购处统一收购，运销美国。由于法币贬值，汇率波动大，猪鬃于美国交货，各厂家出现严重亏折，纷纷歇业。到解放初，湘潭猪鬃年产量已不足50吨。

清中叶至民国初年，猪鬃业的同业组织称为“德伦堂”，设总经理1人主管全行业，下设“仁、义、礼、智”四个字号，每一字号的负责者称经管，负责派捐、收捐、协调同业关系。总经理三年一选，一般由业内资财最富者充任。四个字号的经管，也是三年一选，每个字号都有各自的管辖范围：高家巷至十七总为“仁”字；十七总至五里牌为“义”字；马家嘴、三十亩大丘、十一总、十二总为“礼”字；以下至小东门为“智”字。德伦堂的经费来源一是作坊交割成品给行栈时，由行栈代扣每箱三角的“厘头金”，二是新入会的缴纳入会金二元。1936年，德伦堂为猪鬃业同业公会取代。

七、鱼苗市场

民国三十五年（1946）8月15日，《中兴时报》刊载记者刘崇高的署名文章《湘潭的几大特色》，其中两大特色就是以湘潭民谚“忠孝牌坊多，鱼苗生意旺”为标题。其时，湘潭城内到处矗立着镌刻贞节、孝顺、忠义、圣旨等字样的牌楼；鱼苗生意虽已不及清代的十分之一，但依然旺盛：“每年到了夏历四月的时候，‘关西门’（注：应为文星门，俗称小东门）一带人山人海，车水马龙。俗传鱼苗要啜过关西门柏荫塘的水，才不会翻盆（注：死鱼），所以，柏荫塘一到四五两月的黄昏，换水的鱼贩就如虾米缘盆一般。”

湘潭素为鱼米之乡，湘江盛产鱼类，每年春后百日，鱼类发情，便集中到湘江上游道县境内河段产卵，俗称“扳子”。鱼卵顺水漂流至湘潭的昭陵滩（今株洲境内）孵化成鱼苗，所以湘潭有“鱼跳龙门，子过昭陵”“滩前是子，滩后是鱼”的鱼谚。鱼苗漂至湘潭小东门时，河道平直，江水潺缓，便于铺设网箱捕捞生产。从道县产子至湘潭出苗大致需 7 天时间，所以俗谚又说：“道州发水慢悠悠，七天七夜到潭州。”

湘潭境内的鱼苗交易在明末清初已有记载，主要为武冈商人操控，集中在小东门一带交易。清末小东门经营鱼苗的已有 48 厂，有行户、歇户、池户、捞箕子、布网等细密分工，形成了鱼苗产业链。行户主要延揽客户、预定鱼苗数目；歇户提供客商食宿；捞箕子驾船收购鱼苗，卖给行户；受雇于行户的池户和布网分别以池塘饲养收购的鱼苗，为客商分苗。湖南西部各州县的鱼贩每年来湘潭采购鱼苗，小东门相沿成为湘中最大的鱼苗市场。

全盛时期，小东门客商云集，生意火爆。从当时流传的俗语：“南岳山不种田，靠了八月吃一年；小东门不种田，靠了四月吃一年。”“南岳山靠神圣，小东门靠人奔。”“四月财主。”依稀可以想见当时的兴盛。民国时期，业务不及清代。20 世纪 60 年代，鱼苗贸易衰落。

清代从事鱼苗贸易的行户、歇户成立了同业商业组织——喜庆堂，因行户们均手拿折扇，交易时习惯以扇骨多少示意，俗称“扇子会”。民国时期改称鱼苗公会。

八、槟榔市场

久负盛名的湘潭槟榔业兴起于乾隆末叶。父老传说乾隆四十四年（1779）湘潭大疫，百姓染疫者无数，医药无效。县令白璟谙医理，明药性，将赴任带来的药用槟榔分发患者嚼之，嚼后均感腹胀消失，病疫解除。尔后，原患者常嚼，未患者也跟着嚼，久而久之，湘潭人嚼槟榔演成习惯。商家把握商机，于海口设庄收购，运抵湘潭加工发售，槟榔遂成产业。

经百年发展，咸丰、同治年间湘潭槟榔业大盛。光绪刊《湘潭县志·货殖十一》描写其盛况：零售五步一桌，合面相向；岁交易额在二百万以上。其时，槟榔业务由广、西、本三帮控制，经营槟榔业最早的为广东人，称为广帮，多主营字号，资金较大，直接从海口来货。后江西人继起，称西帮，多营店铺，资金不及广帮。人数众多的为本地人，称本帮，少数经营店铺，多数为槟榔摊贩。湘潭槟榔有自己独特的口味和加工工艺，大宗为“石灰槟榔”，即将槟榔切口投入由石灰、红糖、饴糖熬成胶汁的卤水，晾干。也有将卤水加入玫瑰香油的，叫“玫瑰槟榔”。经营形式也逐渐定型，计分四种：一是行号，从产地运货至湘潭，开盘作价，整批销售；二是店铺，向行号进货，整批零拆；三是胪陈店，从店铺批进，开口自制，一般以零售为主，有的也经营批发，俗称“六成铺子”；四是摊贩，从胪陈店贩进，临街设摊或提篮叫卖。

清光绪至民国初年，槟榔业一度衰退，“不敌前之十一”（光绪刊《湘潭县志·货殖十一》），其时行号消逝，店铺取代了行号业务，计有店铺 13 家。抗战兴起，长沙大火后，疏散来潭人口激增，槟榔业中兴，店铺增至 27 家，年销量超万担。抗战胜利湘潭光复后，湘潭槟榔业销量突破 15000 担。其时，欧风东渐，各商家市场意识普遍增强，黄俊记槟榔店就有这样的广告语：“风味海南来，异果出琼崖。性效兼温暖，功能助味开。固齿排诸秽，防身免疫灾。馈情高尚品，常吃畅君怀。”

观一粟而知沧海。槟榔虽小，湘潭人能经营成产业，解决千万人生计，并历数百年不衰，足以说明湘潭人培育开拓市场、致富理财的本领。

九、酱业市场

湘潭酱业商业酿造、经营始于清初。据湘潭清人文集零星记载，清初江苏吴县人已开始在湘潭经营酒酱业，如蔡扬宗伯母一族。清乾隆年间，湘潭人龚斐然创办龚庆祥酱园，设店多家，经营斋作（酒店）酒酱，至嘉庆五年（1800），专营酱园于十一总老岸（市商业机械厂厂址），时资本 3000 元，年酿 40 缸，主产元滴油，多销本地。因货色精纯，质量特佳，颇为湘省名流何绍基、袁树勋、谭钟麟等所称许，遂声名鹊起，雄居湖南酱业霸主。龚庆祥历 140 余年，获利颇丰。后因龚氏无人主持，于民国十六年（1927）顶归裕丰承开。1805 年，当龚庆祥改为专业酱园时，湘潭酱园已达 10 余家，另有专事零售的酱货店 20 余家，乃立行会“明德堂”，立碑镌石，设堂议事，酱业遂成为湘潭一独立行业和重要利源。

尔后，浙江人吴子楚于道光三十年（1850）创设吴元泰。吴子楚号聘岩，浙江吴兴人，初营绸布，一次贩丝绸来湘潭，见经营酱业利大于长途贩运丝绸，即筹资转营酱业，设园于十三总新梁街。经悉心制作，改造酿造方法，质量超过龚庆祥，生意日渐兴隆。20 年后，浙人吴凤来步吴子楚后尘，设吴恒泰酱园于十六总乾元宫侧。两家经营各有特点。元泰声誉既隆，竭力守成，稳打稳扎，每有积利，即汇回原籍，购置田产、桑园；恒泰后起，急欲扩大影响，争夺市场，超出元泰，经事豁达，管理有方，日渐兴隆，终于与元泰并驾齐驱。清末民初是它们的鼎盛时期。此时，吴元泰系第三代吴梅卿执掌，除湘潭老店年产值三四万元外，原有湘潭新梁街酱坪扩至 20 亩。光绪二十六年（1900）增设十总裕记分号，民国三年（1914）增设十三总河街分号，开德记吴元泰于长沙青石桥（今解放路），又开和记吴元泰于汉口，合计资本已达 10 万银元，历代总计获利百万元以上。吴恒泰第三代掌门吴香畴，笃善经营，精研质量，站稳脚跟后，即肆力扩张。民国初年，兴隆街酱坪达30余亩，除在十六总自力街、十五总设两处门市外，于清光绪十四年（1898）在长沙南门红牌楼设恒泰南号，民国元年（1912）又在长沙北门正街设恒泰北号，民国十六年（1927）设恒泰东号于长沙东门。元泰、恒泰长期成为湘潭酱业的龙头。

杨大丰是湘潭酱园业的后起之秀。杨大丰由湘潭人杨禹民于光绪十六年（1890）创办，酱坪在十七总鄢家巷。由于经营得法，业务拓展很快，光绪二十六年（1900）设鸿记分号于大码头，宣统二年（1910）复设正记分号于十八总，民国九年（1920）又设仁记于长沙社坛街。

湘潭酱园业以产酱油为主，兼产酱菜。民国十四年（1935），湘潭酱园发展到30余家，规模较大的有16家，年产酱油9620担，占同期湖南总产量3.03万担的31.7%，雄居全省第一。酱油质量远优于各地，所产有元滴油、冲滴油、子油、母油、头油、顶油、元油、秋油八种。元滴油最为上乘，味道鲜醇，酱香四溢，久储不变质。清末民初，各家先后注册商标，吴元泰标龙牌，吴恒泰标凤牌，杨大丰标狮牌，协和公标虎牌。民国四年（1915），吴恒泰“绿凤牌”元滴油获巴拿马万国博览会四等奖，名声大躁。酱菜兴盛于民国二十年（1931），酱菜品种近80种，名品主要有酱肘、酱肉、酱干等酱汁卤菜以及菌油、麻酱、椒油、八宝菜、十景菜酱食罐头等，其中尤以特产子油姜、子油萝卜最为著名，享誉全国。

子油姜的选料特别精致。姜必须是“立夏育苗，夏至取娘（姜种），白露登场”——白露前出土的姜块。这种姜块肥壮丰满，枝形匀称，幼茎白嫩，折断无筋，形如手指。制作工艺也十分讲究。成品外观呈紫色，酱香四溢，辣而不辛，脆而无筋，佐食佳品。1958年，毛泽东、朱德品尝湘潭子油姜后，嘱中共中央办公厅致信湘潭市酱厂，给予很高评价。子油萝卜选用县郊犁头嘴“金线吊葫芦”萝卜加工而成，味香质脆，亦为酱菜中的极品。

湘潭酱园业是湘潭传统产业中的荦荦大者，各酱园在激烈的市场竞争中，无不把提高质量、开拓市场作为生存和发展的根本。吴元泰选料必是湘江上游各县所产的“鹅公豆”，粒粒珠圆玉韵，经天然发酵一年，绝不减少一天，故能历经百数年而长盛不衰。各园精研市场法则，清末民初，吴元泰、吴恒泰、杨大丰先后于长沙、汉口设立分号，就地酿造，以拓展外埠市场。抗日战争期间，常德20家酱园中，湘潭帮占其半；衡阳酱食业8家，湘潭帮占有7家。湘潭酿酱技师在他乡担任“把总”（掌作师傅）的，更是不乏其人。是以湘潭酱业无论产量、质量、技术无不雄居绝顶，睥睨三湘。

湘潭市场行业有20类230种，与汉口相当。除上述九大全国性或省际市场外，湘潭的蓝靛、竹木市场亦是全国知名度很高的市场。明代湘潭已是全国著名的蓝靛贸易市场，湘江、涟涓流域所产土靛集中在湘潭交易，各地靛商“持万金、千金、百十金”坐潭收购，蓝靛牙行达80余家。崇祯十四年（1641）发生了一件轰动朝野的大案：明末巨商吴县洞庭席氏家族（洞庭西山帮）掌门人席本祯，字宁侯，号香林，明末捐有太仆少卿衔，主营绸布业及荆湘土靛，委托商伙杨顺等 13 人，从湘潭收购大批土靛，用 34 条大船分装，船上打着“宁”字旗号，经湘江，顺长江而下。当船队行抵龙江关时，操江巡抚杨某觊觎其货物，诬称席氏家客是农民军的间谍，遂扣住靛船，议罪“将置于辟”（砍头）。席本祯为诸商请命，多方活动，因为席氏政商两界非凡的影响力，案件拖延近两年，直至刑部尚书刘某继任，冤狱方解。这一事件被称之为“靛船之狱”，从一个侧面反映了湘潭明末靛业的繁荣。清人左光先《左侍御公集・靛船冤抑疏》和吴梅村《太仆寺少卿席宁侯墓志铭》对此狱有详细记载。河东板子厂一带为湖南竹木交易中心，湘潭上游衡州、永州、郴州、道州以及茶陵、攸县林区的竹木，放排入湘潭，湘潭木材牙商充当山客、排客的经纪人，趸入后，在河东改扎成大排，运销汉口或江浙。

第三章 “金湘潭”的产业

“金湘潭”时期，湘潭的工农业也相对发达。工农业产品不仅种类多，许多产品更是名满湖南，甚至全国。自明末“小南京”时期始，境内的家庭手工业开始向作坊和工场发展。“金湘潭”时期，冶炼、金属制品、造船、造纸、制酱、制陶、印刷、糕点制作等业兴起。

一、“金湘潭”的工业

鸦片战争以后，受西方工业化的影响，手工作坊和工场取代家庭手工业成为主流。采矿、金属冶炼、金属制品、制药、造船、制陶、造纸、制酱、制伞、制帽、制香粉、制糕点等业形成一定规模，产品从简单加工转向比较复杂的制造。

洋务运动以后，境内开始有了官营工业。辟为“寄港地”后，开始有了外国资本经营的工交企业、猪鬃加工、机械修理与制造、玻璃制造、毛巾织造、轮船运输等行业。

现代采矿业在“金湘潭”末期兴起。光绪二十二年（1896）11 月，湖南矿务总局拨官银 82204 两，设立湘潭小花石官矿分局，开办小花石煤矿。民国初年，滴水埠一带发现大面积露头膏岩矿体，各膏盐公司相继成立，同时锰矿也在鹤岭一带开采。当时的湘潭县已成为湖南省煤、锰、膏盐的重要基地和主要矿产品出口基地之一。

“金湘潭”时期，湘潭工业与商业相表里，与时代共进步，已是全国著名的制造业中心。

1. 冶金工业

商业的发展也促进了作坊的勃兴。从明末清初开始，湘潭手工作坊逐渐增多，先后形成铁器等 30 个手工业，其中不少成为销往全国的名品，湘潭制造名满中国。湘潭因制造获得许多称号：

（1）冶铸之乡。明末湘潭铸锻业发达，县人李文昭开办老日盛锅坊，常年雇请 80 余人，年产锅 10 万口。其锅底厚、腰薄、平滑、无沙眼，经久耐用，畅销东北、华北和西部青海。湘潭因此成为著名冶铸之乡，李文昭也获得锅头称号。

（2）镰刀国。清乾隆年间，湘潭产的镰刀销湖南、湖北、江苏、浙江等南方各省，镰刀产地花桥获得“镰刀国”之号。

（3）刀王黄聚泰。芜湖苏钢是“中国所独创的一种先进的炼钢法，是世界冶金史上之首创”。乾隆年间，黄聚泰以普通工人的身份前往芜湖潜学技术，三年后带回八个熟练工人，在县城创办聚泰钢坊，将钢锻入刀口，其锋极利，畅销十余省，南北称誉。从此芜湖的市场转到湘潭，黄聚泰岁收千金，被誉为刀王。《中国实业志·湖南省卷》说：“湘潭产钢，名曰苏钢，乾隆间由芜湖陶裕盛传授来湘，到咸丰时有40余家，殊见畅旺，亦为湘潭苏钢业之黄金时代。”

（4）楚南第一名香。雍正年间，清芝斋设立，经营生产香粉、胭脂，大受年轻妇女青睐，获得楚南第一名香的美誉。

（5）南方财神梁焕奎。梁焕奎是清末爱国实业家，他创办的华昌公司，曾是湖南乃至全国最大的民营企业之一。其生产的双环牌钝锑质量和产量均居世界第一。据有关资料记载，当时湖南锑产量占世界总产量的80%以上，而湖南的钝锑亦多出自华昌公司。公司鼎盛时年上缴税收超过湖南总税的三分之一，梁焕奎因此被称为南方财神。

2. 机械制造

“金湘潭”时期的机械制造是从工具制造开始的，最有影响的是造船业。杨梅洲上早先便有造船厂，造船技术全省闻名。清咸丰年间，曾国藩在衡阳练水师，因衡阳造的船不适用，于是在杨梅洲新办造船厂，造出了当时国内最先进的内河战舰，成为湘军征战长江南北的利器。光绪三十一年（1905）湘潭辟为“寄港地”，外国货轮相继进入湘潭，以蒸汽为动力的船舶修造技术应运而生，标志着境内近代机械工业的开始。当时有名的是萧汉记机械厂，不仅可以修配轮船，还兼造面粉机、爆米花机、救火机。其后，玉成和冶炼厂、杨福盛造船厂相继设立，可自造新式小火轮、汽划子及机件、锅炉等。长沙、汉口等地的船只都到湘潭建造或维修。全盛时期，杨梅洲制船业有工人600—700人，大规模造船厂5家，小者30多家。

清乾隆年间，湘潭县人石廿四还曾试制出木制机器人和简易飞行器，他乘坐该飞行器腾空20丈，飞行5市里。

3. 纺织工业

清朝末年，湘潭境内出现私营手工纺织作坊。光绪年间，湘潭县有豫丰昌、永和祥两家织染坊。光绪二十九年（1903），湘乡人禹之漠在湘潭县城开设湘利黔织布局，开湖南专业毛巾生产的先河。

棉纺织印染是“金湘潭”时期起步最早的纺织门类，清光绪二十年（1894）出现第一家染坊。光绪三十年（1904）出现第一家机坊。光绪三十四年（1908）出现第一家织染坊。

4. 陶瓷工业

湘潭的制陶业历史悠久，新石器时代在湘潭县龙口乡韩家坳就出现了最早的制陶业。“金湘潭”时期的清朝初年，境内的响塘、东坪、姜畲、花石、易俗河、中路铺、青山桥、羊牯塘均有人制陶。羊牯塘还出现了彭、杨、谢三姓合办的陶瓷工厂。同治年间，九华坊专造“皇瓦”，方圆十里的人丁以制“皇瓦”为主业，父子相传，工艺精湛。

光绪三十二年（1906），王亮珊响应清廷翰林熊希龄“立学堂，设公司”的号召，引进现代制陶技术，集公私股银2万两，于湘潭城区十五总正街兴办“湖南瓷业公司”。该公司初为官商合办，在生产经营的同时，重视引导、改良工艺，提高产品质量，极大地振兴了“金湘潭”时期的陶瓷工业。

罐子窑、钵子窑，也是“金湘潭”时期的陶业工场，工厂的产品靠水运流通，重庆、宜昌、沙市等城市的商人都到湘潭贩运陶瓷。一时间，湘潭城区瓷商云集，店窑林立，成为湘江流域的一大陶瓷市场。

5. 制伞业

民国时期，湘潭有一著名的纸伞，名菲菲伞，畅销国内外，还曾获得巴拿马国际博览会金质奖。湘潭制伞业的发达在清朝后期就已出现。同治八年（1869），彭正大伞厂在湘潭城区十四总河街开业，是湖南最早专门从事制伞的工厂。该工场制伞精工细作，行销甚广，并带动了纸伞的产业分工和艺术创作。伞骨顶托有专门的制作工坊，通过墟场交易，并有画家在纸伞上作画，内容有《红楼梦》十二景及潇湘八景图，轻巧美观，名享中外。

6. 竹木制家具业

竹制品、木制品是湘潭的传统产业。清乾隆年间，湘潭县城泥木工匠在十六总建造鲁班殿，成为木匠的区所。殿里设大义堂、永庆堂、重庆堂。各堂均有董事，五年或三年一换，且刻碑勒石，以示纪念。清道光年间，县城上半边街已开设锯木店，出现了木作坊。光绪十五年（1889），何长发在湘潭花石街上开办木器店，雇工2—6人，主要生产风车、犁、耙、瓢、木门、桶等，尤以风车最著名。另外，还制作雕花床、浙江宁波床、五弯床、大柜、小柜和课桌、讲台、黑板，年产量达800—1000件。

7. 食品工业

湘潭种植、养殖业发达，食物资源丰富，且水运便利，商业极其繁荣，为食品加工业提供了良好的条件。嘉庆、道光年间，酒酱制造、粮食加工、米糕制作、豆作、屠宰、制茶等家庭手工业已相当发达，各自立有行会，形成有组织的独立加工行业。鸦片战争后，食品业又有很大发展。大米加工业、酿酒业、制粉业、糕点业均进入兴旺时期，灯芯糕、烘糕、南粉、子油萝卜、元滴酱油、原醅酱、镜面白酒以及花石和谭氏豆腐、中路铺药糖等一大批产品，因风味独特，质优味美而蜚声省内外。尤其是红茶业异军突起，成为出口的大宗产品。

（1）酱油业

境内酱油始产于乾隆初年。嘉庆时，龚裴然集资于湘潭县城十一总老街首开专业酱园，号龚庆祥；连同王大生、苏九和等槽坊兼制者，制酱业已有十余户，设有行会，称明德堂。其后，浙江商人吴子楚于十三总新梁街开吴元泰酱园。浙江人吴凤来开设吴恒泰酱园于十六总后街乾元宫侧。再其后，又有大丰、老玉春、协和公、李锦华等酱园相继开业，均获厚利。境内酱缸总数已超过2000口，年总产量在万担以上。酱油依质量之优劣统一称元滴油、冲滴油、子油、母油、头油、顶油、元油、秋油八种。以元滴油质量最佳。因其色深、汁浓、咸度适宜、氨基酸态氮含量高，酱香浓郁，久贮不变质而著称于世，成为湘潭一大特点。民国元年（1912），湖南始有产品商标注册机构，吴元泰酱园将元滴酱油标名为龙牌，吴恒泰则标名为凤牌，其他尚有狮牌、虎牌等。

（2）糕点

湘潭境内糕点有斋作坊和糖坊制作。每坊3~5人不等，皆前店后坊，自制自销。多以大米为原料，糕货为主。清嘉庆、道光年间，湘潭糕点就以制作精细、品种繁多、质好味香而蜚声省内。湘潭城区生产的灯芯糕用元粉（糯米粉）、白糖、猪油为主料，红丝、肉桂为辅料，经和料、擦粉、蒸糕、散片、切丝等工艺制成，洁白、光滑，糕丝细而均匀，每公斤1700—1800根，口感柔软清爽，香味浓郁。因状似灯芯，卷曲成圆不断，点火燃烧不灭，故名灯芯糕，曾远销两广和京、沪等地，为湘潭名特产。

二、“金湘潭”的农业

湘潭地处湘中丘陵区，气候适宜，雨水充沛，土地肥沃，适宜多种农作物生长繁殖。境内农业一直以水稻、生猪为主，亦以稻谷和大米缴纳田赋。“金湘潭”时期，境内粮食、棉花、茶叶、油菜、辣椒、湘莲等为湖南重点产区，湘莲是贡品，茶叶曾送往美国参加青博展览会。

境内水稻种植历史悠久，宋代“山田悉垦，大量莳禾”。明代稻谷品有18种，清朝时“湘潭县稻田多上腴，时富饶为湖南第一”。由于农田稻作收成好，并不需要种杂粮补充。清乾隆刊《湘潭县志》载：“民唯艺稻，一熟之外，土不复耕，虽劝种杂粮无人应者。”

蔬菜也是湘潭农业的重要方面。清乾隆时有芥菜、白菜等叶菜类40种，有黄瓜、冬瓜、南瓜等瓜类15种。光绪年间，杨梅洲茄子负有盛名，湘中莲藕盛于它域，湘潭萝卜产量质量都很高。明末清初，湘潭城郊已有商品菜生产。有四大菜园：即田家菜园、毛家菜园、彭家菜园、杨家菜园，各有菜地百亩左右，后田家菜园扩展至200亩，从事蔬菜产销的农民在千户以上。清嘉庆《湘潭县志·赋役篇》记述，这些菜农“虽无田畴，其工技手作，贸易种植者，诸法可以自活，即种菜佃力有一日之生涯，不致如薄田岁仅收一次”。

在“金湘潭”的农产品中，柑橘是有相当地位的。有橘、柚、佛手柑、米柑、皱皮柑、香橙、香橼七种。市郊的云塘蜜橘又称“云塘美橘”，清初即远近闻名，定为贡品，有上、中、下三园，各面积 20 亩，由蔡姓子弟世代经营。其味甘甜可口，小部分无核，色泽红艳。尤其是佛手柑“香袭人，置衣柜中，形干而香不歇，可蜜饯，浸酒名佛手酒”。

养殖业是农业的一个重要组成部分。湘潭阳光充足，土地肥沃，生物资源丰富，很适宜养殖业的发展。明代“小南京”时，生猪甚至已是大宗产品。清朝时，湘潭成了湖南生猪生产基地、猪鬃加工基地、肠衣出口基地。生猪销往全国，肠衣远销欧美，猪鬃产量居全国之首。生猪中的沙子岭猪，远近闻名。这种猪头部、臀部毛色为黑色，有晕，其他部位为白色。头部黑斑以两额为中心分为两块，与头顶相连，受修饰基因所控制，遗传稳定。其外貌特征，群众总结为“点头黑尾，开裆见奶，无斑花，短嘴头，蝴蝶耳，牛眼睛，筒子身，半腹肚”。这种猪瘦肉率较高，8 个月即可重达 75 公斤以上。

湘潭水面众多，渔业发达，尤以鱼苗鱼种闻名。湘江是湖南鱼苗主要产地，上游的零陵、道县是鲤鱼产卵场，祁东、衡阳是青草、鲢鳙鱼产卵场。每年谷雨到夏至，成熟的雌雄亲鱼溯江而上，到湘江上游产卵，受精卵随江水漂浮而下，经六七天到湘潭孵化成鱼。于是湘潭就成为省内重点鱼苗捕捞区。捞鱼工具主要是舫子，还有单双袖网、双层网、稀底网等，舫子是湘潭独特的捕捞鱼苗工具，明朝时广泛使用。明末清初，在小东门外形成湖南著名的鱼苗交易场所。每年四五月，来自广东、广西、江西、贵州、安徽等省及本地的鱼苗贩子云集于此。

境内江河水面很多，湘江、涟水、涓水有专门从事捕捞的渔民，渔民以船为家，捕鱼为业，又叫连家渔船。专业渔民一般是家无恒产，居无定址，漂泊水上。道光年间，湘潭成立了渔民组织萃义堂，集资购房数十间于十二总后街陶公祠侧。宣统元年（1909），制有《湘潭鱼虾行条规》，管理渔民渔行。

湘潭鱼类很多，有四大家养鱼：青鱼、草鱼、鲢鱼、鳙鱼，还有鲤鱼、鲫鱼、长春鳊鱼、三角鲂、翘嘴红鲌、银鲴、细鳞斜颌鲴、黄尾密鲴、鲶鱼、鳍鱼、花鱼骨、黄鱼、桑鱼等一百多种。

湘潭林业发达，杨梅洲一带自古就是湘江上的木材大市场。这些木材主要来自湘江上游，境内的涟水、涓水、渌水亦是重要的木材产区。由于地处亚热带常绿阔叶林区的自然条件，湘潭适宜多种林木繁衍生长，有乔木、灌木树种 572 种。食用林有油茶、板栗，衣服用料林有桑、麻，工艺料用林有杉、松、女贞、樟、漆桐、竹等。“金湘潭”时，境内森林覆盖率达 50% 以上。据文史记载，昭山、昌山、云盘寨“异木层荫”“松涛竹浪”“深水幽谷，虎豹时来”。而湘江两岸风景如画。“避雨松枫岸，观云杨柳津”的唐诗用在明清也是恰当的。

湘潭人十分重视保护森林，封山育林自古便有传统。光绪二十五年（1899），湘潭县署紫荆山立禁山石碑。各地也制定了乡规民约，建立定期开山采樵制度。有些重点名山、祠堂、寺甚至配有专职人员看山巡逻，防止盗伐。昭山禅寺的梅风和尚甚至借菩萨之口，撰下了《种树因果经》，劝导香客种树爱树。“金湘潭”时期，境内古木众多。如今湘潭境内还留有不少参天古木，如昭山禅寺800年的古银杏，青山霞岭的300多年的马尾松，茶恩寺双江600多年的苦木诸，黄荆坪乡800多年的垂丝柏，以及天然留存的大枫树和樟树更是比比皆是。

第四章 “金湘潭”的金融与财税

一、“金湘潭”的金融

明清时期，湘潭不仅是湖南的经济中心，也是湖南的金融中心，钱业最称发达，无论数量和规模都执湖南牛耳。钱业的主要载体是当铺、票号和钱庄，它肇始于明，繁盛于清，到民国时期仍然十分活跃。

1. 当铺

当铺是经营典当业务的金融机构。所谓典当是指一方以动产和不动产为抵押，换取货币，双方约定赎期和利息的一种特殊的融资方式。如果出当人不能按期将典当物赎回，受当人即可宣布为“死当”，所典物品或契券为受当人所有。旧的典当多带有高利贷的性质。为防止典商恶意盘剥，历代法规对典当行业的取息有明确的规定。《大明例律》规定：凡私放钱债及典当财物，每月取息不得超过三分，年月虽多不过一本一利，违者笞四十，以余利计赃，重者坐赃论罪，杖一百。清代沿用明制。民国时期法定利率也不得超过三分上限。湘潭民间金融以典当业为最早，境内典当业兴起的具体年代已不可考。明末至清初，在湘潭经营典当的多为江西吉安人，本土较出名的是学门前谭景行家族，其祖父以“权子母”而大富，在县城亭子塘西购置大片物业，建名园“藕花居”、“宛在亭”（即著名的“湘潭三姓名园”之一）。清代湘潭典当业继续发展，清乾隆、嘉庆年间，境内有当铺20余家。咸丰初年，曾国藩家人在湘乡县城开设和祥当铺，经营金银、珠宝、古玩、字画、衣服、被帐、杂物等，资本10万元，从业人员达40余人，后和祥当铺毁于大火。咸丰、同治年间，湘乡富商王黻臣（今属双峰籍）在镇压太平天国中发迹，回籍后在湘潭城区开设义源当。同治三年（1864），湘军将领郭松林拥资归田，在湘潭县城经营典当业，称盛一时。其子曾任福建提督的郭人漳也子继父业，在湘潭县城开设当铺。黔籍富商孙孔林独设九典十八达，在湘潭典当业中号称翘楚。清末民初，境内典当业随着湖南商贸中心地位让位长沙、大清银行在湖南设立而开始衰落。光绪三十年（1904），湘潭县城仅余仁和、瑞昌、义源、怡丰4家当铺。其中以义源当实力最为雄厚，建有公馆，且附设鸦片烟馆。同年花石王孝岩、王南、王亮山募集3000两纹银，在花石街开设当铺，当业较繁。民国初年，军阀混战，典当业每况愈下，湘潭城区仅有三四家当铺尚能勉力支撑；湘乡挂牌营业的也只剩美吉、荣和两家。民国六年（1917）以后，湘潭金融紊乱，毛票充斥，加以兵匪洗劫，强押恶当，当铺亏损，纷纷歇业。民国十五年（1926），当铺完全消亡。湘潭俗话说：“富不开牙，穷不开当。”意即牙行靠一把算盘、一具斛斗就可开业，而当铺需要足够多的资本及与官方密切的联系。清代湘潭当铺数量之多、规模之大，居湖南首位，这与湘潭商贸中心的地位是匹配的。当铺资料完整保留至今的已非常罕见，仅有《典商条规（湘乡）》因收录在清宣统三年（1911）《湖南商事习惯报告书》中得以保存，从中我们可以看出当铺的内部分工、同业之间的业规，对利率、期限、灾害赔偿、挂失等事项的具体规定。

2. 票号

票号又称票庄，是主营汇兑兼营存放款业务的金融机构。中国很早就有了汇兑业务，唐代的“飞钱”、宋代的“便换”、明清的“会票”都具有汇兑的性质。但专营汇兑的票号到清中叶后才出现。中国第一家票号是清嘉庆年间，山西平遥富商雷履泰开设的“日升昌”票号。因为“金湘潭”粮、盐、药材、茶叶等转口贸易繁盛，道光元年（1821），雷履泰的日升昌票号就开设湘潭分号。至道光二十四年（1844），晋商经营的八大票号都在湘潭开设有分庄，分别为日升昌、蔚泰厚、蔚丰厚、新泰厚、天成亨、协同庆、百川通、志成信，全为晋商经营。票号开始以办理埠际间的汇兑为主，兼营存放款业务，营业对象多为官僚、地主和商人。湘潭票号的通汇地点众多，诸如上海、汉口、长沙、广州等无不通达，每年内外汇兑达千万两白银，为湖南翘楚。其中尤以汉口为中心，湘潭商人至汉口购货，不用携带现银，持票号票据即可到汉口提取现银。湘军兴起以后，票号开始承汇政府和官吏的公私款项汇兑，代理国库汇解湖南应解京饷、协饷、战争赔款和外债等，业务开展更加兴盛。其时，“南七省用兵筹饷，急如星火，而道路梗阻，运转艰难，朝廷环顾各商，惟票商一业忠实可恃，于是军饷、丁粮，胥归汇兑”（《山西票号资料》第14页，中国人民银行山西省分行编）。湘潭作为湘军最重要的饷源，捐官、捐学额颇为旺盛，每年招捐上百万，均由票号承办；湘潭、湘乡以军功得官者遍及全国，他们搜刮的财富亦通过票号转汇回原籍，湘潭票号业务因此达到鼎盛。光绪二十八年（1902）以后，票号上述汇款多改由钱庄承办，次年湖南官钱局成立并在湘潭设立分支机构，官方存款存入官钱局，票号独揽无息官方存款的局面被打破。此外，票号只做官府及官吏私人的存放款及汇兑，或对大钱庄、大当铺、大盐商放款，不与普通商民往来，业务经营因循守旧，也是其衰落的重要原因。光绪三十一年（1905），海运及株萍铁路开通，湘潭往来物资减少，加上银行和邮局相继出现，与票号争揽汇兑业务，票号进一步衰落。湘潭仅存票号分庄5家。宣统三年（1911），减至4家。民国初年，票号对官府和官吏私人的放款坏账极多，亏折甚巨，相率倒闭，各票号在湘潭的分庄陆续撤走。民国八年（1919），湖南《大公报》报道湘潭票庄的情况是：“民国以来，票号逐渐消失，山西帮之势力取消。”

3. 钱庄

钱庄又称银号，业务范围比票号广泛，是明清两代民间最重要的金融机构。明代湘潭开始出现经营货币兑换的小钱摊，以一桌一椅设在繁盛市场街头，既无招牌，又无帮伙，早出晚归，营蝇头之利，多为江西吉安商人经营。明末发展成经营货币兑换、银钱存放款业务的钱号，大的钱号还铸造铅丝银牟利。清初，湘潭为湖南第一大码头，商业繁盛，钱业得到继续发展。康熙年间，江西吉安人结帮来湘潭开设钱号，筹揽银钱业。嘉庆年间，晋商票号大兴，抢走江西帮独占钱业的鳌头。嘉庆年间，江西钱商开始创设钱庄，将以往货币兑换扩展到主营存放款业务、商票市票业务，重新焕发出生机。咸丰同治年间，湘军将领拥巨资返乡，不少人投资经营银钱业，不少商号因经营钱业有利可图放弃原业，专营钱庄，一时钱业大兴，钱庄逐渐发展并形成西帮（江西）、本帮和湘乡帮，钱庄的业务范围也由经营货币兑换为主发展至以经营存放款、汇兑为主，有的还发行市票、铸造铅丝银。西帮有彭德茂、有庆、吉庆祥、祥茂等家，本帮有自荣喜、万和等家，湘乡帮有两仪正、通湘裕、吉生祥、公平义、正顺生等家。光绪年间，湘潭时和岁稔，府库充盈，钱商因大量无息官银的存入获利巨万，钱庄进入鼎盛时期。湘潭作为湖南的物资集散中心，钱庄业也执湖南牛耳，单湘潭县城钱庄就达百余家，每月流通银百万余两，与上海、汉口、重庆等大都市钱庄齐名。资本雄厚的有荣春仁、有庆、通湘裕、临茂等。最大的钱庄荣春仁，资本额达12000余两。其时，“长沙市场不如湘潭繁盛，长沙钱庄业务也不及湘潭”（余小石《长沙钱庄缩影》，省政协文史委员会《文史资料稿》1964年第157卷）。岳阳、长沙开埠以后，长沙重新成为湖南金融中心，湘潭不少经营钱业者移师长沙。如长沙钱业“四大金刚”（春茂、谦和、裕顺长、万裕隆）的老三“裕顺长”，即为湘潭钱商开设。湘潭富商杨石泉在长沙坡子街开设楚蔚钱庄，亦颇为有名。民国年间，湘潭境内设立银行分支机构，加之南北军阀战事频仍，金融紊乱，钱庄相继歇业。民国五年（1916），湘潭城区仅存钱庄34家，资本总额155443元。民国七年（1918）后，票号已经没落，境内各银行机构歇业，钱庄操纵汇价获利颇丰，一时商界染指钱业者趋之若骛，钱庄业再兴。至民国十五年（1926），湘潭城内钱庄恢复到50余家。民国二十三年（1944），市面发生钱荒，拆息很高，钱庄无力经营，又减至26家，资本额187000元。抗日战争时期，钱庄利用存款投机倒把、囤积居奇，加剧了金融波动和物价上涨。中华人民共和国成立前夕，湘潭城区有26家钱庄，但大多数已从公开转入地下经营。

湘潭钱庄一般信誉卓著，所铸造的地方货币铅丝银为湘潭独有，民间喜藏乐用。铅丝银，又称圆丝银，也称高边铅丝银或高边圆丝银，形状酷似田螺，表面直径30毫米左右，顶部有圆形丝纹，周边有一层不规则的高边，底部圆凸，有蜂窝状孔洞，市民俗称“螺头壳”。铅丝银的重量和成色均没有一定的规制，重量一般在30—70克，成色在九成八至五成之间。流通时重量靠秤量，成色则通过齿咬，看齿痕、硬度判定。铅丝银起于明末，民国二十三年（1934）《湖南经济调查》载：“父老相传，（铅丝银）

明时即有，长沙、湘潭间通用。”湘潭市场喜欢用铅丝银交易、储备。民国年间铜元贬值，汇水变动频繁，民间贸易多用铅丝银，上海、汉口、重庆、广州商人多至湘潭议买白银，致使汉口、长沙、广州现银价格视湘潭为涨落，时人称湘潭为“白银王国”。

二、“金湘潭”的财税

湘潭商贸超过长沙，为湖南经济中心，财赋贡献也甲于全省。明清时期没有关于湘潭商税、赋役的完整记载，商业创造的财税贡献只能从当时文人的别集中考其大概。明嘉靖年间，邑人李腾芳在《议改马政疏》中说，湖广十七府（注：湖北、湖南未分治前属湖广布政使司，辖湖北八府、湖南九府）纳粮二百万石，长沙府占湖广的四分之一。南明弘光年间，湘潭遗民郭金台在所撰《寿长沙太守钱平甫序》一文中说：湖广十七府纳粮二百万石，长沙府占到五十八万石；其他征发，长沙府占到湖广的四分之一强；长沙府辖12县，“邑之在湖以南者，惟长沙壤地大而赋入为最贫”，“其次为善化”，浏阳、湘乡，在明代是“仇堕”的重点县之一，经济发展举步维艰。因此，长沙府的征纳、摊捐四分之一出自湘潭。由此推算，湘潭承担湖广行省（包括今湖北、湖南两省）十六分之一，或者说湖南八分之一的财政任务。清代乃至民国这种情况都没有改变，王闿运在光绪刊《湘潭县志》中说，“金湘潭”富甲一方，七帮每年营业额均达“数百万（两）”，“十四至十七总，每总积银几百万两”，举凡国家征市租、筹捐税，“岁辄百万，输过万金”，“凡摊捐皆倍列县”，湘军兴起，“军饷半出湖南，湖南又半出湘潭”。“岁辄百万”是个怎样的概念？从顺治到光绪，清王朝平均每年的财政收入为4500万两白银，湘潭商税大约占到全国财政收入的2.2%，反映出湘潭对于湖南财税贡献十分巨大。

第五章 “金湘潭”的商业管理

明清时期的商业管理，实行政府管理与行会自律管理相结合的模式。政府管理倾向于制度设计、商业立法、商业诉讼仲裁和涉及国计民生的重要领域直接管理（官督商办）。私营工商业则由同业行会公订行规，代官厅进行自律管理。这种管理模式有利于在政府法治管理基础上发挥商业同业组织与社会组织的监督作用，既保证了市场的有序和效率，也激发出商业内在的最大活力。

一、政府商业管理

明清两代，政府对商业的管理主要包括商业立法、商业诉讼、官督商卖（如盐、茶）准入、牙行准入、业务管理以及通过牙行实施对买卖双方和市场管理，各省由布政使司衙门负责实施。清初沿袭明制，康熙六年（1667），设立湖南布政使司（藩司），管理湖南全省上述商业事务。光绪二十五年（1899），在布政使司衙门专设农工商局，具体管理开设口岸和农工商事务（中国第一历史档案馆藏：《奏折卷》职官 2 号 -2）。光绪二十七年（1901），因岳阳、长沙开埠，对外交涉日繁，改农工商局为洋务局，隶属布政使司。湖南洋务局除办理涉外事项，也负责工商户开业立案、公司注册、商业诉讼等商事管理。光绪三十四年（1908），清廷农工商部在各省设立劝业道，专管农工商及各项交通事务。

湖南布政使司以及随后设立的农工商局、洋务局、劝业道等商业管理机构，在全省各府、州、厅、县均设立衙署。湘潭、湘乡县衙设有书吏，专门管理办理商业案牍、收取规费、征纳税银、发给印照等事项。对于事关国计民生的商业领域，朝廷均有明确规定：凡开设牙行、典当铺，必须由省布政使司呈报户部，按户部规定数额颁发牙、典帖（即营业许可证）；开钱铺、银炉、茶庄、公司以及制造、修理鸟枪（对公共安全造成影响）的铜铁铺，必须事先禀官立案；运销硫磺、硝铁、黑茶者，须向衙署领取照、票、引；对事关国计民生的食盐运销实行“引岸制”，盐商凭盐政衙门核发的引票运销。

二、私营商业管理

明清两代私营工商业，概由行帮、行会公订行规，代官厅管理（《湖南商事习惯报告书》第一编第一章），私营商铺有各自的店规，自行管理。民国时期，虽然行会改组成为同业公会，但原订的行规基本沿袭使用，很好地发挥了商业管理的作用。

1. 牙人与牙行

牙行是我国古代和近代从事贸易撮合成交的中介人组成的商业组织，也是承担政府私营商业管理职能的特殊组织。牙行的兴盛标志着商贸业有了较大发展。商贸中介在我国已有很悠久的历史，秦及汉代称“驵”“市驵会”；唐五代称“牙”“牙郎”“牙侩”；宋元明清又有“引领百姓”“经纪”“行老”等称法，一般称之为牙人。大致明代中期，牙人组成的商业中介组织开始称行。明嘉靖二年（1523），明政府制定的《市易法》中已有牙行一类，规定牙人选有资产的人户充任，由官府发给印信文簿，后沿称“牙贴”，领贴需交纳贴费，连同每年所纳税银，统称牙税。牙行靠撮合生意按一定比例抽起佣金为生，同时必须承担政府商业管理的职能，对买卖双方姓名、籍贯、货物品名、数量、价格等信息用官府发放的专用文簿进行登记，并代理征税，用官方发放的印信开具完税证明，每月送官府核准。《市易法》规定所有的货物贸易和服务贸易（如船行、车行）都必须经过牙行，俗称“落行”，零售店肆从牙行趸售，不得私自卖买。因为承担政府商业管理职能，所以牙行又称“官牙”。

湘潭牙行出现大致也是这个时代，明崇祯《长沙府志》卷五就有“湘潭牙行获利逾千金，而靛行倍之”的记载。嘉庆《湘潭县志》称万历年间从事土靛业务的牙行就达80户。专事粮食业的牙行也不少，据近人毛信华研究，明代湘潭沙湾米市已非常兴盛，经纪人在粮食交易中颇为活跃，在沙湾和大码头之间有一座便桥，名金鸡桥，即系明代粮食经纪人所建，原名经纪桥，今取谐音（《湘潭粮食行概况》，载1987年编《湘潭工商业联合会史稿》）。足见明代湘潭牙商居间代客贸易之盛。

清代湘潭牙商队伍进一步扩大，牙行之多为湖南第一。清沿明制，但雍正年间开始严格限制牙贴数量，规定牙贴由户部规定数量、统一印制，省布政司统一发放；牙贴可继承、可转让，但总数不能增益；持贴经营的牙人不许跨市集、跨品种经营。清初全国共核发178000余张，湖南额设1100张，湘潭有230多家牙行［据民国十一年（1922）出版的《湖南最近财政说明书》］，占全省20.9%。清光绪三十四年（1908）后，逐渐取消限额，牙行日益增多。民国三十年（1941），据《湖南省属各机关编《湘政各项统计资料》记载，湘潭县注册牙商338户、湘乡12户，湘潭县比长沙还多1户；这些牙行遍布城、镇、集市，批量较大的、价值较高的有纱布和农副产品粮食、湘莲、黄花菜等，均要经过牙行中介才能进行交易。领有牙贴的牙行无一不在招牌上写上“官牙”字样，以招徕商客信任。清末民初，湘潭的牙行规模越来越大，有的不仅自备馆舍、仓储，且有雄厚的资金，并雇有各种专业人员，按分工代客购、销，牙行与行栈趋于合一。

湘潭牙行按经营方式大致可分为三种类型。一是专门为卖方代理的牙行，通常有较大的仓库和栈场，服务设施完备，如粮行等。牙行常利用卖方不熟悉市场行情的情况，从中牟取额外利润，如货未脱手，卖方急需用钱，牙行可放贷取息；当货售出后又不及时付款，以图利息。二是专为买方代理的牙行，一般与买方订有契约，订明品质、价格、数量、交货日期等，既大量预收货款，以图利息，又靠压级压价，大秤进小秤出等手段牟取暴利。三是代购代销兼自营贸易的牙行，一般拥有雄厚资金，经纪业务以外还有自营购销部分，获利颇丰。

牙行的存在对于促进地方物流发挥了重要作用，在长途贩运贸易中，买卖双方不熟悉市场行情，牙行居间介绍，有利于商品交换的顺利进行。但牙行行使官方商业管理的职能，虽然每个朝代的前期都制定了严格的法律约束牙人的行为，仍难免有把持市场，从中抽头行骗，甚至欺行霸市，以贱价收进，高价粜出，囤积居奇，谋取暴利的弊端，末期尤盛。所以历代牙人的口啤极坏，被人斥为“行痞”“马快”。从这种意义上说，牙行对贸易经济的发展，又存有负面作用。

2. 行会、商帮

明清以来，湘潭商业渐入佳境，商家云集，行业众多。为控制市场、协调行业关系，以地域和行业划分畛域的商帮、行帮兴盛一时。

行会。行会由行业演化而来，也称“行帮”，是同一区域市场按行业关系结成的商帮组织。行会比按籍贯成立的商帮稍早，有跨不同商帮的行会（如粮食行的五神殿）和商帮下辖专业行会（如江西药商的十堂组织）两种。隋代以前的行指的是行业。唐代实行坊市制，商户只能在规定的地点经商，经营同一种商品的店铺集中在一条或几条街上，同类手工业作坊也集中在一块。为保护自己行业的排他性，处理同业内部矛盾，协调各行业之间的关系，遂结成行业工商业者组织——行会。到宋代，坊市制崩溃，商人和手工业者可以随处开坊设店，同一行业也不一定集中在一起。在这种情况下，原来的行会首领为达到控制市场、排斥非行户、盘剥广大行户的目的，便借助官府的力量，维护行会的组织管理。行会与官府勾结，共同实施对私营工商业管理，一直沿袭到近代。

公所。清代行帮按同业关系或经营关系组成，有各自的集会场所（公所）、严密的组织运作规则和行规。湘潭县城的行会有：粮食行的“五神殿”，碓行业的“增福堂”，钱业、杂货业、绸缎业的“财神殿”，药材业的“神农殿”，以泥木为主包括石匠、漆匠、窑匠的“鲁班会”，南货斋馆业的“雷祖会”，豆腐行业的“淮南会”，染布业的“梅葛会”，屠宰业的“桓侯庙”，酒馆业的“詹王庙”等。这些同业行帮各祭祀一个祖师神主，作为各帮的精神偶像。各堂均有“首事”，五年一届，首事交班，要将账目算清，刊碑勒石。为加强会员的联系，每年举行祀神年会，如农历三月十五日的财神爷会、八月十八日的杜康会、八月二十日的赵公会等。

商帮。明清两代湘潭商业繁荣，外地来潭经商者在商业利润的刺激下远涉千里，客居异地，因商业竞争、文化隔膜与土客冲突，同籍的外来商人相互联络，抱成一团，分籍贯或行业结成商帮。清初至清中叶，湘潭形成了苏（江苏）、南（江南，包括江苏、浙江、安徽长江以南地区）、建（福建）、广（广东）、北（北五省，包括山西、陕西、甘肃、山东、河南）、西（江西）、本帮（包括湖南、湖北）七大商帮。

会馆。各商帮均建有自己的集会场所，称会馆、公堂、公所。据清道光年间成书的湘潭闽馆刊刻的《类成堂集》，湘潭最早成立的商帮是顺治六年（1649）成立的新安商帮（徽帮），公所在凤竹庵。顺治七年（1650），江西商帮建万寿宫作会馆。紧接着南海、番禺、顺德、新会四县商人，在湘潭合建岭南馆，下设南海粤魁堂、番禺禺山堂、顺德凤城堂、新会古岗堂，各县设立规约，处理同县人事务。顺治十八年（1661），福建商帮在十八总正街建建福寺作为福建会馆，分设十堂，称“十闽堂”。康熙中期，山西、陕西、甘肃、山东、河南（北五省）商帮合建关圣殿作为会馆。继之，各省商帮均建起各自的会馆，即江苏的金庭会馆、广西的水来寺、安徽的凤竹庵、湖北的禹王宫等，到光绪十五年（1889），湘潭城内共建有会馆40余处。

湘潭七大商帮均建有会馆，其中江西的万寿宫、广东的岭南馆、北五省的关圣殿最为壮观，房阁殿宇，画栋雕梁，水榭楼台，杂迭生姿。江西会馆万寿宫最为宏丽，亭台楼阁，画栋雕梁，今犹存其后阁凉亭（雨湖公园内的夕照亭）；现保存较完好的是北五省会馆（关圣殿），镂雕龙柱之精美、殿阁之恢宏，令人叹美不暇。

作为国内最为完整记载会馆的资料，近年发现了湘潭闽馆刻印的《类成堂集》。该书四卷，由道光年间何字恕辑成，记录了福建会馆——十八总天后宫（建福寺）顺治十八年（1661）建立以来至道光年间一百六十多年的运作情况，也记述有福建商帮与其他商帮以及与官府的关系等，我们得以知道湘潭最早建立的会馆是徽商新安商邦建立的凤竹庵，得以知道湘潭明末商业发展及外埠商人进入的情况。该书为我们研究湘潭会馆提供了完整的样本资料，弥足珍贵。

商帮、行会一般由大商号派代表组成，公选帮董（或称首事、董事）分年管理会务，俗称“值年”，亦有由各商号轮流管理的。帮董负责对外办理交涉、谈判，处理争执、纠纷或诉讼，制订行业规章，议定行情市价，接纳伙计，主持祭祀，承办官差等，非富商大贾和有名望者不得担任。湘潭七大商帮的帮董最为暄赫一时，他们都捐有五品顶戴，身着官服，往来官府，埒于缙绅，县官到任必登门拜访。七帮商人为维护其共同利益，又联盟组成“福善堂”总会馆，推举帮董管理七帮帮务。民国二十四年（1935）出版的《中国实业志·湖南》对七大商帮组织作了如下描绘：“湘潭商贾队伍十分庞大，分闽、粤、苏、浙、湘、赣、豫七帮，各有会馆公所，一切钱账业规之纠纷，统归处理，各帮领袖，必捐五品顶戴，与官场互通声气，遇清廷有庆典，则通衢张灯结彩，街分十总，斗巧眩奇，日縻万金不惜，四乡来观者，人山人海。”

3. 行规自律管理

行帮、商帮都承担一定代政府进行私营商业管理的职能。湘潭俗话说：行有行规，店有店规。制定必须共同遵守的行规，是行帮行会的一个重要职能。行规经由各商号商定，一经制定，必须共同遵守，如有违反，轻则罚以唱戏、办酒席、罚款，重则

“禀官究办”“革出本行”（《湖南商事习惯报告书》附录《商业条规》）。行规因行而异，主要内容包括入会注册条件；公平竞争的规定，如商品价格、运费、度量衡标准；对招收徒弟的规定；严禁掺杂使假等。

注册管理。明清时期商业注册自由、有序，凡新设商号，只需向商帮、行会捐纳牌费，符合行规规定的条件，便可设立。牌费不同时期、不同行业数额不一。乾隆时期绸庄设立的牌费为纹银 10 两，酒席业为 15 串文，盐号为 6 串文，广货店 2000 串文。设立的地点，一般要求同业必须间隔“上七下八家”，如果是对面街道，须远隔“三对门一隔墙”，以避免“抢行夺市”。特殊行业依据朝廷的要求，还有特殊规定。如湘乡客栈业，“新开栈寓，店主必须亲具不得招藏匪痞切结，交街总造册，然后发给循环簿，以便注载客商姓名居址，无保无结者，不得开张。”各行会设有注册管理的专门机构，据《类成堂集》记载，福建商帮商业注册管理由“厘头堂”负责。

度量衡管理。清代中期，湖南各地度量衡器名目繁多，大小不一，容易为奸诈之徒从中谋取高利。各府、州、厅、县，每年虽有检查的规定，“不许私自增损，凡未经检查而私制者，公同处罚”，但仍难收整齐划一的效果。为防止商业欺诈、保护消费者权益，建立良好的商誉，各商帮、行会在行规中对此均作出了严格的规定，以求湘潭市场的度量衡器的整齐划一。据现存资料，湘潭绸缎、花布业使用的度尺以官尺为准，规定“每年校准一次，不得擅自增减，有滥成规，如违公同禀究。”碓坊规定量器斗斛“每年农历十二月一日起至十五日止，各碓坊至神农殿过验后，用火印烙记，互相遵用。”盐商规定衡器“于每月望日，齐至会所，归值年校准。”药材行行规规定：各行号不得瞒秤、吃价、短斤少两，也不能贴秤、贴价、贴佣，公平竞争；不论买卖双方是否在场，必须公平合理，远近无欺。北五省棉花行 33 家曾公议制定《棉花规例》，对商用砝码、价格、装卸等进行明确规定，并立碑镌石（碑藏关圣殿）。据《类成堂集》记载，作为私营工商业自律管理的最高机构七帮福善堂十分重视度量衡器管理，曾在通济门内高悬斛斗，大书“照胆”二字，福善堂定期、不定期派出首事，对各商帮、行会进行巡察，查究处罚违规商家。

价格管理。明清时期，湘潭各行业的商品、服务价格有一套独特的形成机制，即由同业各行号汇集于行会，分别商品的质量高低，议定各种商品买卖价格，称为“行市”。议价一般分为定期、不定期两种，定期以车、船、脚、店、牙等服务业和商业周期较长的行业为主，其中车行、船行、脚夫（箩工）运输、装卸价格、牙行牙费（佣金）数年不变，因物价因素确需调整，由各行统一议价（参考价），最终由户部颁定。斋馆饮食等长周期行业，多采取每月朔望日议价方式，如湘乡斋馆业。湘潭商业市场庞大，商品价格变动非常灵敏，商品价格的确定多采取不定期议价方式，由董事先期通知各行户参与议价，“湘潭各帮亦随时议价，以为畅销之计”。价格一旦确定，以告白的形式通知各商户和市民自某月某日起实施议定的买卖价格。议价确定的价格，各商户必须遵照执行，“不得私自涨跌”“烂行市”。行会每日派出巡查首士分街查察，如有滥价滥规者，罚办酒、唱戏。

质量管理。商品、服务的质量管理是行规的重要内容。湘潭现存的北五省《棉花规例》《四都靛山公议章程》《类成堂集》、湘乡《典商条规》等都对商品的质量控制、对掺杂使假行为惩处作出严格规定。同治四年（1865）订立的《四都靛山公议章程》规定“靛户酿靛，毋许搀和蓝渣，增重斤两，减价发卖，以致真靛难卖”。（碑存湘潭县图书馆）碓坊业规定，豆米中掺杂糠灰、泥砂者按价赔补外，还要公同议罚；米不准潮水，值年查出，罚钱10串。湘乡茶业行规议定：“产户如有掺和茶子、树苏、地灰等，一经查出，除焚毁本茶外，公同议罚。”可见各行行规对打击假冒伪劣、维护公平竞争的关注。

投资人和员工管理。为封锁技术，限制竞争，保持行业相对稳定，部分行规对投资人、员工籍贯，投资人、员工的岗位职责及劳动纪律、职务升迁有明确规定。如药材行行规规定，不论是投资人还是账房、伙计、学徒一定得是临丰人；各行号不得瞒秤、吃价、短斤少两，也不能贴秤、贴价、贴佣，公平竞争。锅行“一品堂”也规定，不许外省人入场学徒。

商帮、行会虽然带有行业和地域的特色，在一定程度上限制了贸易自由，限制了技术的扩散，但也起到了代官府管理、规范市场、支持公益事业的作用。明清两代湘潭商业的繁荣，与商帮、行会组织树立起来的诚信、公平商业道德不无关系。进入民国时期，商帮、行会为同业公会取代。

第六章　“金湘潭”的教育与文化

“金湘潭”的教育和文化是发达和繁荣的。经济的强大动力推动了教育和文化的发展，教育培养了大批有用之才，繁荣的社会需要文化的消费和滋养，两相促进，造成奇观。尤其清末民初，西方文化教育冲击内地，清朝被迫顺势应变，教育发生了深刻的变化。科举的废除，新式教育的兴起，具有划时代的伟大意义。

一、“金湘潭”的教育

湘潭教育素称发达，追其源头在宋代。南宋胡安国父子在碧泉书院讲学，湘潭成了湖湘学派的发源地，其学生弟子分散各处，大多以教育为职。“潇湘洙泗”之说，流传久远。明代中后期，湘潭不仅教育发达，科举成绩也突飞猛进。清朝教育以科举为中心，湘潭儒生应举和中试人数较多，人文称盛。由于商业发达，又与广东接邻，湘潭思想开化较早，有不少儒生冲破科举的束缚，在别的方面发展，成为颇具才识的人物。如张克扬父子便弃儒从商，成为一代儒商，并捐建高峰塔。

清朝末年废科举，倡新学，新式学校兴起。光绪二十八年（1902），湘潭昭潭书院改为高等小学堂。公立湘潭县学堂在陶公祠创建。美国长老会开办益智中学堂。光绪三十一年（1905），湘潭楚山两等小学和第一所女子学堂龚氏女学创立，并设蒙养班。各学堂以“忠君”“尊礼”为主旨，也开始传授“格致”等科学知识。宣统二年（1910），湘潭县人郭省吾等办理蚕业讲习所，开职业教育之先河。

1. 私塾

私塾是中国教育的基础。“金湘潭”时，城乡私塾林立。有学生家长延师授课的家塾，有塾师设馆授徒的门馆，有利用祠堂或寺庙等设立的族塾和村塾。因塾师学力和教育对象不同，私塾又有高低两种：蒙馆、经馆。蒙馆教儿童识字断文，经馆教预备投考的青年学习经文、八股文。

蒙馆课程分读书与习字两类。读书用《三字经》《百家姓》《千字文》《幼学》等为教材。也有塾师自编启蒙课本的。儿童年龄稍大，程度稍高，就加授《四书》《五经》《唐诗三百首》或各种实用杂字等书，有的还加授算术。私塾实行封闭试教学，单科独进，个别口授。教学程式是课读、温书、背书三步。背书不熟或举动不端的，加以训斥或体罚。习字方法，初“描红”，进一步“摹写”，程度高的临帖练习。经馆的课程分读书和讲书。除规定熟读《四书》《五经》外，还授以“古文选读”《史记》《东莱博义》，选印《墨卷》和《御批通鉴辑览》等书。每月逢三、八日各作文一篇，写诗一首。塾师若教学得法、要求严格，所授生徒学习刻苦，在私塾可奠定坚实的文化基础。著名大画家齐白石就是读私塾启蒙，其外祖父在白石铺枫林亭王爷殿开私塾，祖父每天接送齐白石上学。革命先烈罗亦农幼时在湘潭就读塾师郭月卿门下，受先生开明思想和渊博知识的影响颇深。毛泽东幼年曾在韶山南岸等5所私塾读书，6年就能博览群书。后来毛泽东回韶山，特意请塾师毛宇居吃饭，并恭敬地向老师敬酒，留下了“主席敬酒，岂敢岂敢”“尊老敬贤，应该应该”的佳话。

然而，曾经是中国最普遍的私塾教育，在清末民初却走到了尽头。为了创办新式教育，朝廷和政府多次进行私塾改良，对私塾进行严格管教和考核甄别，最后干脆下了禁令，取缔私塾，私塾逐渐消失了。

2. 县学

湘潭自宋朝以来，历代均在县城设儒学，立有文庙，奉祀孔子，并以明伦堂作为宣讲圣谕、经义的场所，称为学宫。相对于私塾，学宫是官办学校。湘潭县学宫宋时建于文星门内（小东门），曾多次遭水火毁坏。清顺治九年（1652），知县刘见龙捐资重修。乾隆年间，将明伦堂移建于昭潭书院内。其后，嘉庆、道光、咸丰、光绪、宣统各朝历经修理。整个学宫以大成殿为中心，四周为深红色宫墙。光绪年间，学宫有祀田和岁修田999.13亩。今大成殿、大成门和崇圣祠等建筑尚存，是湖南科技大学南校区的一部分。

“金湘潭”时，官学招生名额，按各地人文和赋税额的具体情况而定。雍正时，湘潭县学文生学额定为20名，武生学额15名。湘军兴起后，因湘潭筹军饷有功，文武生员增额10名，而实际录取人数比定额更多。儒童入学前称童生，必须经过县、府、院三级考试合格，方能成为县学生员（又称庠生或秀才），这个考试名童试。凡“不通文义、娼、优、隶、卒子弟”，均无入学资格。初入学的为附学生员，以后经过考试，成绩列一等的，可按缺额补为增广生员。增广生员可称为廪膳生员，廪膳生员可以拿到国家银两和膳食米的供给。生员入学主要是参加考试以取得应乡试的资格，读书和研究学问不是主要的。

县学教材主要是儒家经典，包括《四书》《五经》《性理大全》《资治通鉴纲目》《大学衍义》《历代名臣奏议》和《文章正宗》等书。学校定期考课，有月课、季考，试《四书》文、兼试策论，并有岁试和科试。岁试在丑、辰、未、戌年举行，试《四书》文和时务策各一道、诗一首，选拔生员中优秀者参加乡试。生员中食廪年深或文行兼优的尚可按定额被遴选为贡生，入京城太学（国子监）深造。“金湘潭”时，从清初至光绪十四年（1888），湘潭、湘乡两县有各类供贡生430余名，远盛其他各县。

县学设有教谕、训导各一名，正八品、从八品官职，每人年俸银40两。其主要职责是严格管束生员，按时考课，教书是次要任务。清政府根据其办学宗旨，制定地方官学统一的严厉学规。顺治九年（1652），颁行《卧碑文》八条。康熙三十九年（1700），进而颁布《圣谕十六条》。雍正时又演进为《圣谕广训》作为对生员的“戒律”和教育训练生员的标准，每月初一、十五，由教官召集生员于明论堂宣读，严令遵守。生员平时并不住校，但必须按时参加考试。

3. 昭潭书院

书院是私塾升级版，但带有官办的性质。“金湘潭”时，湘潭有竹泉书院、昭潭书院、霞城书院，其中昭潭书院最著名。

康熙五十九年（1720），湘潭知县方伯在文庙东侧建义学。乾隆八年（1743），知县李松捐银并联络县人，废义学，扩建昭潭书院。乾隆十一年（1746），开始招生授徒，后又于讲堂前扩充廊庑建考棚26间。乾隆三十六年（1771），知县罗宏漳捐俸银增修丽泽堂5间，上层为文昌楼，书院规模乃臻完备，可容纳百人肄业。同治四年（1865），县人袁教之等募银对书院大加修缮，并增置学田2042亩，每年可收租2100石。光绪二十八年（1902），书院改为昭潭高等小学堂。

4. 霞城书院

同治年间，湘潭县教谕邹湘倜倡建霞城书院，获得代理知县麻维绪赞同和湖南巡抚王文韶支持，县署变卖所没收的房产作建院资金。书院建在今湘潭市宝塔街道凳桥村易家嘴下首，建筑面积2836余平方米，东西两侧共斋舍20余间，后有讲堂。但书院只有80亩学亩，且地势低洼，遇水患即无收。故邹湘倜离职后，书院办学艰难，县府也不过问。其后这个书院发生了两件事，可以一提。民国十六年（1927），毛泽东考察农民运动，曾在书院开调查会。民国二十七年（1938），长沙文夕大火，周恩来、叶剑英从长沙赶来湘潭，当晚在书院与郭沫若、田汉、冯乃超等一道开会，分析形势，研究对策。

5. “金湘潭”科举中的儒生

教育的发展与科举是密切相关的，故科举状况反映了教育的发展。清代科举有正科（文科、武科）、特科（博学词科、孝廉方正科、经济特科等）。正科分乡试、会试、殿试三步，每三年举行一次。湘潭自明末“小南京”后，应举和中式的增多，到清代尤盛。乾隆九年（1744），规定湖南文科乡试每科中额正榜45名、副榜9名，咸丰三年（1853）又增额10名。而湘潭县儒生一科中式少则1人，多达8人。清代湘潭县文科举人共348名，其中5人拔解元。武科举人66名，其中4人拔解元。参加会试和殿试的举人中，有71人中进士，其中状元1名、榜眼1人、探花1人，武科有6人中进士。科举虽采用八股程式，却也培养了一批真才实学人士。如河道总督陈鹏年、岳麓书院山长罗典、户部左侍郎周系英、漕运总督黎培敬、国学大师王闿运、旷代逸才杨度、实业家梁焕奎等。这些都是那个时代有影响的人物。

6. 新式教育

“金湘潭”末期是中国社会大变革时期，尤其是甲午海战失败后，改革成为社会潮流，清政府虽几经反复，最终也只好顺潮流而动。其在教育领域就是废科举，兴学校。1902 年，湘潭始办现代小学，初等小学为五年制，高等小学为四年制。到光绪三十三年（1907），湘潭县共有初等、高等和两等小学堂 30 所，在学校生 1178 人，居湖南省各县第二位。

清光绪二十八年（1902），湘潭县署改昭潭书院为县立高等小学堂，是湘潭现代教育之始。次年，湘潭县周氏族人集资创办养正初等小学堂。光绪三十一年（1905），陈子京在县城楚山观办楚山两等小学堂，龚述荀办龚氏女学于县城龚氏祠堂。光绪三十二年（1906），李宗莲为争取妇女受教育权利，多方奔走募捐，在县城十总办四德女子学堂，面向全县招生。光绪三十四年（1908），美国长老会办光道女子小学堂于湘潭城区。宣统三年（1911），湘潭佛教宗学在海会寺置办海会小学。在小学堂开办的同时，中学堂也相继开办。光绪二十八年（1902），湘潭县绅王国栋、谢鼎庸等在县城陶公祠创办湘潭县学堂，次年改名湘潭县中学堂。同年，美国长老会在湘潭县城创益智学堂，后增办高中，是湘潭境内最早的完全中学。宣统元年（1909），湘潭县人易宗夔、匡辅之设立中学于长沙紫东园，称驻省中学。

宣统二年（1910），湘潭县郭省吾、王子青、王镜堂等人办蚕业讲习所于昭潭书院，男女兼收。次年，李辅元、郭文治等在湘潭县文庙东侧设文明促进会和文明女子实业学堂，这是湘潭最早的职业教育。

二、“金湘潭”的文化

湘潭自古就是文化荟萃之地，在“金湘潭”时期更是创造出一段文化的辉煌。同治、光绪年间，境内城乡常年有数十家湘剧班社演出。花鼓戏亦完成了从地台到庙台，从小戏到大戏的发展。渔鼓、弹词、丝弦、小调等曲艺演出社团活跃于城乡。木偶戏广受儿童欢迎，花灯舞、龙舞、狮舞、彩船舞等表演活动各呈异彩。同时，随着西方文化的传入，电影等新的文化活动兴起。戏剧、文学、书法、绘画等艺术创作风生水起，民间收藏、图书馆、京剧在境内起步，有些在国内有相当影响。总之，“金湘潭”时期的文化繁荣与经济繁盛是相互映衬的，互为表里的。

1. 文学

“金湘潭”时期，湘潭文学创作盛极一时。清道光年间，黎吉光等人重建雨湖诗社，地址在雨湖凤竹庵。雨湖诗社最早建于嘉庆年间，创建为郭汪璨等人。入社者每人携一壶一碟，酬唱永和，谓之蝴蝶会。道光、咸丰年间，湘潭辰山周诒端一家诞生

13 位女诗人，且各有诗集，形成周氏女诗人群。咸丰年间，王闿运与李寿容、龙汝霖、邓辅纶、邓绎组织兰林词社，号“湘中五子”。其中，王闿运有《湘绮楼诗集》《湘绮楼词钞》《湘绮楼文集》等传世之作。光绪年间，齐白石、王仲言、罗真五、罗醒吾、陈伏根、胡立三、谭子荃等成立龙山诗社，社址在五龙山，推齐白石为社长。其中王仲言有《退园诗草》传世。黎松安成立罗山诗社，有《罗山诗集》传世。女诗人杨庄以诗歌为武器，参与康梁变法活动，著有《湘潭杨庄诗文词录》。其弟杨钧为诗文锋芒犀利，风格明快，各种诗体皆工，尤擅七律，撰有《草堂之灵》等。叶德辉致力于图书收藏和文艺评论，有《观古堂诗录》流传。王闿运的“王门三匠”：铁匠张登寿、铜匠曾招吉、木匠齐白石，更是一段文坛佳话。八指头陀释敬安不仅是一位全国有影响的高僧，而且是一位成就突出的诗人，时人评其诗作“高者可以追继魏晋，卑者也不在中、晚唐人之下”。一生作诗 1900 余首，文若干，有《八指头陀诗集》《文集》以及《嚼梅吟》《白梅诗》等。光绪刊《湘潭县志》载：“故县历代凡诗赋四百九十家，八百六十七卷。”邓显鹤在所辑《沅湘耆旧集》中，录了大量湘潭人士的诗，并评为湖南“七十二县之冠”。

2. 戏剧

“金湘潭”时期，湘潭的娱乐是冠绝全省的，湘剧、花鼓戏、皮影、木偶等都有精彩剧目，深受观众喜爱。

湘剧是当时的主要娱乐项目，产生在“金湘潭”的早期，完善在清同治至光绪年间（1862—1908）。其“唱工”讲究字正腔圆，其“做工”重视表现生活细节，风格完整而严谨，很受民众喜爱。当时主要有仁和、永和、太和、庆和、春和五班，次则有同春、大顺、泰益、同庆、清华、仁寿、四义等班。各路湘剧班子云集湘潭城内，以其精彩节目和高超技艺打码头、争观众，常常一个班在一个剧场演出月余不得收锣。同时，江西赣剧和长沙湘剧也来湘潭占码头、争市场。这从一个侧面反映了“金湘潭”时期经济的繁荣和娱乐的丰富。湘剧演出剧目多取自宋元南戏的《金印记》等“六大记”，《封神榜》等“四大连台”，《西汉图》等“八大连台”，以及《胭脂褶》等“三十六按院”剧目。当时各班名角交辉相应，同春班言桂云技艺高超，《打鼓骂曹》中“罢罢罢，强忍心头大火”一腔，人道“可值黄金百两”；同庆班聂海云时有“小生全才”之称；仁寿李芝云，唱做俱佳，文武双绝，人称“戏状元”；同春班陈松年善演关岳，被誉为湘剧十大名靠之一。在此期间，不取报酬的业余班社亦纷纷出现。这些班社由七八人组成，围鼓而坐，自唱自奏，故又称“围鼓社”。

光绪二十六年（1900），湘潭开办湘剧科班，采取教育与演出相结合的办法，培训湘剧演员，著名的有姜是福主持的三元科班、周大德主持的桂升科班，其中不少后来成为湘剧名角。

湘潭人给演员喝彩捧场也与众不同，不是鲜花，而是掷槟榔，观众看到精彩动情处，就向台上抛掷槟榔，故有“一曲清唱歌婉转，有人台下掷槟榔”之词。

湘潭花鼓戏起于清嘉庆年间，其形式源于民间的花鼓、花灯，音乐大多源自山歌、民歌，演出风格朴素健朗，载歌载舞，欢快活泼，生活气息浓厚。最初的花鼓戏演出，通常是两人，一旦一丑，有类东北二人转，后发展到三小：小旦、小丑、小生。演出节目有《扯罗卜》《捡菌子》《扯笋》《捉泥鳅》《捡棉花》等，多为反映民众的劳动与爱情生活，一般为自娱自乐性质，极少营业演出。咸丰年间（1851—1861），湘潭有大年初三、初四接戏班到案堂演神案戏的习俗。这种演出原为湘剧班社承担，到同治年间，乡间神案戏演出逐渐为花鼓戏班取代。光绪年间，湘潭城区出现堂戏（请戏班到家庭演出）、排街戏（艺人沿街演唱）、赌戏（以唱戏聚众赌钱）。花鼓戏转变灵活，适应这几种演出要求。农村花鼓戏班大量进城演出，十四总清香阁成为乡村花鼓戏演出艺人集结地。凡要在城区落班演出者，需要到清香阁向戏首交纳“饥荒钱”（实为定金），方可认允。光绪末年，城区成立许多花鼓戏班社，著名的有刘十六等五个班、廖春山的春和园班、徽钦的杨林班。花鼓戏由2—3 人演唱发展到7—12 人，行当、唱腔、伴奏均有长足发展，并出现有人物形象和故事情节的剧目，如《杀蔡铭凤》《晒绣鞋》等。不少班社还以湘剧、京剧、影子戏中移植剧目上演，质量高者常与湘剧班争雄。剧目反映的社会生活面也日渐宽阔，才子佳人、小姐太太的风流韵事也入戏中，一些有伤风化的情节大量出现。因此，清末民初，地方政府视花鼓戏为“淫戏”，一律禁演，湘潭花鼓戏受到严重摧残。“日食千家米，夜宿古庙西，锦绣包穷骨，一伙讨米的”，这首歌谣即是花鼓戏人生活的写照，不少艺人亦将花鼓戏社改称“楚剧社”，以躲避查禁。

清末民初，京剧也传入湘潭。湘潭本地之皮影戏在同治年间出现；咸丰年间，木偶戏班出现；渔鼓、莲花闹、围鼓、讲古等曲艺在道光年间流行；江浙的丝弦、长沙的弹词也在咸丰间传入。

3. 剧场

各种戏剧的产生和传入，催生了剧场。明末，湘潭官绅商贾常雇戏班在家中演出，始有堂会出现。民间为方便酬神祭祀演出，常在寺庙中修建固定戏台，时称庙台。同治、光绪年间，外籍工商、行帮云集湘潭，在城内建立许多会馆，会馆中一般都建固定戏台；农村祠堂一般也建有戏台，每逢重要活动便邀戏班演出，观众免费入场看戏。光绪末年，湘潭城区庙台和会馆戏台达 34 处，主要有金凤庙、三圣殿、紫云宫、轩辕殿、鲁班殿、关圣殿、天后宫、晴川公寓等。而农村庙台和祠堂戏台更达 400 余处。

清末民初，湘潭城区出现了茶园。茶园门前经营茶点、酒菜，内设戏台和观众席，俗称戏馆子，此湘潭最早的专门演出场所。著名的有熙春园、华园、逸园。原有庙台、会馆等演出场所逐渐被戏园所取代。

4. 美术

“金湘潭”时期，湘潭的美术成就很高。清咸丰年间，尹金易画梅花草虫，遒劲高古，笔有余妍，有“尺纸寸缣，均为世宝”之称誉。光绪年间，湘潭画人辈出。胡沁园兼工花鸟草虫，善写汉隶。文九苞画楠竹，师法郑板桥，令人难辨真假。李之莼琴、画、刻、印均有造诣。文光浚画山水尤工雨景。文敏诗称千里，而画尤工。黎松安篆刻法度简古，刀法劲利，书法师颜真卿。曾广钧书法师欧、柳，得潇洒空灵之趣。光绪四年（1878），齐白石拜周之美学习木刻，后拜胡沁园、陈少蕃为师，又从黎松安学篆刻，技艺大进，诗、印、书、画及雕刻名传乡里。齐白石又五出五归，周游天下名山大川，为衰年变法打下深厚基础。

5. 收藏

清代，湘潭私人藏书十分丰富，在全国也很有地位和影响。湘潭县，芳瑛设“卧雪庐”藏书阁，藏明以前刊印的《史记》《汉书》等30余种，著有《蠢圃书目》20卷，藏书印记为“袁芳瑛印”“古湖南，氏藏书画印”“卧雪庐袁氏藏书”“雪庐精鉴”等，为咸丰年间全国三大藏书家之一。晚清著名文化人叶德辉藏书4000余部，逾20万卷，设“观古堂”“丽楼”等藏书楼。其藏书印记有“叶德辉”“德辉”“南阳”“观古堂”“观古堂鉴藏善本”“叶德辉藏善本书籍”等，善本有宋刻本《南岳总胜集》、宋白玉蟾书《道德经》、金刻本《堆雅》、明杨慎书《六书崇隐》、元刻本《仪礼集说》，以及其他大量的明刻本，藏书目录有《观古堂藏书目录》4卷、《目园读书志》16卷。袁思亮辟“雪松书屋”藏元刻本极多，明正德治字版《太平御览》等是为珍本。王闿运、黎松安等人藏书极为丰富。光绪二十八年（1902），湘潭县学堂成立不久，建立湘潭第一个学校图书室。宣统二年（1910），湘潭县创建图书馆，此为湖南最早的县立图书馆之一。

第七章 “金湘潭”的城市建设与市总

一、湘潭的城池

湘潭历史上频频设县，代有变迁。其县治故城，史载不详，有清以来，学者争讼不一。较为权威的说法，秦汉间湘南县均治于今湘潭县石潭古城，但也有人认为湘南县城最早曾设于今南岳衡山附近。吴孙亮太平二年（257），分长沙西部都府立衡阳郡，治湘南，其治所应在石潭。南北朝宋文帝元嘉（424—453）中，衡阳太守将郡治迁到湘西县，其郡治或许在衡山附近。齐高帝建元二年（480），湘南男吕安国改封湘乡男，湘南县治废。隋高祖开皇元年（581）平陈，废湘西县又入衡阳县，后改衡山县，县治南迁，大抵在今衡山之晚洲，或亦在石潭。直到唐天宝八年（749），湘潭之疆域调整，移治洛口（今易俗河），县城才变得明晰可考。

今湘潭市区作为湘潭县治，据说是始于宋元符元年（1098），但今人李寿冈先生则推测始于五代。他说：“五代于易俗设场官，湘潭县治可能于此时迁至今湘潭市区。”其实，清代王闿运先生虽未明言，实际上也是持这种看法，他在所主修的光绪刊《湘潭县志》中说：

> 天宝八年而后，县境始有定壤，而县治犹有迁易。北宋犹界至麓山，故自元符而后，湘潭之疆域无复更张。其曾经立治之地多为险要，后亦或置官以制其地。下滠则五代置易俗场官，宋驻县尉，明立巡检司；株洲宋设监当官；犹不尽失前代之意。

这里所说的下滠，即后来的下摄司，原在湘江之南，与易俗同为一地，不过时代不同，叫法改变，再后来干脆又将地名转移到了湘江对岸的今地。显而易见，王闿运也是认为五代设易俗场官之前，即十世纪上半期，湘潭治所便移到了今市区。

在此之前，晋时行政建制为州、郡、县。湘州设于晋怀帝永嘉元年（307），废于晋成帝咸和三年（328）。湘州管辖长沙、衡阳、湘东、邵陵、零陵、营阳、建昌、桂阳八郡。隋唐间湘潭县的地理概念还没有到达今天湘潭的主流地域。今湘潭市区一带为长沙县之属地，因而有人猜测长沙曾移治于此，也不是完全不合理的。王闿运就作了这样的推论，录以备考：

洛口未徙治以前，长沙之地极于古岳峰，南有长沙坳，则分界之处也。其时长沙盖徙治今县城。故县第二潭，刘禹锡谓之“长沙潭”。后湘潭既改名，以县北之衡山割入今衡山县，然洛口治与长沙治不远，于是长沙还治郡城，而长沙所属湘西故地，割属湘潭，东岸以昭山为界。……而宋以前湘潭人士，它书或言籍长沙，亦以其地在今县，当其时则属长沙也。

湘潭今市区所在地繁盛不衰，绵延不绝，当达于上千年。但何时在此筑城，宋元间史无载，见于记载的，最早为明万历间。王闿运撰县志，这样记载着清代湘潭城墙的规制及沿革：

其城南临湘水，周千三百三十二丈，高丈八尺，垛口二千六百。启六门：南曰观湘，其东文星，西南通济，皆通水；北曰拱极，西曰瞻岳，东北熙春，皆通陆道。门各有楼，始明万历四年。知县吴仲筑土城，水漱雨淫之，吏因以不利，典史张大礼稍易以砖。

清代计量单位一尺合今32厘米，折算成今天计量单位米，则城周长4262米（四公里多），高为5.76米，并不险峻。因此，这是一座小城池。明万历四年（1576），这次筑城是湘潭有明确史载的第一次大筑城。当时筑的是土城。规制、范围即与后来清城相同。筑城之由，据史载为“嘉、隆间广盗剽湘江，荆湘亡命乘风窥公帑、掠市廛，因建今城”。嘉、隆间，当指明嘉靖、隆庆间。此次修城，城门尚只五个，通济门时为水门。至于城楼，后来六门均门各有楼。其中观湘门城楼在乾隆十七年（1752）重修时曾题额为“迎薰”。

“城池”，有城就有池，古来一体。但湘潭城是有城无池。乾隆丙子年刊湘潭县吕志这样说：

旧无池，唯城南一面俯临湘江，西北二面地近后湖，每遇大涨，湖水决漭，倒影如画。其西则县治来龙，一带平冈隐见，出没若虬鳞蜿蜒于平湖浩渺间也。

第一次修的城墙，水浸雨淋，不耐坚久，几十年过去，不修是不行了。万历三十九年（1611），湘潭来了一位有作为的知县包鸿逵，四十五年（1617）离任，在湘潭期间办了不少好事，其中一件便是修城。他写了这样一篇《修城记》：

城，以圉邑者也。前令不任，猾吏为政，故岁圮岁甃也，须撤而新之。夫撤而新之之道，宜下臕而上翻也，勿以土入焉。土入者，雨窓之。今城之新瓮者三百丈，不能以土入也。陶之直，砖一万，金一斤。今增筑女墙，官自为埴，贱三分之一而坚。此典史张大礼之功也。从此而岁陶也，可尽覆其故。循地而起，墙之崇卑广狭，砖之面幕平侧，皆如法度。直，欲如其生也；环，欲如其抱也；齐，欲如其切也。取故砖之半，加以新陶之半，不以土入焉，费亦不甚侈，可弗索于民而办。恨吾不及为之，以待后之贤者藉手焉可也。

看来张大礼主持修城之前，城池还是经常修葺。那些旧砖或许是整修时补进去的，更大可能是第一次筑城时便用上了的，不过其中混用了不少泥土，以致雨水冲刷，形成无数小孔，极易倒塌。张大礼修城，由官府组织自行制砖，费用就节约了三分之一，而且还做得更加坚固。花费不多，没有让老百姓捐钱集资，即将离任的包县令期望着这样的工作会有人继续做下去。明万历四十二年（1614），为了打好城墙赖以存在的基础，这位包县令还修筑了城西南半边街的沿江石堤。这道堤是由一个叫作王相的盐商独资捐建的。当时回籍闲居的京官李腾芳写了一篇《半边街砌石记》，其中说：

县治之迤西临湘者，曰半边街。街之上流为大步桥，县后田涧之水出焉；下流为流水桥，城中之水出焉。其波漫衍回伏，岁以城漱。往余为诸生时，见城尚去水有土若干尺，今无有矣。每岁雨淫湘溢，居人緪竹以为城卫。援竹以行，彳彳亍亍，卒坠波中，或浮或死。二年间水盖天，湘破城而入，舟航于城中。

既而工举事集，石之截然者如堵，隆然者如丘，横然者如舟，黝然者如云。登其上，平然者如砥。其长四百尺，高三十丈，阔之数如高。用金千有二百。夕照西颓，山月穿江。行者或暇，游者或息，相与拂石而坐，扣墙而歌。

万历二年（1574）城破进水，说明当时已有城。因此，王闿运将湘潭始筑城定为万历四年（1576），似乎有误。万历四年（1576）可能是第一次大规模的完整筑城。至于湘潭县城移治以来筑城之始，则不可考了。

包县令去后一二十年，也就是明崇祯中期的十七世纪三十年代，才出了个以湘潭县推官代行县令职的李犹龙，对城墙重新“瓮石增堞”。但在明末动荡中，这些都毁于战火。

清朝建国初期，即十七世纪四五十年代，知县阎安邦、刘胤泰先后对城墙有所增补。康熙元年（1662）有老虎夜晚入城，残食居民，知县郑有成召集当地长者，具三牲，祭于城隍。他说，防患必须有备。张罗擒虎，不如协力筑城。筑城要不吝工时，务求牢实。“城圮令虎得入，非备患之道也。民力未纾，且徐葺之。”老虎进城食人，修城墙到了刻不容缓的地步，郑有成挑起了第二次大修县城的重任。但当时久经战乱，民穷财尽，勉为其难，从癸卯（1663）夏至甲辰（1664）秋，费时一年余，城墙总算修复完整了。但后来湘江涨水，又被冲塌。

康熙十三年（1674）至十五年（1676）间，吴三桂举兵叛清，攻占湘潭。清军则驻河东，隔江对峙。战事频繁，县城坍塌更为严重。二十三年（1684）知县姜修仁复筑土城，但三十七年（1698）被水冲塌。三十八年（1699）、三十九年（1700）间知县杨笃生又作了修补，但五十二年（1713）复被大水冲坏，城垣崩塌数十处。到了乾隆二十五年（1760），知县秦鏷集银二万四千两，大建砖城，并作护城石堤。这是第三次大修县城，湘潭城达到了它的最辉煌期。

秦鏷，字礼堂，金匮（今江苏无锡）人，乾隆二十三年（1758）任湘潭县知县，是湘潭历史上又一位很有政绩的行政长官。这时，清朝已开国一百多年，湘潭一改凋蔽景况，成为富庶之乡。"县地沃饶，道通江岭。东南七省，商货咸萃于此。舟楫至汉口，风水便利，恒数日可往返。秦晋商贾亦趋焉。"这是光绪刊《湘潭县志》所使用的描述语言。海内殷富，县人以有易无，自然也跟着富起来，而民俗却渐渐地习于侈靡。秦鏷一上任，严禁陋俗，力戒奢靡，增建常平仓，劝民积谷，沿江作石堤以抵御湘江大水。他理政很有政声，而最重要的是大修城池。他亲自撰写了《重修县城记》，很值得一读：

潭邑邻衡岳，带湘水；上控两粤，下通江汉；邮传舟航，往来如织，号称剧邑。邑故有城，康熙癸巳水浸城圮，迄今四十有八年。国家重熙累洽，久道化成，废兴坠举。邑据上游，城垣颓落，曷奠民居而资保障？乾隆二十四年己卯，郡尊刘公、观察张公履城勘估，方伯许公复加裁节，具其事申于大中丞冯公，核实具题，部复允行。

予以戊寅承乏官斯土，治斯民，譬作室家而勤垣墉，分内事也。爰于庚辰仲春，悉心规划，诹吉日集工匠，盟神明，矢公慎，凡内外庐舍之附城者则捐资以徙之，城外枯骸之暴露者则施木以瘗之。盖大工伊始，俾人无驿骚，鬼无怨恫也。

计城周围一千三百三十二丈，仅存者三百余丈，而拆裂者复居其半，需砖七百二十九万六千余口。城南面河，向无护堤，易致倾圮，今筑石岸。先其急者，自文星门至观湘门，计长一百九十七丈，高一丈，累以五级，需石九千八百五十丈。为陶于岸之南，择土之润洁者，官自为埴，尺度必齐，火候必得。而民间之陶者，复分辨偿值，不苦窳而足用。采石于小石矶、凿石浦、燕子岩等处，近在本邑，皆奔峭临江，方舟顺流，不劳挽运。于是人心和会，知巨工之不易，服经理之无私，不督责而胥勤，被犒劳而加劝，早作夜休，忘劳鼓舞，爰告功成。计八阅月，共费帑金二万四千余两。

维时恭逢圣天子五旬万寿之辰，长堤绵亘，雉堞嶙峋，谯楼峻峙，六门洞开。潭民掎裳连袂，拭目翘瞻，欣欣色喜。于是张乐设彩，庆祝忭舞。进父老而告之曰："事乐其有成，尤贵于善后。兹城之修，鉴前之岁圮岁甃也。撤而新之，中砌以甑，不入以土，雨不能浸，水不能溃。然必知根基之培壅宜厚，牲畜之践触宜禁，蔓草之芟薙宜勤，则无俾城坏矣。堤之建椿，固其基层，累以石，方整而宽，平侧相间，环抱有度。然必知帆樯之维挽宜远，锄犁之刬削宜防，沙土之洗刷宜补，则堤斯永固矣，是在后之君子哉！是有在后之君子哉！"

父老相与称善，潭之民益喜。因退而叙其始末如此云。乾隆二十五年，岁在庚辰季秋月之吉。

八个月便完成了这样伟大的工程，可以想见秦知县当年的气魄。乾隆天子圣寿之日为八月十三日，即中秋节前两日。1760 年的这一天，湘潭新城披红挂彩，人们喜气洋洋，在这里举行开城大典。秦鏷把事情办得干脆利落，历年来附城而建的民居由官府资助拆迁，建城不要老百姓捐款集资，真是大度和能干得可以。尤其可贵的是，他那番不仰赖上方，惜公家之财，勤而不怠的高论使人耳目一新。湘潭这次筑城，虽说是报经工部批准动用国库，但还是出于地方主动，官民戮力，加以精打细算。唯奋发才能有为，看来古今一理。

嘉庆中，湘潭知县张云璈对城墙进行两次修葺。道光末，大概是 1850 年，湘江发大水，城墙倒塌。没过多久，洪秀全的太平天国起义军进军湖南，清廷敕州县设防，湘潭城墙作了简易整修。咸丰二年（1852）钦差大臣徐广缙驻军县城。四年（1854）农历三月，太平天国将领林绍璋攻陷县城，驻扎三日，为湘军击退。九年（1859）知县孙坦大修县城。光绪十一年（1885）农历五月，湘江大水陷城西北角五丈多。

到了民国期间，城墙的作用大大降低，它的厄运就到来了。民国二十八年（1939），湘潭县政府奉令动用积金，征派民工，拆除城墙。民间流传：某一天，城内攀龙街（现板石巷）尾段司马塘附近的城墙被人扒开一道缝，刚好一个人可以侧身而过，第二天早晨被当地百姓发现，哈哈大笑，从此“不要转（绕）路了”。当时武昌、长沙拆城在先，这么多的城砖又是一笔不小的收入，县衙闻报，干脆一声令下，由公家组织拆除，就从司马塘拆起。有人在司马塘的灵官庙贴了一副对联“攀龙蒙福，司马鼎新”，说的就是这件事。于是在湘潭历史上存在了三百余年的城池终于结束了。至今除留下几段墙基遗址，就只有人们口头上称之为“城里”的地域名称了。

二、总市忆繁华

湘潭这座历史悠久的商业都市，也有着自己独特的建筑特色，牌坊、石板路、吊脚楼、青瓦屋顶、白色风火墙……可惜这些都随着岁月的流逝而渐渐消逝。我们现在只能凭借嘉庆丁丑岁（1817）《湘潭县志》上所绘城总线刻图，以及至今犹存的 1915 年重修鲁班殿时塑制于殿门之上的城街全景泥塑，去追寻昔日古城的全貌了。不过，那些渗透着文化内涵的建筑，或者有遗迹可凭，或者至今仍巍然独存，它们为我们留下了历史的记忆。

湘潭城区的文化遗存，实际上形成了几个区域组团：一是标志性建筑，有城外东北的万楼和河东的宝塔。它们位于过去城市之外，与山水融为一体，同时又对城市形成一种呼应和点缀。二是壶山（陶公山）区域，这里是湘潭城区文化发源最早和人文资源最丰富的地方。其代表性的景点有晋代八州都督陶侃曾驻兵的石头寺，它在唐代由太宗遗诏托付的顾命大臣褚遂良题额改为唐兴寺；有陶侃衣冠冢和在湘潭殉节的明末督师何腾蛟的衣冠冢；有建于唐代，在清咸同间又成为太平天国与湘军作战的桥头堡的唐兴桥；有以陶公钓台为依托建起来的观景名胜望衡亭；有最具典型特色的圆形建筑湘潭汽车站；有鉴湖女侠秋瑾居住过的由义巷故宅；有至今犹保留有“我们的《清明上河图》”湘潭城总泥塑的鲁班殿。三是雨湖街市区域，这里是市民文化色彩最丰富的地方。有反映清初屠城之痛的希青亭，有记载了昔日街市繁华的北五省会馆关圣殿，有记录了湘潭历史上“朋殴”惨剧的江西会馆，有纪念宁折不弯青楼女烈的“双璧无瑕”牌坊，有风光独具的城市园林和私家园林，有较早出现的以工代赈的慈善机构，有毛泽东和彭德怀从事革命活动分别留下过足迹的和化坛与大步桥。四是城内区域，它是过去衙署之所在，记载了湘潭厚重的过去。有湘军与太平天国军队残酷攻守的城垒，有建自宋代的古学宫文庙，有何腾蛟殉难前被关押过和吴三桂毁佛铸炮的西禅寺，有饱含着丰富历史传说的三义井，有纪念我国民主革命殉难第一人刘道一的刘烈士祠，有承载了抗日战争期间收集流亡而形成的再度繁荣的街市。

湘潭的总市：“城”，所在多有；“总”，才真是湘潭的城市特色。湘潭旧时城市的格局为一点一线：点便是城，线便是“总”，即沿江街道。早在宋代，这里的街市便沿江而建，不会下于十余里。大概是到了明朝，便有了“总”的划分。官府机构、文教院所、士大夫宅第居城，工商业户居“总”。所谓“总”，便是街道一段区间的名称。展开嘉庆丁丑岁（1817）《湘潭县志》所附《城总全图》，便见各总之间设有门楼，上标各总之名，从八总到十八总，赫然醒目。各总设“值年”或“首司”，为公共事务管理负责人员。各总首尾，设栅为卫，入夜关栅，天明则启。街道用青石板铺路，两边店肆鳞次栉比。这是一个繁华安宁的小社会。

其实，一线并非一条街道，而是并行的三条街道。设总的叫正街，居中；靠江的叫河街，又叫前街；还有一条后街，以正街为中轴与河街对称，不过店面稀少。靠河的街道，间或便有吊脚楼，别有风致。

口耳相传，现在仍存于居民口头的地段概念，是从九总到十八总。一总到八总，哪里去了？历来众说纷纭。有人说，以前株洲属湘潭，从株洲宋家桥起算，一至八总在宋家桥；还有说一至八总在株洲渌口，九总才从湘潭市区算起。这其实都是不确的。应该是先有总后有城。从一总到十九总，肯定有一个绵延发展的过程。一总至八总只是因为后来筑城，被分割切块，逐渐消散了。城内之总，既有城墙包围，何用栅栏？城外靠东之总，亦因为城池的分隔而脱离街市，渐趋衰落。久而久之，一至八总便在人们的口头也湮没了。

清乾隆二十一年（1756）刊湘潭县吕志录有这样一首竹枝词：

> 生湘园里摘黄柑，八总街衢树底探。莫辨城中分总处，小东门外栅栏三。

生湘门，旧接九总为八总，历新街、大街、宣化街、攀龙街，凡四总，出小东门更三总。国初闭生湘门，诸总遂废。韩愈湘南诗：家自钟黄柑。

这里不但记载了清前湘潭街市一至八总的准确位置，还记录了乾隆时的变迁：八总已是树影婆娑，城中四至七总的分总栅栏因失去防卫意义不复存在，但孤悬于城东的一至三总则栅栏依旧。

清《嘉庆县志》对此也载得明白：

> 明时自县东宋家桥起，直抵小东门为一、二总，入城历宣化街、大街、攀龙街、新街为四、五、六、七总，出生湘门为八总。国初闭生湘门，诸总遂废。
>
> 八总正街：通济门外起，至平政桥止……九总以上至十八总迄今如旧……其十八总又分上下，上十八总即旧志所称十九总也。

九总至十八总之外其他各总，虽不见诸今人口传，但亦零星有所记载。彭德怀在《自述》中，记载了1921年他到“湘潭城南八总大步（注：《彭德怀自述》印刷本错为“先”）桥河边”找郭德云的旧事。1922年所印行的《新订湘潭城乡区域现势图》之《城区详图》，八总在通济门到生湘门之间，十八总在钱家巷和居仁巷之间，另有上十八总在壶山沿河一线，正十九总从唐兴桥到喻家巷，上十九总则完全在锦湾街内。1928年所镌《湘潭石嘴头碑记》中也有“十九总”的称号。这些都印证了嘉庆志记载不虚。由于一至八总的废弃而导致街市向西的延伸，这便是十九总出现的原因，过来一度安静的梵刹之区锦湾自然也就繁华起来了。这个过程在清乾隆时便已完成，我们可以在当时流行的一首竹枝词里看出来：

> 不使城喧接市喧，生湘门静锦湾繁。桥西晒网鱼虾埠，洲北飞帘竹木屯。

闭生湘门不利于潭也。志称，陶公山市氛渐远，秋深黄叶，一名锦湾。夔元圃诗：静看渔舟上锦湾。今八总废街，越锦湾至杨梅洲矣。

所谓生湘门，查湘潭建城时所开六门中无此门，城总交汇处在瞻岳门与通济门之间，后来可能是因行旅不便而增开生湘门以使城内街道与总上沟通。再后来又因了形家之言，谓此处开门于城不利，于是清初郑有成修城时将其封堵起来。交通一断，街市分割，一至八总便废而不用了。

昔日湘潭总市之繁华，王闿运在《湘潭县志》中有精彩描绘：

> 湘潭，湖外壮县也，财赋甲列县，民庶繁殖，官于此者恒欣然乐饶。民间为之语曰：“不贪不滥，一年三万。”嗜利者不知足，见可以多取，辄增取之。自承平以来，屡以钱滚讼。然公私悦利，穰穰尤甚。城外沿湘十余里，皆商贾列肆。及转移，执事者肩摩履错，无虑数十万人。其土著农民合巨亿计，孔子所谓庶哉富矣之邦欤！
>
> 沿湘以上十余里，自前明号为“小南京”。依水列肆，不可以郛（外城，即郭），前湘后湖，形势比于夏口。

他还具体地描绘了湘潭各地商人云集、名产迭出的盛况：

> 临江擅药材，岁可八百万；建昌专锡箔，吉安多钱店，其余日油、广、

杂，曰铜、铅、蜡、丝，曰引盐，皆恃行帖擅利，他方人亦莫其能搀也。山西商擅汇票，淮商裘、褐、汾酒、关角、潞参，闽商烟草，岁亦数百万。苏商绸布，咸丰时为土人分其利，自沈申和云。江南市酒、酱，而龚庆祥、王大生、苏九和，皆土人大店也。广商则银珠、葵扇、槟榔为大。（槟榔）家日剖数十口，店行倍蓰焉。计城市街衢三重，长十五里。三乘之四十五里，里三百步，率五步一桌子卖之，合面相问，计每桌日得百钱之利，日当靡钱五六百万，如此岁费钱二十余万万，而百谷总集易俗场者才略相等。

海禁开后，红茶为大，率五六十日而贸买千万，寇乱江路绝，专恃湘潭通岭南。五口开，汉口、九江建夷馆，县市遂衰，犹岁数百万如。始闽中鬻烟丝，唯趣湘潭，率人日三钱，靡二三百万，比于食盐。军兴，湘军所至，则有贩建条者随之，自朝官以下，相率吸条丝烟。建条行益广，宜可依监例榷税。而商人辄雇担绕越，从湘潭担南土以往，以条丝还，每见辄百数十人，其江西、湖南仿闽烟者不可胜数。户部奏开鸦片禁，征洋药税，其漏税尤甚，县中税亦岁巨万。次则花布、香油、饧酒、玻璃、羽毛、哆罗氈、褐、丹漆、卮、茜、金铁之属。商分七帮，街分十总，人肩摩，夫担争，行者不遑趾，居者不暇餐。廛密善焚，弥火弥盛。郊野之外，闻都邑之宫声焉。国家征市租、筹捐税，岁辄百万，输过万金。例加广学额一员，常一岁例额七十。当军兴时任孙坦为令，委以聚敛，有所征求，辄逾所望，坦以此致三品，资数十万。及寇平，诸将拥资还，博戏倡优，相率以侈靡，尝一夜输银至巨万，明日举典商部帖偿之，传以为豪。

在这种盛况下，必然要形成地方的名产：

其巧匠名工，傅伯达治笔、汪又盛剪、柳泰盛线，传业国初；及居仁帽、清芝香粉、同仁锡器、元泰酱、祥华卷，亦各以赡家起名。初土贡有莲实，产县西杨塘，既而求者众，土人种者珍以自用，贡餽者买之衡阳清泉，署曰“湘莲”。

旧有名者，杨梅洲笳、株洲芦菔、云塘桔、石潭石灰、花石豆乳，皆不能出境异时。粗纸多自湘乡、衡阳来，行户亦多其县人。铜工来自湘阴，近亦多土人。明末蓝靛骤盛，官资以养驿马。石炭矿曰煤礶，大者聚千人。

冶铁取钢，必于芜湖，乾隆中黄聚泰身往庸于芜三年，结良工八人邀与归，起炉听钢，岁坐致千金。至今钢坊称聚泰，南北推其良，西商不复往芜湖矣。倾银亦秘术也，黄亿顺欲学之，阳喑不能言，竟传其方。铁贾则王济泰、萧恒通。济泰以富，刊其先人《船山遗书》数十种。恒通家豪侠有萧之梁，博通宾客，至专团练事。黟人孙孔林资财恢侈，设九典十八达，“达”者，其牌记也，后折阅而铁丝擅利至今。吉安彭仁和、罗小山、萧怡丰，皆起茶盐票，致资巨万。

清乾隆年间流行的湘潭竹枝词，也反映了当时街市的繁荣景象：

上湘广货下湘盐，舟到湘潭尽换添。通济门前神福酒，倒把子直过荆灊。

通济门外，半边街接河街。湘江以南多滩，粤汉上下皆易舟行。倒把子，以舻作舳，城南者独利荆州。把，平声，却手后也。

水门巷外彩灯摇，总里灯来大步桥。不羡九衢灯火夜，而今五月赛元宵。

水门巷，出通济门、大步桥，城通十总处。唐褚遂良湘潭偶题诗“踏破九衢灯火夜”，近年五月，两天符庙生辰赛会，花灯极盛。

西门瞻岳雨模糊，侬走河街君后湖。莫向庙前携笋箪，湘潭寒菌赛蘑菇。

瞻岳门出西湖，城西三街十总皆曰河街。西湖在后，一曰后湖。邑西南乡，雪时产寒菌，甘脆与北地蘑菇等，然不可多得。

宁乡巷到花桥米，拱极门来安化茶。挑上河街夸铁色，湘潭名久重京华。

拱极门内长巷曰宁乡巷。花桥，门北二十里，邑米此地为上。茶谱有“潭州铁色茶”，即安化烟茶也，今京师皆称“湘潭茶”。

歌声何处送青来，孝子坊前摘早梅。荷叶包开米粉肉，糊头岭外摘秧回。

拱极门内陈道周墓前有孝子坊，坊前有水田。城外湖头岭通燮家湖。元御史燮元圃庄田在焉，旧有插插亭云。

这里有意思的是，安化产的烟茶因集销于湘潭，名驰京师，反被称为“湘潭茶”。由此可见，湘潭当时在商品集散方面的重要作用。

湘潭的街市，到了清末民初，又经过了一番拓宽整治，依然保持了在省内的领先地位。民国十八年（1929）七月所立《望衡亭记》碑，为国民革命军第二军第四师师长王捷俊所撰，对湘潭街市作了细致的描绘：

湘潭为湖南巨镇，居市之民约二十万。谷米、药物、草木、山货、豆酱之属，船舶来往，朝夕喧豗。街市滨湘水西岸，西北蜿蜒二十里，析为城区、总区。总区复析为正街、河街、后街。在昔自由成市，市道零乱。民国十七年（1928），捷俊率国民革命军第二军第四师，在籍驻防。因集父老议事，有提议整理市道者。八月复建议县务会议设湘潭市整理街道委员会。

风声所被，群以大和，拆屋让街，争先恐后，甫两月而城总正街规模备矣。渐及后街、河街及通行各要巷，为时亦仅四月。自城区三义井，迄总区之万寿宫，计宽营造尺一丈八尺；自万寿宫及长宝汽车路，计宽二丈二尺，余则为一丈四尺或八尺。于是名三义井经县署至生湘门为民治路，自大步桥至十一总为平政路，自十二总至十四总为三民路，十五总至十八总为中山路，上十八总至十九总为建国路，黄龙巷经河街到后街为建宁街，居仁巷自正街通后街为居仁街，仓门前码头通洗砚塘为自治街，黄龙庙码头自正街通河下为湘清街，自瞻岳门至马家嘴雨湖沿岸为雨湖街；其临河属某路者则曰某路河街，又更大码头为中山码头。壶山石嘴墒盘错临江，贫民百户依岩以居，因醵资为之起屋，而后凿石开道，既平且直。

三、湘潭古城的标志性建筑

1. 壶山与陶侃

壶山位于湘潭市区西头，于湘江冲积平原里突兀而起，其山为红砂岩质，以形似壶而得名，为一城之形势。《湘潭县志》说得明白：

> 县城三方隔水，壶山自湖头分支，迤于湘岸，纯为石体，谓之石嘴头，亦曰马蹄石，与壶皆状石形也。《荆州记》：“山有巨石状如壶。”《一统志》云：“在县东三十里，取旧说据洛口故城言之耳。下有石头寺，褚登善题曰唐兴，云昔士行驻兵，曾作二亭，一以望衡，一以渔钓，因谓之陶公山。湘流冲山，碍山回曲，下为锦湾，中有洲曰杨梅洲。

陶侃曾驻兵于湘潭壶山，因此，后人又称此山为陶公山。关于这段历史，《晋史·陶侃传》中也有涉及：

> 侃复率周访等进军入湘，使都尉杨举为先驱，击杜弢，大破之，屯兵于城西。……而弢败走，进克长沙。
>
> 太兴初，进号平南将军，寻加都督交州军事。及王敦举兵反，诏侃以本官领江州刺史，寻转都督、湘州刺史。

据文意，击杜弢而屯兵于城西，很可能就在今陶公山一带；当然也有可能是在太兴初驻节锦湾。

陶侃生于吴永安二年（259），晚年封长沙郡公加征西大将军，东晋咸和九年（334）去世，活了76岁，遗命葬于长沙。晋成帝追赠他为大司马，并赐谥“桓”，人称陶桓公。湘潭人为了纪念这位声名赫赫的贤臣良将，在陶公山建起了陶侃衣冠墓。此墓至今尤存，上有墓联：“百甓勤劳博茅土，八州都督剩松楸。”

马蹄石系壶山伸入湘江的突出部分，又因色赤而被唤作“锦石”。据说这里曾是陶士行垂钓之所，故又称陶公钓鱼台。清人有诗云：

> 近浒陡绝碨石头，石头欲压杨梅洲。
> 桓公三尺钓台在，台下逝水空悠悠。

石下有潭，称陶公渔潭。《湘潭县志》说：

涟水入湘十里而经壶山，回复成潭，即渔潭矣。《南迁录》言：有人入潭，石穴窈明，中有古鼎，疑为禹沉厌水之器。又尝因竞渡，没入一舟，舟人皆见髯叟，引至其宫，皆云毋流离，玉堂荃壁。奏技七日，仍还故处，而取去龙头，至今犹有一舸无头，志灵怪也。

又北第二潭，潭水纯清，重倍凡水，匠制铜钲，必取此水淘之，干宝所谓錞于注水，其声清越者也。潭水泓深，下见游鱼，然估舟鳞次，殊为嚣杂。

干宝为东晋文学家，他编写了灵怪神异故事集《搜神记》。

这里提到的“竞渡”，就是今天民间所说的“划龙船”。每年端午节，湘潭都要举行龙舟竞渡，而这里水面开阔，历来都是观赏龙舟的好去处。说到湘潭这个节俗，唐诗里就有记载，上文所述许浑《送客南归有怀》诗中提到的“赛江神”便是。清乾隆年间湘潭流行的一首竹枝词也记载了当时龙船竞渡中的一种风习：

龙船驿外赛端阳，认得船头是阿郎。
底事失头龙诧异，黄龙久不下观湘。

湘潭驿在观湘门对岸，龙船竞渡，传吾邑有二船沉龙宫，宝糕孔留七日归。今陶公船号“失头子”，尚可划；黄龙船不可复划，唯陆地金装迎送锦标。

2. 唐兴寺与褚遂良

褚遂良在湘潭题下“大唐兴寺”手迹石刻碑额，至今犹存湘潭市博物馆。

大唐兴寺，即位于壶山的唐兴寺。它始建于晋代，原名“石头寺”，这个名称应是从壶山一石头感悟而得来。到了唐初，被唐高宗贬来潭州的大书法家褚遂良巡视至此，浇心中块垒，为它改了今名：

唐兴寺，旧名石塔寺，唐褚遂良因争立武氏，左迁潭州都督，常登陶公山，过石塔寺，顾瞻长安，愀然不怿，命易“石塔”为“唐兴”。

（清·康熙湘潭县志）

这里所说的武氏，即后来大名鼎鼎的武则天。文中“争”，为“谏诤”意，即反对的意思。说到褚遂良，他可不是一个简单的人物。

褚遂良学问稍长，性亦坚正，既写忠诚，甚亲附于朕，譬如飞鸟依人，自加怜爱。

这是唐太宗李世民在朝廷上论及群臣时对大臣褚遂良的评价，见之于《旧唐书·长孙无忌传》。这也是“小鸟依人”成语的出处。我们今天用来形容娇小而温柔的女性，殊不知它当初竟是用在了一个十分刚烈的直鲠之臣的身上。

其年，（褚遂良）迁谏议大夫，兼知起居事。太宗尝问曰：“卿知起居，记录何事，大抵人君得观之否?”遂良对曰：“今之起居，古左右史，书人君言事，且记善恶，以为鉴戒，庶几人主不为非法。不闻帝王躬自观史。”太宗曰：“朕有不善，卿必记之耶?”遂良曰：“守道不如守官，臣职当载笔，君举必记。”黄门侍郎刘洎曰：“设令遂良不记，天下亦记之矣。”太宗以为然。

（《旧唐书·褚遂良传》）

褚遂良这时的官职还只是一个为皇帝撰写起居注的史官，在至高无上的皇权面前，他依然表现了忠于职守的尊严。到了太宗临终时，他以中书令之职成了两个顾命大臣中的一个：

二十三年，太宗寝疾，召遂良及长孙无忌入卧内，谓之曰：“卿等忠烈，简在朕心。昔汉武寄霍光，刘备托葛亮，朕之后事，一以委卿。太子仁孝，卿之所悉，必须尽忠辅佐，永保宗社。”又顾谓太子曰：“无忌、遂良在，国家之事，汝无忧矣。”仍命遂良草诏。

（《旧唐书·褚遂良传》）

到高宗朝，遂良与其他老臣见用，在关键时刻他果然挺身而出：

六年，帝将立昭仪武氏为皇后，无忌屡言不可。帝乃密遣使赐无忌金银宝器各一车、绫锦十车，以悦其意。昭仪母杨氏复自诣无忌宅，屡加祈请。时礼部尚书许敬宗又屡申劝请，无忌尝厉色折之。帝后又召无忌、左仆射于志宁、右仆射褚遂良，谓曰：“武昭仪有令德，朕欲立为皇后，卿等以为如何?”无忌曰：“自贞观二十三年后，先朝付托遂良，望陛下问其可否。”

（《旧唐书·长孙无忌传》）

上一日退朝，召长孙无忌、李勣、于志宁、褚遂良于内殿。遂良曰：“今日之召，多为宫中。既受顾托，不以死争之，何以下见先帝?”勣称疾不入。无忌等至内殿。

（《通鉴纲目·唐纪·高宗》）

将入，遂良谓无忌等曰：“上意欲废中宫，必议其事，遂良今欲陈谏，众意如何?”无忌曰：“明公必须极言，无忌请继焉。”及入，高宗难于发言，再三顾谓无忌曰：“莫大之罪，绝嗣为甚。皇后无胤息，昭仪有子，今欲立为皇后，公等以为何如?”遂良曰：“皇后出自名家，先朝所娶，伏侍先帝，无愆妇德。先帝不豫，执陛下手以语臣曰：‘我好儿好妇，今将付卿。’陛下亲承德音，言犹在耳。皇后自此未闻有愆，恐不可废。臣今不敢曲从，上违先帝之命，特愿再三思审。愚臣上忤圣颜，罪合万死，但愿不负先朝厚恩，何顾性命。”遂良置笏于殿陛，曰：“还陛下此笏。”仍解巾叩头流血。帝大怒，令引出。长孙无忌曰：“遂良受先朝顾命，有罪不加刑。”翌日，帝谓李勣曰：“册立武昭仪之事，遂良固执不从。遂良既是受顾命大臣，事若不可，当且止也。”勣对曰：“此乃陛下家事，不合问外人。”帝乃立昭仪为皇后，左迁遂良潭州都督。

（《旧唐书·褚遂良传》）

武则天工于心计，为了登上权力的高峰，使尽了手法，连皇帝都出面私下贿赂。在威胁和利诱面前，各种灵魂露出了真相。长孙无忌与李勣都是前朝功臣，一持节，一逢迎，而真正起了大作用的还是那位资历稍逊的褚遂良。褚遂良在武则天尚未大发达之时便洞穿了其本性，也可见其敏锐的观察力。他的努力失败了，武则天也终于一步步地向皇权走去。三十五年后，也就是武周天授元年（690），武则天如愿以偿地登上了皇位，褚遂良当年的担心并非杞人忧天。

褚遂良就是在这样的背景下，于唐高宗永徽六年（655）年来到潭州。当他巡视昔年陶士行驻节之处，发思古之幽情，自然更会为大唐的前途担忧，于是，提笔大书“大唐兴寺”。由此，石头寺便有了“唐兴寺”这一更为响亮的名字。褚遂良不但书品高居中国历史上最优秀的书法大家之列，而且其高尚的人品更为人们世代推崇。

褚遂良被贬潭州后的第三年，复徙桂州，不久，又左迁爱州刺史，一年后死去。他生于隋开皇十六年（596），寿六十三岁。又过了两年，他的两个儿子在流放中被杀。褚遂良直到中宗元年，即705年才被平反复官，至德宗朝才受到追赠。

关于褚遂良在湘潭的经历，顺治己亥刊湘潭县志有这样的表述：

褚遂良，永徽中以谏立武昭仪为李勣、许敬宗所间，贬为潭州都督，尝登陶公山，游锦湾，因易石塔寺为唐兴寺。其时高宗尚存而中宗未立，公知武氏立而唐之将必败也，非如旧志所云中宗在房州时也。考公贬潭时，以乙卯九月，方二载，即丁巳八月为许敬宗、李义府诬奏，又与韩瑗、来济再贬而公得爱州，死于谪所，其去中宗迁房州时尚二十余年矣。岂李志未之详耶？然公所贻“九衢灯火”句，又何其优游乐易、和而不怨也？固当述褚公迁谪始末以额寺中，使知寺之由来久而唐室之中绝有渐也。

褚遂良不仅为唐兴寺题了寺额，还曾题写过“惜字”匾额，惜已湮没。现已失传的《唐兴寺志》有载，在同治刊《湘乡县志》中还保留了其中的如下资料：

褚公都督潭州时，书额“惜字”磨灭不可复识。李仁直有诗：

云蚀生蛟断，飞腾破壁奇。
人归大唐后，书勒中兴时。
落日星沙远，微风湘水迟。
高名余韵在，雒诵少陵诗。

褚遂良在这里题墨，后人就在这里指证了洗砚池，以纪念这位政见与书名俱佳的大贤。清人张璨为此专写了《洗砚池赋》，其中这样说：

泉眼波澄，珠喷玉溅。色闪青霜，光凝紫电。凝烟弱柳，蘸晓黛之一奁；照水夭桃，漱落英之千片。思疏凿于巨灵，想坤维之既奠。分勺墨于沧溟，亦面目之自旋。马胡饮而致贪，足胡濯而令贱。若斯水之高标，实昔贤之洗砚。缅有唐之再世，值大宝之旁移。羌司晨之有牝，令社稷之披离。思神器之有主，受遗寄于佳儿。虽遭扑其何畏，叩玉座以陈词。行吟去国，忧谗畏讥。恒凄情于侧理，雅托兴于隃砼糜。唯砼砼之自好，独一砚之常持。聊假日以愉乐，临流水之娱嘻。心如水而匪石，誓不磷而不淄。斥娲皇之炼补，思浴日于咸池。呜呼！名耻幸成，业非虚附。惟衾影之无惭，磨江山而永固。苟砚田之不荒，砥末流其何惧！望古人而不来，羌临池而独赋。

唐兴寺为历代名刹，不少高僧驻锡于此。其中最有名者，当属唐代的智俨：

（唐兴寺）元末毁，正统元年，寺僧嗣兰、宗洪复建。其后毁而复修，相沿至今。考石塔之设，有俨大师者，为云峰一支，道兼禅、律，刘禹锡铭因缘，详邑人周圣楷《楚宝·祖灯集》。

那位撰写了著名的《陋室铭》的大诗人刘禹锡，所作《唐故衡岳律大师湘潭唐兴寺俨公碑》如下：

佛法在九州间，随其方而化。中夏之人汩于荣，破荣莫若妙觉，故言禅寂者宗嵩山；北方之人锐以武，摄武莫若示现，故言神通者宗清凉山；南方之人剽而轻，制轻莫若威仪，故言律藏者宗衡山。是三名山为庄严国，必有达者，与山比崇。南岳律门以津公为上首，津之后云峰证公承之，证公后湘潭俨公承之。星月丽天，珠矾同贯。由其门者，为正法焉。

公号智俨，曹氏子，世为郴之右姓。兆形在孕，母不嗜荤；成童在侣，独不嗜戏。其夙植囚厚者欤！生九年，乐为僧，父不能夺其志。抱经笥入岣嵝山，从名师执业，凡进品受具，开经传印，皆当时大长老。“我入明门，不住诸乘；我行觉路，径入智地。”居室方丈，名闻大千，护法大臣，多所宾礼。嗣曹王皋之镇湖南，请为人师。自是登坛莅事三十有八载，“由我得渡者万有余人。”人持宝衣，解璎珞为礼，公色受之。谓门弟子曰：“彼以有相求我，我以有为应之。”凡建宝幢，修废寺，饰大像，皆极其工，应物故也。

元和十三年九月二十七日中夜，具汤沐，剃颐顶，与门人告别，即寂。而视身与色，无有坏相。呜呼！岂生能全吾真，故死不速朽，将有愿力邪？余不得而知也。问年八十二，问腊六十一。葬于寺东北隅。传律弟子中巽、道准，传经弟子圆皎、贞璨，与其徒圆静、文外、惠荣、明素、存政等，欲其师之道光且远，故咨余乞词。乃作长句偈以铭之曰：

祝融灵山禹所治，非夫有道不可止。中有毗尼出尘土，以津视俨犹孙子。

登坛人师四十祀，南方学徒宗奥旨。幼无童心至儿齿，识灭形全异凡死。长沙潭西几五里，陶侃故居石头寺，门前一带湘江水。吁嗟律席之名兮，与湘流而不已！

在唐中叶以前，湖南佛教律门并不发达。但自津公之后，南岳在佛教律宗中便有了崇高的位置。津公登坛，约在开元至大历间。柳宗元称：“佛法至于衡山，及津大师始修起律教，由其坛场而出者为得正法。”但是关于津公其人所留下的历史资料不多，有了刘禹锡这篇铭文，我们就知道了南岳律宗的主要发展脉络。津公之后为证公，证公即云峰寺法证，其事佛约在公元751—801年间，大概五十年，《全唐文》中有他撰的碑铭两通。云峰证公号称其徒“凡三千余人”，又从其所命而度者凡五万人。证公之后是智俨，智俨弘法先后度万有余人。智俨之后，传律弟子有中巽、道准。

智俨大师事佛61年，寿82岁。据碑记推算，当生于唐开元二十五年，即737年，而元和十三年是818年。因此，他生活的时期为唐朝玄宗、肃宗、代宗、德宗、顺宗、宪宗六个皇帝当权的年代。他自幼便静心法门，终成正果，为湘潭的佛教文化留下了光辉的一页。

文化含量如此丰厚的唐兴寺，自然会为历代墨客骚人所流连，他们将自己的身世与这里发生过的历史联系起来，以诗章抒写了各自的感受。且看：

问君何所适？薄暮逢烟水。独与不系舟，往来楚云里。钓鱼非一岁，终日只如此。日落江南桂楫迟，纤鳞百尺深可窥。沉钩垂饵不在得，白首沧浪空自知。

（唐·孟浩然《湘南渔父》）

一雨三秋色，萧条古刹间。无端登水阁，有处似家山。
白日生新事，何人得暂闲？将知老僧意，未必恋松关。

（唐·杜荀鹤《霁后登唐兴寺水阁诗》）

虽小天然别，难将众木同。侵僧半窗月，向客满襟风。
枝拂行苔鹤，声分叫砌虫。如今未堪看，须是雪霜中。

（唐·杜荀鹤《题唐兴寺小松》）

湘水似伊水，湘人非故人。登临独无语，风柳自摇春。

（唐·郑谷《湘江亭》）

独宿大中年里寺，樊笼得出事无心。
寒山梦觉一声磬，霜叶满林秋正深。

（唐·孟宾于《湘江亭》）

寺废苍岩耸，江回远岸明。风雷摧翰墨，岁月老丝缗。
兀坐知茶味，闲行忘去程。长哦伊水句，回首若无情。

（宋·张栻《唐兴寺湘江亭》）

注：有唐《大中记》及诗刻，兵火后沉潭中。寺右有钓矶。郑都官尝题诗，湘水似伊水，湘人非故人。

水带断矶潴，徘徊宝地初。一竿陶太尉，三字褚中书。
潭影浮图活，钟声古殿虚。无人能说法，休笑石头愚。

（清·释惟虚《唐兴寺》）

锦湾是唐兴寺一带风景佳绝处，历代诗人对这里的描绘已见于前面各篇。清邑人张埴，曾在一个江水盛涨的时候，乘兴登舟游了锦湾，在这里凭吊了先贤，写下了《锦湾观涨赋》。我们在这里欣赏其中的一节：

渡客作欸乃之声，予亦耶许以助。少顷，微风倏来，鱼贯交接。柔橹疾如双翎，布帆轻如一叶。问搔首之旧楼，指潜蛟之深穴。巨石冲流，环波怒溢。下瞰江心，倒影千尺。袒赤膊以挐空，空青宵而壁立。若奔猊与饮驼声，叱咤而不绝。巍乎巀嶭，斯湘流之砥柱也。相与拾级而上，履绝岸，陟危冈，俯仰寥廓之域，徘徊梵呗之堂。抚几动容而告客曰：是池也，乃陶桓公所韬晦，褚中令所运筹。其前则钓鱼之矶，其后则洗砚之池也。想其戮力典午，属望唐兴，一时功业焜耀而皆不可寻矣，独锦湾之晴树与石塔之禽林。事随代以俱易，地因人而愈灵。咸珍重其护惜，戒剪伐以成阴。何当时之葱茏，今直为此萧森？则兵火之灰烬，能无恨夫英雄之据争。

清代周翼嵩所撰《湘潭竹枝词》八首，其中就有专写锦湾的两首：

万丈霞光照水红，行人争渡锦湾东。
橹声咿哑篙声歇，估客帆收落日中。

陶公片石傍江隈，俯瞰波光一鉴开。
时有渔姑飞棹去，船头打得鲤鱼回。

3. 文庙

文庙，是全中国通祀儒学奠基人孔子的庙堂。毛泽东曾经在湘潭文庙这里落过脚。据说，在大革命时期，有一次他就在这里躲过了敌人的追捕。

两千多年来，孔子在中国政治经济文化生活中有着至高无上的地位。因而，文庙往往是当地最辉煌的建筑。湘潭也不例外，光绪刊《湘潭县志》载：

文庙，祀孔子，在瞻岳门内。宋绍兴初建在县治东文星门内，元至正辛卯冬毁于兵。明洪武二年，知县莫玉，即旧址创明伦堂；十六年知县罗仲常卢兰修之。正德十一年，县人黎时雍等以学地低洼，时被水度，买治西广惠寺地改建今学宫。知府吴道雄、知县刘镛、郑臣、陈应信、查大期、萧奇杰、包鸿逵，县丞刘宁等相继加修。明末毁于兵。国朝顺治九年，知县刘见龙出官俸重修。其后赵光耀、来式铨、章炬、张元正、申可真等，继有增饰及置祭器。雍正四年，县人始集资大拓其规。生员张云溢捐资百金，贡生曹士元五十金，合公资百余金，及曾悝、曾用璜各以私地益广学宫地，而附学四祠则颁官帑建之。其时币重物值廉，故所费不至千金。乾隆十九年，知县吕正音筑大成殿，石台增高一尺五寸，后扩五尺，左右各拓五尺，殿宇升七尺，月台增高一尺五寸，左右各扩二尺，余皆大有增饰，工费三千金。嘉庆二年，李华黼、卫际可更丹漆雕砻之。道光二年方为霖、二十一年夏廷樾、咸丰二年曹源、光绪十二年沈锡周，以时完葺。每兴工作，辄费数千金至万余金。

清雍正年间，有桐城张廷玉，撰有《重修学宫碑记》，内称：

湘潭固湖南名胜之区，而自五峰胡氏、南轩张氏绍述濂洛之学于岳麓、石鼓之间，后又有朱子领帅于潭，以昌明其说，传之不朽，则其流风余韵必有日远而日新者。行见潭人士君子相与讲习于学舍中，使我国家之人才蔚然炳然，真不愧于宋室之名贤也，岂不又盛且美哉！

赵启霖文集中有一篇《重修湘潭学宫记》的碑文，为我们提供了清末重修文庙和配祀诸贤的情况：

光绪三十有二年，诏以孔子升大祀，自京师及方内郡县，恢度庙庭，视昔加阔。吾邑亦拓宫墙、新两庑、斥乐舞之位，庙内诸所宜髹葺者次第及之。复就故训导署改建习乐所，备物致敬，粲如穆如。

方大祀之命下，启霖时在谏垣，疏请以王氏夫之、黄氏宗羲、顾氏炎武从祀。礼官上议，奉旨俞允。及是，以三儒木主祉祔焉。盖经始于丁未十月。至辛亥五月蒇事。

关于文庙的祀典，光绪刊县志中也有如下记载，用“太牢”，可见规格之高：

释奠之仪，县最整肃。乐舞生皆士大夫家子弟。岁春秋仲月上丁，用太牢，配哲两庑皆少牢。三献，九叩首。支祭银四十两、香烛银一两二钱六分。崇圣祠用少牢，支银八两。

文庙前身为学宫。南宋恭帝德佑二年，即 1276 年的二月，元兵陷湘潭，县丞李长庚正襟危坐学宫死，表现了守正不阿、宁死不屈的民族气节：

李长庚，字子西，清江人，咸淳进士，官湘潭县丞。元兵入城，冠带坐学宫，不屈死。诸生敛之，即葬学宫旁。今文星门内有墓巍然，县人慕敬之。

（光绪刊《湘潭县志》）

此墓一直保存到二十世纪五十年代。

4. 唐兴桥

唐兴桥位于陶公山下，原称陶公桥，又因邻近唐兴寺而易今名。桥身为单孔石桥结构，净跨 12 米，宽 6 米，旧为湘潭西向和南向的交通要道，车水马龙，行人如织。唐兴桥历经千年风雨，一直保存至今，而且仍然起着流通作用。桥面两侧的麻石栏杆，缀以石雕小狮、小象、小鹿、小兔等，虽在风霜侵蚀下只留有漫漶轮廓，却不改绰约风姿，依然灵动。

明代李腾芳有《陶公山纪胜》一篇，其中记有陶公桥之景致：

陶公山，晋陶桓公之所卜也，草繇木乔，巢鸟集焉。飞则蔽天，鸣则如杂乐万部。山之下，有石高数十丈，踞江拥沙而起者，陶公之钓石也。或以石色赤而曰“锦石”，或以石形类马蹄而曰“马蹄石”。石上有二亭，陶公亭也，一以望岳，一以钓鱼，今亭亡而趾在也。石下有陶公之渔潭也。潭之西有水出焉，其上有桥，陶公桥也。自桥迤北，山行一里，有池，陶公洗砚池也。皆名之以陶公，重其人也。桥侧有树，大可数围，高若千丈，其枝横出千百偶，比折而上行，相护如手，风怒窍号则口鼻相呀，土裂根坌则肘股交历。土人言，岁于槎枒间结人面子，眉目如锲，吠犬骇童，不知其为何树也。夏秋之潦，江水切涨，自桥入，穿洗砚池，一望淼淼，游人小艇子出入，皆系于树枝上。举酒以酬树，水势既急，树汩汩有声，与橹哑舟鼓相答。余尝徘徊其间者久之。

这个风景绝胜处，在清咸同间却经历了一场惊天动地的战事。太平天国军在湘潭与湘军进行了一场决死的水陆大战。陶公桥以其重要的战略地位，被太平军当作了阵地：

贼（指太平军）之扑潭，盖由西路暗袭也。至之日，既分党虏人，又在城北高竖木城，又一队在黄土山坚筑土城，又将过路之唐兴桥用石砌断，又于桥边排筑炮台，又取沿街石板拦途横架，无非欲阻截援兵来路，为久据计。

（云庄野人手编《潭城纪事》）

此战历时七天，战斗极其残酷，双方死伤数万，最后以太平军败绩而告结束。此役为太平天国走向覆亡的先兆，也是湘军走上历史舞台最有决定意义的一役。上文中还记载了这里发生的战事：

时风大火散，着船之火又延烧街上房屋，自小东门外至大埠桥一带房屋俱毁。其先日贼自燕窝放火，次日又接烧窑湾至唐兴桥等处。

战火的洗礼，没有摧毁唐兴桥，这或许有些侥幸，但它历千年而常新，却是凝注了湘潭官民的共同保护。这里有碑为证：

唐兴桥上陶桥侧所沤粪凼，去年曾经饬令，已沤之粪着俟春水涨泛，一概将粪运开，以凭填护两岸而保桥梁，取具各结在卷。乃张三胆敢仍在滨港一带盘踞沤粪，似此刁抗，殊属目无法纪，着予笞责示儆。现具结恳三日后将粪运开，所有滨港一带基地，听凭栽种树株，培护两岸桥脚。又具举人甘澍生出具切结，滨港一带基地永不得起造、锄园、沤粪等情，一并粘连附卷，张三着交原差胡寿等具保，如再宕延违抗，仍着交安重办不贷！此判。

光绪七年七月初十立

湘潭县正堂严五月二十八日朱判

陶公山江边绝壁间，有巨字摩崖石刻“江山胜迹”。这四个大字为湘潭书法家、教育家朱德裳所书，极为遒劲。因崖壁为红砂岩，易风化，经近百年剥蚀，已相当受损。不知何时为人用水泥涂抹，隐藏在垂藤乱草间，不易为人所见。好在踪迹犹存，仍能见其风貌。

5. 万楼

万楼位于市郊宋家桥侧，濒临湘江，是湘潭的名胜古迹之一。始建于明万历四十三年乙卯岁，即1615年。发起者和主修者为湘潭历史上最有作为的县令之一包鸿逵。对于他，《湘潭县志》中有这样的评价：

鸿逵为政，务息民爱士。在官六年，承平安乐，时比之宓不齐弹琴而治，号为“仙吏”。自记其治县之迹，号为《纪事录》。又崇饰名胜，撰修图经。于民生之利病，政事之条理，详哉其言之也。

万楼修建之时，县人李腾芳正由国子监司业贬官家居，万楼的名字就是他取的。他应包令之请，写有《万楼记》：

邑之形如展幅绡，上下两出如左右手。上出者，巨石百余尺，巉巉江波间，若踏若轧，邑人所谓马蹄石也；下出者，颓然而已。颓然者，正水之所去也，邑人以为弗善也。民岁饥，缺贡粜，鲜蓄积，或是之以告于令包侯，谋筑石为台，堑沙截波，覆之以楼，极其壮，为闲捍。相其址，既树之表矣。一日，予过其处，循表而下，数十百步，得断岸焉，隆起有脊，高逾于前，伏沙隐于岸下，歒尾于江中，下有沙为之翼。前山接迎，江流抱转，群形之情毕聚，私谓莫宜于此。然惧先表者哗，默然而不敢言。明日，包侯一览而定，正其处也。则以属其事于太学谢选、贯人熊廷祥。而哗者不休。谢生则私以丝度江，得狭四之一；又以丝度至马蹄石，折而于邑之中，适中其中。又以盛夏江涨，縻舟上下，觌水之所及，高寻有几，可谓勤且精矣，然后不疑于其志而与祥也。戮力以就工。

至日，予与侯登台而周观之：地之隆者益出，沙之伏者益偃，山之迎者益近，江之转者益洄。少焉，蹑级而上，身纵于楼之端，千里之风拂槛而来，万蜗之烟缕波而起，林暝江动，水叫石激，山川之精，呈巧献工，气象变怪，宜其如此。视之既久，城邑渐明，原隰映带，铺青萦白，贾帆渔网，同在镜中，而水之欲往者有以为之留，山之来宾者有以为之主。于是，侯作而叹曰：“兹真邑之闬捍乎？造物者之设是久矣，吾与子不谋而得之，岂人力也！”喜题其台曰“杰灵台”，而命予以楼之字字之，曰：“万。”万，数之大者也，邑从此而大也。侯曰：“善！”呼谢生书而揭之。

予窃有感于生以丝度江之劳也。夫地起而沙伏，山近而江转，此事之可以目睹而知者也，而生必待夫以丝度之而后信焉，则夫有不可以目睹者当何如也？既幸其有以度之而信之矣，而有不可以度者又何如也？推类广之，天下之治乱，万物之是非，苟有人焉虽魁垒有名，而淆之以众言，抹之以我见，则有目而不能视，纵视而不能见者，往往矣，然则何尤于生？若夫有以度之而又不信，曰是谬为之，则其人虽起圣人而与之语，亦不可得而明矣。予之言非以夸于先表者也，以慨夫天下之治乱、万物之是非莫不然而云然也。

台高三十尺，楼高四十尺，视波之面已七十尺矣。用石三十万尺，用木三千个，其作而成之岁月，与南山之塔同，而费之数亦如。孝廉谢生所举，记之。

这篇记文描写了楼观之美景，足为湘潭人文景观增色，而尤让我们觉得珍贵的是留下了建楼时的细节，很值得细细品味。大学生谢选是个扎实人，为了在选址上说服他人，他硬是扯着棉线把江流之宽窄量了个准；更有甚者，他还竟然把从万楼址到石嘴垴的距离丈量一遍，证实了其位置恰好与石嘴垴以城中心为对称。李腾芳由此颇生发了一通感慨。他说，“以丝度之”是可以看得见的，但世上的事情有许多是看不见的，如果碰上一些糊涂人胡搅蛮缠那又怎么能得明事理呢？显然，这里有李腾芳当时败走麦城时的心境。

王闿运撰《湘潭县志》对万楼也有所交代：

湘水带郭东流，经万楼乃屈北流。万楼，李湘洲所名，包仪甫所建，以配壶山，为县形势。其先有黄花亭，仪甫以杜诗改之。杜甫《发潭洲诗》云：“夜醉长沙酒，晓行湘水春。岸花飞送客，樯燕语留人。贾傅才何有？褚公书绝伦。名高前后事，回首一伤神。”其后，王山长、郭幼隗觞咏于此，亦近伯孔帆园。楼下断崖隆起有脊，仪甫始筑石台，榻曰“杰灵”。上复起楼，故湘洲取“大”者名之。雍正壬子，通祀文昌，因易名文昌阁，西南通文星门也。

文中王山长为王闿运，郭幼隗为郭金台，伯孔即周圣楷，俱为湘潭名人。郭金台是清河道总督陈鹏年的叔祖父，因鹏年之父式谷过继金台为子，因此，有人就直指金台为鹏年的祖父。郭金台本姓陈，因其父被豪猾欺凌夺产，依舅父郭氏生活而改姓郭，直到鹏年才复姓。郭金台状貌秀美，下笔千言，为明吉王所礼聘。明亡后，隐居讲学，预题墓额“遗民郭金台”。

万楼历来是文人雅集之所，它是湘潭的岳阳楼、黄鹤楼、滕王阁。这里留下了不少题咏：

昼永无所适，凭高接混茫。楼窗吞远景，竹几动微凉。
人足静中趣，炉余爇后香。开函经一卷，假寐到曦皇。

（明·石万程《清明后一日游万楼》）

岸花明媚接芳洲，三月江风送客愁。
台阁初成延胜迹，山川有待识名流。
野烟窈窕村中树，帆影参差槛外舟。
清绝潇湘春唱和，竟将韵事一齐收。

（明·周圣权《游万楼》）

洞庭以南擅清绝，昭潭人地兼灵杰。
包侯宗伯两耆英，万楼壁立临江碣。
自从左逆争恢疆，虐秦一炬江雾黄。
春草无声岁月碧，石台不断风花香。
郑侯建置径绳古，开阁延宾夸地主。
蛮歌傞舞欲停云，脔截缕进辛酸醽。
彭公未醉且停杯，凭栏日霭湘烟开。
兴来望岳已飞渡，指点虚无云数堆。
公归月上舟帆好，二子招从恣潦倒。
平生怀抱尽须泄，曲终江上青如扫。
明日从公载酒游，百年春伴底销愁？
公收万古南山色，还踞元龙百尺楼。

（清·郭金台《邑侯郑敏之招集唐魏子、彭横山给谏剧饮万楼》）

九日登高结伴游，茱萸插遍上层楼。
云横衡岳万重树，雁过潇湘几度秋。
浊世不妨人独醒，良辰况许我消愁。
此行不负登临兴，只怕年华似水流。

（民国·胡文叡《九日登万楼》）

万楼为木结构，年代一长塌毁是难免的，但它在湘潭人心目中有着特殊的地位，屡毁屡建便成了一条规律。第一次重建是在康熙五年（1867）。邑人郭金台所撰的《重修万楼记》说：

> 明乙卯间，邑侯包公，会宗伯李，周度燕子桥下半里许，垒石为台，峻以阁，约七十尺，堑江截波，于是利赖兹邑者几三十年。阅甲申春，以兵燹，阁遂毁，而石台屹立无荡析，迄于今又二十有三年。岁丙午，邑侯郑，理丝休暇，率潭人士披榛夷道，登斯台而有感也，慨然谋所以新之。诹自三月吉，迄五月末，凡三阅月阁告成。

他还在记文中描写了万楼重建后登临的观感：

> 若乃骚人逸客，停帆载酒而登斯阁者，南望祝融，指点青冥，一抹出天半；东顾昭山，奇峰蹲峙，如垒翠堆云；西眺韶云，苍莽依稀，听有虞凤音；北瞻灵麓，则耸身回览，与七十二峰上下接待，仙仙乎若飘天外而行镜中；此诚湘南之绝胜而非予记之所能悉数者矣。

同时的邑人陈树芝，还写了一篇漂亮的《万楼赋》，开首说：

> 六合辽廓而无阂，籍斯人之巧思，或结构于层云，或托根于流澌。嗟万楼之奇挺，实神明之扶持。荫轸宿以垂曜，托潭州以正基。升斯楼以旷览兮，实轩敞而无俦。挽潇湘之千里兮，倚沙汀之长洲。背坟衍之广野兮，临皋隰之碧流。出城东之数武兮，趁暇日以销忧。

湘潭人把修楼视为可以带来好运的德政。《湘潭县志》中在为维修过万楼的官吏作传时，就这样说过：

> 前令李华黼修城东万楼未毕工，际可出己俸成之。万楼者，濒湘岸，形家以为地势主县人衰旺。楼始建自包鸿逵，取盈数为名。康熙中宛平章烜崇饰之，县中益盛。故以修建为令德，言循政者，此亦其一焉。烜子培基官武昌知府，其后又有朱鉴昌子湖官长沙知府，人以为良吏之报。鉴昌，字玉圃，嘉善人，以湘潭县丞知县事，为政不扰，民物恬熙，与秦鑅皆有升平之福，后迁汉州知州。华黼，字絅斧，黔西举人，再署县事，亦能理讼狱，急于农桑，民务本业，境内富饶。

文中朱鉴昌乾隆二十九年（1764）任县丞，三十二年（1767）知县事；李华黼乾隆五十九年（1794）署知县；卫际可嘉庆四年（1799）任知县。这样看来，有清一朝，自康熙五年丙午（1666）至嘉庆六年辛酉（1801）前后一百三四十年间，万楼共重修过五次；主持过其事的县令有康熙年间的郑有成、章烜（文煜），乾隆年间的秦鑅、朱鉴昌、李华黼和嘉庆初的卫际可。康熙间第一次重修，只用了三个月；嘉庆间第五次重修，因费绌，竟前后花了五年，始克告成。至于嘉庆后的重修情况，史不见载。

对于嘉庆时重建后的万楼形制，张之濮的《重修万楼碑记》作了如下的记载：

共议建楼三层，中层为“文昌阁”，最上为“魁星楼”，遂悬“万楼”旧额，盖先大夫之手书焉。楼得文星，光焰万丈，与高峰文塔夹水而交辉。楼之初层奉祀关帝，楼左建阁上贮观音，庶几各得其正矣。阁之下名“文厅”焉，游人于兹憩息，骚客于兹歌吟，是亦修文之一域也。阁之后建“岸花亭”焉，杜文贞之所抒怀，包仪甫之所更正，抑亦古人之遗躅也。其他因洼凿沼，因水叠桥，倚古木而结亭，绕长廊而修槛，高其闬闳，峻其垣墉，斯又文章家之藻采与其精神之凝结也。而予复顾名思义，拟建财神殿于楼右，后丽禅室，前作月台，明乎前人建楼之本衷，实自阜财始，盖民生厚而士气愈振矣。总之左右斯楼以壮文明之大观者近是。制既定而遂攻之，经三邑侯而后成之。

万楼之名远胜于文昌阁。文昌阁是通祀之名，所在多有，而万楼则非湘潭莫属，可惜今人知文昌阁者有之，知万楼者甚鲜。其实，万楼改名文昌阁，早就为识者诟病。清乾隆年间所刊县志就这样说了：

国朝康熙年间凡两修，称文昌阁、文起楼，皆后人更名，殊失先达命名之意，见邑人张璨《重修万楼疏》。

万楼作为一组建筑群，在清代基本由文昌阁、观音阁和岸花亭三个部分组成。文昌阁三层。在第一层大门门楣和大厅正面墙上分别镶嵌着“湘水洄澜”“砥柱中流”四个大字石刻。文昌阁在二十世纪四十年代已经岌岌可危。时地方政要已设立了一个由三十六人组成的重建委员会，1944 年日本兵到来，此计划流产。日军在万楼梁柱上系马，上楼阁偷盗器材，万楼遭到严重破坏，很快倒塌。

6. 高峰塔

高峰塔在湘江之东，与县城衙署遥遥相对。李腾芳代嘉鱼李憭撰有《高峰塔记》一文记其原委：

湘潭于湖南最有名，地势自交广峤岭戟立斗折而来者，忽然释其岩嵁嶔巇而放于夷悠，潇、蒸、湘诸流又有以宣其滞、出其恶而潴其美。故生于斯者，问学文秀之民多。然竞介距以斗科名则士犹欠然自少之也。商于乡先生克扬张公辈，告于邑令仪甫包公，为石浮屠尖于邑治之南山，占巽之隅，因崇为高，凡若干尺。始于去春甲寅之二月，考之以今秋乙卯九月。士既登而乐之，乃为书柢予，求为之记。

高峰塔，也是包鸿逵所倡建。湘潭人俗称为宝塔，数百年来都是人们登高游赏之处，惜于“文革”中被毁。近年重建。

清人周兆鹏写有《登宝塔岭》一诗：

塔势崔巍暮入秋，诸天斗宿豁双眸。
百年文物荒邱冷，千里征帆故国愁。
石嘴似人横浦口，昭山如舫劈江流。
开轩试看凌宵鸟，只恐狂风卷不休。

清人张亘写有《湘潭古塔》诗，其中所说“双塔”，即指夹江相对的高峰塔与唐兴寺石塔：

双塔浮今古，峰攒碧玉篸。自来罗带水，千里护湘潭。

7. 望衡亭

望衡亭耸立在湘潭老街头江水上游处的石嘴垴上。

壶山石嘴垴，为湘潭一城之形胜，这久为人所认识，但在近代也遭到了些少破坏。清末民初，湘潭那次整治街道，搞过大拆违，成绩斐然，但却把石壁凿去了一角。这里有碑刻为证：

建国十七年，吾友王俊捷，以师长驻军县城，督工修街。街宽若干尺，道旁屋各令拆让。石嘴头突出街心，截去一角。芝兰当户，所在必锄。王君意甚惜之，则人情然也。

以前民间建街市，筑屋而不营道，故“曾不经期，复遭后命”，到不了十二年，便又是一个轮回，重蹈覆辙，建而复拆，拆而复建。石嘴头被铲除了一部分，虽然是为了拓宽道路，有其合理之处，但从保持风景与文化的长远目标看来，终是损失，甚为可惜。主事者王捷俊惜之之心，还是很有见地的，这样做，或许非其本意。

王捷俊，字正寰，湘潭县人，1891 年生，国民党陆军中将。1928 年任政府军第二军第四师师长，驻防湘潭。1930 年，王捷俊隶属于第十八师张辉瓒部，任第五十三旅旅长，参与对江西苏区红军进行第一次围剿。进抵永丰县龙冈，遭红军反攻，他与张辉瓒等在内九千人全部被俘。王捷俊于次年元月被杀。后来，王捷俊家属建其衣冠冢于望衡亭畔。王捷俊整治街道之功，还是应该肯定的。而且，他在施工之时，没有忘记对古文化的传承保护，他在这里特建了一座望衡亭。下面是他在自撰的记文中关于建亭始末的记述：

又经数月，工事具毕，因即石嘴垴为园林，籍共游赏。昔陶士行驻兵于此，曾作两亭，岁月迁除，传闻渐异。今仍筑一亭，名之曰“望衡”，从其朔景遗行也。

这篇记文作于民国十八年（1929）七月，但当时只开辟了一个亭基，不知是经济的原因，还是王捷俊调任的原因，并未完成。等到它建成之时，已是民国二十一年（1932），其时王捷俊已经作古了。这年七月，建筑此亭的委员肖鹏、齐延湘、胡思亮、莫运选、黄政衡在所立的《建筑湘潭县望衡亭碑记》中详述了建亭经过：

湘江自广西流入湘境，折而东下，经数千里，至潭城石嘴垴折而东南，经文昌阁循山东下。湘潭都市之盛甲于东南，实赖石嘴垴巨石壁立嵯峨拔峙于江头，障湘水而东之，帆樯千万鳞集水曲，所由致也。

逊清末叶，铁道通于株洲。株洲位于湘江东岸，潭市之商务遂衰。民国十七年，邑人王振寰旅长慨商务之消沉，街道湫隘有以致之，遂仿长沙拆让街道。自城以达石嘴垴，次第兴工，不一年而成。凿石嘴垴而辟望衡亭基，长沙曹孟其曾为之记。今振寰死矣，葬衣冠于亭基之下。宁乡鲁师长涤平、长沙朱师长耀华、宁乡洪旅长振楚，集巨金以促成斯亭而志同人景仰。莫梅初广为募集，乡之人以斯亭为邑之名胜，合乡间人士筹募巨金以完斯亭。

今亭已建成，亭之前为故旅长振寰墓。亭以石为基，步石磴至亭楼。石栏周环，凭栏四顾，江干风景掩映眼中。自亭楼左旋，循铁梯而上，为亭之中层。再上则平台矗立，南望衡峰，朝阳碧色，隐约于烟云缥缈间，而大江环绕，逦迤以达于麓山。叠嶂层峦，出没于风沙望里。上下波光，帆鸟翔集，蓼渚芦汀，参差夕照。风景如斯，诚足乐也。每值四时佳日，游斯亭者，凭高远瞻，万里孤怀，触感兴亡，尘念俱寂，能不有江海无涯之慨乎？益令人不能忘情于斯亭者矣！

望衡亭全为麻石结构，历经风雨而无损。这里江水湍急，急浪回旋，洲渚横迤，石峰耸峙，树木婆娑，楼舍峥嵘，是观景的绝佳处。

8. 潭宝汽车站

壶山界内，唐兴桥附近，还有一座值得一提的近代建筑，它就是昔日的湘潭汽车站，现在人们仍称它“老汽车站”。它建于民国二十八年（1939），是我国早期公路潭宝路起点站，又是我国最早的营业站房之一。它是一幢既实用又很有风格的圆形式建筑。它的站房为圆形台阶式建筑。平屋顶，砖混结构。一层作旅客购物和出入用。二层台阶内缩，利用一层圆周边屋顶作回车场，花岗条石档墙及砖拱承重结构；设售票、候车用房。三层以上为工作人员办公及辅助用房。屋顶设瞭望塔。建筑圆形中心为内天井，顶底直通，设采光屋顶。出站房与街道设立交桥，站面设岔道通湘江渡口。它的功能合理，空间流畅，造型独特，至今依然卧伏在这块名胜之区。虽然由于规模和区位的原因，它已经退出了历史舞台，但这一点也不会损害它昔日领先潮流的风采。它今天仍然具有凝聚历史文化的文物价值。

在这里，原来立有一通《创修潭宝汽车路纪事碑》。它如今已移植到了潭宝公路起始处的砂子岭，人们为它专建了一座碑亭。它记载了潭宝公路的修筑始末，我们从中可以窥见二十世纪二三十年代湘潭交通在省内乃至国内的领先状况：

自互助进化论兴，一破强者生存之旧说。国无论东西，种无论黄白，苟遇天灾，圆颅方趾，莫不立于同盟军之阵线，与自然界为对抗之进行。古时交通未广，救灾恤邻仅限禹域。海通而言，万里户庭，国际之竞争益烈，而互助能力亦与为正比例焉。近十年中，若法兰西之大水、俄罗斯之大旱、日本东京之大地震，我人亦尝追随列邦，加入救济团中。岁己未，中国北部告灾，各国慈善家相率为华北赈灾会之组织，美人募资尤巨。越明年，湖南以兵燹之后，重遭旱潦，孑遗父老，奔走告哀。希龄方居京师，乃约就京省同乡，创设湖南义赈会，施放急赈，前后经募款百余万。而巨灾之余，疮夷未复，鸠形鹄面，垂毙待拯之同胞，仍复触目皆是。于是中外人士，就长沙复设华洋筹赈会，续事救拯。会中干事湘雅医院院长美人胡美君提议，用以工代赈法，向美国华北救灾会乞助。湘赈协议既成，佥以工事，最要莫如筑路。湘路之可通汽车者，自长沙至湘潭段，业经建筑；今待筑孔亟者，又莫如自湘潭至宝庆一线。于是议决，以所受美国助赈会中金五十六万八千余圆，专筑此路。由湘政府担任收购筑路地址，乃就会中另立潭宝路工委员部，公推华洋干事经理其事。华方被推者为曾约农、袁家普，外人被推者为饶伯师、任修本、韩理生、戈德白、胡美、夏义可、邓惟真、包惠尔、范尔必。其工程技师各职，由经理人会商假聘：总工程师卫陆森，副工程师赫兰思、郭才华、欧阳镜寰、余籍传、唐勉之、吴景鸥，钱粮股长鲍择中、郗理格。于壬戌五月十日开始工作，至甲子五月，自湘潭至湘乡县一段长八十里，工程铺沙，完全竣工；自湘乡县城至永丰一段，长一百里，土方工程一律告成。约共支出土方费五十万圆，桥梁费十六万圆，铺沙费六万圆，薪津杂费四万圆，而美款告罄。自永丰至宝庆一段，工事中辍。其时南北政争，纷扰浪起，未暇更及。

这篇由熊希龄所撰，以熊及谭延闿领头、数十位当事人署名的碑文于“民国十六年即西历一千九百二十七年四月吉日”成碑并立。它为我们留下了珍贵的历史资料。

第八章　“金湘潭”的名人名流

一、政界名人

1. 李腾芳（明礼部尚书）

李腾芳（1573—1633），字子实，号湘洲。湘潭县（今雨湖区）姜畲镇塔岭高塘人。明万历十五年（1587）中举，二十年（1592）中进士，选庶吉士，散馆任左谕德。其论事切中时弊，多忧国危言。三十六年（1608），因上疏为同官好友顾天峻辨冤，被贬为太常博士。三十九年（1611），再贬为江西都司理问。旋以病归里。时遂有顾党、李党之说。明万历四十七年（1619），起为行人司正，升少詹事，迁礼部右侍郎。以礼臣知兵，为时人所称。明天启二年（1622），转吏部左侍郎兼讲官。四年（1624），丧母，晋礼部尚书归。明崇祯元年（1628），重新以尚书启用，协理詹府事。六年（1633）卒于官。赠太子太保，谥文庄。生前曾支持湘潭知县包鸿逵修城、建高峰塔、筑万楼、主修县志等，在故居亦建有宝塔。平生勤于治学，整理校注凡千百卷。又研究佛学，通禅理。主要著作有《岣嵝文集》《玉衡集》《批选王阳明集》等，遗著集为《李湘洲集》10卷。《沅湘耆旧集》收其《春郊》等诗。简传载《明史本传》《中国文学家大辞典》《湖南历代名人辞典》等。

2. 包鸿逵（湘潭知县）

包鸿逵，字仪甫，浙江秀水人。明万历三十七年（1609）浙江乡试第一名，次年成进士。三十九年（1611）任湘潭县知县。在任期间，察访民情，兴利除弊。当时，县民每年向朝廷交纳的银、粮、丝绸皆由每甲派人分项目分地点解交，有的项目一人不足，佐以数人；一户粮少，衬以他户。佐者衬者借口繁苦不愿去，则又补贴米银。于是“里甲勒良富，强役食弱户，市猾弄村愚，寡甲起重派”，民受其害。包改民运为官运，实行按粮加征运费和补贴，由官府负责解交。明万历四十二年（1614），派主簿陆少龙解漕粮，县丞毛修主南运，事举费省，民免其害。

明万历四十三年（1615），包鸿逵修纂县志，聘李腾芳主撰，人称“万历志”或“包志”。明万历四十一年（1613）二月，动工兴建高峰塔于湘水东岸南山（即今宝塔岭）之巅。万历四十三年（1615），筑杰灵台，建万楼。包鸿逵嘱大学士谢选、商人熊廷祥以石30万尺，用木3000个，堑沙截波，在此筑石为台，在台上盖起一座楼。台名杰灵台，高10米。楼木质三层，高13米余。正碰上县人李腾芳从国子监司业贬官家居，赞与其事。并由其名楼为“万”。万，数之大者也，邑由此而大也。又撰写了《万楼记》。万历四十五年（1617）离任。

3. 吴仲（湘潭知县）

明万历二年（1574），巡抚赵贤檄湘潭知县吴仲筑城。明万历四年（1576），知县吴仲始筑土城。以夯土为墙，后始以砖护城，内填夯土，此为古制。其范围，大于嘉靖前的木栅所圈的范围。增设文星、通济两门。万历年间包鸿逵有《修城记》记述了此事：“城以固邑也，前令不任，猾吏为政，故岁圮岁甃（指修缮），须撤而新之。夫撤而新之道，宜下腮而上絅也，下腮者厚，上絅者薄，勿以土入焉，土入者，雨窸之。今城之新甃者三百丈，不能不以土入也。陶之直，砖一万（值）金一斤。今增筑女墙。官自为埴、贱三分之一而坚，此典史张大礼之力也。”

明万历四十二年甲寅年（1614），李腾芳作《半边街砌石记》。明崇祯年间，李犹龙以推官代行知县，又重新砌石，加修城堞，后又毁于明末清初的战乱。明代，湘潭城已初具规模，全境又分八乡，清·嘉靖刊《湘潭县志》载：即忠臣、建宁、上民、崇岳、怀德、易俗、移风、光泽八乡。也列出了石潭、姜畲、株洲、下摄（即易俗）、中路（铺）、朱亭、昭港（即易家湾）七个市镇，说明农村中心集镇已经形成。

4. 朱厚焆（明吉王三世）

雨湖公园位于湘潭市雨湖区中心。《潭城史迹》载：“相传约六百年前，明吉王三世偕徐妃春游于此，途中遇雨，见雨滴荷钱，千万珠跳，感景而命名。”明朝历代皇帝实行封藩。成化年间，明英宗将第七子朱见浚分到长沙，为吉王。明成化十二年（1476），吉王就藩长沙。明嘉靖六年（1527），朱见浚去世，谥为“简”，因此第一代吉王叫吉简王。去世后谥为“定”，为吉定王。其孙朱厚焆继王位。《明史·列传第七·诸王四》载：“吉简王见浚，英宗第七子。生于南宫。天顺元年封，时甫二岁。成化十三年就藩长沙，刻《先圣图》及《尚书》于岳麓书院，以授学者。嘉靖六年薨。孙定王厚焆嗣。请湘潭商税益邸租，不许。十八年薨。”吉定王王府里有一位书堂官，叫徐敦临，字岳石，娶千户赵某之女为妻，生下一女，容貌姣好，被吉定王纳为妃。徐氏于湘潭烟竹冲早山燕窝建宅，民间俗称吉王府，实则徐府，也可看作为吉王在湘潭的离宫。吉王离宫规制宏大，今湘潭市雨湖区窨湾街道正福街社区居仁巷、由义巷即其旧辕门，是明吉王三世和徐妃的故里。

5. 何腾蛟（“明代重臣”）

何腾蛟（1592—1649），字云从，亦字祥升，贵州黎平人。明抗清将领。明天启举人。崇祯初授南阳知县，因镇压农民起义有功，累迁兵部主事，进员外郎。明崇祯十六年（1643）冬，何腾蛟被破格晋升为右佥都御史，出任湖广巡抚。南明弘光政权建立后，仍留旧职，加兵部右侍郎，兼抚湖南。

清顺治二年（1645）六月，清军进入南京，弘光朝覆灭。何腾蛟与堵胤锡、傅上瑞、章旷等会议，制定抗清战守策略，收容明军残部，军势稍振。二年（1645）冬，何腾蛟会同堵胤锡誓师东征，命令诸镇水陆并进。但诸镇不听调遣，退归长沙。三年（1646）八月，隆武政权覆灭。十一月永历政权建立，晋何腾蛟为武英殿大学士兼兵部尚书，加太子太保。次年，清军一路进攻长沙，何腾蛟檄诸镇救援不至，败走衡州。何腾蛟协同瞿式耜及郝摇旗部，击退清军对桂林、全州等地的进犯。五年（1648），何腾蛟率部收复全州、永州、衡州。六年（1649）正月，时各镇各怀二心，为防兼并，纷纷撤离，局势恶化。何腾蛟仅以少数兵力入守湘潭。二月，清兵至湘潭，何腾蛟被俘，作《绝命诗》，不屈被杀。永历诏赠太师、中湘王，谥文烈。著有《明中湘王何腾蛟集》一卷。

康熙年间，为安抚汉族人心，康熙帝同意汉人祭奠先朝英烈，并亲赐谥何腾蛟为忠义郎。腾蛟侄孙何凯从贵州黎平来到湘潭，将何腾蛟遗骸于通济门流水桥畔送回老家安葬。清康熙三十九年（1700），湘潭人民在湘潭十八总的陶公山，按腾蛟官职缝制衣冠以葬，并立石碑“明阁学何忠诚公墓”。民国十年（1921）重修。

6. 姜修仁（康熙年间湘潭知县）

姜修仁，生卒年不详，康熙年间湘潭知县。清康熙二十年（1681），姜修仁修复县署，知县居所曰思过堂、敬业堂。当年，主修《湘潭县志》。二十三年（1684），筑土城，后坏于水。二十四年（1685），其师钦天监南怀仁（南系比利时籍神甫）之托，在县署东（今云塘常平仓巷内）建天主教堂（圣母堂）一所，并请法籍教士穆迪唔（Jacgues Motel）来湘潭主持教务。姜修仁随后受洗，洗名方济，是湘潭有天主教堂之始。后西班牙教士陆若瑟继教。湘潭一度成为湖南天主教会中心。

康熙二十年（1681），朝廷免征过军诸州积年欠粮及抛荒田赋已经3年，湘潭可免征粮数十万石。长沙知府任绍昀违抗朝旨，悍然征荒，并亲临各县严催。湘潭知县姜修仁重刑勒限，刑毙廪生甘明道等。廪膳生石仑森愤然于二十四年（1685）上京，向台部告状，皆不受理。住京三年，莫敢控告。二十六年（1687）五月初八，石仑森跪伏西直门外道旁拦康熙驾呼冤，呈上《陈情状》。康熙帝览状大惊，发往刑部讯问口供，又令湖广总督及湖北巡抚严查追究，知县姜修仁与巡抚徐国相、知府任绍昀等一道坐擅行罪，分别受到削职等处分，军队所过州县荒田一律免征。

7. 秦鏻（乾隆年间湘潭知县，大修县城）

秦鏻，字礼堂，浙江金匮（即今江苏无锡）人。乾隆二十三年戊寅（1758）任湘潭知县，二十五年庚辰（1760）卸任。任上严禁侈靡，增建常平仓，劝民积谷，平反冤案，诸生歌颂之。曾大修县城，作石堤以抗湘江洪水，并撰《重修湘潭县城记》。

8. 周系英（道光年间户部左侍郎）

周系英（1765—1824），字孟才，清朝户部左侍郎。排头乡辰山桂在堂人。1793 年进士，选庶吉士，授编修。1809 年当试翰詹直内廷，仁宗帝以《喜雨赋》为题试之，钦取第一，赐衣一件。官侍读学士、山西学政、太常少卿，寻改值上书房，授三阿哥（绵恺）读。后转光禄大理卿、兵部右侍郎、吏部右侍郎，转左侍郎。1818 年，主纂嘉庆刊《湘潭县志》。1819 年因湘潭商民与江西客哄斗，得家信后过问此事，为朝议所弹劾。仁宗皇帝给他“平素鲠直”硃批评价，诏降编修，后被免官归乡。宣宗继位，知其冤屈，以四品京堂起复，补翰林侍读学士。后迁阁学，升工部左侍郎；督学江西，秉公用人，复督学江南，江苏文教益盛。转户部左侍郎，年六十而卒。《清史稿》有传。

9. 石承藻（嘉庆年间御史。另，附明按察副使石万程、冒死拦驾告御状石仑森）

石承藻，字黻庭，生卒年不详，生活在乾隆、嘉庆年间。石万程六世孙，石仑森曾孙。承藻少孤，家贫力学，嘉庆十三年（1808），以一甲第三名进士及第，授翰林院编修，调文颖馆协修《治河方略》。改监察御史，承藻状貌魁梧，尚气节，坦率耿直，高谈无顾忌，人称“石猛”。年六十余而卒。著有《桐叶山房诗集》14 卷，后辑有《石给谏奏议》一卷。

石万程，字仲升，号轸余。生卒年不详，大约生活在明万历至崇祯年间（1575—1640）。万历二十五年（1597）举人，天启二年（1622）进士，任职户部。五年（1625）外任徽州知府四月。崇祯元年（1628）任常州知府。四年（1631）以病免，家居五年，九年（1636）起用为杭州知府，升按察副使，终温处兵备道。崇祯十三年（1640），辞官归，卒于途中。著有《藕花居文集》等。

石仑森，字天际，石万程之孙，清康熙初年入县学，后为廪膳生员。慷慨有大志，重气节，常以范仲淹为秀才时以天下为己任自期。清初，湘潭迭遭兵乱，赋况丁役繁重，民不堪命。康熙十八年（1679），朝廷免征过军诸州积年欠粮及抛荒田赋。湖南免征民控抛荒田 48760 顷。湘潭应免征数十万石，至康熙二十年（1681），已经免征三年。府县悍然征荒，知府亲临各县严催。知县重刑勒限，丁差沿乡苛索，死狱杖毙，惨不忍睹，人民处于水深火热之中。

康熙年间，石仑森为百姓请命申冤，为清政府官吏迫害。康熙三十七年（1698）春，湘潭知县杨笃生奉密示，捏造交结叛党罪逮捕仑森，家人走散，县民闻之无不愤限，聚众约千人谋劫狱。杨令秘密杀害之，行刑之日，仑森神态自若，对刑役说：“即杀我当于城中，出城不可得杀矣。”二月初三，仑森就义于生湘门外小埠桥河边，年仅六十二岁。

10. 白璟、卫际可、叶攀鳞（湘潭三贤令）

《续碑传集》载唐祖价撰《三贤侯传》，称湘潭县令白璟、卫际可、叶攀鳞为三贤侯。清·光绪刊《湘潭县志》记载：“塔忠武祠，前左祀前令白璟、卫际可、叶攀鳞。”三个县令都是湘潭历史上有名的清官。

白璟，清·光绪刊《湘潭县志》其本传载：“白璟，字希宋，奉天人。乾隆中补湘潭知县。以严为治，县中豪猾无所容其迹。时湖南大县首湘潭，例不得久任，璟凡再去三至，皆矢廉洁，不妄求取。声如洪钟，善养威重。”湘潭十六总，旧有白公渡，就是为纪念白璟的政绩而设。

叶攀鳞，字枚生，丽水人，道光中知湘潭县。攀鳞以廉洁著称。英年早逝，久居富甲湖南的湘潭，竟至贫无葬资。攀鳞至，曰：“政当清其本，令不廉，民不靖，虽无一役犹害也。”乃作戒讼八则，惩诬告，禁株连。旧例遇有斗杀或自毙死者，乡人谓之命案。官往验尸，富民敛钱，赂吏役傔从，各有差等，少者必费数百千，乃论正案。攀鳞辄从数人径往，自给其餐宿，余释遣使归。城乡人皆呼青天，名遂大起。

卫际可，清·光绪刊《湘潭县志》载：“卫际可，字鹤村，济源人。嘉庆四年，调补湘潭。际可廉正，勤于听讼。治宜章有善政，士民闻其来，告语相庆。湘潭繁剧，积案千数，际可厉精临之，不数月，讼牍悉清，胥役敛手，豪猾屏迹。陆设巡厂，水设逻船，际可悉撤除之，众以为便。前令李华黼修城东万楼，未毕工，际可出己俸成之。际可以忤总督百龄去官，送者盈路，自棹舟追送至长沙者数千人。”

11. 塔齐布（湘军名将）

塔齐布（1817—1855），字智亭，陶佳氏，满洲镶黄旗人，晚清湘军名将。塔齐布出身清军火器营，后为湖南绿营都司，累升至副将，并辅佐曾国藩创建湘军。咸丰四年（1854），塔齐布收复湘潭，被越级擢升为提督，赐号喀屯巴图鲁。此后，他转战湘鄂，屡为军锋，收复岳州、武昌、田家镇等地，被授予骑都尉世职，与各路清军围攻九江。

咸丰五年（1855）七月，塔齐布久攻九江不下，愤恨呕血而死，时年三十九。赐谥忠武，后追赠三等轻车都尉，入祀昭忠祠。

光绪刊《湘潭县志·山水》说：“塔忠武（忠武为塔齐布死后的封谥）从宁乡步道援湘潭，至此（塔岭）闻城破，暂屯营栅，偶访地名，喜合已名，曰‘吾必胜矣’。因进兵，遇贼，一战破之。”可见太平军与湘军在湘潭城郊打了一场遭遇战，首战鸭婆垅，再战马坡（今建设北路），双方均来不及列阵扎营，就展开了战斗。湘潭之战以太平军攻城（4月23日）到退出（5月1日），前后9天，而恶战仅5天。湘潭之战，湘军能取胜，是湘军历史上一大转折点。从此，湘军在与太平军的艰难战斗中不断壮大。此战后，湘潭城区风车坪圣公会外国牧师收葬37名太平军战士的遗骸葬于后花园，立碑为“太平天国三十七人墓”。

12. 黎景嵩

黎景嵩（1848—1910），原名锦芳，字伯鄂，号宪甫，台湾末代知府。钦加四品衔台湾府正堂总理中路营务处。乙未战争时，因违令协助刘永福等领导新楚军抗日，遭革职。抗日战败自杀获救后于张之洞幕府担任幕僚，晚年著有《台海思痛录》，署名思痛子，以记其事并抒发失台之痛。

二、商贸名人

1. 王相（建半边街）

王相，字东溪，明嘉庆、万历时期在世。本为姜畲王氏，自七世祖王霖迁城内，遂居宁乡巷（今泗洲庵巷）。王相早年弃学从商，成为湘潭本土有据可考的第一位著名盐商。运盐过程中曾经遭遇过风险，因“祷告神明”最后转危为安，遂发愿捐白银1400两，独资修造半边街石路，以障洪水屏城墙（资料来源乾隆刊《湘潭县志·艺文志》之《半边街砌石记》，里面还有当时咏王相功绩的歌谣）。王相为当时湘潭巨富，除热心公益外（曾捐修十四总黄龙寺码头，资料见光绪刊《湘潭县志》之石路码头表），于子女教育也特别重视，其子王应中（出处《湘潭县志》封荫表，王相因子王应中官封），中明嘉靖乙酉（1525）举人，丙戌（1526）进士，后因朝中严嵩专权，决意不仕。这样一位气骨凛然的人，一直家塾于乡，湘潭后来知名之士，多出自他的门下。侄曾孙王岱为明末清初著名诗人文学家书画家。

2. 张嘉言（附张燧）

张嘉言，字克扬。生卒年不详（大约生活在1564—1643年）。湘潭县银田（今韶山市银田镇）人。明万历二十年壬辰（1592）科进士。初任广州推官，平反冤狱，巡抚誉其“才具恢宏”。后平息边海总镇标兵因减饷哗变，以临事果断知名。又有早鳌妖僧奇狱，曾力雪其冤。调京，升工部营缮司郎中。因受人牵连，罢职而归，居湘潭从事工商业，曾广泛经营，人称“猥屑薄业”的生意也做。同时，利用湘潭舟船之便，经营水运业务。在乡间则雇工百余，栽桑养蚕，种植水稻果蔬。与子三人经营40年，致资产数十万，岁入租谷万石。致富后，造桥修渡百余处，修南岳石磴从山麓至峰顶，工费巨万，又捐资救灾数万金。年八十岁而卒。著有《在公录》。邓显鹤之《沅湘耆旧集》收有其诗作。简传载《湖南历代人名辞典》等。

张燧，字和仲。生卒年不详（大约生活在1588—1644年）。湘潭县银田（今韶山市银田镇）人，张嘉言次子。清·光绪刊《湘潭县志》载张燧事迹：“兄弟皆生富贵，好治生产业，而燧独务友朋，耽书史，不为苟同。”说他常常“命仆载纸笔自随，有省辄识之，虽藩溷不释”。肄业国子监，归筑香海居。晨起即手一卷，展书凝坐，好鸟送音，欣然忘返。他是一位博览群书的学者，勇于思考，往往能够摆脱传统思想的束缚，揭示隐微，提出异议。清·光绪刊《湘潭县志》载张燧“崇祯末以疾卒于家”。著有《未见篇》《易筏》《千百年眼》等，均刊行于世。同邑友人夏楷，字君宪，居石潭之南村，助其成书刊行。朋友邹元标称“和仲幼好奇，读书里闬，铮铮有声，吾知其固未可量也”。《四库全书》收有张燧《稽古堂论古》3卷，实为《千百年眼》的摘编本。此书盛于晚清，有多种刊本行世。清光绪十四年（1888），日本东江铜版缩刊重印本《千百年眼》。民国时期，亦有多种刊本。

3. 罗瑶（湘潭富户，曾收留少儿时的明吏部尚书、礼部尚书兼文渊阁大学士、太子太保张治）

罗瑶，湘潭富户，岳麓山书山长罗典之祖先，家住马家河段湘江流域古桑洲。明朝时，相传有一天，罗瑶刚睡不久，忽然看见一位老者走来对他说：“鱼上树，马骑人时会有贵人相见。”当他醒来时，发现那原来是一场梦。随后，他看见门外有一人将鱼挂在树上，又见另一人背着木马，这是一个小乞丐。于是罗瑶联想到了他的梦境，他留下了小乞丐。后来罗瑶出资聘师，乞丐成了明朝重臣张治。张治当上太子太保、礼部尚书、文渊阁大学士，请罗瑶为官。罗瑶学识渊博，乐善好施，但不愿为官，便拒绝了邀请。罗瑶死，张治为他立墓。

张治（1488—1550），字文邦，号龙湖，湖广茶陵州（今茶陵县秩堂乡）人。张治少小家境贫寒，父做长工，母纺纱以维持生计及供他读书。张治5岁就能挥毫写大字。为了求学，行乞到湘潭，湘潭富户罗瑶见其聪敏好学，甚是喜爱，收为公子书僮，成为伴读。经名师指教，学业精进，竟成为罗公子的小先生。后来罗瑶出资供读，张治乃于明正德十六年辛巳（1521）会试中名列第一，为会元，殿试中“进士及第”。次年授翰林院庶吉士，编修。历官吏部侍郎、翰林学士掌院事、南京吏部尚书。明嘉靖二十八年（1549）二月，入阁，晋礼部尚书兼文渊阁大学士，加官至太子太保。张治多次担任会试主考官，朝廷官员很多是其门生。嘉靖二十九年（1550）十月病卒，葬茶陵黄沙铺，赠少保，谥文隐。隆庆初改谥文毅，万历初改文肃。纂有茶陵第一部志书《茶陵州志》《长沙府志》《明伦大典》。著有《龙湖集》。张治曾为嘉靖初年湘潭知县高应祯所建远景楼撰诗《题远景楼》。

4. 萧怡丰（盐商）

萧怡丰，即萧炳南，字衡庵，别号鉴亭，原籍江西泰和县，后落籍湘潭。他在湘潭营盐业、钱庄、杂货发迹后，成为扬州“总商”，在长江中下游流域均有分号，年获利百万，成为嘉庆、道光年间湖南首富。怡丰是萧氏盐号、钱号的牌号。经湖南巡抚荐奏、嘉庆钦点“皇清义士”，封三品阶侯选道员、中宪大夫。王闿运应其子萧绍棻请，于光绪十八年（1892）撰有《皇表义士荣禄大夫萧君碑》，中称“萧有怡丰，名震于潭”“湘抚特告，义士是表”句。目前已公映的《大清盐商》，即是以湘潭盐商萧炳南之子萧芸浦为原型。萧氏的商业传奇，可以从湖南图书馆收有萧氏三种重要资料得出大概，一是翁纯义撰《湘潭萧氏家传》稿本一卷，收录萧炳南及绍棻（字芸浦，炳南长子）、绍典（字楷堂，炳南次子）、绍渠（字小泉，炳南第三子）父子四人传略。二是《敬止斋杂录》（不分卷）民国抄本，萧敷咏抄。敷咏是萧绍渠之子，该书抄录萧氏家族在湘潭、长沙、汉口等地经营钱庄、盐业、杂货等商号沿革考。三是萧政敏等编《湘潭萧氏家事簿记大全》稿本四卷。湘潭萧怡丰，在十六总三元街，是当时湘潭地标性建筑。

5. 汪辉（安徽休宁人，明末来潭经商）、程青来（名奭，字青来，安徽新安盐商，明末清初来湘潭经商）、黄希倩（名克念，字希倩，安徽新安盐商，明末清初来湘潭经商）

汪辉，安徽休宁人。明末来潭经商，身经明末清初湘潭浩劫，自称“湘上痴”，又称“鹅道人”。在湘潭曾捐修黄龙巷横街。其《湘上痴脱难杂录》系目前仅存的当年现场亲历的纪录。

清初湘潭两遭劫难，尸横遍野，城区尸骨草草掩埋，掩土甚薄，过段时间又暴骨于野。城市一片萧条。到清顺治十一年（1654），“城中居民及当驿道左右者，流亡不敢归，往往数十里无行人。城厢户不满千。”清·光绪刊《湘潭县志》记有“康熙元年，有虎夜入城”的记载。

程青来，名奭，字青来；黄希倩，名克念，字希倩，均为安徽新安盐商，明末清初来湘潭经商。湘潭屠城后，出金收葬白骨，其义举感动湘潭后世之人，取二人之名，立希青亭以纪念之。周岁永作《白骨冢序》说他们“游于城，纵观于野，见若髂、若骴、若骸、若颅，颠倒于道路，枕藉于沟壑者不下亿万计。此绅耶、士耶、农工耶、商贾耶、老若少而男若妇耶。合富贵、贫贱、亲疏、远近而同为此枯骨耶”。这一切，激起了两位商人的恻隐之心：“不忍任其暴而无所归也。”清·光绪刊《湘潭县志》载：“念佛林即希青亭，在地藏庵西，白骨冢旁。康熙（应为顺治）初徽人黄克念、字希倩，程奭、字青来，瘗无主尸骨作三百余冢。后复被兵，汪公炜、曹明皇更拾暴骨瘗之，因作寺。”可见希青亭即念佛林，后人又称弥陀寺。其原址在今建设北路与民主路、车站路交口处的北部（原湘潭市人大、政协大院附近），现已无遗迹可寻。

6. 王黻臣（附王廷钧）

王黻臣，讳华冕，字国华，湖南湘潭人。在荷叶神冲老铺子开设“王大兴”豆腐店，以卖豆腐和造纸为业。他与曾国藩有姻亲，王黻臣的叔祖母曾国兰，是曾国藩的长姐，所以王黻臣是曾国藩的表亲。清同治年间，曾国藩兄弟镇压太平天国，“打开南京进洋财”。王家随同曾家发了财，不仅在乡里广置田宇，而且先后在湘潭、株洲、汉口开设钱铺业和当铺业，成为湘中巨富。1896 年 4 月 17 日（农历四月初五），王黻臣之子王廷钧与湘乡县厘金局总办秋寿南女儿秋瑾正式结婚。

王廷钧（1879—1909），原名昭兰，谱名廷钧，字子芳，号纯馨，湖南省双峰县人。清廷兵部侍郎，清朝武官正二品，近代民主革命志士秋瑾丈夫。1916 年修的湘乡《上湘城南王氏四修族谱》载：王廷钧配秋氏，字瑾，寿南公女。清诰封夫人，光绪三年丁丑十月十一日卯时生，光绪三十三年（1907）丁未六月初六辰时殁浙江山阴县，葬西湖，有碑亭。子，沅德，出抚一半子麒为嗣。女，桂芳。子麒即王廷钧的二哥。

7. 容闳

容闳（1828—1912），原名光照，族名达萌，号纯甫，又号纯圃、淳甫、春浦、莼甫、纯父、纯斋等，广东香山南屏镇（今属珠海）人。中国近代著名的教育、外交和社会活动家。1841 年入澳门马礼逊学堂，1847 年赴美，后考入耶鲁大学，1854 年毕业，为中国最早的留美毕业生，是“中国人而毕业于美国第一等之大学校”的第一人。1855 年回国，怀揣教育救国的理想四处奔走，但却处处碰壁。先后在广州美国公使馆、上海海关等处任职。1857 年，一面在上海译书，一面通过社会名流结交清朝达官。1861 年 11 月 19 日，容闳在天京向洪仁玕提出七条政纲建议，未被采纳。1863 年入曾国藩幕府，为筹建江南制造局，曾被委派赴美采购机器。1872 年至 1875 年受命主持选派幼童赴美留学，任留美学生监督，被誉为近代“留学生之父”，旋任清驻美副公使。1898 年曾参加戊戌变法，事败后逃离北京。1900 年在上海参加维新人士倡导的“中国国会”，被推为会长，因清朝通缉出逃香港，后赴美。晚年支持革命。死后葬于美国康涅狄格哈特福德。

容闳的《西学东渐记》，系其晚年在美国用英文撰成的回忆录，堪为近代中国西学东渐和中美交流历史的经典文本。《西学东渐记》的最早中译本由徐凤石、恽铁樵合译，译名为《西学东渐记——容纯甫先生自叙》，1915 年由商务印书馆出版。容闳《西学东渐记》之《产茶区域之初次调查》有多处关于湘潭的记载。如：“迨 4 月 15 日之晨，乃抵湘潭。湘潭亦中国内地商埠之巨者。……”

8. 梁焕奎（华昌炼锑公司董事长）

梁焕奎（1868—1930），字星甫，亦字璧垣，又作辟垣、辟园，自号青郊居士。其曾祖梁宝善因避太平军，北迁湖南，落籍湘潭，居于县城。清光绪十三年（1887）入县学，为秀才。

光绪二十二年（1896）春，任湖南矿务总局文案，后升提调，倡言办学。创办湖南实业学堂，任监督，聘请张继、章士钊等为教员。清光绪二十六年（1900），接办官办益阳板溪（今属桃江县）锑矿，创办久通公司。光绪三十三年（1907），得好友杨度帮助，从直、鲁、湘、鄂、苏 5 省筹拨借补助银 16 万两。次年，改组久通公司为华昌炼锑公司，自任董事长。公司在长沙南门外面湖桥建厂以赫伦士米法炼锑。并委托连襟谭长生在湘潭城区东坪镇以土法建人字炉 24 座，以“双环”商标出口。民国五年（1916），华昌年锑产量达 8600 余吨，获巨额利润，最盛时期职工达万余人，在上海、汉口和美国檀香山、纽约等地设有分厂。据资料记载，当时湖南纯锑产量占世界总产量的 80% 以上，均出自华昌公司，年可获利数百万元。民国七年（1918），欧战结束，锑价暴跌，开始亏损。民国九年（1920），梁焕奎自北京南归，每日持斋念佛。民国十七年（1928），出游上海。次年，再游庐山，逝世于小天池，遗嘱殓以僧人服装。民国十九年（1930），归葬二都九甲黄陂冲古竹塘（今塔岭乡古新村）。著有《青郊六十自定稿》4卷、《青郊诗存》6卷、《青郊诗稿》1卷、《澹庐诗集》8卷。

三、文化名人

1. 石潭周氏“莘莘六子”（附周圣楷、周圣权、周诒柯）

光绪刊《湘潭县志·人物》曾载周氏“莘莘六子”：石潭周氏是“方上周氏”始迁祖泉湖公第五子所立。“周氏五支族的后裔”周东沙（指六兄弟父亲周训）家是一个儒风诗教的门第。他有6个儿子，都有高贵的品质和杰出的才华。其孙辈周圣楷（周之礼之子）撰写成巨著《楚宝》一书。

周东沙，原名周训，是一位贡生。他虽不愿意混迹官场，但是儿孙们却个个为官作宦，声名显达。他生性谦让、俭朴。生日时，儿孙们拜寿所送的衣物寿礼，他都丝毫不动地置于一竹筐，临终时将一竹筐“各还其子”。他性格耿直，常常冷眼看世界，有贵宾来家，便马上避入内室。他的6个儿子是：周之屏、周之翰、周之光、周之基、周之命、周之龙。

周之屏，字鹤皋，明代嘉靖年间（1522—1567）进士，以文雅著称。在江西吉安知府任上，驻地的士卒因与地方商民有矛盾而闹事，欲抢掠府库，扣压官员作为人质，并拔刀冲进了府衙。在僚属纷纷逃散的情况下，周之屏却镇定地坐在大堂之上，对暴动的士卒们严厉地说：“你们是要暴乱，还是要告状？如果告状，我为你们把案情审问清楚；如果是要暴乱，我也不怕死。我担心的倒是你们犯了造反的杀头之罪，恐怕将来回不了家，见不着父母妻儿了。”士卒们一下就为他所震慑，纷纷放下刀枪，跪伏在地上听从命令和处置。有孙周星。

周之翰，字凤里，嘉庆年间举人。曾任安徽芜湖知县、四川按察佥事等职。他为人旷达，政绩卓著，为当地老百姓所崇敬、爱戴。

周之光，曾任安徽寿州训导。明万历二十九年（1601），任陕西承宣布政使司兴平县知县。

周之基，明万历（1573—1620）年间进士。曾任刑部主事、刑部郎中等职。后出任瑞州知州。他高风亮节，为“朝野共仰”。

周之命，曾任湖北郧阳县学教授。

周之龙，字佐卿，周氏六兄弟中之老六。明万历二十九年（1601）进士。任刑部主事时，勤于审案断狱，常常以“恭宽信敏感”5个字勉励自己。后来他升任工部虞衡司郎中时，负责监督制造运粮漕船的工作。他廉洁奉公，从不人云亦云、随世俗沉浮，终于不为腐败的官场所容纳，最后被罢官回家。同为湘潭县籍、明神宗礼部尚书的李腾芳与他相交30年，每每称他言行兼备，处理事情方法多、应变快。

周圣楷，字伯孔，生当明末，生卒年不详。湘潭县方上周氏第八代族人。少有隽才。游京师时，与明末文学家钟惺、谭元春友善。年四十仍为贡生，后潜心著述，编成《湘水元夷集》《楚宝》等巨著。《楚宝》全书45卷、26门，是迄今一部较好的楚志全书。简传载《中国人名大辞典》《湖南省志·人物志》《湖南历代人名辞典》等。

周圣权，字小巽，明末清初人，生卒年不详。湘潭县方上周氏第八代族人。附生。著《牛山遗草》1卷。有诗90首刊于《方上周氏诗词集》。

周诒柯（1875—1932），字心约，湘潭县石潭镇普庆村西塘人。曾留学日本东京帝国大学法律系。八年后回国，历任长沙府中学堂教务长、湖北高等审判厅厅长、江苏高等检察厅检察长、黑龙江高等审判厅厅长、安徽高等法院院长等职。1927年，出任南京国民政府司法部参事厅主任参事。一年后，任最高法院检察长。1929年回湖南工作。同年，因病辞职，去湖北武昌石巢疗养。晚年，后人集其诗作61首，为《心约公晚年诗集》，均刊于《方上周氏诗词集》。

2. 张文炳（"门才之盛甲湖湘"，有子：张埴、张垣、张坊。另，附张九钺"陶园诗老"，有堂兄弟张九钧、张九键、张九镡、张九镒等，有子侄辈张世浣、张世濂、张世渌、张世法等；附撰《玉田春水轩杂出》的张声玠）

张文炳，字质夫，号南麓，生卒年不详。湘潭县响塘乡小京塘人。少时即以诗文知名。巡抚丁思孔观风课士，其名列第一，补廪生。清康熙二十六年（1687）成举人。历任仙居、文登知县，均有贤声。致仕后，以著述自娱。简传载《沅湘耆旧集》《湖南历代人名辞典》。张氏自文炳以降五代，一门有举人21人，内进士8人，入翰林院3人，任地方官员与学官者25人。尤以子张埴、张垣、张坊，孙张九钧、张九键、张九钺、张九镡、张九镒的人才为盛。

张埴，聪明好学，但不愿做官以求闻达。他教子极严，极为精细，有儿子11人：张九钧、张九鉴、张九键、张九镒等。张九钧，雍正年间进士，先后任过布政使、河间知府、天津河道等官职。张九鉴，乾隆早期举人。其儿子张世渌，乾隆中期进士，曾先后任过海阳、绵竹知县，美诺、占日屯防同知等职，善于断决冤案。张九镒，乾隆年间官任"少詹事"，后选为南汝光道。他为政"除暴雪冤，刚介有名"。张九键，在中进士后曾任房山县知县。后来赴宁夏，奉命修复汉、唐时期的河套渠道，使渠道能灌溉良田百万亩。他为民请命，曾奏请清政府减免被沙淹没土地的租税。

张垣，张埴之弟，乾隆年间举人，曾任过桂阳州学正。其儿子张九钺为清代著名的诗人和杂剧家。

张坊，张埴之弟，曾任过广西桂平知县、曲沃县令等职，后升任保德知州。因修水利有功，曲沃县县民曾为他建立"三不朽"牌坊。他有儿子张九镡、张九镝等。张九镡，中进士后曾任过内阁中书。其"闭户著述，不随俗进取"。其曾孙张声玠为清代有名的戏曲作家。张九镝，曾任过广西桂平知县，后升任宁明知州（今南宁、凭祥之间）。

张九钺（1721—1803），字西度，号紫岘。祖居湘潭县城陶园（今湘潭市城正街红色里巷尾）。清乾隆举人，出身于书香世家，代有闻人。兄弟5人均有文名，工诗，尤以九钺名重一时。12岁为县学生员，13岁从父登采石矶太白楼赋诗，被袁枚称为“谪仙人”“太白后身”。20岁选拔贡生，7年后中举，会试中别榜。在江西、广东六县任知县，有政声。致仕后游嵩梁巩洛间，诗益雄豪。晚年归湘潭，主持昭潭书院10余年，讲学兼研诗文。著有《陶园文集》8卷、《诗集》22卷、《诗余》2卷、《历代诗话》4卷、《山川考略》2卷及《晋南随笔》《得匏轩随笔》等。邓显鹤之《沅湘耆旧集》收其古体诗97首，近体诗146首。其楹联作品惜未成集，今在函谷关和衡山等地，尚有遗迹可寻。

张九镡，字竹南，号蓉湖。清乾隆四十三年（1778）进士，选庶吉士，散馆任翰林院编修。治学宏博，精研经学，对群经多所辨证。著有《古文尚书考》《明堂考》《竹书纪年考证》《孙子评》及《左传筮法考》等。亦工诗文，有《笙雅堂集》等诗文集。

张声玠（1801—1848），字奉兹，又字滋卿、玉夫，号蘅芷庄人，湖南湘潭县人。清嘉庆六年（1801）出生，道光二十八年（1848）病殁保定。曾祖父张九镡，官翰林院编修。祖父张世浣，官江苏扬州知府。父张家桢，官福建永安县知县。张声玠年轻时与左宗棠是挚友，并成为左宗棠的连襟，曾同居桂在堂“西屋”。张声玠虽然生长在仕宦家庭，但家境却十分贫困。他四方奔劳，且仕途不顺，生活经历比较坎坷。他官场生涯也较短促，清道光十一年（1831）中举人，42岁官直隶元氏知县，再官保定同知，48岁卒于任所。他一身抱负未及展，所以左宗棠在墓志铭中叹息不已：“坐而才未究厥施，有翼不奋终栖插。”哀叹张声玠在劳瘁忧伤之中了却短暂的一生。著有《讯翂》《题肆》《琴别》《画隐》《碎胡琴》《安市》《看真》《游山》《寿甫》，合称《玉田春水轩杂出》。这九本杂剧创作于鸦片战争前夕，是他长期四方奔波，多次落第时之作，皆取材于历史故事传说。其文《四十自序》选入郑振铎先生的《晚清文选》一书。

3. 罗典（清代岳麓书院著名山长。另，附编纂《湖南文征》的罗汝怀）

罗典（1719—1808），字徽五，号慎斋，湖南湘潭人。清乾隆十二年（1747）乡试第一，清乾隆十六年（1751）殿试传胪（二甲第一名），选庶吉士，授编修官。后转御史，历吏、工二科掌印给事中，迁鸿胪寺卿，两主河南乡试，督四川学政。后以侍母回籍。清乾隆四十七年（1782），被聘为岳麓书院山长，在任达27年。罗典学识渊博，才高气正，治学严谨，育才有方，深得学生喜爱。在岳麓书院的历史上占有重要地位，是近代岳麓书院最著名的山长。其一，培养了大批人才，其中以陶澍、欧阳厚均等尤为出众。当时清廷规定岳麓书院每届（三年为期）学生为60名，罗氏掌教27年中，肄业人数3倍于朝廷规定的数目。其二，对岳麓书院进行了改造建设，修岳麓书院八景。

清嘉庆十三年（1808），罗典逝世，终年九十岁。著有《凝园读书管见》《凝园诗钞》《罗鸿胪集》等书。

罗汝怀（1804—1880），字念生，号梅根居士，清代诗人，湘潭县石潭镇光荣村廖家湾人。拔贡，候选内阁中书。淡视利禄，致力经史，且精于训诂考据之学，尤留心于湖南乡土故实。是继邓显鹤而有功于湖湘文献者。

4. 郭步韫及郭氏女诗人群（附创办雨湖诗社的郭汪璨）

清中叶，湘潭县排头乡郭家瓦屋有七位女诗人，合称“女子竹林七贤”，曾称著于清嘉庆、咸丰年间。后来人数发展多达十余人，为名冠湖南的第一大女诗人群体，其首领与老师是郭步韫。邓显鹤编《沅湘耆旧集》中收录郭步韫、郭友兰、郭漱玉、郭润玉诗共173首。

郭步韫（1763—1820），号独吟，郭崇佐之女（郭汪璨之姑母），适湘潭邵光耀为妻。步韫自幼熟读经史，深研诗文。因邵家贫，又早寡，携子在娘家郭家瓦屋长居，命其室名曰“独吟楼”。以女红纺织维持个人生计，以经史诗文课读侄及孙辈，为侄子郭汪璨，侄女郭友兰、郭佩兰，侄孙女郭漱玉、郭润玉（郭汪璨之女）等诗坛成名起到巨大的作用。因其生活遭际艰难，故诗词多凄惋之音，同县马悔初喻其诗为：“城笳戍角，寒泉幽咽，哀蝉秋鸣，孤鹤夜警者也。”著有《独吟楼诗集》行世（录诗74首），湘阴李星沅、郭润玉分别为书作序。郭润玉《序》曰：“吾家诗事，以姑祖母为先导，一传而至两姑，再传而至诸姊妹，皆嗜诗若性成焉者，先是姑祖母，抚孤矢节，茹苦含辛，其时命之艰屯，境遇之蹙迫，郁无所告，胥发于诗。如秋天别鹤，长空哀鸣，如雪山老梅，寒香激烈。读者即其诗，可以悲其志矣。”

郭友兰（？—1850），字素心，郭汪璨姊，适苏州凤丹山为妻。自幼随姑母（步韫）学诗吟咏。著有《咽雪山房》行世。

郭佩兰，字芳谷，郭步韫侄女，友兰之妹，适同乡王德立为妻。其诗发言洁婉，含旨蕴丽，对偶工整，文辞精巧。著有《贮月轩集》行世。

郭漱玉（？—1861），字六芳，号琼泉，郭步韫侄孙女（郭汪璨女）。适衡山罗亨鼎。其诗绝去藻绘，求其自然，无雕琢之意，有古乐府遗风。著《绣珠轩诗集》行世，其书由郭润玉作序。

郭润玉（1797—1838），字昭华，别号壶山女士，郭步韫侄孙女（郭汪璨之次女），适湘阴李星沅（官两江总督）为妻，以夫官皇赠一品夫人。其诗才思清婉，依情发韵，不尚雕镂。著有《簪花阁诗集》二卷。润玉《自序》曰：“簪花阁，予少时自署集名也。予十四岁失恃，遂膺痼疾，辗转床褥四五年，顾独喜诵诗，闻阿父论诗，则凝寂听，若有听得，神志都爽。既而疾渐愈，益从两姑母……”还著有《梧笙唱和初集》二卷。芋香山馆合订，清道光十七年（1837）刊，刚木题签，李星沅自序。李星沅，字石梧，郭润玉，又名笙愉，他们既是夫妻，又似吟友，夫唱妇随，琴瑟和鸣。李星沅《自序》曰：“梧笙馆唱和初集，石梧先生偕笙愉夫人作也……（夫妇）合巹同心，连环如意，虽为佳偶，宛似吟朋，楼下催妆，万花飞腕，台前伴读，双玉骈头……”

郭秉慧（1821—1838），字智珠，郭润玉之侄女，适李星沅之子李杭，早卒。著有《红薇吟馆遗草》行世，其书由李星沅作序。

郭汪璨，清嘉庆十九年（1814）进士，官陕西鄠县（今户县）知县。酷爱诗文，著有《云麓诗草》。郭府满门文采，尤其是女性备受时人称羡。他的姑母郭步蕴，女诗人，号称"女博士"，是郭府诗学之权舆，对其侄女、侄孙女等，毫无保留地传授她的诗学章法。汪璨的姊妹郭友兰（夫苏州凤丹山）、郭佩兰（夫本邑生员王德立）等都跟随步蕴学习，后来都成为了女诗人。汪璨有4女，都是女诗人。其中，郭润玉丈夫是两江总督、文学家李星沅，她因夫官累赠至一品夫人。润玉才思清婉，诗词往往胜过他丈夫。子李杭、媳郭秉慧、女李媚、婿何庆涵（何绍基长子），都是文学家。润玉姊漱玉，丈夫罗亨鼎，从小就与诸妹从学郭友兰、郭佩兰，也是郭氏闺秀才女之一。漱玉、润玉姊妹的崛起，使郭氏诗坛进入一个鼎盛时期。嘉道年间，郭汪璨到陕西做官之前，曾邀集湘潭女诗人王珮、王瑞姊妹和郭氏诸女及郭子如翰、县中耆彦等倡议组织雨湖诗社，大兴诗词吟咏之风。盛事传到京都，词林文士纷纷赋诗夸赞。

郭汪璨故居郭家瓦屋位于湘潭县排头乡排头村合兴组。坪前有葫芦形水塘，塘西岸有一株古樟，树龄约200年，高约20米，树围需5人才能合抱。

5. 王慈云及周氏女诗人群（附晚清诗人周大烈）

清末排头乡紫山村桂在堂（左宗棠故居），有一个女诗人群人数多达13人，曾著称于清道光、同治年间。她们人人有诗集，个个载史册，为名冠湖南的第二大女诗人群体。其首领与老师是王慈云。

王慈云（1790—1864），通经史、工诗文，精明能干。其夫周系舆，又名周衡在，英年早逝。她寡居守节，书课儿孙，内外操劳。据左宗棠《慈云阁诗钞·叙目》载："慈云老人诗少作为多，自先舅（即岳父）撤瑟后，惟课女及诸孙读书史及女工杂作。"又载："外姑（岳母）念女及诸外孙甚，时携孙女翼杶来柳庄。暇以课诗，诸孙每夜列坐，诵声彻户外。时茹馨夫人随张君（指张声玠）官元氏亦常以诗宁母，外姑每顾而乐之。"著有《慈云阁遗稿》1卷，收古体诗4首、近体诗36首。其诗意境深远、造语工致。左宗棠赞叹曰："余赘居周氏，常闻外姑说诗骚多新鲜。"并于清同治十年（1871）在朝那军中，用"恪靖伯"（皇封）名，为其书题签，作序。卒年75岁，与夫合葬于紫山腰冲。

周诒端（1812—1870），字筠心，王慈云长女，左宗棠妻，诰封一品夫人。为女诗人群中的核心成员，有《饰性斋遗稿》行世，收古体诗8首、近体诗131首。特别值得一提的是，在左宗棠三次会试落第、情绪低落时，左作《自题二十九岁小像》八章，诒端奉和四首，引用《易·系辞》蠖屈求伸之典与夫相勉，给夫以莫大慰藉和鼓励。

周诒蘩（1816—1864），字茹馨，王慈云之次女（周系舆遗腹子），为群体中核心成员。适湘潭人张声玠（官直隶元氏县知县，元氏县在今石家庄市南）。婚未十年，声玠故。子起毅、起新均早慧而殇。剧遭不幸，乃独居一室。室前梧桐一株，朝夕对之吟咏，以寄情慨，诗工而丰，多幽怨殊深之作。有《静一斋诗草》行世，收古体诗57首、近体诗324首。还有《静一斋诗余》，集词、曲、联128首。

周絜，生卒年不详，女，字季华，号梔雪，排头桂在堂人。以子罗萱（1827—1869，清太常寺卿）官赠淑人，系桂在堂周氏女诗人群成员之一。据清·光绪《湘潭县志》载：“罗汝怀（与邓显鹤齐名）妻也。父系蔚……絜与诒端从姊妹，少同讲诵。罗故世族多藏书，絜遍阅之。时刘若愚《酌中志》无刊本，絜乃取其事成《天启宫词》百首。”其从兄诒朴（清户部左侍郎周系英子）为刊之扬州。其诗有风格，属兴清远，又能为俪体文。年三十遽卒。著《吉劭阁诗》若干卷、《吉劭阁词》1卷、《吉劭阁杂文》1卷。邓显鹤之《沅湘耆旧集》收其诗作32首。《方上周氏诗词集》收其诗作95首。小传载光绪《湘潭县志》《湖南省志·人物志》《湖南历代人名辞典》《清代湘籍作家》等。

周雅宜，女，生卒年不详。排头乡紫山居村桂在堂人。系女诗人周诒端从姊妹，少同讲诵，为桂在堂周氏女诗人群成员之一。据清·光绪《湘潭县志》载：“万昌韦华妻也……归万时诗体婉秀。青年时其诗气体婉秀。数年，昌韦华死，雅宜感恸。为诗词旨悲激，体格迥异。”“晚岁诗益苍老。”据《湖南省志·人物志（上）》载：“雅宜……其所为诗，风格凡三变：青年时，气体婉秀；婚后数年夫死，每多悲愤，词旨酸楚；晚岁严于家教，诗格苍古。”后辑诗为《蕴香阁遗稿》。小传载光绪《湘潭县志》《湖南省志·人物志》等。

周翼杶，字德媗，王慈云长孙女。适长沙徐树绿，未期而寡。人称才女，晚号冷香老人。自幼承家学，通《毛诗》《小戴礼记》。晚年，诗益疏纵。有《冷香斋诗草》《冷香斋诗余》，集诗74首，词、曲、联29首。

周翼杓，字敬婟，慈云老人之二孙女。适湘潭黄氏。性聪慧幽逸，所居曰葱青阁，她长期吟咏其中。有《藕香斋诗草》，收诗26首。

左孝瑜（1834—?），字慎娟，慈云老人外孙女（左宗棠长女）。适安化陶桄，字少云（陶澍之子，官江西知县擢浙江道员）。有《小石屋诗草》诗14首。

左孝琪（1835—?），字静斋，慈云老人之外孙女（左宗棠次女）。以疾未适人。有《猗兰室诗草》行世，收古、近体诗79首。

左孝琳（1837—?），字湘娵，慈云外孙女（左宗棠三女）。适湘潭黎吉云之三子黎福昌（官江西知县）。有《琼华阁诗草》，收近体诗5首。

左孝瑸（1837—1870），字少华，左宗棠第四女。适湘潭周氏。夫周翼标，从九品，慈云老人侄孙。翼标狂疾而亡，“余弟（通“第”）四女孝瑸殉夫”（左宗棠语，出自《慈云阁诗钞·叙目》）。有《淡如斋诗草》行世，收近体诗13首。

周石禄，周诒端从侄女。通书史，时以女师目之，所作诗文高洁入古。

周大烈（1862—1934），字印昆，湘潭县排头乡辰山桂在堂人，系女诗人王慈云老人曾孙。幼年好学，8岁能诗。清光绪二十一年（1895），受聘于江西陈三立家为私塾老师，专课其子陈衡恪。光绪二十九年（1903），与陈三立等在南京八府塘创立南京第一所新式学堂（益思学堂），并亲授国文和历史。光绪三十年（1904），以湖南官费留学东京政法大学，攻读法律和政治，时与梁启超、孙中山均有接触。清宣统元年（1909），出任奉天（今辽宁），司民政。民国元年（1912），大烈以湖南省名额当选为国家众议院议员。1915 年 8 月，杨度等发起组织“筹安会”，周大烈拍案而起，登报声明“与杨度绝交”。1917 年，出任张家口税务署监督。1918 年，携家由天津移居北京，名其居“夕红楼”“乐三堂”“闲权堂”等。1923 年 10 月，曹锟以 5000 银元一票的高价贿选总统，大烈愤而隐居香山，以避劝进。1925 年，周大烈因病重在京郊青龙桥东延北红石山“买山麓地”15 亩，建生圹。1934 年 7 月 2 日，因肺炎病逝于北京，与其妻合墓于北京红石山墓地。著有《夕红楼诗集》八卷 334 首，1930 年印行。《续集》三卷 159 首，1934 年印行。

6. 王闿运（“经学宗师”）、齐白石（世界文化名人）、杨度（“旷代逸才”）

王闿运（1833—1916），字壬甫，原名开运，字纫秋。朋辈习称壬秋，自署所居名湘绮楼，世称王湘绮。湘潭县云湖桥山塘湾人（出生于善化学宫巷，即今长沙市东文庙坪）。曾肄业于长沙城南书院。清咸丰元年（1851），与李寿蓉、龙汝霖、邓绎、邓辅纶组“兰林词社”，称“湘中五子”。以后又承撰《桂阳州志》《衡阳县志》《湘军志》《湘潭县志》《东安县志》，学界评价很高。光绪四年（1878），出任成都尊经书院山长。十三年（1887），出任衡州东洲船山书院主讲，培育了许多有用的人才。三十四年（1908），清廷特授翰林院检讨。宣统三年（1911），加翰林院侍讲衔。民国三年（1914），出任袁世凯政府国史馆馆长，年末辞职返湘。

齐白石（1864—1957），祖籍安徽宿州砀山，生于湖南长沙府湘潭（今湖南湘潭）。原名纯芝，字渭青，号兰亭。后改名璜，字濒生，号白石、白石山翁、老萍、饿叟、借山吟馆主者、寄萍堂上老人、三百石印富翁。是近现代中国绘画大师，世界文化名人。早年曾为木工，后以卖画为生，五十七岁后定居北京。擅画花鸟、虫鱼、山水、人物，笔墨雄浑滋润，色彩浓艳明快，造型简练生动，意境淳厚朴实。所作鱼虾虫蟹，天趣横生。齐白石书工篆隶，取法于秦汉碑版，行书饶古拙之趣，篆刻自成一家，善写诗文。曾任中央美术学院名誉教授、中国美术家协会主席等职。代表作有《蛙声十里出山泉》《墨虾》等。著有《白石诗草》《白石老人自述》等。

杨度（1874—1931），字皙子，号虎禅师。湘潭县姜畲镇清泉村石塘人。幼年求学于清末名士王闿运门下。光绪二十八年（1902）起，两次留学日本。期间，曾与宋教仁、陈天华、黄兴等切磋国事。在革命与改良的激烈论战中，曾误入君主立宪的歧途。回国后，被袁世凯、张之洞保奏为清朝的四品京堂，主持宪政编修馆。辛亥革命后，曾积极为袁世凯复辟帝制奔忙，成为筹安会魁首。袁世凯倒台后，受到北洋政府通缉，仍抱定救国之志，继续探索和追求。在马列主义的影响下，终于认识了错误，接受了真理，在 1929 年加入中国共产党。

7. 袁树勋（附袁思亮，民国藏书家、学者）

袁树勋（1847—1915），字海官，后改海观，晚号抑戒老人，湘潭县易俗河山塘人。幼年，家贫失学后砍柴、牧牛，及长务农，成为团丁。后在江淮一带以推小车贩布谋生。当过厘金局的收税小吏，后投湘军当兵。清同治四年（1865），从征捻军，管后路粮食，办事勤敏，积转饷之功，保用知县。历署江苏高淳、铜山、南汇、上海诸县知县。后以知府衔候官江西，暂充景德镇厘金局局长，主管专卖事务。

光绪二十七年（1901），袁树勋为苏松太道道员，驻上海。后任江苏按察使。光绪三十二年（1906），调顺天府尹。不出一年，升民政部左侍郎。光绪三十四年（1908），为山东巡抚。宣统元年（1909），调任两广总督，次年九月罢职。民国建立后，袁世凯窃取大总统，拟其为直隶总督，固辞不就，又聘为参政，亦以疾辞。他客居上海，并在湘潭城乡广置田宅。民国四年（1915），卒于沪。

袁思亮（1879—1939），袁树勋之子，民国藏书家、学者。字伯夔、一字伯葵，号蘉庵、莽安，别署袁伯子。光绪二十九年（1903）举人。民国初年曾任北洋政府工商部秘书、国务院秘书、印铸局局长、汉冶萍矿冶股东会董事等职。袁世凯复辟，弃官归，隐居上海，和叶揆初为邻，终日以著述、购书为事。所藏宋元古籍甚多，喜收诗文集。字画精研，书法仿欧体。

四、其他社会名流

1. 郭金台（明代遗民）、王岱（广东澄海知县）、唐世征（玉山知县）

郭金台，字幼隗，湘潭（方上桥池子头，今属巨鱼村）人。本姓陈氏，名湜。年十五，遭家难，赖中表郭氏卵翼得脱，遂为继。弱冠有声黉序间，万历间，两中副车。崇祯朝，屡以名荐，不起；例授官，亦不拜。既南渡，隆武乡试登贤书。督师何腾蛟论荐，授职方郎中。再起监军佥事，有司敦迫，皆以母老病辞不就。避迹山中，然于时事多所论列。一二枕戈泣血之士，崎岖岭海，经营措置，不遗余力。当是时，溃卒猖獗，积尸盈野，百里无人烟。金台请于督师，命偏裨主团练，力率乡勇，锻矛戟，峙刍糗，乡人全活者以数万计。清初，当局特疏荐于朝，力请得免。晚授徒衡山，深衣幅巾，足不履户外，绝口不谈世事。惟论列当时殉难诸人，辄欷歔流涕。康熙十五年（1676），以疾卒于家，年六十有七。自题其墓曰“遗民郭某之墓”。著有《石村诗文集》《五经骈语》《博物汇编》。

王岱（1617—1686），明清之际名满海内、诗书画三绝的“才鬼”。王岱祖籍花石，出生于湘潭老城内的宁乡巷（今称泗洲庵巷）。早岁即有才名，八岁随父宦居湖北芝城。稍长即游陪都南京，与王世祯、施愚山、龚鼎滋等游，风流邪狎与诗文绘艺一样名满海内。明清鼎革，王岱风流蕴藉的生活戛然而止。国破家亡，湘潭屠城，王岱兄嫂叔侄一门七死，老城宁乡巷的家被毁，这种疼对他何止是铭心刻骨。他潜居山泽，在湘潭县下四都瀼水傍构“溪上草堂”，建“五芝亭”，读书绘画，并对明末的士风、文风进行了深入的反思，反映在他的诗文上，已经脱离公安、竟陵的窠臼，别有趣味和会心。等到吴三桂之乱被平定，王岱选任湖南安乡教谕，不久迁湖北随州教谕。康熙十八年（1679），因湘潭县令姚之骐和湖南分巡道苏亮工之荐，王岱作为湖广楚南唯一的选手参与了清廷举行的博学鸿儒拔试，虽然结果未被录取，他的声名更是如日中天，海内共知了。

唐世征，字魏子，湘潭县碧泉人。明末随父崑岳避乱碧泉山中，力学不辍。明崇祯十五年壬午（1642）科乡试，曾受知吴孳受，终身以师事之。清顺治十八年（1661）进士，授推官。清康熙八年（1669）改玉山知县。治玉山有惠政，时以比之元次山。知玉山时，修葺怀玉书院，院祀朱熹，并增祀：汪应辰、吕祖谦、陆九渊，以四人皆曾讲学玉山之故。主持重修《玉山县志》，邀同里人郭金台主笔，于康熙十年（1671）刊成。吴三桂叛，弃官。卒于扬州。著有《唐魏子集》4卷，《沅湘耆旧集》录有其诗作。

2. 陈鹏年（康熙年间河道总督摄总漕事）

陈鹏年（1663—1723），字北溟，号沧洲。湘潭县射埠镇方上桥池子头人。祖居十四都螟公石。清康熙三十年（1691）进士，历任浙江西安知府、淮安府山阳县令、江宁知府、苏州知府、武英殿修书总裁官等。以清廉刚介、不畏权贵著称，有“陈青天”之誉。官至河道总督，因公卒于武陟河道工地。赐谥恪勤。主修《四朝全诗》《方舆全书》《月令辑要》等；著有《道荣堂文集》《沧洲诗集》。博学，长于文翰，工诗词，精书法。江宁任上，尝游焦山，疏浚长江时，将南朝摩崖石刻《瘗鹤铭》从江中捞出，筑亭嵌于焦山石壁，诚千秋盛举也。

3. 巫必达（巫家拳鼻祖）

巫必达（1751—1812），字有能，又称巫跛子，福建汀州府连城人。幼习南少林拳法，及长远游，拜访名师，结识武林高手，后得武当内家拳法精要，技臻化境，遂自创拳法，世称巫家拳。清嘉庆中，来湖南传艺，在湘潭大石围李大魁家和马家河冯南山、冯连山兄弟家授徒。李、冯均得其真传，李大魁以钯术著称，冯氏兄弟以棍术闻名。嘉庆十七年（1812），巫必达病逝，葬县东郊黑石头高家冲（现岳塘指方村），门徒为其修墓立碑。巫家拳在国内外广为流传，长盛不衰。第四代门徒唐徽典，于1930年参加湖南首届国术比赛获第一名。

4. 释敬安（1851—1912）

释敬安（1851—1912），俗名黄读山，字寄禅，号八指头陀，湘潭县雁坪乡银湖塘人。7岁丧母，12岁丧父，辍学为人牧牛，常读诵于牛背上。清同治七年（1868），投湘阴法华寺出家，礼东林长老为师。在南岳祝圣寺从贤楷和尚受具足戒。次年，闻衡阳歧山仁瑞寺恒志禅师倡苦行修道。光绪初东游浙江。光绪三年（1877），在宁波四明山阿育王寺佛前剜臂肉如钱者三四块，注于油中燃灯，又在佛舍利塔前烧残两指，因号八指头陀。此后7年，住禅宗四大丛林之一的宁波四明山天童寺，漫游吴越。光绪十年（1884），归长沙，师事麓山寺僧笠云，继承其法。历为衡阳大罗汉寺、南岳上封寺、大善寺、沩山密印寺、湘阴万福禅林及长沙上林寺等寺住持17年。光绪二十八年（1902），再至浙江，住持天童寺。将诗结集在浙江、湖南刻印问世，成为晚清著名的禅宗诗僧。

光绪三十四年（1908），在宁波筹办僧教育会，为会长。民国元年（1912）4月11日，各地佛教代表在上海成立中华佛教总会，任首任会长，曾谒孙中山。当时湖南等地发生寺产纠纷，应僧众请求入京请愿，寓居北京法源寺。去内务部礼俗司要求政府下令保护寺产，受官府辱，当晚圆寂。

5. 马福益、刘道一、刘揆一

马福益（1866—1905），原名福一，又名乾，后改名福益，湘潭县射埠碧水村人。成年迁居渌口（今属株洲县）。先后为石灰窑总工头、洪江会首领。创立会党山堂回龙山，成为长江中下游地区最有影响的会党首领之一，湘潭、醴陵、浏阳、萍乡一带参加者万余人。清光绪三十一年（1905），马福益化名陈佑衡，由广西返湘，以洪江为根据地部署起义。起义未成，遂转往湘东联络旧部，在萍乡车站被清兵发觉，他奋力手刃清兵6人后被捕，被解送省城。在狱中备受酷刑，坚不招供，遂于3月16日英勇就义。

刘道一（1884—1906），祖籍湖南衡山，生于湘潭。青年时代，追随其兄刘揆一从事革命活动。1904年，加入华兴会，联络会党准备起义，事败后流亡日本。次年，参加同盟会。1906年秋，刘道一参与领导的萍浏醴起义提前爆发，正在长沙运动新军的他在由衡阳返回长沙途中被捕。同年12月31日，他被清政府杀害于长沙浏阳门外，年仅22岁。他是留日学生中因反清革命被杀害的第一人，也是同盟会会员中为革命流血牺牲的第一个烈士。

刘揆一（1878—1950），字霖生，湖南衡山县人，生于湘潭县白石铺杨柳冲。幼年入私塾。光绪二十九年（1903）春，自费留学日本与黄兴结识。袁世凯死后，黎元洪继任总统，刘揆一一度担任国会议员，直到国会解散。五四运动，赋闲家中。民国二十二年（1933），刘揆一被蒋介石聘为行政院顾问。因刘揆一所呈的联共言论遭到蒋的嫌恶，遂于翌年被罢免。中华人民共和国成立后，刘揆一留在大陆，任湖南省军政委员会顾问。1950年11月1日，他在故乡湘潭病逝，享年73岁。

6. 秋瑾（鉴湖女侠）

秋瑾（1875—1907），女，名闺瑾，字璿卿，小字玉姑，号旦吾，别号竞雄，自称鉴湖女侠。原籍浙江绍兴县，生于福建厦门。清光绪二十一年（1895），秋瑾之父秋寿南调湘潭主管厘金局，结识在湘潭经商的湘乡人王黻臣。秋瑾从父母之命，与王黻臣子王廷钧结婚。婚后，居王家在湘潭城区十八总由义巷开设的义源当铺。清光绪二十六年（1900）春，王廷钧捐得户部主事，遂随同去北京，目睹八国联军入侵时留下的罪证，决然以救国为己任。清光绪三十年（1904）四月，往日本留学，在日本投入了火热的革命斗争。她倡议重组共爱会，名为“实行共爱会”，这是留日学生中女子爱国革命团体。与刘道一、黄人漳等10人参加以反抗清朝、光复中华为宗旨的“十人团”，又与刘道一、龚宝诠、仇亮等组织反清秘密团体“三合会”，她被封为“白扇”（军师）。光绪三十年十二月（1905年1月），秋瑾回国，在上海拜谒蔡元培。次年五月，加入光复会。六月，再去日本。七月，经冯自由介绍在黄兴住所与孙中山见面，参加中国同盟会，被推为浙江省主盟人。三十二年（1906）初，从日本返回上海，与易本羲等创办中国公学，后又创办《中国女报》。十月，在上海参加光复会秘密会议，发动浙江会党，图谋响应萍浏醴起义。因起义失败，遂止。三十三年（1907）正月，返回湘潭，筹措革命经费，探视儿女，王家付给银三千两。四月，组光复军，推徐锡麟为首，自任协领，以民族主义革命相号召，人数近7000人。由于内奸告密，浙江巡抚派新军于六月初四下午包围了大通学堂。她带领学员与敌人作殊死搏斗，终因寡不敌众，被捕。六月初六（7月15日）凌晨4时，在绍兴县城的古轩亭口英勇就义，时年32岁。

清宣统元年（1909），其子王沅德（时年12岁）至绍兴护秋瑾柩回湘，停厝于湘潭县三都四甲叶子塘王廷钧墓侧，欲与其合葬。其在湘潭城区由义巷的故居“义源当”，被列入市级重点文物保护单位。

7. 叶德辉（文字版本学家）

叶德辉（1864—1927），字奂彬（也作焕彬），号直山，一号郎园，文字版本学家。父亲叶雨村原为江苏吴县人，太平天国战争时迁居长沙，后以湘潭为籍。叶德辉同治三年（1864）出生于长沙，8岁入学，习《四书》《说文解字》《资治通鉴》等传统书籍。17岁就读岳麓书院。光绪十一年（1885）中举人，7年后再中进士，授吏部主事，不久就以乞养为名，请长假返乡居住。叶德辉精于版本目录学，在湖南士人中名声渐高。1915年任省教育会长，发起成立经学会。袁世凯复辟称帝时，他组织筹安会湖南分会，赞成复辟君主制。1927年4月，被湖南农工商学各界团体召开大会处死。叶著述丰富，有《郎园丛书》，共126种，凡371卷。

第九章 “金湘潭”与湘军

“金湘潭”一直在反反复复中发展。总计出现三次高峰：明万历年间的发展是第一波高峰，出现“小南京”的盛况。接着没多长时间，清灭明，湘潭被屠城，市肆尽毁，城区仅存3000多人。第二波高峰是清朝立国后，经过几十年的恢复，到清嘉庆年间又出现第二波高峰，出现“金湘潭”的盛况。这是整个“金湘潭”最高峰的一波。第三波高峰是因为湘军与太平天国的战争，湘潭又成为战争的交锋地，不过战乱的时间很短。战争把“金湘潭”直接推进到第三波高峰，而且出现转型升级。前两次是因为战争的破坏，而第三波直接是因为战争。这一段，我们也可称之为“湘军的‘金湘潭’”。

一、“金湘潭”助推湘军发展与壮大

很多人认为，湘军的出现与湘潭之战有关系。固然，湘潭之战决定湘军的命运，决定湘军的去留，但湘军的出现是在湘潭之战前。办湘军需要粮和饷，“金湘潭”需要有人来保护，于是商业与湘军绑在一起。湘军建立的物质条件是由“金湘潭”提供的。

1. 广西的乱局促使湘军的建立

湘军的起源大抵分为：民间练团自保—知县檄办练族练团—湘勇进省城防御—出征江西—定名湘军。

如果以练团时间为序，最早还是李续宾于道光十八年（1838）就开始练团，主要针对境内的盗贼。然后是王鑫练团，咸丰元年（1851）七月开始，正是太平军金田起义的时候。罗泽南练团，始于咸丰二年（1852）五月。他并没有实质性练团，而是因为王鑫、李续宾、李续宜均为其学生，应知县朱孙诒和学生王鑫的邀请，登高而呼。曾麟书、曾国潢练团始于咸丰元年（1851）十一月。所谓练族，就是以族为单位进行练团。练团必须练族。咸丰二年（1852）四月，太平军逼近湖南，湘乡县知县朱孙诒到任后，即令举行保甲，并练族、练团。

湘勇是湘乡勇的简称，是咸丰二年（1852）湘乡练勇的简称。湘勇，作为一支团练，与各地办的团练并无两样。不同的是，湘勇是按正规军的标准组建的。建湘勇是为了保护湘军的老家，是为了保湖南最大的商埠。

太平天国在广西真正形成气候是在咸丰元年（1851）。洪秀全正式发动金田起义，建号太平天国，同年攻克永安，在永安封王。太平天国运动风起云涌之时，全国各地反清组织、仇清团体也趁机起事，诸如白莲教、天地会、洪门，还有明朝的遗臣后代都起事了。天地会里有一个叫朱洪英的创立了昇平天国，以至于老百姓闹不清这些反政府组织到底是哪个天国。清廷派塞尚阿为钦差大臣赴广西进剿。接着又派出一位钦差叫向荣的，也带兵进入广西。可谓大军云集广西。然而两位钦差，谁也不听谁的，导致太平军突出永安，如鱼得水，一度攻打省城桂林，广西震动。湖南毗邻广西，为防止太平军突破湖南向北发展，清廷号召广西周边省办团练，进行地方保护。湖南的湘乡县就有罗泽南、王鑫等响应官方的号召办团练，他们给这支团练取名湘勇。

办团练要钱，他们采用的办法是社会集资。然而困难重重，因为湘乡的老百姓不相信太平军会打到湘乡来，筹钱不积极，训练也不到位。筹钱方式主要为：一、官方拨很少的启动资金。二、各乡、保摊派。三、劝捐，即劝大户支持钱粮。湘乡县城和当时所属的永丰镇并没有什么大的商业，主要商户都集中在湘潭、长沙。摊派很困难，当地仕绅甚至怀疑王鑫是借办团练敛财。所以，劝捐的对象主要是在湘潭市总做生意的湘乡籍大户。

如众所周知的秋瑾的婆家王黻臣，就是从湘乡迁到湘潭县城的大商户。王家本是在湘乡县荷叶塘神冲，地处偏僻。王黻臣的父亲王宝田开始在湘乡与衡山交界的山区做点小生意，设“王大兴”牌号，“湘乡、衡阳、湘潭三邑纵横数百里，负贩都趋之若鹜”。王黻臣他对子女曰：“乡村商务不足以致大富。”遂迁湘潭做贸易，转体开始设纸行，开设典当行，同时继续经营农副产品和药材，很快成湘潭的大富商。当时钱商以赣帮为主，操纵湘潭市场。自从王氏开设钱号，进行汇兑，才解决了本地商人的困难。于是湘潭的商人推其为商会秘书长（公董帮事），掌握事权总计30年。“有公务，虽严寒酷暑，必与议负责任。国家捐，地方捐，率破私囊，提倡一手而集数万金者不一而举，邑宰咸赖之。”王宝田在咸同时期曾随曾国藩出征，主要负责运输给养事务，在操办军需方面发了财。王氏父子的发家与湘军有一定的关系。“县宰咸赖之”，这个县宰是指湘潭县，还是湘乡县？笔者认为，两个县宰都依赖他。王氏为湘乡人，湘乡办湘勇，他这样的大户，能逃得脱捐输吗？湘潭县为“金湘潭”的所在地，湘潭县的事务自然也逃不脱。王黻臣有两子，长子王子价，民国时又担任湘潭商会总理。次子王廷钧，与秋瑾结为夫妻。秋瑾的父亲秋寿南先后担任过常德厘金局、湘潭厘金局主管，这种特殊的政商关系经曾广钧的牵线成就了王廷钧与秋瑾的这桩婚姻。王黻臣一家的例子是最能说明“金湘潭”与湘军的依从关系。像湘乡那些想把生意做大的，无不迁往湘潭。

在湘潭市总做生意的湘乡人从维护自己家乡角度慷慨捐输。当时清廷办团练的圣旨并没有下达，有一点自作主张的概念。知县朱孙诒是顶着压力来办的。所以清廷正式下令各省办团练之前的一年时间，湘乡就已经开始办团练了。

咸丰二年（1852）七月，太平军兵临长沙城下，湖南巡抚正式檄县募勇。团丁第一次拉出去防堵太平军可能西进的步伐。团丁拉到宁乡县和湘乡县北的马托铺，结果无警而逃。九月，朱孙诒严明纪律，王鑫出营制，罗泽南申明耻教育，团丁开始向湘勇过渡。

咸丰二年（1852）十一月，湖南巡抚檄湘乡知县募湘乡勇赴省城防御。罗泽南、王鑫、罗信南分拣所练之湘乡勇共千多人至省城。曾国藩被任命为钦差大臣，帮办湖南团练。曾国藩以驻防长沙的湘乡勇为基础，开始组建湘军。在各县都设立了募勇点，从军者众。湘军有广义的湘军与狭义的湘军之分。狭义的湘军就是指湘乡勇，就是指罗泽南、王鑫领导的湘乡勇。咸丰三年（1853），罗泽南率湘乡勇援南昌，正式定名湘军。广义的湘军是指曾国藩在长沙办的团练，有来自全省各地的勇，如平江勇（平勇）、宝庆勇（宝勇）、辰溪勇（辰勇）、湘乡勇（湘勇）。但不管是什么概念的湘军，都是以湘乡的3个营为基础去扩充。至移师衡州时已组建成10个营的湘军。到衡州后开始组建湘军水师。在衡州、湘潭设立船厂，招募水手。大量的湘潭人则更多的是参加了水师。

湘潭县在邻近的湘乡县影响下也开始办团练了。但是，它已经是在一年后，接到湖南巡抚的正式批文才进行的，教官是从湘乡调来的。湘军诞生后，湘潭县人从军主要在水师，而不是在陆师。再后来，李鸿章办淮军，湘潭县易俗河的郭松林带着很多人从了淮军。这是后话。

2. 湘潭具备催生湘军诞生的物质基础

无论是罗泽南、王鑫在湘乡办湘勇，还是曾国藩在长沙、衡州办湘军，都离不开“金湘潭”的经济支持。历来战争筹饷，主要还是靠商人，普通种田的人那点赋税又能有多少？湘潭作为湖南最重要的商埠，当时是湖南的商业中心、金融中心。湘潭之战前，湘潭“坊市三重，工商十万，市声喧嗔，达于郊邑之外”。举凡国家征市租、筹捐税，“岁辄百万，输过万金”。湘潭又是湘乡的门户，凡入湘乡者，必经过湘潭，湘潭不保，湘乡便门户洞开。这种唇齿相依的关系，湘乡人自然明白，更何况湘潭城里有近一半是湘乡人，焉能不保？

咸丰二年（1852），太平军攻打广西省城桂林，旋又转攻湖南，从全州入湘，克道县、郴州，直逼长沙。太平军攻长沙未成，围城一月，还牺牲了一个西王肖朝贵，便放弃长沙，攻岳州，克武汉，一路顺江而下，直抵金陵，在金陵定都，改名天京，这是太平天国最生机勃勃的时期。长沙虽然未被太平天国攻克，但是对湖南的震动很大，于是全省办团练，防止太平军反攻。咸丰三年（1853），曾国藩因母丧回籍守制。因为他的影响，清廷任命他为钦差大臣，帮办湖南团练。长沙官场挤兑曾国藩，他在长沙待不下去，只好移师衡州。在衡州练勇的期间，清廷多次催促曾国藩出师救湖北，他总是推脱说，誓师北伐的准备工作没做好。

所谓准备工作，一是兵勇训练，二是粮食、军饷、弹药、军需筹措。最后，他把解决这个难题的事情放在湘潭。

“金湘潭”助推湘军发展壮大是由它的地理位置和经济基础决定的。在水运时代，湘潭是最好的位置。正因为最好的位置，成就了“金湘潭”的商业繁华。在湘潭这个地方，很容易就能筹措到湘军所要的东西。自古筹钱是最难的，在湘潭这个有十万工商户的地方，这简直不算一回事。筹粮，旁边的易俗河就是全国的四大米市之一，要多少有多少，只要肯出钱。要船，杨梅洲可以造出你想要的船。太平军在湘潭很短时间能掠到上万艘木船便是证明。冷兵器，湘潭多民间锻铁作坊，苏钢技术已经在湘潭普遍推广，要打多少有多少，要多锋利有多锋利。火药，乡下到处是旧房子，尽是制硝的原料。而且，境内的生产方式已经从家庭手工业形式转向手工作坊和工场为主。到道光末年，境内采矿、金属冶炼、金属制品、造船、制陶、造纸、制酱、制伞、制帽等形成规模，产品从简单加工向比较复杂转化。正因为筹粮、筹饷、筹兵器、火药都容易，湘军水师誓师出发的集结点定在湘潭窑湾。

仅看湘军从湘潭誓师出发时的装备就知道“金湘潭”对湘军支持的力度：咸丰四年（1854）正月，湘军出征，总计载米12000石，盐4万斤，油3万斤，配炮500尊，军械数千件，子药20万担，辎重船数十号。四月份，湘军又于衡州、湘潭两船厂造船60艘，其中大船全部由湘潭造。上述物资全部在湘潭集中。

3. 湘军是军事集团与经济集团的结合

湘军是一个集团，首先是一个军事集团，然后便是经济集团，最后才是政治集团。从经济而论，早期湘军是依赖“金湘潭”而形成的一个超级经济集团。

查湘军饷章，营官：月薪银50两，办公银150两，凡帮办及管账目、军装、书记、医生、工匠薪粮，听营官发。哨官：每员月给银3钱，哨长2钱，什长1.6钱，亲兵与护勇均1.5钱，正勇1.4钱，伙勇1.1钱，合计大月开支2892两银，小月开支2800两银。带兵千人者，每月限支5800两，万人限支58000两，带百人者限长夫36人，千人限360人。统领自带一营，统三千人以上月加100两银，万人以上的加300两银。水师饷章：营官月给薪水办公银200两，哨官日给4钱，舱长日给1.6钱，船工日给1.5钱，头篙与炮手日给1.4钱，浆工日给1.2钱。马队饷章：营官月给薪水并马干银50两，公费100两，帮办16两，字识9两，正哨官18两，副哨官1.5两，什长2.6钱，马勇2.4钱，伙夫1.1钱。

从上述薪水看，水师是按日计酬，待遇最高。然后是马队，最后才是陆军。总体而言，薪水高出绿营兵的2—3倍。营官的薪水最高。因为湘军立营以营官负责制。营官存，队伍存；营官亡，队伍散。

上述庞大的经费开支怎么解决？长沙是不可能解决的。一则湖南的商贸中心与金融中心在湘潭，二则曾国藩“治乱世用重典”得罪了湖南官场，即便有，也不会给这个“曾剃头”。所以他只能依赖湘潭。

湘军营运资本主要有四个来源：一是争取政策层面的支持，二是社会赞助，三是政府拨款，四是各省协饷。

所谓政策层面的支持，就是争取朝廷的收费政策。如丁漕、厘金、协饷、办捐输（官凭）、协济，如奏请户部临时拨款，如借洋款、提关税、专门设立东征局。

所谓厘金，就是战争地区的商业流转税。在战争地区做民众生活必需品的生意是很获利的买卖。比如贩盐、贩茶，都是很赚钱的生意。湘军在交通要道设关收费，可比喻为战争地区商人的保护费。但是，什么叫战争地区？当战争推进到东南，作为已经是后方的湖南算不算战争地区？除了太平天国起义，还有西北回民、西南回民起义，还有一些其他反政府组织，只要有这些反政府组织存在的地方，是否都可以收厘金？事物的发展态势正是如此，在非战争区一样照抽。湖南是最早设厘金局的省，不仅如此，还设有一个东征局，接着又设盐茶厘金局。

仅湖南一省一年下来厘金可收 100 多万两银，湘潭是捐输最多的地方。没有“金湘潭”的物质供应，湘军办不成。而曾国藩最早就在湘潭设厘金分局（咸丰五年即 1855 年），城区湘江段就设有 13 处卡局，易俗河和朱亭也设有卡局，年收百货厘金白银 7—10 万两。到咸丰六年（1856），又设盐茶厘金局，专办盐茶厘金兼营批发。厘金一直收到战争还在继续。到同治二年（1863），离湘潭之战已经 9 年了，湘潭早已不是战争地区，仍在非战争地区设厘金收取。同治二年（1863），湘潭县商人反抗厘金局苛征滥收，罢市三天，但是罢市也无效。当时清廷捉襟见肘，至咸丰八年（1858）1 月户部总计拨过藩库军需局的湘平银 107.95 万两，足典钱 147 万串，而全国征收厘金的数额每年都在 200 万两以上。这些厘金局、盐茶厘金局、东征局多由官绅把持，苛征滥收。这些钱绝大部分充当湘军军饷，造成民穷商困的局面。

卖官凭就是出销官衔。官凭是做官的资格，是职级待遇。正县级并不是县官，也没有相对应的薪水，只是获得一个县官的身份，然后排队、候补。不过这一着得到商人的拥护，他们有了官的身份，更好做生意。比如湘潭的商人主要分七帮，每个帮主必捐一个五品以上的顶戴，重要会议他们必须参加。清廷为了筹军费，准许湖南捐官、捐加学额。捐官可视品级不同自定输银多少。州县学额则万两增一名，湘潭县例额达 70 名，湘乡县增至 20 名，输银之多居湖南各州府县前茅。孙坦任湘潭县令时，朝廷委以聚敛，每有征捐任务下达，总是超额完成任务，故孙坦提升很快，一下子达到三品大员，获资数十万。卖官凭的另一个名称是“办捐输”。仅以咸丰三年（1853）八月为例，曾国藩为筹建水陆营 20 营，奏请户部与国子监印发空白职衔照、监照就有各 500 张，共 1000 对，通过州、县及营、哨官推销。总计推出去 4000 张。一直坚持到咸丰八年（1858）才暂停。湖南从 1852 年设立捐输局，到 1857 年，捐输总数在四百万两。到同治三年（1864）又重新推销，得收入 100 万两银用于撤遣湘军。

协饷就是从各省的财政收入中划拨一块。争取这个政策没费什么周折，因为理由很充分，但操作起来大多有名无实，到了财政总会以种种理由拒绝或者大打折扣。所以，到战争结束时，此项各省应划拨给湘军的欠饷达数千万两银子。如咸丰四年（1854）八月，奏请江西筹款 8 万两银，广东、四川各筹拨 1 万两银；九月奏请陕西筹拨 24 万两银等，均没到位。协饷因系户部上缴定额外的非定额协济，各省不一定如数到位。协饷还有非奏请协济，就是不奏请朝廷，凭私谊于各省督抚协济。如咸丰八年(1858)，湘抚骆秉章每月协济2万两银，鄂抚胡林翼每月协济2万两银，赣抚每月协济1.7万两银。

奏请户部临时拨款。除上述来源之外，还可以不断地写奏折，要钱。办淮军，曾国藩奏请从上海的海关银中拨款。左宗棠西征，就奏请山西从河东盐课中、四川从盐厘中报户部的收入中提拨20万两银济军。同治八年（1869），左宗棠奏请设立西征局筹饷，户部同意每年从厘金中拨300万两支援。

借洋款。曾国藩、胡林翼均未借过洋款，主要是左宗棠。左氏经营西北，因为各省解台湾急停解西征军费，于是左氏乃请海关作担保借洋款。他不仅借洋款，还借洋兵，洋枪队就是他的拿手好戏。

收杂捐。指丁漕、关税、厘金以外的杂税，如亩捐、抵征、米捐、茶捐等名目。

提关税。就是从各省各关所收的关税中拨款。

售盐饷。太平军起，长江阻隔，淮盐不能进入长江各省。曾国藩提出从浙江调海盐入内地，收税抵饷，从盐税中抽税供饷。

湘军50年时间内到底用了多少军费？由于部队系统过于庞大，筹饷来源多种，无法统计。现存的资料考证，湘军前期，咸丰三年（1853）九月至同治四年（1865）五月底，十一年零九个月，总计用银29154527.5万两，米3799.58万石。

湘军是一个军事政治经济集团。一开始，湘军的普通士兵是为钱而打仗，并没有兼济天下的雄心。湘军通过办捐输、办厘金、提关税、请协饷等多种方式筹饷。“金湘潭”为了在战争中自保而乐意赞助，两者都是为各自不同的利益走到一起。“金湘潭”支持湘军有一半是为了自保，一半是受到强迫。因为有了一个强大的“金湘潭”，湘军才能维持下去。如果换成其他地区，没有一个财源地，这样的地方军队就算办起来，能坚持多久就难说了。

二、湘潭之战与“金湘潭”

1. 关于湘潭之战

湘潭之战的背景是：咸丰三年（1853），太平天国已经在长江下游立国，并经过北伐、西征扩大地盘，已经有了足够的实力与清廷争天下。湘潭之战是太平军西征的一部分。西征的太平军已经第二次拿下武汉。湘潭之战是太平军要打通首都与老家的通道，同时兑现为西王报仇的承诺而进行的一场会战。湘潭之战的背后是战长沙，它是整个省城保卫战的关键。而这一年也是湘军抓紧招募训练关键的一年。湘潭之战也是检验湘军到底能不能打仗、能不能作为正规军拿上前线的一场战役。此役是湘军存留的关键，也是“金湘潭”投资湘军的检验，所以各方都看重湘潭之战。

咸丰四年（1854），太平天国的西征军一路克九江、武昌、岳州，长江中下游并入太平天国的范围。然后西征军转入湘北，经过一年训练的湘军在此危局下奉命出省救援湖北。但是前锋的湘军在岳州就被太平军打得抱头鼠窜，整个湘北陷入太平军之手，湘军退到长沙周边，省城震动。这时曾国藩湘军总人数大约 2 万人，太平军的征湘军人数在 3 万人左右。双方在长沙下游的靖港形成相持状态。太平军一面与湘军相持，一面分兵克宁乡，然后分出 7000 人的兵力间道扑湘潭。当时，湘潭城区总共才 600 清军，湘潭很快沦陷。太平军企图从上游与下游同时进攻长沙。此时曾国藩的湘军主力集中在靖港，省城的兵力空虚。而曾国藩在靖港轻敌，被太平军打得投水自尽，幸被随从救起。巡抚骆秉章坦言：“今无可为计，且须湘潭音。”曾国藩在自身难保的情形下决定分兵救湘潭，陆师派塔齐布，水师派彭玉麟。他们水陆并进来救湘潭。湘军与太平军都拿出了看家本钱，在宁乡的太平军分兵增援湘潭，总计抵达湘潭的太平军最高峰时接近 2 万人，而湘军作为一支地方部队，水陆只有 9000 多人。整个湘潭之战分陆上和水上。陆上先后发生了 4 次大的战斗，水上发生 2 次大的水战，均以湘军全胜。太平军失误在轻敌，一路滔滔，几乎没有遇到像样的抵抗，所以不把湘军放在眼里。失误在为财富所累。因为湘潭是商埠，太平军掉进了财富的陷阱，把掠夺的物资都放在船上。太平军虽然船只多，但火炮少，近万艘辎重船成为湘军水师火烧炮轰的目标。最后，太平军不得不突围，湘潭之战以湘军全胜而结束。后来太平天国忠王李秀成总结天朝十大失误时，把湘潭之战列为“失误之一”。也就是从湘潭之战开始，太平天国从战略进攻转入战略防守。

2. 太平军在湘潭之战中对“金湘潭”的破坏

太平军占领湘潭时并没有发生大的遭遇战，很轻松占领湘潭，这一阶段没有较大的破坏。占领的第二天就派人鸣锣开市。太平军四处掠夺，主要是人员和船只。掳人是为了补充兵源，掳船是为了装载抢掠来的物资。总计掠夺船近万艘，数不尽的粮食、被服、食盐、金银都堆积在船上，结果在水战中都被湘军烧了。太平军的防守分县城和市总一线，利用建筑物进行抵抗。双方在争夺阵地中的炮火对市总的摧毁比较严重。太平军在撤退的时候对市总一些地方放火，市总不少地方遭到破坏。水战中因湘军首先使用火攻，船上的辎重起火，引发岸上起火，市总的十四总一带烧毁较为严重。有意思的是，“烧”最先是太平军开始的。当湘军水师从下游进入城区的江面上，太平军水船在上游，当时连日大雨，湘江水流湍急。有广西籍渔民献计，晚上以辎重船载煤油纵冲湘军水师，用火攻。彭玉麟令水师将小舢舨连成线，太平军的辎重船与湘军的小舢舨纠缠在一起，上游来多少，截多少，引到一处，令其自燃。因为连日大雨，气温骤降，南风改转北风，为下游的湘军水师采用火攻创造了条件。最后，陆上的太平军在撤退前，为泄失败的愤气，对市总及城区纵火。当时的民间书籍《潭城纪事》载：“为阻截援兵来路，贼烧窑湾至唐兴桥等处。”

3. 湘军对“金湘潭”的破坏

湘军对“金湘潭”的破坏比太平军还要厉害。一是湘军以太平军掠夺的物资直接为目标进行火攻。理由是让这些物资资敌，所以在两场水战中采用的是火攻。曾国藩在奏折中称：“岸赫水温，同归浩劫。事虽惨而功则奇。”就是说，火攻，岸都烧红了，湘江的水都烧温了，承认烧得很惨。彭玉麟有文记：“江流尽墨，杀盗积山。一火成烧赤壁红。”湘潭之战被称为近代中国最后一场赤壁之战。此战之后，没有再发生大的火战。即便抗战期间，长沙大火“焚城阻敌”“焦土抗战”，也是未战而烧，不能称之战。湘潭之战中，烧的都是民脂民膏。太平军的辎重船都集中北岸，湘军水师派出小船黑夜纵火，引发北岸停泊的辎重船大火，大火蔓延到岸上，引发十四总一带的市总火灾。湘潭之战中处处是“烧”字。王闿运《湘军志》载：“火延岸上，光烛数十里”，说明火势猛，数十里外都能看到大火。“万炮轰鸣，湘波为之鼎沸。”这里的万炮，有湘军的，也有太平军的，更多的是湘军的。另，因为辎重船上有的是物资和金银，为防止湘军自己掠夺，彭玉麟命令一律烧掉。当时在战争中，确实存在部分湘乡勇看到敌船上有钱币，擅自将船开走，沿涟水运回湘乡。在战斗中私自将缴获的敌船开走，这可是很麻烦的事。为防再发生类似事件，故彭玉麟命令：一律将敌船焚毁，有在战斗中捡拾财物者，斩！同时代大儒俞樾记载：“望湘岸连樯皆贼船，然多辎重，少战船。公计士卒争利必乱，乃以三营攻其首尾，自攻其中纵火，同时烧之，贼死无数。城中贼走，公还。大军恂恂如未尝战，辎重一无所取”。彭玉麟不仅下达命令，一律火烧，而且自己带队冲入敌辎重船纵火。都烧了，自然辎重一无所取。这就间接说明湘军对“金湘潭”的破坏。当时对这种无差别的烧，另一位湘军统帅杨载福曾表示过异议，但是反对无效。在最后的下摄司江面上的水战中，湘军又用到了烧。彭玉麟诗云：“炮震雷鸣湘水沸，旗开风顺楚江通。万艘已尽乌云黑，一火重烧赤壁红。”

4. 湘潭之战中“金湘潭”的损失到底有多大

如前所述，就烧而言，损失是非常大的。首先，万艘辎重船被烧，湘潭的航运业基本完蛋了。其次，火延岸上，光烛数十里，直接的市总被毁。再次，辎重船上都是掠夺来的民脂民膏，直接的货币，被烧了多少，无法统计。最后，湘军的烧与太平军的烧重复进行，对“金湘潭”的破坏史无前例。所以，湘潭之战对“金湘潭”是毁灭性的。

但是，也有学者认为，湘潭之战对于“金湘潭”的破坏并不是很大。理由：一、湘潭之战持续的时间并不长，比起南方一些反复遭受战争蹂躏的城市，湘潭这点损失不算什么。二、烧的只是市总的部分建筑。王闿运认为，市总很多地方引发大火，烧掉了十之五六，仍有十之四五幸存。三、战争主要发生在江上，损毁的只是船只、辎重。陆上的战斗主要集中在高岭、马坡、鸭坡垅等城郊地带，对城区的破坏并不大。四、湘军攻城时，太平军没有作顽强的抵抗，而是早就做出了放弃的准备。虽然在撤退的时候双方在市总进行激烈的巷战，但是战争损坏的只是市总的门面，而不是仓储。这一点，湘潭人已经学精了，大部分的商人都有城市和乡村两处居所，仓储与门店不放在一起，门面往往是象征性地放一些物资，仓储地一般都在郊外，所以恢复很快。

事实也证明，确实“金湘潭”恢复还是很快的。

5. 湘潭之战对于湘军的意义

在湘军研究中，湘乡被称为“湘军源地”，湘潭被称为“湘军福地”。曾国藩办湘军依靠的首先是湘乡人组成的湘勇，然后才是其他地区的勇，如平江勇、宝庆勇等。初期的湘军主要是湘乡人。讲湘潭是湘军的福地，首先是因为湘潭之战湘军胜利了，在政治层面站住了脚，不用卷铺盖回家了。湘潭之战确实关系到湘军的去留，同时期很多重要人物都讲到湘潭之战对于湘军的意义。

曾国藩：“若此战有失，不仅省城孤注，难以图存，东南大局亦不堪设想。”

骆秉章：“今无可为计，且须湘潭音。”

李元度：“大局转关自湘潭始。”

李秀成：“天朝十大失误之一。”

湘潭之战给曾国藩争了面子，给湘军争了面子。所以在湘军中，湘潭被称之“湘军福地”。这个“福”，不仅给湘军带来好运，也带来源源不断的财富。无论是湘军成立之初还是接下去的出省作战，湘潭一直是湘军重要的经济支撑。没有“金湘潭”的支持，湘军几乎寸步难行。湘潭又是湘军发财的地方，大部分湘军投资湘潭的实体经济都获得了比较丰厚的回报。

三、湘军促进“金湘潭”转型升级

1. 湘军对“金湘潭”的恢复

恢复体现在：一是官方的投入。湘潭之战给湖南巡抚争了面子，保住了位置。战后，省抚立即给湘潭重建拨款。建设好湘军的后方，湘军才能安心在前线打仗。二是战争的需要。湖南由前线转为后方，湘潭固有的商业地位，军需物资必须依靠它。三是给湘潭政策。比如说，重要军需物资从湘潭采办，放开粮食限购，允许粮食进入市场，允许实物货币化。数十万湘军将士在前方要吃要喝，从某一个方面讲，粮食比金银还重要。咸丰二年（1852），田赋改为银两。农民需出售谷物换取货币以缴纳赋税。粮行（贸易）、仓栈（储藏）、碓坊（加工）、米店（零售）等专业分工明晰，并设有粮行监管。所以，易俗河米市到光绪年间能迅速成为全国著名的四大谷米集散中心之一。而米市的发展带动了周边几十个县种粮食的积极性。湘潭县、湘乡县连年粮食生产丰收，在炮火连天的岁月很不容易。将军需—市场供应—刺激农民积极种田、饲养生猪，形成了一条可持续的链条。同治年间，湘乡有常用平仓24处、义仓21处，湘潭县有义仓147处。谷米交易主要在易俗河，易俗河与窑湾十八总均成为粮食的转运中心。一市之中出现了两个粮食交易区。咸丰年间，湘潭开始有面粉加工。四是给湘潭减负。咸丰五年（1855），巡抚骆秉章采纳幕僚左宗棠的建议，进行地丁漕粮改革。左宗棠按“以增为减”原则，禁革部分浮收，不许另行上勒折，取中饱浮收充公，同时将部分陋规变成正常财政收入。这项改革最先从湘潭县开始。湘潭县举人周焕南等议定方案：“定丁粮银两钱，减于前二两；漕折石银三两，减于前四两；南米折石一两，减于前二两。”总计减少乱收浮银四万两，农民负担减少一半。这项改革既解决了税收难入库的问题，又抑制了官僚、胥吏的作弊，减少了纳税人的负担，在鼓励农民种粮食上有很大的作用，于是湖南各县纷纷效仿。五是鼓励转型。战前，湘潭的纺绩业并不发达，比之于江南，湘潭的纺绩还是很原始的状态。但湘军需要四季的衣服，需要军被、帐篷，于是湘乡全力供这些产品。硝和硫磺是火药的重要原料，政府鼓励大力搜寻这些原材料，有多少收多少，于是湘乡的制硝业、购硫业迅猛发展。前线船只紧缺，而湘潭的船只大多毁于湘潭之战，政府鼓励民间资本进入造船业，有多少征多少，杨梅洲迅速形成制造船舶的产业链。所以，湘潭之战后，“金湘潭”的经营范围里出现了很多与军需相关的产业。

不过所谓政策层面的恢复，是非常有限的。战争初期，湘军外省作战，一半的粮饷由湘潭供应，还要在湘潭设厘金卡，十几个码头都设卡，让湘潭商人叫苦不迭。曾国藩能体会种田人的苦楚，他常谓：“吾辈多从耕田凿井而来，当知民生之疾苦，当视民事如家事。”但是他对商人就没有讲过怜惜的话，潜意识里，商人总比农民好过，尤其是茶叶、食盐在战争地区贸易，获利颇丰，从颇丰的利益里拿一点点出来没什么可讲的。所以，湘潭商人更多的是自救，自我疗伤。到了战争中期，一县支撑湘军的局面得到改变。同时，厘金在南方各省普遍推行。东征局在湖南全省输捐，一县的负担由全省来负担。

2. 湘军资财涌入“金湘潭”

湘军投入“金湘潭”的资金主要来自于高薪水的积累和战争掠夺。

湘军虽有严明的军纪，禁止扰民。但是，扰贼行不行？是民是贼，湘军自己说了算。

曾国荃打吉安的时候，每下一城，轮流放假。放假的目的就是便于把战争掳掠转运回家。自己的、同伴的都要运回去。他们建立了自己的转运站，水陆都有自己的脚夫。到打下天京时，更是有过之而无不及。江浙是天下财富和美色的集中之地，打下天京，湘军水陆各部参与转运浮财。《湘军志》讽刺湘军“江陵镃货尽于军中”。长江上下，尽是飘扬着湘军的旗帜，大大小小的船只都在抢运浮财美妇。湘军水师为运输这些浮财提供重要交通线。以打仗为目的，将一个地区的财富转移到另一个地区，而使一个贫穷的地区迅速成为中国的新富之地。

湘军打仗发了财，首先就是回家建庄园、修祠堂、办学校，极大地推进了湘潭、湘乡房地产的发展。同时，湘军将士又在县城争买铺店，开办实业，充当行业佬大。湘潭成为湘军投资的重点，有的一买就是一线（片）门面。还有的介入典当行业。王闿运在《湘潭县志》货殖篇中描绘这些湘军将领：

挥金如土，衣必绮罗，出入舆马，宴客必珍味，居处必雕几……士大夫宴客珍馔交罗，竞为丰腴，有一食而数金者，而婚葬为尤甚……诸将拥资还，博戏倡优，攀高以侈糜。尝一度输银至巨万，明日举典商部帖尝之，传以为豪。

他们在乡间圈土地出租，收取租金，实现可持续性发展。除了田宅之外，如票号、当铺，以及各项之豪买豪卖，无不设法垄断。这些做法客观上带动“金湘潭”的升级。民国《中国实业志·湖南》中这样写道：

时局既定，百业复兴。湖南诸将，拥资归田，金融日益活泼。时山西汇兑庄，顿增至八九家，与江西钱庄势均力敌，每日流通市面之银币数，达百万余，富甲全省。诸帮商贾，各专一业，钩心斗角，互争雄长。邑人郭松林、王明山，由提督起家，富皆累万。归田后，出资经商，郭业典当，王业斋馆，称盛一时。继起者复有义元、瑞昌诸典。又黔籍富贾孙孔林，独设九典十八达（达为其牌记），后皆亏折。同时铁商有萧恒道、王济泰两家，又黄济泰钢坊一家，营业均颇发达，出品行销北方诸省，获利无算。潭邑特产，以米谷为大宗，易俗河市为米谷总集之区，乡人云集，交易百货，市况之盛，不亚于在。尔时湘潭有小南京之称。盖承平日久，富商巨贾，竞相奢糜，酒馆娼寮充溢里巷，笙歌达旦，车马塞途。此湘潭商业之中期也。

3. 湘军推进“金湘潭”军需产品转型升级

这种转向体现在：一是传统的物流业继续保留，继续发挥“金湘潭”物流基地的作用、商埠的作用。在水运时代，湘潭的物流地位没有动摇。二是朝军需生产、制造和经营转型。也就是说，湘潭不是单一的商业流转，而是商品制造，形成商业与生产、制造共存的格局。外国商品因战争的阻隔进不了内地省份，西南、西北的物资流转仍然以湘潭为重要的商埠。湘军巨大的军火、军需、军饷需求刺激了湘潭工商业的发展。

曾国藩在家书中曾记载：

永丰大布，厚而不贵，吾意欲办好账房五百架，又宽大又结实，以为军士寒天之用。

于是永丰大布成为湖南采办军服的定制，湘乡的手工织纺因此得到大发展，作坊大兴，产量仅次于浏阳。

湘潭本来就是大米的集散地，左宗棠的漕米折银推开后，不仅使实物地租转化为货币地租，更为重要的是打开了粮食商品化之门，漕粮进入市场。湘潭成为军粮重要的提供地。《湖南地方志》载：

咸丰中，军兴，解湖北军糈粮三万石，解省城军糈粮二万担。

因为粮食商品化，湘潭的米价涨落无常，然各省各路军营纷纷来潭贩运粮食。这样，反过来刺激了湘潭、湘乡的粮食生产。

水师的船只主要有几个建造基地，一是衡阳，二是湘潭，三是岳州，四是九江。湘军前期能造大船者只有湘潭，湘潭之战中湘潭的所有船只几乎全部烧掉了。战后杨梅洲的造船业得到了大发展，从杨梅洲到窑湾形成了一条产业链。曾国藩战江西时，水师被太平军截成两段，一段为外江水师，一段为内湖水师。一时之间，长江上的水师战船不够，于是湘潭又加紧赶造战船以备外江水师之需。这条产业链不只是维持湘军水师的需要，更重要的是在战争结束后，湘潭的造船业一直居于全省之首，在维新运动中起步比任何地方都早。在清末洋务运动中，湘潭造出的大轮船最先航行在湘江航道，并且还开出了湘潭至汉口的定期航班。

很多人认为湘军还停留在冷兵器时代，实际上，湘军早已是冷热相结合了。当时有一个叫呤利的英国人在观察湘军战安庆时，就发现一个奇特的现象，湘军不把火药当回事，浪费火药相当惊人：“他们扎起那不可言状的战裙，气势汹汹地把辫子盘在头上，恶狠狠地挥舞大旗，把铜锣敲得震天动地地响，举起绘满可怕图纹的竹盾，毫无节制地浪费着火药，震耳欲聋地大声呐喊，就是不前进。”这是湘军典型的“长围打困”战术，要点是围而不打，待敌人粮食断绝，弹药断绝，没有战斗力再开始进攻。在围的过程中为防止敌人突围，要不断地浪费火药困住对方。浪费火药是战争的需要，也客观刺激了湘潭、湘乡的军火生产。于是湘乡、湘潭的冶铁、锻造、造船等手工业得到大发展。湘潭的苏钢在咸丰、同治时期发展到40多家，很多湘乡人干脆跑到湘潭来办作坊。

同治二年（1863），湘乡人周岳山雇佣工人300多人，在齐星岭、椰树嘴一带开采铁矿，建土炉百多座。湘乡一带找硝的都发了大财。硝是火药的重要原材料，在土硝的制作中，需要熬硝。湘乡专门有一批人寻找硝土，主要从房子的墙角去找。他们用含硝的陈土砖、旧壁土及草木灰为原料熬硝。开始是在湘潭熬硝，后来干脆在湘潭城区租地熬硝，十总至十二总一带的熬硝人全部是湘乡的，故郭嵩焘说“硝户必湘乡人”。湘潭城区主要制硝点有三十亩大丘、洗脚桥、东茅巷（现换新街）、半亩园、南庵巷（解放南路）、三义井、石家围子，年产30吨。民间土硝，硝酸钾也，主要用于兵营火药配制。从清至民国，土硝大量用于制造鞭炮、矿山炸药、火柴，以致制硝业大发展。民国组织熬国硝，对制硝户不抽壮丁。每年春插前秋收后，湘乡人来潭制硝，用草灰为原料，三合土筑池子，搭上木头、篾片、草席，铺上河砂，放上浸过的硝水母液，用稻草灰拦上硝土，经发酵后流出的硝土放在铁锅内三次熬制，即成精硝。

火药的另一重要原料是硫磺，湘乡是硫磺的重要产地。咸丰年间，湘乡的硫磺产量达到最盛。湘乡知县赖使直奏文“试采磺砂，即在县内陈家山开采，仅获采五万六千八百斤。……安化小河直通娄底，沿岸煤垅间获磺砂，饬令随时收买解省城供应。”可见当时战争需要硫磺原料到了何等紧张的程度。

药材本来就是湘潭贸易中的亮点。战争需要药，湘潭的药材贸易在原来的基础上得到更多的发展。江西樟树的商人纷纷跑到湘潭经营药材，成为湘潭重要的商帮。当时全国各地做药材生意的都看好湘潭，各种药材辗转运抵湘潭，有“药不到湘潭不齐，药不到湘潭不灵”之说。

战争时期不便于携带现银交易，到湘潭交易物资的商人需要可以兑换银票的地方。客观上因军需的发展，刺激了湘潭的银票业，钱庄在这一时期得到了大发展。山西的票号就是这一时期进入湘潭的。

所以，湘潭之战后，“金湘潭”经济出现大转型，所有的转型就围绕两个字“军需”。“金湘潭”能在短时间内得到恢复，主要有几个原因：一是湘军军需的需要；二是湘军为振兴家乡的务实行为；三是水运时代湘潭有优良码头；四是本来就已经具有完备的商业基础；五是对战争有预防性措施，即商业门面与仓储不在一起，战争破坏未伤元气；六是前线湘军将士将钱用于在湘潭商业的投资。

4. 湘军推进传统手工作坊转型升级

转型升级分为两个阶段：一是湘潭之战后，“金湘潭”朝军需产品的生产加工与贸易转向。二是金陵攻克后，朝与民生相关的生产领域转向，因湘军的介入，在传统的行业里已经有了湘商的立足之地、品牌优势了。然而，更重要的是促进了“金湘潭”朝多行业的转化，大量的游资到了生产领域，而不是全停留在流通领域。如这一时期的红茶生产、建筑材料生产、矿产开发、农副产品加工，形成了一个生产与贸易的复合体。因为这种局面的形成，加上水运的交通优势，又吸引了更多的外地商人到湘潭来投资，转入生产领域。但是，这个转型还是初级的、低质量的，还多停留在与吃、喝的有关方面。

求田问舍引出建筑业和建筑材料业的兴起。湘军将领在乡下建庄园风，刺激建筑业和建材业的发展。

清同治年间，马家河、碧泉、金霞山一带发现石灰石，于是湘军将士争相投资石灰石的开采。这一带仅石灰生产点就有 100 多家。

湘乡是生猪饲养大县，猪身上的产品开发一直是重点。咸丰九年（1859），湘乡的猪鬃就由私商经营成了出口产品。那时候主要通过广州外出。光绪二十年（1894），湘乡的猪鬃成为全国五大市场之一。从清末到民国，猪鬃一直是抢手货，以英商和日商收购为最。日商在湘潭设立的洋行专门收购猪鬃猪皮，并引发了很多维权事件。抗战爆发，英商恐日本封锁中国海口，争相来潭抢购。国民政府不得不下令猪鬃由政府公司集中收购。到了新中国成立后，湘乡的猪鬃仍然是抢手货。改革开放时期，湘乡又成了全国最大的皮革市场。猪鬃猪皮这一链条一直没有断过。

光绪年间，广州肠商来湘潭收购肠衣，委托袁湘和、唐中和两户代收，并传授粗加工技术，境内开始生产肠衣。宣统年间，汉口德昌洋行肠衣厂在常德、长沙设分厂，大量收购肠衣，促进了境内肠衣加工业的发展。民国十七年（1928），唐湘汉在湘乡开办湘汉肠衣厂，雇工 10 人，年产肠衣 2 万副。湘潭城区有 30 多户生产肠衣的厂子。

围绕嘴里吃的喝的，湘军大做文章。茶叶炒制、粮食加工、酒酱酿造、米制糕饼、豆作等家庭手工业非常发达。

咸丰年间，红茶生产技术从安化传到湘乡。广东商人设茶庄收购，茶户纷纷改制红茶。红茶制作工艺比绿茶程序还少一些，只有凋萎、搓揉、发酵、干燥 4 个程序。全部手工，初制品为红毛茶。本地销量很少，绝大部分经茶商转运汉口、上海、广州，精制后出口俄、法、德、美诸国。在咸同年间湘军与太平军的战争中，福建茶路隔绝，于是为湖南的黑茶、红茶带来了好市场。在这一时段，湘乡出了好几个大茶商。光绪十二年（1886），湘潭的红茶外销量达到7000 箱，占全省红茶外销量的 8%。光绪二十八年（1902），湖南官报统计：每年湘潭运至汉口的茶叶为 4 万零 240 担，供装箱出口。

咸同年间，大米加工业、酿酒业、制粉业、糕点业、元滴酱油、原醅酱、镜面白酒、花石和潭市豆腐、中路铺的药糖等，在这一时期已经非常出名了。

5. 湘军催生湘潭近代工业萌芽

在催生湘潭近代工业的萌芽上，湘军第二代、第三代发挥了他们的作用。首先，这些人已经分化为两个派别，一是继续从军从政，二是转向实业、转向教育。比如说曾国藩的后代大多从事实业和教育。他的女婿聂缉规主办江南机器局，外孙聂云台主办纱厂。如湘军将领蒋凝学的后代蒋德钧充当江南机器厂的总办，对近代化湖南工业影响尤大。湘军的二代、三代活跃在中国政治经济的舞台上，“金湘潭”的发展沾了不少这些湘军后裔的光。这些二代、三代是洋务运动、维新变法的主要骨干，与家乡的商业转型、提质关系甚大。

在维新变法中，湘潭人最耀眼的是采矿业。

光绪九年（1883），煤矿招商集股，解除矿禁。光绪二十二年（1896），湖南成立矿务总局，鼓励全省仕绅投身实业。湘乡人张通典、蒋德钧，湘潭人梁焕奎、杨度、黄修元等，都是当时湖南著名的实业家。

张通典入湘抚陈宝箴幕，参与创设湖南矿务总局，任提调，直接参与开办龙王山、水口山、黄金洞等矿。

梁焕奎多方筹资，接手益阳板溪锑矿，改组成久通公司，试用西法炼锑。杨度游说官方以五省官银投入 16 万两，支持梁焕奎兄弟开采锑矿。梁焕奎将久通公司改名华昌公司，买来法国的炼锑专利，引进外国技术，产量大增，销路很广。于是仕绅纷纷认购华昌股权，致使华昌资本一下子扩展到 30 万两。杨度为其进一步游说官方，官方批准华昌在湖南有 10 年的提炼纯锑的权利，并且无论何国官商，不得在中国境内设同样的炉座，不得在湖南设同样的炼锑炉。这样的政策，天时地利人和，华昌成为湖南最富生机的商办企业。梁焕奎委托其姻亲谭长生，在湘潭城区东坪镇以土法建人字炉 24 座、反射烘砂炉 15 座、反射提纯炉 15 座冶炼纯锑，是湘潭新法冶炼有色金属的开始。整个东坪镇形成一条有色金属产业链。后逢第一次世界世界大战，锑价大涨，猛赚了一笔。但随着一战的结束，销路下降。同时，华昌公司负担太多的社会慈善事业，股民纷纷退股，最后终于破产。

黄元修主持湖南全省矿务总公司中路。光绪二十二年（1896），湖南矿务总局拨官银 8 万两，设立小花石煤矿，是湘潭第一个官办煤矿。光绪三十年（1904），蒋德钧在湘乡豹子坑开办南路煤矿公司，开采煤和炼焦煤。他在风车坳土法炼焦，湘乡境内成立 5 家煤矿，有矿工 1200 人。宣统三年（1911），湘潭人洪汝浑在湘潭朱亭组建恒豫公司，开采铅矿。清末至民国初，谭家山煤矿成立。甘玉昆办富有煤矿公司。俊发、惠元、昭潭三家公司先后在谭家山开办。湘潭县境内总计大大小小有 14 家煤矿，湘乡申请办矿的有 60 家。

“金湘潭”介入湖南内河航运也是一个亮点。

内河航运发端于光绪二十三年（1897）。蒋德钧与熊希龄筹办湖南内造船事宜。原拟申请商办，当时湘军后裔都已经确定了商办的股份。但是湖广总督张之洞强调必须由鄂湘善后局管辖，用善后局的官轮，两省利益均沾。同年 8 月，成立鄂湘善后轮船局，租用官轮，在湖南内河进行试航运成功。随后，两省制定章程，分别设南局、北局，各集资 5 万两，各购置大轮一艘、小轮二艘，大轮对开于湘潭—汉口，小轮在各省内河行驶，在汉口、岳州、长沙、湘潭设置码头。湘潭的码头设在十二总，称招商码头。后又租用湖南巡抚官衙的轮船 3 艘，试航于潭、长、岳、常之间，内河航运于 1898 年正式开航。由于内河航运的兴盛，刺激了湘潭的造船业，更由于后来湘潭辟为“寄港地”，更加刺激了湘潭民族资本家的自尊心，有志之士纷纷投资造船业。湘潭杨梅洲成为全省最大的造船基地。以蒸汽机为动力的船舶修造技术进入杨梅洲，诸如新式小火轮、汽划子及机件、锅炉皆能自造，业务范围扩展到长沙、汉口。全盛时期，杨梅洲有工人 600—700 人，大规模的船厂有 5 家，小者 30 家。民国元年（1912），湘潭杨盛福船厂在杨梅洲建立。民国七年（1918），杨盛福船厂造出了新鸿发号轮船，载重 98 吨，客位 500 多座，是当时湖南自制的最大内河客货轮。而杨梅洲上的其他船厂制造木质船，主要采用的是窑湾钧兴机器厂生产的 80 马力的蒸汽机。从杨梅洲到窑湾已经形成一条船舶制造的生产链。与之配套的锅炉生产也来到杨梅洲上。湖北人崔氏在洲上设立锅炉修理厂，袁志忠随即也在洲上设立锅炉修理与制造厂。前者还只是修理，后者可以制造。王顺泰马上跟进，设立王顺泰锅炉厂。两家开展竞争，袁志忠锅炉厂倒闭。到民国二十年（1931），袁的后人重操旧业，又建立袁兴发锅炉厂，王顺泰锅炉厂又停业。到光绪三十年（1904），杨梅洲与窑湾已经形成了一条造船与修船的产业链。整个洲上和窑湾的从业人员达到一万人，当时的繁华可以想象。

还有更多的例子：

光绪二十年（1898），湘潭县人张本奎和湘乡人萧仲祁在县城创办湖南化学公司，生产樟脑丸，为湖南化学工业之始。

光绪二十年（1894），湘潭县城设电报子局，开办军政商电报和新闻业务。光绪二十五年（1899），湖南开始设邮政局。根据大清邮政关于各通商口岸兼邮政公司的规定，岳州海关与岳州邮局同时成立，湘潭邮政支局属岳州邮局管辖。光绪三十年（1904），湖南分岳州、长沙两邮界，湘潭邮局划归长沙管辖。邮局成立后，原有的邮驿失去了作用，湘潭进入近代化邮政通讯运输。

光绪二十六年（1900），萍株铁路开工建设。盛宣怀为使萍乡、安源的煤能顺利运抵汉阳铁厂，奏请清政府修建这条铁路。这条铁路的修建，使株洲一下子成为湘潭境内最大的集镇。这是湖南的第一条铁路。

清末至民国初年，湘潭有志之士谋求城区民用电灯照明。黎景高创办湘潭电灯公司。他以15万元的资本在清朝备案，创办公司，但最终未能装机发电，但已经走了非常不错的一步。

湘潭本来就是湖南的玻璃之乡。光绪年间，广东人来湘潭收购碎玻璃，就地设炉溶化，手工制作灯泡、明瓦、花瓶。当时玻璃制品还稀缺，湘军后裔便投资玻璃行业。宣统三年（1911），湘潭人萧丽生试用硅石灰石、方解石熔制玻璃获得成功。他在长沙创办麓山玻璃公司，职工多为湘潭人，培养了技术力量。这些人回到湘潭办厂，总计吸引了常德、长沙、宝庆等地商人来潭办玻璃厂，达8家之多。

光绪二十九年（1903），湘乡留日归来的禹之谟在湘潭县城创办湘利黔织布局。他利用从日本带回来的铁木混合织机，加快了产品制作的速度。所产的毛巾价廉质优，畅销各地。次年，迁厂于长沙北门，又获得巡抚赵尔巽官银千两的支持，规模扩大。禹之谟的厂不单是生产，更重视工艺培训。他设工艺传习所，培养艺徒，首倡雇佣女工，移风易俗。光绪末年，湘潭县城又有豫丰昌、永和祥两家纺织机坊开业。宣统元年（1909），再有赵孚胜、韩德顺两家开业，年产布10000匹。清末湖南的4家纺织厂全部集中在湘潭，所以湘潭成了晚清花纱布纺织的中心。

直到民国伊始，“金湘潭”还是守住了半壁江山。这一时段，本省南部、西部的煤、纸、烟、硫磺、土红、席草、土果等交易未减。本地煤、石膏、石灰、药材、船舶、竹木、谷物等物资交易仍活跃。湘潭的牙行业一直发达。牙行之多，全省居第一。药材行、莲棕行、石膏行、草席行、扇行及油盐、土果、花布、广杂、鱼虾、丝烟、瓷器、粮食、煤炭、钢铁、竹木、纸张等行、店共20类，200多家，钱庄有100多家，并设立了官钱局，金融业仍很发达。

附录　《类成堂集》笺注

湘潭市文化事业引导经费支持项目

湖南科技大学“湖南省方言与科技文化融合研究基地”
地方文献整理成果

概　述

何字恕纂辑、湘潭闽馆刊刻的《类成堂集》是记录清朝闽商会馆十闽堂（建福宫）社会活动的重要资料。在清朝湘潭是著名的商贸交通枢纽中心，各省商帮汇集于此，纷纷建立会馆，呈现一派商业繁荣景象，闽商是其中较为活跃的一支力量。《类成堂集》详细记录了闽商会馆十闽堂（建福宫）的妈祖信仰、关帝信仰及其相关祭祀庆典活动，记载了会馆的修建原由、会馆的组织体系、日常管理，记载了会馆置买田产、房屋、店铺等经济活动，较为清晰地反映闽商在湘潭开拓前进、不断发展的历程。

一、以妈祖信仰为主兼及关帝信仰等多神信仰

1. 妈祖信仰

从《类成堂集》中，我们看到闽商是以妈祖信仰为主兼及关帝信仰等多神信仰，妈祖本是闽粤沿海地区的妈祖信仰，是海上的福佑神。闽商将妈祖看成是自己的保护神，在《类成堂集》中敬称天后元君、天后圣母。《类成堂集》共四卷，其卷一《昭应录》、卷二《显圣录》，就是用两大卷的编幅记载天后显灵的事迹，所谓显灵就是福佑海上航行的人免受风浪之灾厄。

《显圣录序》中称："天后阴精毓秀，水德储灵。所司者，海也。海之中，嘘噏百川，风涛万状。倏而霾曀潜消，天日晴霁；倏而阴风怒号，浊浪沸腾。彼贡献之扬帆而渡者，岂无倾樯裂楫之危乎？艨艟之鼓棹而出者，岂无飞沫怒涛之险乎？贾人渔子之解缆而往者，岂无胥没于鼋鼍之穴，流转于蛟鳄之窟乎？乃当颠连危急之际拜祷，天后恍若自天而降，神光焜耀，异香氤氲，遂使溟渤之飞涝变为安澜，瀚海之狂飚化为薰风，则是江淮河海中藉神之庇护，岂浅鲜哉？虽然，天后之英灵非独著于江淮河海已也，上而国家之大事，下而草野之细故，凡竭诚致敬而祷者，如影之随形，响之随声，靡不从其愿而锡之福。其或不为神所佑者，必其元恶而自绝于天也，必其大憝而自殒其生也。否则必神体好生之心，以保佑之矣。故于降灾降祥之中寓彰善瘅恶之意。历七百馀载，代弥远而功弥著，世愈久而德愈彰。是功德不在一方，而在天下；不在一时，而在万世。岂非能福善祸淫，御灾捍患，变化而不可测，烜赫而不可掩者乎！"序文作者林兰友认为应该将天后事迹"汇集成帙，以传于世"，并率先为序，"以为劝世之一助"，觉得自己应该担当奉劝世人信仰妈祖的神圣使命。

记载有关天后显灵福佑航海人的事迹的这本书，原本是粤人收藏的《昭应录》，因为"神灵昭应不爽"，闽商得阅后，倍感珍惜，定名为《昭应录》。《昭应录》中通过自"宋至明历朝诏诰""本朝诏诰"详列了自宋至清朝对天后褒崇加封封号。"本朝诏诰"实际上是补充了清朝天后显圣福佑的事迹。

2. 关帝信仰及其他多神信仰

《类成堂集》卷三有“诸神记”“诸佛记”，后附“关帝志”，说明闽商的信仰是以妈祖信仰为主的多神信仰，除了妈祖外，特崇敬关帝，所以，特附一“关帝志”，并且湘潭至今还保存当年所建的关帝庙。

据“诸神记”所列，主要有天后圣母、金大王爷、柳大王爷、关圣帝君。

据“钦定祀典要用祭文”所列，主要有上元天官大帝、中元地官大帝、下元水官大帝、祝融火官大帝、正一财神菩萨、五显灵官大帝、福德土地菩萨等。

据“诸佛记”所列，主要有观音菩萨、韦驮菩萨、地藏王菩萨、三宝菩萨、释迦佛祖、定光古佛、惠宽大佛等。

3. 建福宫建置规模

卷四“宾馆天地全图”，绘了建福宫建置位置全图。卷四“本馆宾馆记事录”记载了建福宫建置规模及诸神佛供奉位置，曰：“宾馆同一山门有二庙焉，同一戏坪有二台焉。左为关圣殿，殿后佛堂奉立三宝：财神、定光、惠宽，韦驮宝座。右为天后宫，宫后为明德堂，其堂楼上为大士阁，此乃旧馆之规模也。”

“嘉庆丙子改建戏台，归一坪内高建朝楼列事，列事天地阴阳四官：财神、关圣、五显、土地诸神。馆之中央特建天后圣母正殿，殿后为明德堂，堂左为东厅，厅左为闲舍，舍后长生亭，堂右为西厅，厅前为船房，房左为花园亭阁。明德堂后为佛殿，左为大士岩，右为闽中享堂。此乃添买基地，始有如此之铺式也。”

4. 神会祭祀庆典

所列诸神、诸佛的圣诞都要举行隆重的庆典活动，祭祀、颂经、演堂戏，热闹非凡。

卷三专列了“诸神佛瑞诞”，《诸神记》载：

“天后圣母，每逢三月廿三日、九月初九日瑞诞。”

“金大王爷，七月二十五日瑞诞。”

“柳大王爷，二月二十二日瑞诞。”

“关圣帝君，五月十三日、九月十三日瑞诞。”

“钦定祀典要用祭文”载：

“上元天官大帝，正月十五日瑞诞。”

“中元地官大帝，七月十五日瑞诞。”

“下元水官大帝，十月十五日瑞诞。”

“祝融火官大帝，四月十五日瑞诞。”

“正一财神菩萨，三月十五日瑞诞。”

“五显灵官大帝，九月廿八日瑞诞。”

“福德土地菩萨，六月初六日瑞诞。”

据“诸佛记”所列：

"观音菩萨，二月十九日、六月十九日、九月十九日瑞诞。"
"韦驮菩萨，六月初四日瑞诞。"
"地藏王菩萨，七月廿九日瑞诞。"
"三宝菩萨，四月初八日瑞诞。"
"释迦佛祖，腊月初八日瑞诞。"
"定光古佛，正月初六日、九月十三日瑞诞。"
"惠宽大佛，十月十三日瑞诞。"

在诸多的神会庆典中，以天后妈祖的祭礼最为隆重，祭礼"谨照民祭旧规，连日演戏庆祝"，值事须预备猪羊各二，及香烛等物，"于前一日未刻省牲，正日黎明致祭"。祭礼完毕之后分配胙肉、胙羊、酒、面、礼包，还演戏设宴。祭礼物品的分配，包括值年、司事、主祭、邑侯、总府、各堂、县衙门、东西斋衙门、总府衙门、外委各衙门、分司衙门、右堂衙门、班子、炮手、吹手、佃户、守门、和尚、保正、丐头等等，除闽人内部和神会雇工之外，还涉及了当地的各阶层，祭礼和神会具有密切闽人内部的关系，使闽人团结的作用。

其他神诞祭礼都不及天后妈祖的祭礼盛大隆重，除关圣帝君的诞辰外，值年预备羊一、豕一，于前一日未刻省牲，正日黎明致祭，演戏庆祝。其他神灵诞辰仅诵经、演戏庆祝。

宾馆旧规对堂戏有具体的安排，堂戏从正月到十月都有安排，三月、九月几乎整个月每天都有堂戏，其他月份堂戏极少，最多的是演六天戏，一般也就只有两三天而已。

祭礼、堂戏规模的大小，隆重的程度，正好和建福宫众神的地位相符，妈祖是主神，因此在妈祖诞辰的三月、九月祭礼、堂戏的规模最大。

二、清朝湘潭闽商会馆社会活动

1. 会馆的修建

闽商会馆是闽商在潭的集聚中心，最初是以宫的形式出现的，卷三"通省馆堂总记"载："宫之别号曰馆，（宫对神称，馆以人言。）馆之各业曰堂。""在昔吾闽前辈，姓龙名处者于顺治十八年辛丑，契买徽人程君选等所卖潭十八总庵场地基一所，程即协僧临济（系南岳让一派，先有和尚即此而去。）迁居指南庵（风筝街新安公馆），任吾闽人创建宾馆。聚族于斯，诚可谓善作善始者也。"可见，建福宫始建于顺治十八年（1661），为在湘闽籍人士龙处等人买徽人程君选等所卖十八总庵场地基所建。当时龙处等人买地是为了建立宾馆，让闽籍人士聚居于此。"康熙廿年辛酉，吾闽又买欧阳曙东所卖地基一所（同处合建于是宾馆），告成，谨事天后圣母元君为福主，故名宫曰'建福'。"建福宫兼具宾馆与庙宇的功能。嘉庆二十一年（1816），众举赖又荣（邦富）为首事，重修建福宫，此次重修，实际是将建福寺改建了一番，耗资巨大，闽籍人士捐资46000多两，仍然不敷使用，不能立碑。"通省馆堂总记"记载了建福宫建成过程，指出各地闽商汇集在潭，凝聚为一个整体，号曰“十闽堂”，共俸天后元君为福主，堂内协商，共谋发展。

建福宫的修建及多次重修，耗资巨大，都是闽商通过募捐银两作为资金来源的，如：“道光十一年辛卯，成言堂代立修馆碑八块。计各堂卅名，捐四千九百零三两。兴府百五十四名，捐壹万七千三百一十七两。汀府四百七十三名，捐九千四百卅两。延府四十二名，捐七千二百九十七两。邵府十二名，捐贰千七百八十六两。建府十八名，捐贰千一百一十两。漳府一百六十二名，捐一千九百卅七两。福府六名，捐三百零四两。以上七府八百九十七名，共银四万六千零八十四两正。”

耗资太大，入不敷出，动用了抽厘头银的办法，如：“嘉庆廿三年共收厘头银壹千八百七十八两。嘉庆廿四年共收厘头银壹千七百零八两正。嘉庆廿五年共收厘头银壹千五百七十七两。道光元年共收厘头银壹千七百零五两。道光二年共收厘头银贰千零三十六两。道光三年共收厘头银壹千六百廿七两。道光四年共收厘头银壹千九百八十贰两。道光五年共收厘头银壹千七百五十九两。道光六年共收厘头银壹千壹百四十五两。”

从这些记载我们看到了建福宫的修建及多次重修，以及日常管理中闽商募捐、厘头银的重大作用。

2. 会馆组成体系

十闽堂的山地、田产、房屋、店铺全系闽商出资买来，田产、房屋、店铺每年出租，将租金用于堂内的各项开支。

十闽堂下又分建有很多堂，计有永盛堂、鄞江堂、恭圣堂、享圣堂、兴安堂、咸吉堂、兴圣堂、开源堂、连株堂、福圣堂、正一堂、龙丰堂、仁盛堂、福庆堂、灯田堂、连庆堂、福田堂、源忠堂、西川堂、永源堂、天圣堂、上祝堂、明德堂、宝树堂、祝圣堂、和兴堂、普庆堂、成言堂等。每一堂都购置有自己的山地、田产、房屋、店铺等产业。

3. 会馆的日常管理

为了让建福宫不断发挥作用，闽商制订了完整的会馆馆规。建福宫先后通过了两部章程，新规十条，旧规七条，这十七条馆规涉及许多方面，包括祭礼、开支、租银、值年首士制度、主持、接济制度、义山、敬神、堂戏、处罚、应酬等；旧规七条，列明了租银、给住持僧的费用、各堂的义务、迎送闽籍官员、堂戏的具体安排。值年司事的交接，馆规规定，宾馆、义山只能由闽籍人士内部分享，如果资助的话，也只能资助闽籍人士，这样做是为了敦乡谊，也是为了保护宾馆的财产。

对于违规者予以惩处。乾隆年间，住持僧四慧盗卖田产。按照馆规，住持僧只管理香灯，在祭礼上诵经敬神而已，对庙产并无处置的权力。四慧能够成功将庙产卖出，数年之后方被察觉，已经能够说明馆规执行不力了。在道光十四年（1834）八月，再次出现住持僧盗典灯踩器皿的事件，最后公议将住持僧逐出，并制定了更加严密的规定。

除住持僧人犯戒之外，也有闽人不守规章，道光九年（1829），闽籍杨某私自将仙峰岭义山借给本地人陈某紊葬，“众知莫使起扦，尤为可叹。此时本馆章程概可知矣”。道光十二年（1832），“乡宦某者求暂寄棺于馆”，因不懂规矩，抬棺至馆正门，被众人阻止，最后由后门抬入。

4. 相关的土地买卖

卷三“宾馆契约单票”保存了大量的土地买卖契约，如：“康熙廿八年己巳三月初八日，建福寺众姓买吴乔清所卖白洋塘田四十亩并山，骑仑分水为界，以及屋基园林，皆入建福寺，为万年灯田。原粮贰石六斗，系康熙年间硃印红契。”

“康熙卅一年壬申三月十六日，福建杨彩五等契买张书山所卖下铁家坝荷必山荒孰田共叁十四亩四分并山，骑仑分水为界，以及茅屋塘园皆入建福寺，为万年灯田，老额粮一石五斗，熟原荒粮七斗七升五合。”

这些土地买卖契约载明土地的分界处、水塘注荫等情况。还记载了当时佃户应缴押金，应缴的租金，还有人头税等情况。如：

卷四“宾馆记事录”载：“计一约，佃九甲孔树塘田壹十九亩三分半，进庄银壹百拾六两贰钱五分，每年纳租谷叁拾石零九斗六升。”进庄银就是佃户承租田地时按契约交付的押金。

“上十七都地名虾公塘，上忙银贰钱贰分，下忙银贰钱壹分五厘，漕米一斗九合，南米八升四合，又银六分五厘。”所谓上忙银、下忙银就是清朝的人头税，雍正十三年（1735）规定，地丁银两上半年在二月开征，五月截止，名曰“上忙”；下半年在八月开征，十一月截止，名曰“下忙”。在“上忙”和“下忙”所征收的地丁银两，称为“忙银”。

5. 闽商来自福建省的区域

通称十闽，实际就是来自福建省各府县。卷四“类成两堂同人姓氏”记载了闽商乐捐银两，同时也记下了他们各自来自福建省所属的府县。如：“兴莆林品陆劝捐，延顺王和兴劝捐，兴莆卢宗馀劝捐、管银，兴仙何亨安劝捐、管钱，汀杭何命行较编、管总，汀杭何命杨劝捐，兴莆宋竹咸劝捐，兴莆宋竹方誊抄、管数，兴莆林润堂对读，邵建邱庆志劝捐，延顺吴师澍劝捐，汀永赖义兴劝捐，汀永杨天培劝捐，汀宁赖绪芳劝捐。”这里的兴莆就是清朝福建省兴化府莆田县的简称。表明林品陆是兴化府莆田县人。以下类推，王和兴就是福建省延平府顺昌县人，何亨安就是福建省兴化府仙游县人，邱庆志就是福建省邵武府建宁县人，赖绪芳就是汀州府宁化县人。

6. 闽商经营领域

据乾隆二十一年（1756）《湘潭县志》记载，当时湘潭县城市已经相当繁荣，城总市铺相连几二十里，“凡粮食，绸缎，布匹，棉花，鱼盐，药材，纸张，京广货物，竹木牌筏，皆集于此，为湖南一大码头。”[乾隆二十一年（1756）《湘潭县志》卷十三《风俗志》]

卷四“宾馆记事录”下“本馆位置”记载：“笋帮肯输贰千金，烟帮肯输千金”。其他还有“各府乐捐芳名”载“烟店和声堂钱壹千文”，“十闽通烟店”“合闽通烟店”等，可见，烟、笋是闽商经营的一大货品，有自己的帮行。

7. 闽商与闽籍政府官员的往来

闽商会馆注重加强与闽籍官员的交往，新旧馆规中有迎送闽籍官员的规定：“凡有乡谊荣登仕版，现任各省府县，因公经过，诣馆行礼，值年致敬迎送，以敦乡情。”“凡我乡人上达，自游泮至科甲翰院晋馆拜谒天后元君者，必恭敬止公具馈程，勿拘原籍客籍，上府下府，不分彼此，一体施行。”同时新旧馆规也制定了防伪冒的具体措施，非现任官员，且无同乡认识，就是假冒，不予接待。

出于乡谊和信仰，闽籍官员更加乐于表达对同乡的亲近，最常见的方式是赠匾。除御书匾额之外，建福宫有十一块官员所赠匾额，这些官员大多数是闽籍官员，或者所担任的官职与天后信仰有一定的关系，如翁燿分管水利。闽籍官员还通过其他的方式表达对乡谊的重视，嘉庆二十四年（1819），闽县陈增德赴湘潭上任，前往建福宫谒神，此后地方官拜谒妈祖便成定例，建福宫获得官祭的地位也是由此开始。

8. 闽商在水火灾害中的扶助作用

闽商参与了不少的湘潭公共事务，如水灾、火灾的济众之事。如道光十四年（1834）五月，湘潭大水，建福宫六月初捐米三十石赈灾。内计汀府十三石，兴府十二石，延建邵府共四石，漳岩捐一石。湘潭城里市廛密集，极易发生火灾，据《类成堂集》记载，嘉庆十五年（1810）五月、嘉庆十九年（1814）五月、嘉庆二十五年（1820）五月、道光五年（1825）六月、道光五年（1825）十一月、道光七年（1827）七月、道光九年（1829）七月均发生火灾。这些火灾损失很大，俱伤百数十家，建福宫初不问伤多少，闻有此事，必先击鼓鸣钟，并开山门，以便难人搬移寄物。叶攀鳞等地方官对建福宫众人热心公益的态度，表示欣赏。

除以上所列闽商信仰与经济社会事务，《类成堂集》还保留了清朝《钦定礼部则例》，完整地记载了他们祭祀妈祖及其他多神所用的祭文、祝文、礼器，祭祀过程唱赞等，具有一定的文献价值，值得深入研究。

《类成堂集》成书于清道光十四年（1834），由湘潭闽馆刊刻。《中国道观志丛刊续编》第十一册影印收录。厦门大学王日根、薛鹏志又据《中国道观志丛刊续编》影印，收入《中国会馆志资料集成》（厦门大学出版社 2013 年版）第一辑第六册。此次标点、校注的《类成堂集》，依据王日根、薛鹏志编纂的《中国会馆志资料集成》影印本录文标点，文字错讹处，用方括号在原字旁标注正字。

金身佳

2018 年 10 月 18 日

类成堂记

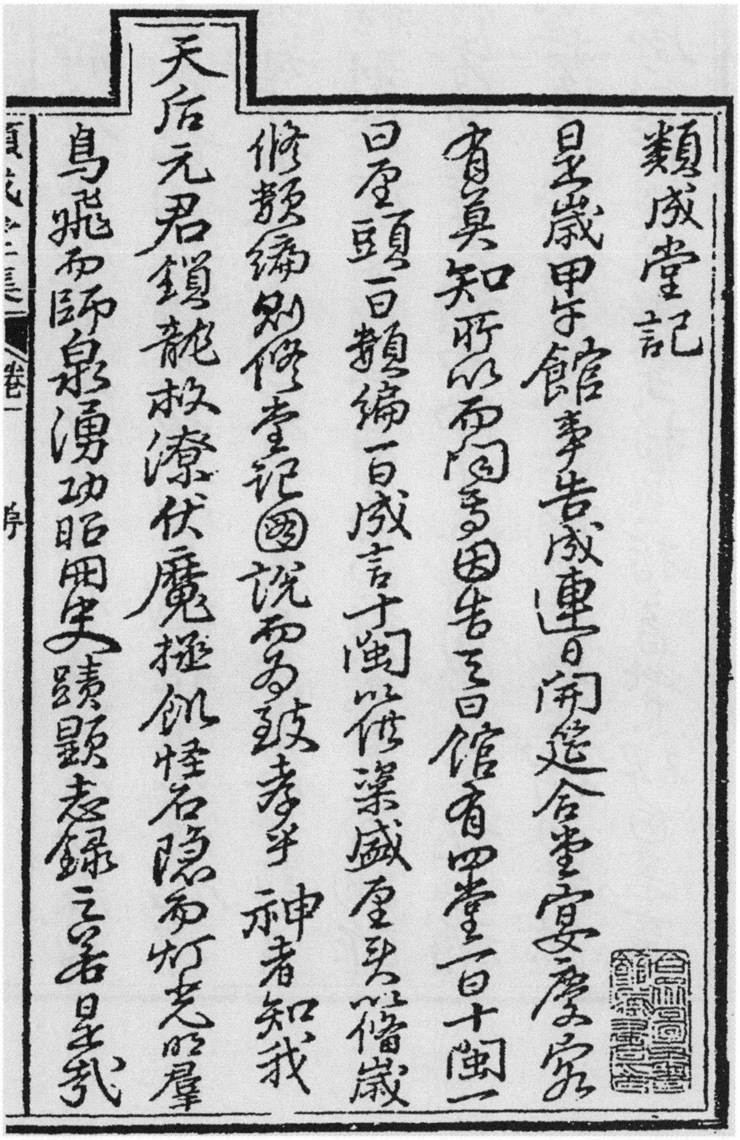

類成堂記

是歲甲午館事告成連日開筵合堂宴慶客

有莫知所以而問焉因告之曰館有四堂一百十閩一

曰屋頭一曰類編一曰成言十閩曰從渠盛屋其以備歲

修類編別修堂記圖說而為鼓考乎 神者知我

天后元君鎖龍救潦伏魔擬飢怪石隱而竹光明羣

鳥飛而歸泉湧功昭田史蹟顯志錄之者曰是歟

卷一

序

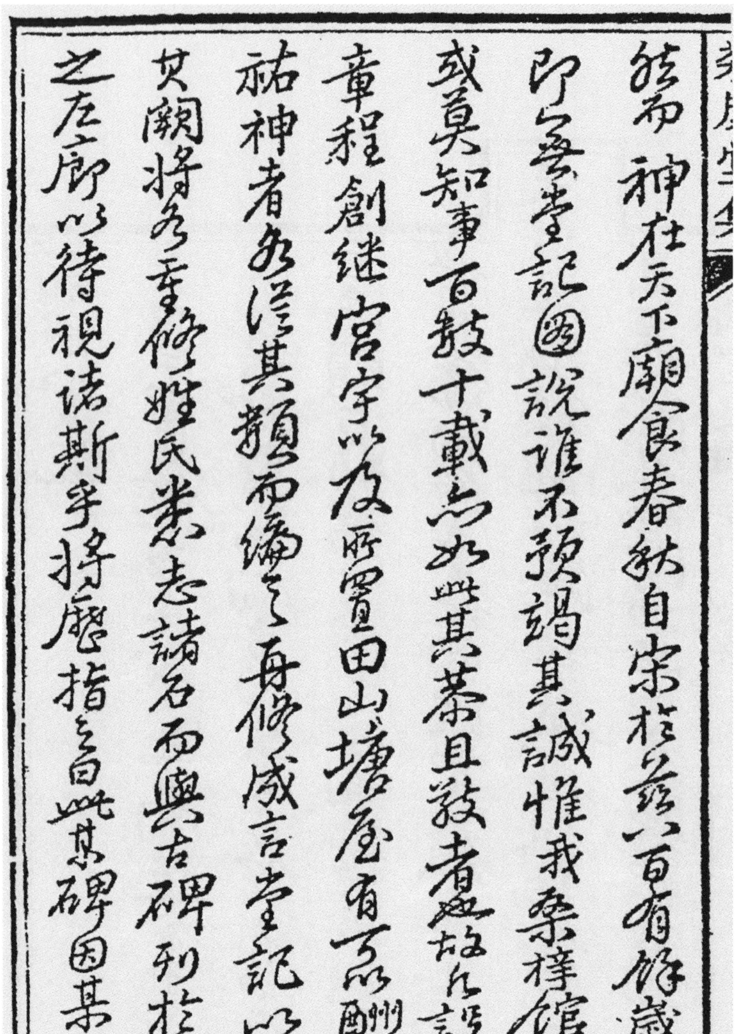

然而 神在天下廟食春秋自宋於茲八百有餘歲矣
即吾堂記圖說誰不預竭其誠惟我桑梓館潭
或莫知事百数十載焉如此其綦且数者無故設立
章程創继宫宇以及所置田山塘屋有可酬酢
祐神者無從其額而编之再修成言堂記以補
其闕將無年修姓氏業志請名而與古碑刊於館
之左廊以待視諸斯乎將應指之曰此某碑因某事

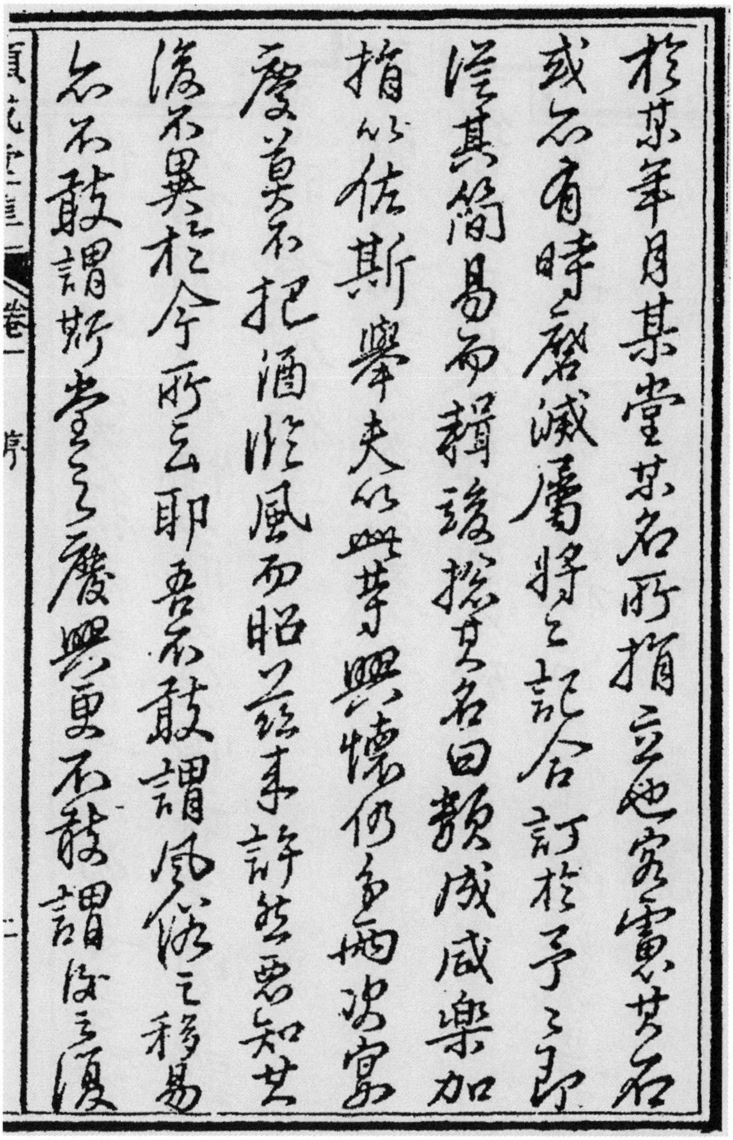
於某年月某堂某名所指之地處處其名
或不有時時磨滅屬將之記合訂於予予即
從其簡易而輯錄摘其名曰類成咸樂加
指以佐斯舉夫以此等興懷何多而況家
慶萬不把酒從風而昭之茲事許然要知其
後不異於今所云耶吾不敢謂風俗之移易
亦不敢謂斯堂之慶興更不敢謂後之復

類成堂集 卷一 序 二

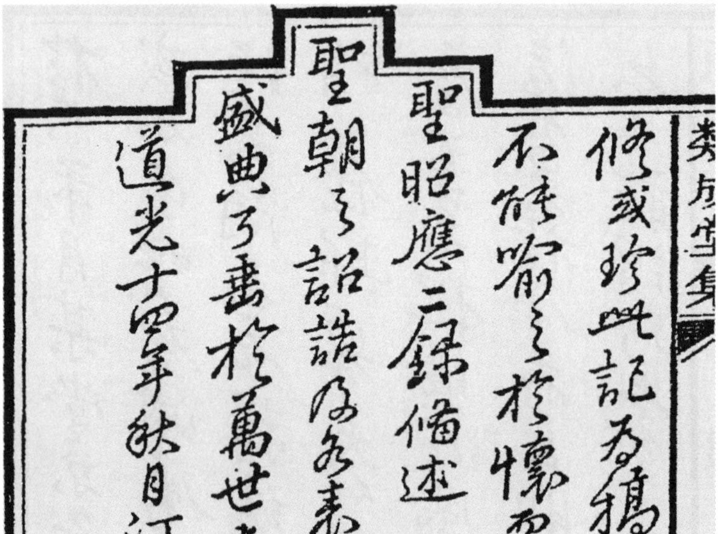

倘或珍此記為鴻寶或目此記為妄言譬
不能喻之於懷而能名言悼所幸內有題
聖昭應之錄備述
聖朝之詔誥及各表奏之
盛典可垂於萬世者不能盡云
道光十四年秋月汀杭心田氏何字恕謹識并書

癸巳冬余承乏昭潭明年大水賑卹事竣
閩商何君心田以類成堂集見示其誌
天后之靈顯摹田宅之形址與夫建脩之本
末碑碣指脩之姓氏以爲特閩館事閩人
表而出之未之奇也展卷將要翦及災祲
自嘉慶十五年五月迄道光十四年五月火

七大水亦尋常備災且未之備而余適當
其水患之一焉春秋之體災異必書將使
居民上者得以鏡政治之得失而燭民情
之憂樂何君豈亦有見於此耶夫以百里
之區附居城市之衆計閱二十五年水火
疊見民間之疾苦何如邑宰之扶危救困

又將何如何君貿易於斯猶能念心时事以錄賓館集連類而詳記之蒞斯土者顧不知思患預防早為之所其能無慼然而慙赧能汗下手序其簡端以自儆并語何君充是心以利物之應乎體天后慈濟之仁則是集委曲周詳珍而

類成堂集 卷一 二

襲之宴懽閩館之事閩人之章也歟

道光十五年三月既望衡陽葉攀鱗題

謹按　葉公宰潭循聲四播是歲入館祀

神即以此集請序今觀所作刻刻以民憂

樂為心但序末不具銜因述其所治俾後

之覽者知　葉公為當時賢邑侯云

类成堂记[①]

是岁甲午，馆事告成，连日开筵，合堂宴庆，客有莫知所以而问焉。因告之曰：馆有四堂，一曰十闽，一曰厘头，一曰类编，一曰成言。十闽以供粢盛，厘头以备岁修，类编则修堂记图说而为致孝乎神者。知我天后元君锁龙救潦，[②]伏魔拯饥，怪石隐而灯光明，群鸟飞而师泉涌，[③]功昭册史，迹显志录之若是哉！然而神在天下，庙食春秋，自宋于兹八百有馀岁矣，即无堂记图说，谁不预竭其诚？惟我桑梓馆潭，或莫知事，百数十载亦如此其恭且敬者也。故凡设立章程，创继宫宇，以及所置田山塘屋，有可以酬酢祐神者，各从其类而编之，再修《成言堂记》以补其阙，将各重修姓氏悉志诸石，而与古碑刊于馆之左廊，以待视诸斯乎！将历指之曰：此某碑因某事于某年月某堂某名所捐立也。客虑其石或不有时磨灭，属将之记，合订于予。予即从其简易而辑竣，总其名曰"类成"。咸乐加捐以佐斯举。夫以此等兴怀，仍分两次宴庆，莫不把酒临风，而昭兹来许，[④]然恶知其后不异于今所云耶！吾不敢谓风俗之移易，亦不敢谓斯堂之庆兴，更不敢谓后之复修，或珍此记为稿本，或目此记为妄奇。此皆不能喻之于怀，而临文嗟悼，所幸内有《显圣》《昭应》二录，备述圣朝之诏诰及各表奏之盛典，可垂于万世，有不能去云。

道光十四年秋月，汀杭心田氏何字恕谨识并书。[⑤]

---

① 类成堂：依其堂记，类成堂共有四堂，即十闽堂、厘头堂、类编堂、成言堂。取类编堂、成言堂之名，合称类成堂。最先只是建一宾馆，后改名十闽堂，再扩建为四堂。这四堂是闽商在湘潭县城建的联合商会会馆。而十闽堂下又分建有很多堂，计有永盛堂、鄞江堂、恭圣堂、亨圣堂、兴安堂、咸吉堂、兴圣堂、开源堂、连株堂、福圣堂、正一堂、龙丰堂、仁盛堂、福庆堂、灯田堂、连庆堂、福田堂、源忠堂、西川堂、永源堂、天圣堂、上祝堂、明德堂、宝树堂、祝圣堂、和兴堂、普庆堂、成言堂等。每一堂都购置有自己的山地、田产、房屋、店铺等产业。

② 天后元君：又称天后圣母，闽粤沿海地区的妈祖信仰，天后是海上的福佑神，也是闽商的保护神。其事迹详见《降诞本传》。主要的事迹是让海上航行的人免受风浪之灾，多次显灵，见后《显圣录》。自宋至清，获历朝赐封许多封号，见《昭应录》。闽人入潭，在湘潭修建福宫供奉，每年三月廿三日、九月初九日天后瑞诞，都举行大型庆典，祭祀、颂经、演堂戏，热闹非凡。

③ 师泉：康熙二十一年（1682）十月，施琅奉命征剿澎、台海寇，海岛缺淡水，遇天后宫前小井中水涌不竭，因而获救，因题此井为"师泉井"，并作《师泉志》以著神庥。

④ 来许：将来某日。

⑤ 汀杭：福建汀州府上杭县，简称汀杭。福建汀州，唐开元时置，治长汀（在今福建西部）。明清为汀州府。民国废府。

类成堂集序

癸巳冬，余承乏昭潭。[①] 明年大水，赈恤事竣，闽商何君心田以《类成堂集》见示。其志天后之灵显，摹田宅之形址与夫建修之本末，碑碣捐修之姓氏，以为特闽馆事，闽人表而出之，未之奇也。展卷将尽，旁及灾祲，自嘉庆十五年五月，迄道光十四年五月，火七、大水六，寻常偏灾且未之备，[②] 而余适当其水患之一焉。《春秋》之体，灾异必书，将使居民上者得以镜政治之得失，[③] 而烛民情之忧乐，[④] 何君岂亦有见于此耶！夫以百里之区，附居城市之众，计阅二十五年，水火叠见。民间之疾苦何如，邑宰之扶危救困又将何如，何君贸易于斯，犹能悉心时事，以录宾馆集连类而详记之，莅斯土者顾不知思患预防，早为之所，其能无戚然而悲，赧然汗下乎！序其简端以自儆，并语何君：充是心以利物，亦庶乎体天后慈济之仁，则是集委曲周详，珍而袭之。岂惟闽馆之事，闽人之幸也哉！

道光十五年三月既望，[⑤] 丽阳叶攀鳞题。[⑥]

谨按：叶公宰潭，循声四播。是岁入馆祀神，即以此集请序。今观所作，刻刻以民忧乐为心，[⑦] 但序末不具衔，因述其所治，俾后之览者，知叶公为当时贤邑侯云。

---

① 承乏：谦词，意即这个职位现在缺乏适当人选，只好暂由自己担任。

② 偏灾：不同平常的灾异，特指危害很大的灾害。

③ 镜：借鉴。

④ 烛：本义照亮，照见。此指明察。

⑤ 既望：农历每月十五日为望日，月亮最圆最亮。十六日为既望，即望日的第二天；既，完成。

⑥ 叶攀鳞：即叶宪，浙江处州人氏。原任兴宁县正堂，道光十三年（1833）调知湘潭县事，为湘潭人办了不少实事，如贼盗远遁，大水时赈济贫民，因而是与陈鹏年、黎培敬、赵启霖等四位湘潭县籍的古代清正官吏。丽阳，清朝浙江省处州府丽水县。

⑦ 刻刻：即时时刻刻。

显圣录序

顯聖錄序

今天下公卿大夫以及士庶之家莫不肅壇壝潔豆登夙夜齋祓以奉神祇盖以神能福善禍淫禦災捍患變化而不可測烜赫而不可掩者也然世之好異者類多崇尚虛誕詭譎以爲神奇羣而奉之至于聰明正直之神反多不敬故有靈有不靈或應或不應遂有謂鬼神之說不足盡信者矣迨余寓湄島披閱

天后世譜攷其所載如神授符篆現身救世諸事

皆歷歷不誣遂能感動　天朝自宋興以來累
代褒崇封爵隆興洊錫至今廟食春秋凡薄海
內外罔不瞻禮其靈應洵顯且大矣夫
天后陰精毓秀水德儲靈所司者海也海之中噓
噏百川風濤萬狀倏而霾曀潛消天日晴霽倏
而陰風怒號濁浪沸騰彼貢獻之揚帆而渡者
豈無傾檣裂楫之危乎艨艟之鼓棹而出者豈
無飛沫怒濤之險乎賈人漁子之觧纜而往者
豈無胥沒於黿鼉之穴流轉于蛟鱷之窟乎乃

當顛連危急之際拜禱　天后恍若自天而降
神光焜燿異香氤氳遂使溟渤之飛澇變爲安
瀾瀚海之狂飈化爲薰風則是江淮河海中藉
神之庇護豈淺鮮哉雖然　天后之英靈非獨
著于江淮河海已也上而國家之大事下而草
野之細故凡竭誠致敬而禱者如影之隨形響
之隨聲靡不從其願而錫之福其或不爲神所
佑者必其元惡而自絕於天也必其大憝而自
殞其生也否則必　神體好生之心以保佑之

矣故於降災降祥之中寓彰善癉惡之意歷七百餘載代彌遠而功彌著世愈久而德愈彰是功德不在一方而在天下不在一時而在萬世豈非能福善禍淫禦災捍患變化而不可測烜赫而不可掩者乎余一日登湄山揖友而進之曰天后之異蹟彰彰如是曷不彙集成帙以傳於世友曰唯唯昔大宗伯林公手授一編將博采見聞以補其未備願與同志者成之余於是先爲之序以爲勸世之一助云爾林蘭友識

显圣录序

今天下公卿大夫以及士庶之家，莫不肃坛壝，[①] 洁豆登，[②] 夙夜斋祓，以奉神祇。盖以神能福善祸淫，御灾捍患，变化而不可测，烜赫而不掩者也。然世之好异者，类多崇尚虚诞诡谲，以为神奇，群而奉之，至于聪明正直之神反多不敬。故有灵有不灵，或应或不应，遂有谓鬼神之说不足尽信者矣。迨余寓湄岛，[③] 披阅天后世谱，考其所载，如神授符箓，现身救世诸事，皆历历不诬，遂能感动天朝。自宋兴以来，累代褒崇，封爵隆兴，洊锡至今，[④] 庙食春秋，凡薄海内外罔不瞻礼，[⑤] 其灵应洵显且大矣。[⑥] 夫天后，阴精毓秀，水德储灵，所司者，海也。海之中，嘘噏百川，风涛万状，倏而霾曀潜消，天日晴霁；倏而阴风怒号，浊浪沸腾。彼贡献之扬帆而渡者，岂无倾樯裂楫之危乎？艨艟之鼓棹而出者，[⑦] 岂无飞沫怒涛之险乎？贾人渔子之解缆而往者，岂无屑没于鼋鼍之穴，流转于蛟鳄之窟乎？乃当颠连危急之际拜祷，天后恍若自天而降，神光焜耀，异香氤氲，遂使溟渤之飞涝变为安澜，瀚海之狂飚化为薰风，则是江淮河海中藉神之庇护，岂浅鲜哉？虽然，天后之英灵非独著于江淮河海已也，上而国家之大事，下而草野之细故，凡竭诚致敬而祷者，如影之随形，响之随声，靡不从其愿而锡之福。其或不为神所佑者，必其元恶而自绝于天也；必其大憝而自殒其生也。[⑧] 否则必神体好生之心，以保佑之矣。故于降灾降祥之中寓彰善瘅恶之意，[⑨] 历七百馀载，代弥远而功弥著，世愈久而德愈彰。是功德不在一方，而在天下；不在一时，而在万世。岂非能福善祸淫，御灾捍患，变化而不可测，烜赫而不可掩者乎！余一日登湄山，揖友而进之曰："天后之异迹，彰彰如是，曷不汇集成帙，以传于世。"友曰："唯唯，昔大宗伯林公手授一编，将博采见闻，以补其未备，原与同志者成之。"余于是先为之

---

① 坛壝：坛场，祭祀之所。坛是古代为举行祭祀、誓师等大典时临时用土、石垒筑的高台。壝是祭坛四周的矮墙。

② 豆登：皆祭祀用礼器。豆，形似高足盘，或有盖，宴会和祭祀时盛放食物。登，形如今之高足盘，上为圆盘或碗形盘，下为高圈足，或者是高柄圈足，有的有盖，盛放腌菜、肉酱等食品。

③ 湄：即湄洲屿，在清朝兴化府莆田南面，今为湄州岛。

④ 洊锡：受到多次褒奖赏赐。洊，屡次，多次。锡，同赐。

⑤ 薄：迫近，靠近。

⑥ 洵显：确实显现。洵，确实，实在。

⑦ 艨艟：中国古代水军所用的具有良好防护的进攻性快艇，又称作艨冲。泛指大船。

⑧ 大憝：为人所怨恶的大奸大恶之徒。

⑨ 彰善瘅恶：称扬彰显美好事物，憎恨邪恶事物。

序，以为劝世之一助云尔。林兰友识。[①]

① 林兰友：(1594—1659)，字翰荃，号自芳，别号砥庵，福建省兴化府仙游县连江里枫亭渔街（今福建省仙游县枫亭镇兰友社区）人。明天启七年（1627），乡试中举。先后任广西临桂县县令、南京湖广道监察御史、浙江按察司任散员、浙江按察司任散员、光禄丞、考功员外郎。携带家眷遁入海岛隐居15年。

卷一　昭应录

昭应录序

昭應録序

是書原名顯聖錄閩人照乘所刋已行於世矣而粤海人家少有藏本皆由　神靈昭應不爽得者珍之琅函供奉不敢輕褻以故難得概見一日家大人訪我閩族都諫先生於京師見其案上曾有此書請奉以歸示我族人共寶傳之而　聖蹟焜燿日以益彰年來疊　頒　隆典並徽號有加矣家君以前書未備又編次未妥所當輯而續之乃抄錄　令典出此編並家乘命

[illegible]　卷一　昭應錄序　五

小子較而梓之屬余表亭斂李先生編次之刻
於龍岩使董其事表先生亦虔心考訂編
本朝制誥御書為卷首歷代誥勅祭典為卷一
天后本傳聖蹟為卷二燦然鉅觀以呈家大人定
為昭應錄曰
神號昭應自宋及今無有異稱顯其聖者昭其
應也以名是編聿昭聖德於時顯應虔而奉之
其於作福不亦普哉鏤板告成夔龍謹識

昭应录序

是书原名《显圣录》，闽人照乘所刊,[1] 已行于世矣，而粤海人家少有藏本，皆由神灵昭应不爽，得者珍之，琅函供奉,[2] 不敢轻亵，以故难得概见。一日家大人访我闽族都谏先生于京师，见其案上曾有此书，请奉以归，示我族人共宝传之。而圣迹焜耀，日以益彰。年来叠颁隆典并徽号有加矣，家君以前书未备，又编次未妥，所当辑而续之。乃抄录令典，出此编并家乘，命小子较而梓之。属余表亨敏李先生编次之，刻于龙岩，使董其事。表先生亦虔心考订，编本朝制诰、御书为卷首，历代诰敕、祭典为卷一；天后本传圣迹为卷二。灿然巨观，以呈家大人，定为《昭应录》。曰：神号"昭应"，自宋及今，无有异称。显其圣者，昭其应也，以名是编，聿昭圣德，于时显应。虔而奉之，其于作福，不亦普哉！镂板告成，梦龙谨识。

① 照乘所刊：依照县志、家乘所刊刻。
② 琅函：书匣的美称，此指精美的书匣。

制 诰

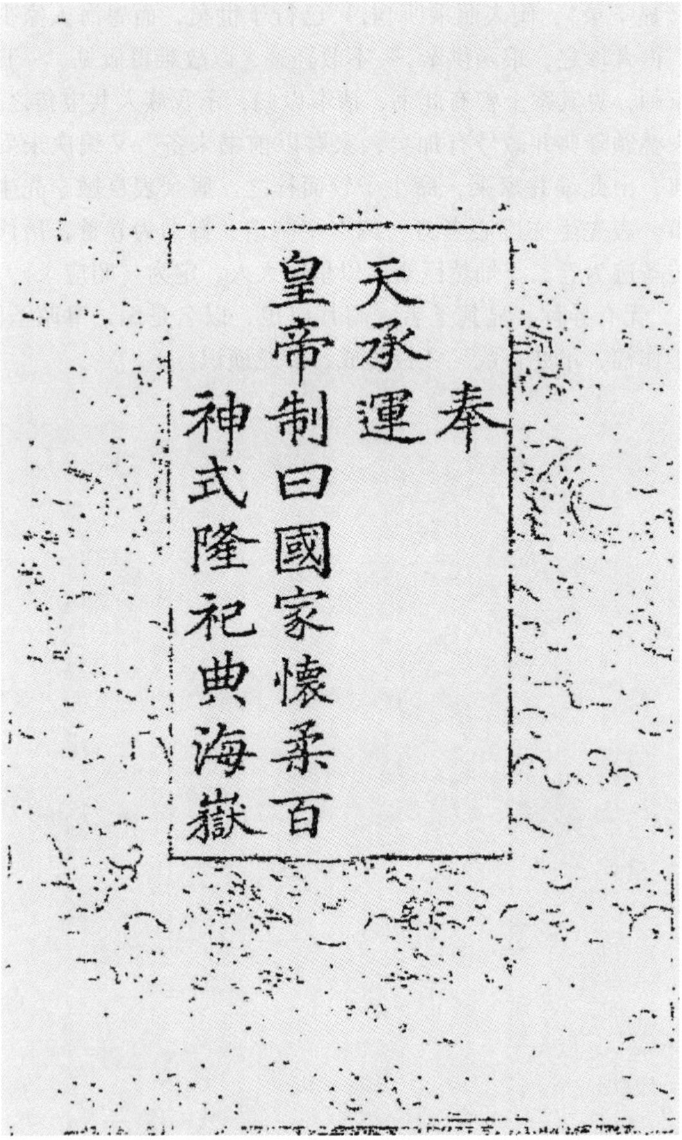
奉天承運
皇帝制曰國家懷柔百
神式隆祀典海嶽

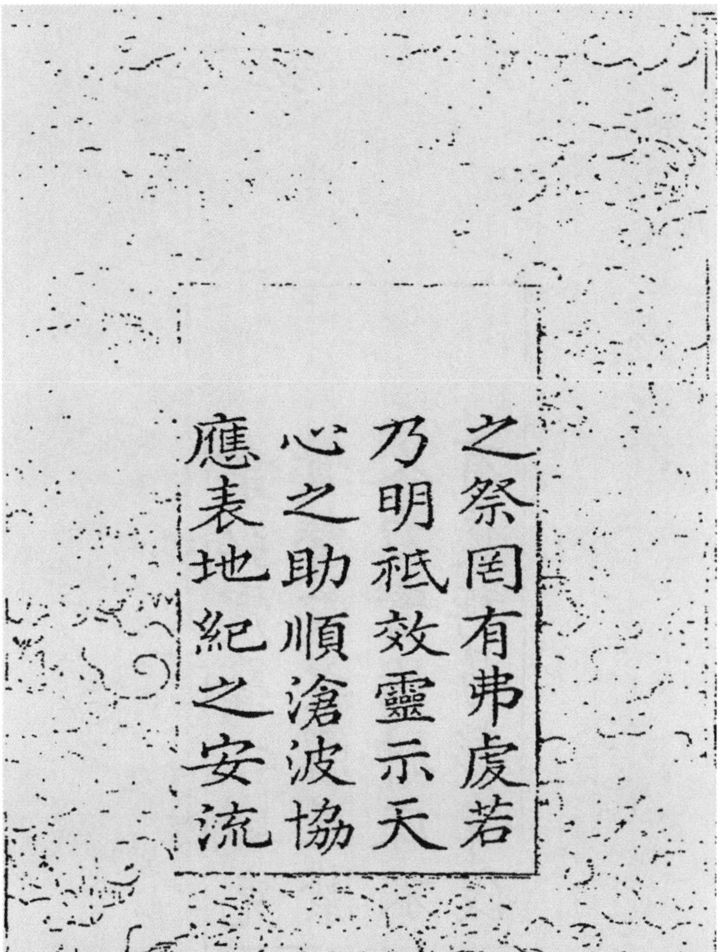

之祭罔有弗虔若乃明祇效靈示天心之助順滄波協應表地紀之安流

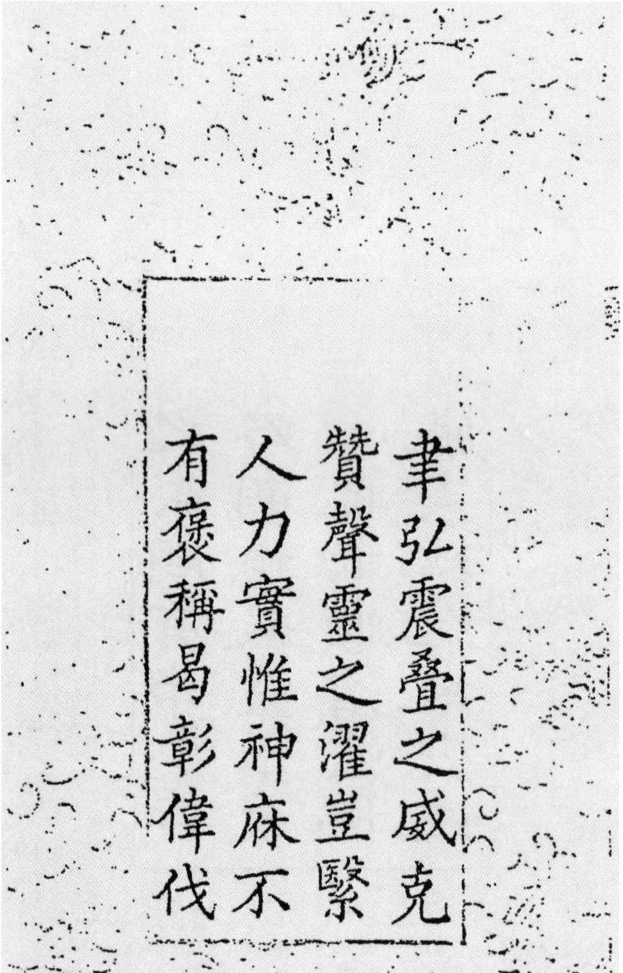

聿弘震疊之威克
贊聲靈之濯豈繫
人力實惟神庥不
有褒稱曷彰偉伐

維神鍾奇海徼綏
奠閩疆有宋以來
累昭靈異頃者島
氛不靖天討用張

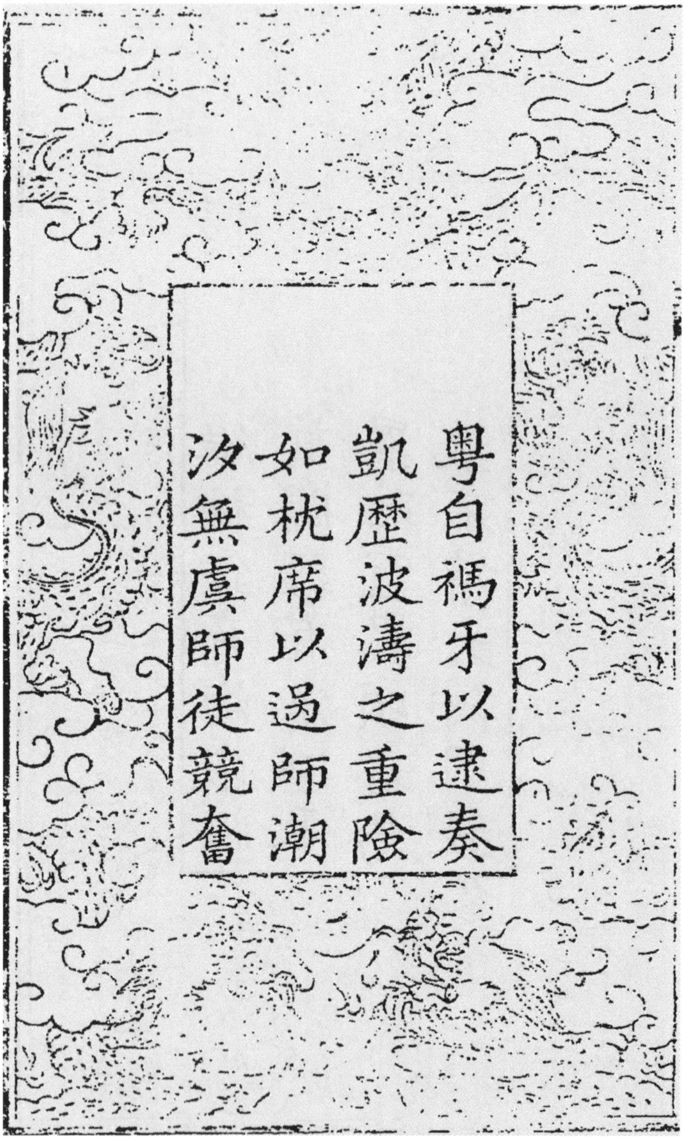
粵自禡牙以逮奏
凱歷波濤之重險
如枕席以過師潮
汐無虞師徒競奮

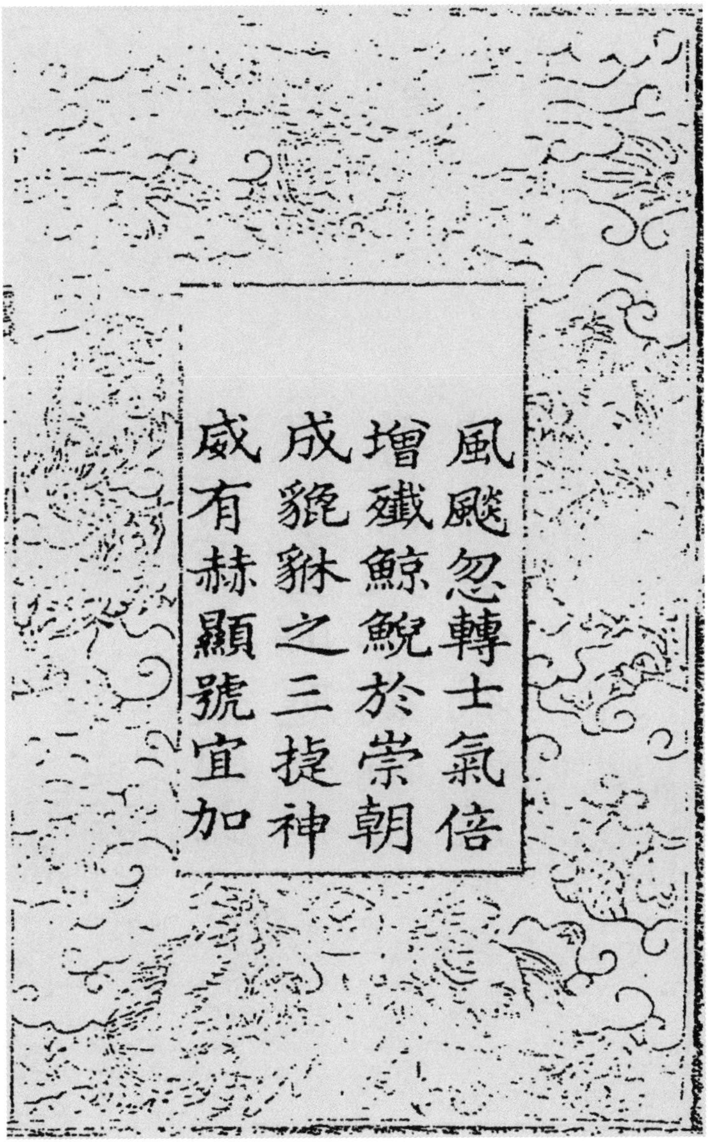
風飈忽轉士氣倍
增殲鯨鯢於崇朝
成貔貅之三捷神
威有赫顯號宜加

特封爾爲護國庇
民妙靈昭應弘仁
普濟天妃載諸祀
典神其佑我兆民

永著安瀾之績眷
茲景命益昭重潤
之休敬遣禮官往
修祀事維神鑒之

制　诰

奉天承运，皇帝制曰：“国家怀柔，百神式隆。祀典，[1] 海岳之祭，罔有弗虔。若乃明祇效灵，示天心之助顺，沧波协应，表地纪之安流，聿弘震叠之威，[2] 克赞声灵之濯，岂繄人力，实惟神庥。不有褒称，曷彰伟伐。维神钟奇海徼，绥奠闽疆。有宋以来，累昭灵异。顷者，岛氛不靖，天讨用张。粤自祃牙以逮奏凯，[3] 历波涛之重险，如枕席以过师，潮汐无虞，师徒競奋，风飚忽转，士气倍增。歼鲸鲵于崇朝，[4] 成貔貅之三捷。[5] 神威有赫，显号宜加。特封尔为“护国庇民、妙灵昭应、弘仁普济天妃”，载诸祀典。神其佑我兆民，永著安澜之绩。眷兹景命，益昭重润之休。敬遣礼官，往修祀事，维神鉴之。敕命，康熙十九年月日之宝。

---

① 祀典：祭祀的典礼、礼制规定。

② 聿：虚词，无义。

③ 祃牙：古时出师时祭军前大旗礼。

④ 崇朝：终朝，从天亮到早饭时。喻短时之内解决问题。

⑤ 貔貅：古代传说中的猛兽，此喻猛士。

御 书

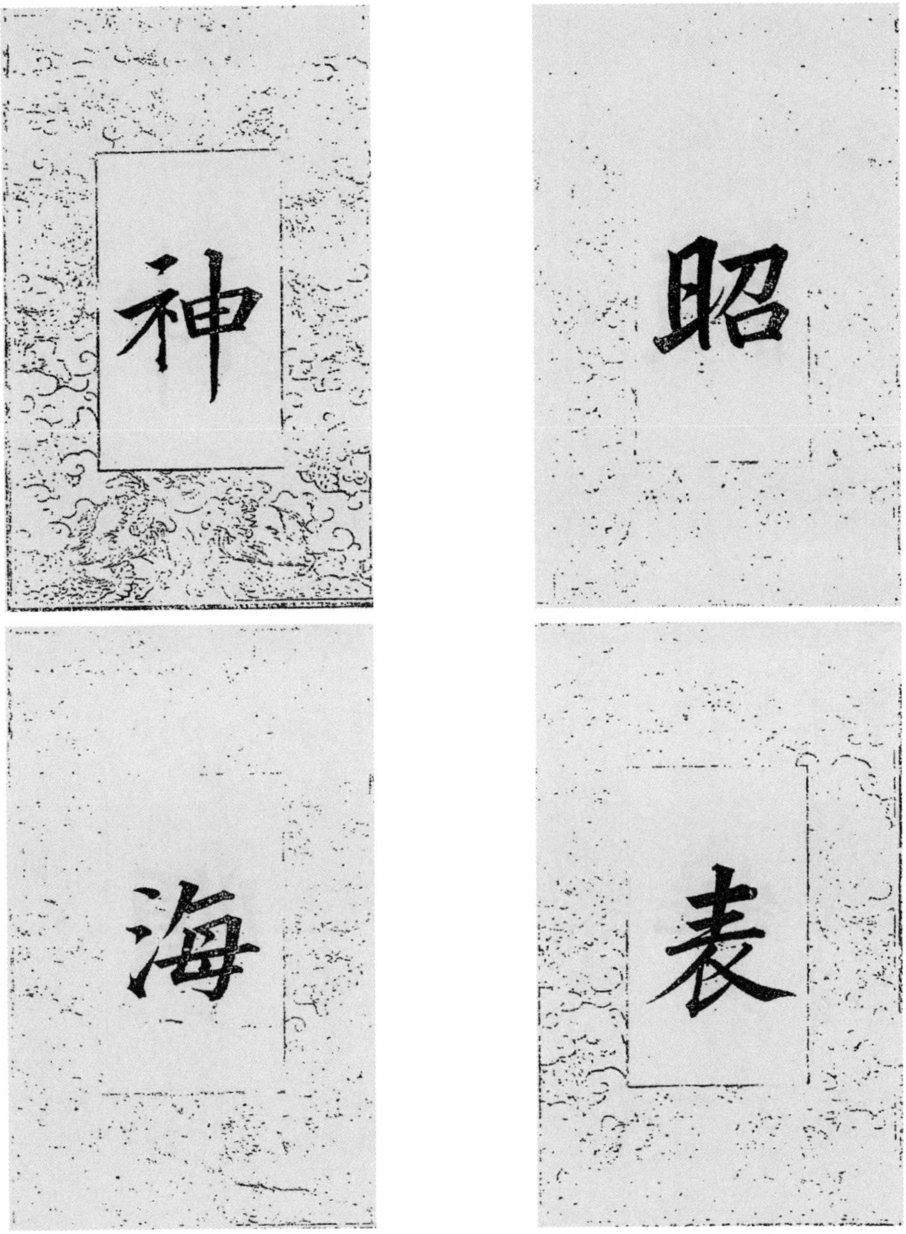

神昭海表

雍正四年五月十一日颁

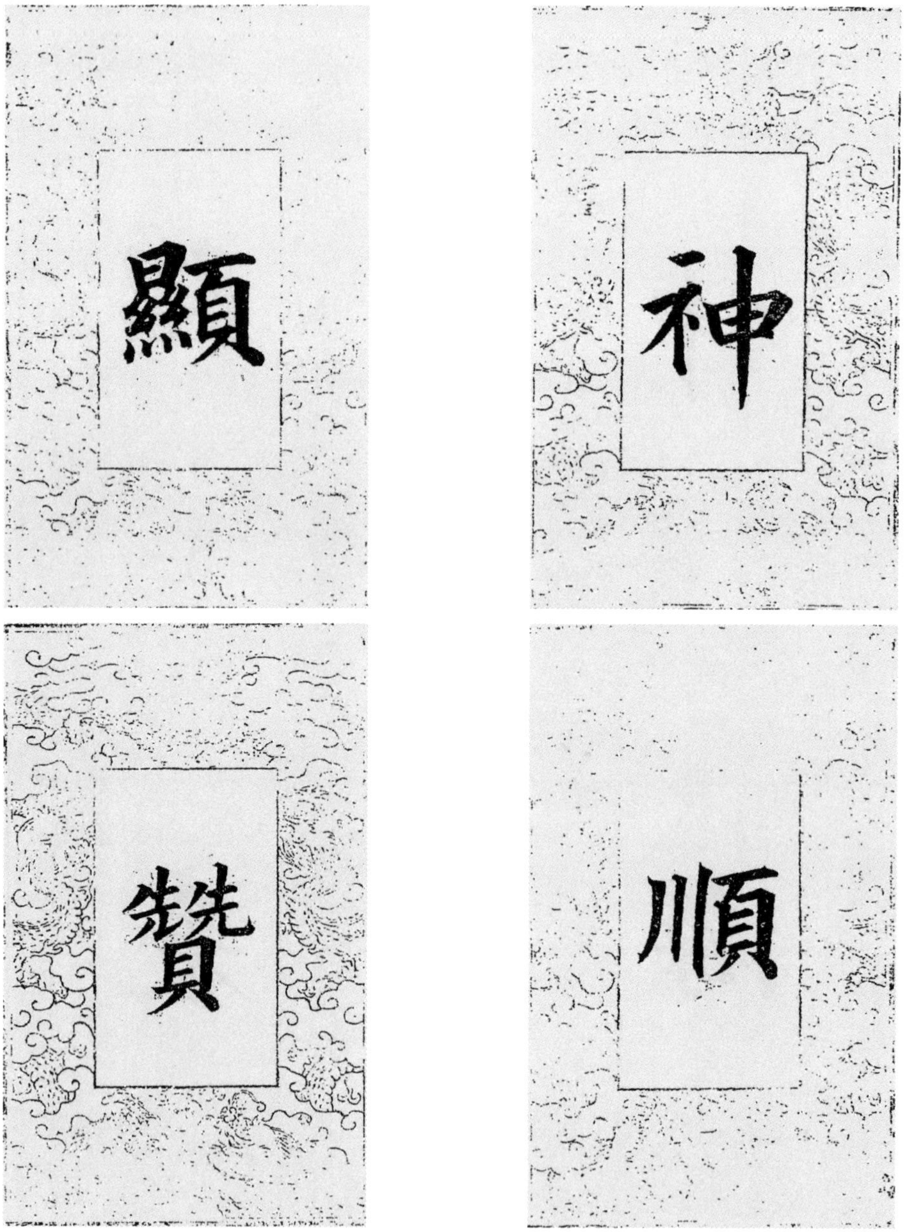

钦加：显神赞顺

乾隆五十三年颁

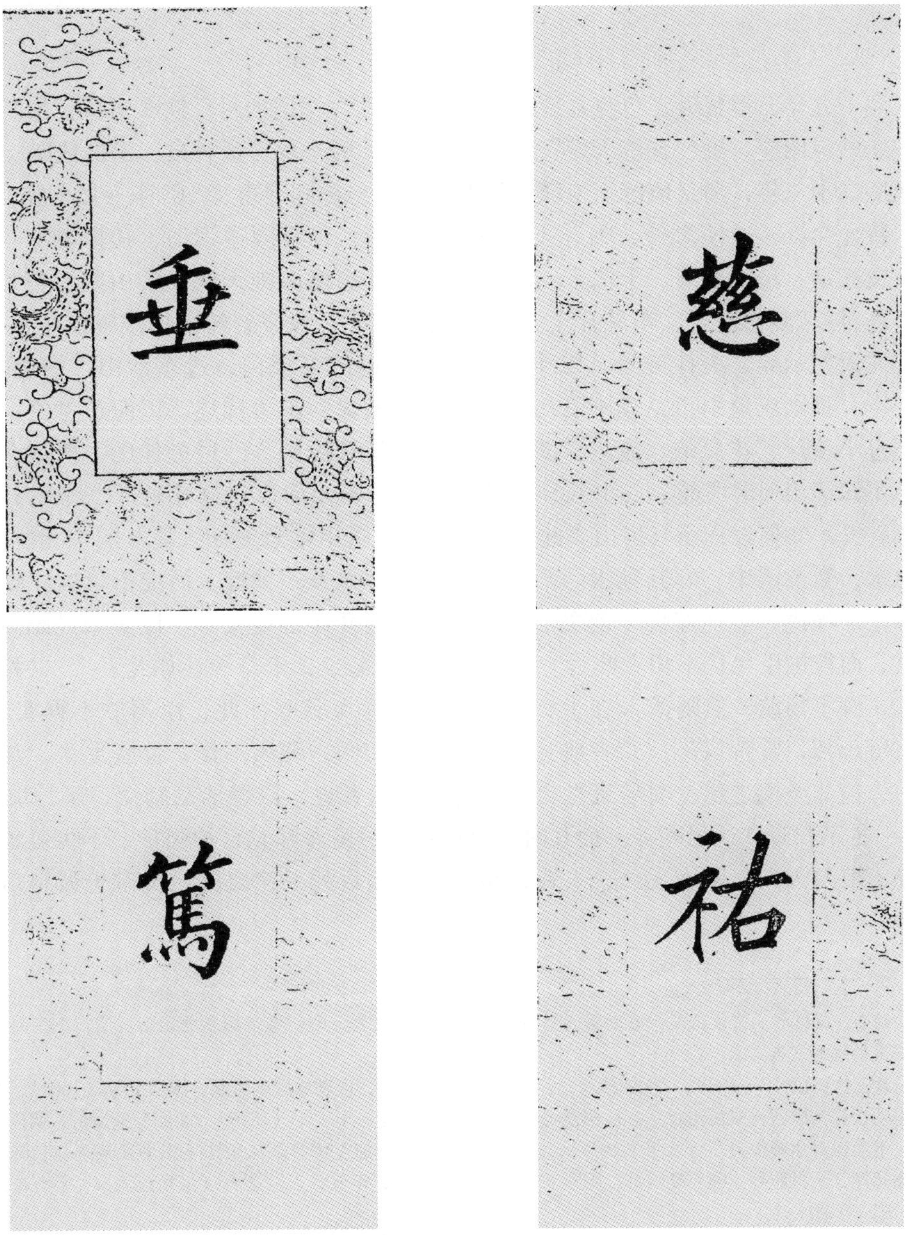

钦加：垂慈笃佑

嘉庆九年颁

本朝诏诰[①]

康熙十九年，提督万正色克复厦门，[②] 神灵协助，奏请加封。钦奉圣旨，加封“护国庇民、妙灵昭应、宏仁普济天妃”。钦差礼部员外郎辛保等赍香帛、诏诰致祭。

康熙二十三年，册封琉球正使汪楫等题为圣德与神庥等事，[③] 臣等一介小儒，遭逢圣主，特允会推，遣使海外，临轩天语，如典如谟。臣等凛遵训诲，恭捧御鉴、诏敕及谕祭文三道，星驰赴闽，于二十二年六月二十日谕祭海神天妃于怡山院。是时东风正猛，群言：“夏汛已过，未易开洋。”乃行礼，甫毕，风声忽转，柁楼旌旗尽皆北向。臣等加属天妃示异，决计放舟。二十三日辰刻，遂出五虎门，过东沙山，一望茫茫，更无山影。日则双鱼引道，夜则万鸟回翔，助顺效灵，不可殚述。以海道考之，二十四日当过小琉球、花瓶屿、笼鸡、淡水诸山，而是日辰刻，已过彭佳山，酉刻已过钓鱼屿，不知诸山何时飞越。二十五日应见黄尾屿，不知何以遂逾赤屿。二十六日夜见姑米山，又不知何以遂至马齿山。此时琉球接封之陪臣唯恐突如入境，国中无所措手，再拜恳求，暂泊湾中，容其驰报。乃落蓬，而蓬不得下；抛掟，而掟不可留。瞬息已入琉球之那坝港，直达迎恩亭前矣。时方辰刻，距开洋三昼夜耳。臣等未经蹈险，视等寻常，而彼国臣民莫不相看咋舌。群言：“自古迄今，未有神速如此者。”共称：圣人在上，海不扬波，然则圣人在上，海可飞渡，远人骇叹如此，臣不敢不据实奏闻。至于贫瘠小邦，常苦风旱。乃者典礼既竣，甘雨如倾，飓风不作，群欣足食。凡此天泽之应，何非圣德之感，洵足流光史册，焜耀千秋者也。臣等洁己励众，辛［幸］免愆尤。[④] 冬汛归舟，还思利涉。而其时御笔诏敕，尽留海邦，百神呵护，不可复冀，风涛震撼，浪与天高，掀簸无已，人皆颠覆。臣等当百死一生之际，惟有忠诚自信，必

---

① 诏诰：文体名。古代帝王、皇太后或皇后发布的命令、文告。诏，皇帝颁发的诏书。诰，皇帝对臣下的一种训戒或勉励的文告。

② 万正色：（1637—1691），字惟高，一字中庵，福建晋江人，清朝康熙朝将领。康熙三年（1664），招降海盗陈灿有功，提为陕西兴安游击将军。从西安将军瓦尔喀平吴三桂，十五年（1676），加太子少保衔，调任福建水师总兵，继而提升水师提督。十八年（1679），追叙克阳平关功，加左都督。从康亲王杰书征战福建，降服耿精忠，驱逐郑经，予世职拜他喇布勒哈番。康熙三十年（1692）卒，年五十五。著有《平岳疏议》《平海疏议》及《师中纪绩》等书。

③ 汪楫：（1626—1689），明末清初学者，字次舟（一作舟次），号悔斋，安徽休宁人，寄籍江苏江都。康熙十八年（1679），荐应“博学鸿儒”，试列一等。授翰林院检讨，纂修《明史》。著有《崇祯长编》《悔庵集》《使琉球杂录》《册封疏钞》《中州沿革志》《补天石传奇》《观海集》一卷等。充册封琉球正使，不受馈赠，国人建却金亭志之。出知河南府，治绩称最。历迁福建布政使，召至京，途得疾，卒。

④ 辛［幸］免愆尤：幸免罪过。愆尤，过错，罪过。

无他虞，烟灶尽委逝波，无由得窥彼岸，于是肃将简命,[①] 共吁天妃，谓："神既受封圣朝，自应佑臣返节，如其获济，当为神乞春秋祀典，永戴皇恩。"虔祷方终，神应如响。于时束桅之铁箍已断十三，而桅不散；系蓬之顶绳一断不可复续，而蓬不堕；桅前之金拴裂逾尺而船不坏。有此三异，可叹神功。伏乞敕下礼臣，议举春秋二祭，着地方官敬肃奉行，则海疆尽沐神庥，履坦无非圣泽矣。[②] 伏乞睿鉴施行。奉旨，该部议奏。

康熙二十三年，靖海将军施琅题为神灵显助破逆，请乞皇恩，崇加敕封事。[③] 窃照救民伐暴，仗天威之震扬，辅德效灵，见神明之呵护。闽之湄洲岛,[④] 有历代敕封天妃，往来舟楫每遇风涛险阻，呼之获安。前提督万曾经题请敕封。臣奉命征剿台湾，康熙二十一年十月，师次平海湾，湾离湄州水道二十里许有天妃庙，缘迁界圮毁，仅遗数椽，可蔽神像。臣因稍为整扫以妥，神庙左有一井，距海数武，踩止丈馀，芜秽不治。臣驻师其间，时适天旱七月馀，该地方人民咸称："往常雨顺，井水已不能供百口，今际此愆阳，又何能资大师所需。"臣遣人淘浚，泉忽大涌。自二十一年十一月，至次年之三月，昼夜用汲不竭，供四万众裕如也。此皆皇上峻德，格天使神功，利我行师也。臣乃立石井傍，额之曰："师泉"，以志万古不朽。且率各镇营弁捐俸重建庙宇。及康熙二十二年六月十六、二十一等日，臣在澎湖破敌，将士咸谓恍见天妃，如在其上，如在其左右，而平海之人俱见天妃神像，是日衣袍透湿，与其左右二神将两手起泡，观者如市，知为天妃助战致然也。又先于六月十八夜，臣标署左营千总刘春梦，天妃告之曰："二十一日必得澎湖，七月可得台湾。"果于二十二日澎湖克捷，七月初旬内，台湾遂倾岛投诚，其应如响。且澎湖食罩虎井。[⑤] 大海之中，井泉甚少，供水有限。自臣统师到彼，每于潮退就海，次坡中扒开尺许，俱有淡水可餐，从未尝有。及臣进师台湾，彼地之淡水遂无矣，均由我皇上至仁，上达昊苍，故无往而不得神庥，俾臣克底成功，非特赐显号无以扬幽赞之美，彰有赫之灵。臣拟于班师叙功之日一起题请加封。近接邸报,[⑥] 册封琉球正使汪楫以圣德与神庥等事，具题请封。因先以其灵异详陈，伏乞皇上睿鉴，敕封并议加封。奉旨，该部议奏礼部，题遣官献香帛读文致祭。本年八月二十四日奉旨，依议，钦差礼部郎中雅虎等赍香帛，到湄诣庙致祭。御祭文曰：国家茂膺，景命怀柔。百神祀典具陈，罔不祗肃。若乃天休，滋至地纪，为

---

① 简命：选派任命。简，选拔。

② 履坦：行于坦途。喻处境顺利。

③ 施琅：(1621—1696)，字尊侯，号琢公，福建省泉州府晋江县（今晋江市龙湖镇衙口村）人，祖籍河南固始，明末清初军事家，清初重要将领。早年为是郑芝龙的部将，顺治三年（1646）随郑降清。康熙二十一年(1682)，奉命与福建总督姚启圣一起进取澎湖、台湾。次年6月，施琅指挥清军水师先行在澎湖海战对台湾水师获得大胜。上疏吁请清廷在台湾屯兵镇守、设府管理，力主保留台湾、守卫台湾。因功授靖海将军，封靖海侯。康熙三十五年（1696）施琅逝世，赐谥襄庄，赠太子少傅衔。

④ 湄洲岛：即湄州屿，在清朝兴化府莆田南面，今为湄州岛。

⑤ 食：饮用。

⑥ 邸报：朝廷传告朝政的文书和政治情报的新闻文抄。

之效灵，国威用张，海若于焉。[1] 助顺属三军之奏凯，当重译之安澜，神所凭依，礼宜昭报，惟神钟灵海表，绥奠闽疆，皆藉明威，克襄伟绩，业隆显号，禋享有加。比者虑穷岛之未平，命大师之致讨。时方忧旱，井泽为枯。神实降祥，泉源骤涌。因之军声雷动，直捣荒陬，舰阵风行，竟趋巨险。灵旗下飐，助成破竹之功；阴甲排空，遂壮横戈之势。至于中山殊域，册使遥临，伏波不与，片帆飞渡。凡兹冥佑，岂曰人谋。是用遣官，敬修祀事。溪毛可荐，黍稷惟馨。神其佑我家邦，永著朝宗之戴；眷兹亿兆益宏利赖之功，惟神有灵，尚克鉴之。

雍正四年正月十七日，提督蓝题为“以康熙六十年克复台湾，叨神功显著，仰恳睿鉴，特加恩褒。”事切照显灵效顺，具见盛世之征祥，申锡追封，[2] 弥彰圣朝之巨典。闽省有湄洲，屹立大海岛屿中，建庙宇，崇祀天妃宝像。其英灵昭著，历代褒封，昭然可考。迨我朝康熙十九年，佐助前提督臣万正色克复金、厦两岛。二十二年佑相前靖海将军臣施琅奏捷澎台。[3] 种种灵应，护国庇民。俱蒙圣祖仁皇帝览奏，敕封天后徽号，钦差致祭，特隆祀典。缘厦岛、台湾二处，俱属闽海要地，各有创建庙宇，供奉天后宝像，仰赖神庥。六十年台匪倡乱，臣同前任提臣施世骠亲统水陆官兵，[4] 配驾商哨船只前往讨逆。维时六月兴师，各士卒感佩圣祖仁皇帝深仁厚泽，踊跃用命，但恐频发台飓，因而致祝垂庇。果荷默相，波恬浪息，且凡大师所到各处，井枯甘泉倏尔腾沸，足供食用。再如六月十六日午，臣等督帅攻进鹿耳门，克复平安镇。正及退潮之际，海水加涨六尺，又有风伯效顺，俾各舟师毋庸循照招路，鱼贯而行，群挤直入。至十七、十九等日，会师在匕昆身，经血战杀贼。时值炎蒸酷暑，其地处在海中，乃系盐潮涨退之所，万军苦渴异常。臣复仰天祈祷，适当潮退，各军士遍就昆身坡中扒开尺许，俱有淡水可餐。官兵人等，无不骇异。咸称：“若非圣祖仁皇帝天威远被，曷致有神灵效顺若此。”切拟分平台湾南北二路后，即欲缮疏，题请追褒。不虞提臣施世骠身殁军前，臣时躬处海外，未由陈奏。幸于雍正三年十一月内趋赴阙庭，叩觐天颜，面奏神功灵验，请乞赐赠匾联，以志不朽。随蒙圣主谕臣于回任之后缮疏题请，兹臣合就遵旨，备叙情由，具题：仰恳我皇上，特沛殊恩，赐给匾额联章，俾臣制造，悬挂湄洲、台、厦三处庙宇。再，天后灵神，实水师之司命，仍请恩加敕部详议，追封先代，庶圣德弥彰而神功愈显，将见鲸鲵永遁，海宇共庆升平；波浪长恬，商渔咸歌乐业矣。臣谨缮疏题请，伏乞圣主睿鉴，赐给敕部详议，追封施行，为此具本，谨题请旨。雍正四年正月十七日奉旨，敕封圣父为积庆王，圣母为太妃。

雍正四年十二月二十日，提督蓝又题：为恭报悬挂天后神祠御书匾额日期事。雍

---

① 海若：古代中国传说中北海的海神。

② 申锡：申请赐予。

③ 佑相：佑助辅佐。

④ 施世骠：（1667—1721），字文秉，一字文南，号怡园，清朝初期名将，晋江县衙口村人，祖籍河南固始，靖海侯施琅第六子。康熙七年（1668）随父隶属汉军镶黄旗。康熙四十年（1701）擢为浙江定海镇总兵。1708 年升广东陆路提督。康熙五十一年（1712）调福建水师提督。

正四年七月初三日，承准礼部札开为颁发御书匾额事，祠祭清吏司案呈。雍正四年五月十一日，内阁交出天后神祠匾额御书“神昭海表”四字，应将“神昭海表”四字交与福建提塘送往，[①] 并知照水师提督敬谨制造悬挂可也。为此合札前去查照施行等因，到臣承准此，续于本年九月十二日，据臣家人林世雄在京赍捧御书“神昭海表”四字到厦。臣即郊迎至署，恭设香案，望阙叩头讫，随敬谨恭摹，召匠绘成匾式，遵照原题，应悬挂湄洲、厦门、台湾三处天后神祠，将恭摹字样，并绘成匾式，分送台湾总兵臣林亮、[②] 海坛总兵臣朱文，[③] 召匠制造，择吉敬谨悬挂。去后所有厦门天后神祠，臣遵即制造匾额，择吉于本年十二月十一日敬谨悬挂。又于十二月十三日准台湾总兵臣林亮咨称：“台湾天后神祠御书匾额，遵即制造完竣，业经择吉本年十一月二十八日会同台湾文武官员恭迎至祠，敬谨悬挂。合将日期咨覆等因，续于十二月十七日，又准海坛总兵臣朱文咨称：湄洲天后神祠御书匾额，遵即制造完竣，经择吉于本年十二月十一日亲率属员，恭迎至祠，敬谨悬挂，合将日期咨覆等因，各到臣准此，切照神灵，效顺允协，盛世祥征。宸翰特颁，弥昭圣朝巨典，闽省有天后，英灵彰著，历代褒封，昭然可考。康熙六十年间，台匪倡乱，臣同前任提臣施世骠亲统官兵前往讨逆，维时六月兴师，各士卒感佩圣祖仁皇帝深仁厚泽，踊跃用命，但恐时值台飓频发之候，临行虔祝垂庇，果荷显灵，默相处处效顺。经臣面奏，请乞赐赠匾联，以志不朽，业蒙我皇上特颁御书“神昭海表”四字，臣奉到随即恭摹制造匾额，择吉敬谨悬挂厦门天后神祠。仍绘成匾式，分送台湾总兵臣林亮、海坛总兵臣朱文循照召匠制造，择吉敬谨悬挂。台湾、湄洲二处天后神祠去后，兹准各咨报悬挂日期，前来具见宸翰辉煌，神功有赫，允垂亿万年盛典，行将鲸鲵永遁，海宇共庆升平；波浪长恬，商渔咸歌乐业矣。所有敬谨悬挂天后神祠御书匾额各日期，理合缮疏题报，伏乞皇上睿鉴施行，为此具本，谨具奏闻。”

雍正十一年八月十二日礼部题，前事内开题为恭恳圣恩以惬舆情事：该臣等议得福建总督郝玉麟等奏称[④]：“窃惟天后明神，功昭清晏，德庇商民。康熙十九年提督万正色克复厦门，神灵协助，钦奉圣祖仁皇帝敕封‘护国庇民、妙灵昭应、宏仁普济天妃’。又靖海将军施琅进征台湾时，复默相王师，功成底［砥］定，敕建神祠于原籍莆田县湄洲地方，并颁敕文以纪功德。随又加封天后，令该地方官春秋祭祀在案。康熙

---

① 提塘：清朝各省督、抚选派本省武进士及候补、修选守备等，送请兵部充补，驻于京城，三年一代，称提塘官。掌投递本省与京师各官署往来文书。。

② 林亮：(1661—1726)，字汉侯、汉臣、涤侯，福建漳浦麦园埔村人，曾任台湾总兵，定海总兵。康熙六十年（1721）夏，台湾农民朱一贵率众起义，林亮率兵七日内恢复全台，授台湾总兵。雍正五年（1727），任浙江定海总兵。

③ 朱文：字彬臣，清初人，先世袭封永宁卫指挥。历官至闽安镇游击。康熙六十年（1721）年底台湾平，任台湾北路营参将，是受台湾镇总兵节制的台南以北最高军事将领。雍正元年（1723），擢台湾安平（水师）副将。

④ 郝玉麟：(？—1745)，字敬亭，清汉军镶白旗人，清代前期较为著名的封疆大吏。初为骁骑校，康熙三十四年（1695）授千总，累迁至云南援剿协副将。历任云南提督、广东总督、福建总督、闽浙总督等职。乾隆四年（1739），擢升吏部尚书，同年十一月兼署两广总督。

六十年台匪窃发，海水骤长［涨］数尺，舟师直进，克复全台，嗣经巡台御史禅济布等奏请，[①] 荷蒙皇上特颁御书“神昭海表”匾额，敬悬湄洲、厦门、台湾三处。上年土番不法，臣钦遵谕旨，征调官兵安抵台湾，克复奏捷，是皆圣主敬礼神明，得邀天后宏施庇护，感应之理昭然不爽。查福建省城南台地方，襟江带海，商舶云集，旧有神祠，为万民瞻礼之所，恳求圣恩，俯照湄洲等处，并颁御书匾额，敕令春秋祭祀，照依龙神之例，督抚主祭。更有请者，伏惟天后，凡在江海处所，灵应如响，其各省会地方如曾建有天后祠宇，而未经设立祀典之处，并请降旨，一例举行等因前来。伏惟我圣上虔礼神祈，锡福寰宇，敦崇祀典，至诚至敬，是以天后之神灵应显著于从前，福祐益昭于迩日。今据督郝玉麟等奏请，御书匾额，并春秋祭祀等语，应如该督等所请福建省城南台地方，旧有天后神祠亦照湄洲等处，并颁御书匾额“万里安澜”四字，命下之日交与翰林院拟撰匾额字样进呈，恭候钦定，行令该督等敬谨刊刻悬挂，其春秋祭祀，应照致祭龙神之例，令该督抚主祭，至凡江海处所俱受天后庇护宏施，其建有祠宇而未设祀典之处，亦应如该督等所请，行令各该督抚，照例春秋致祭。但各省天后祠宇不皆在省城之内，如省城旧有天后祠宇，应照例合该督抚主祭如省城。未曾建有天后祠宇，应令查明所属府州县，原建天后祠宇，择其规模宏敞之处，令地方官修葺，[②] 照例春秋致祭。其祭祀动用正项钱粮，造册报明户部核销，俟命下之日，臣部通行各省遵奉施行。臣部未敢擅便，谨请旨。”

雍正十一年八月十二日，题本月十四日奉旨，依议，钦此等，因到部咨院行司仰府到县，查报抄录，御书匾额“万里安澜”四字。凡天下有天后庙宇，皆奉旨春秋两祭，开销正项。钦此。

乾隆三年以神灵默相，海晏河清，封“护国庇民、昭灵显著、宏仁普济、群生太后元君”。乾隆二十三年加“诚感咸孚”。

乾隆五十三年四月二十七日，奉上谕，据福康安等奏，[③] 凯旋官兵分起渡洋，内福州驻防，一起官兵在鹿子港更换大船，候风放洋。有领催苏楞额等乘坐哨船，[④] 已至渡口，未上大船，陡起风暴，飘至大洋，正在危险，忽有异鸟飞集船头。船户等谓得神佑，必可无虞。飘流两日夜，幸不覆溺，适于黑水洋遇见他船兵丁等护救。过船军装搬运甫完，竟见原坐哨船下有数丈大鱼浮出水面，原船登时沉没。此次派往台湾剿捕官兵，及运送钱粮铅药等项，渡洋多获平稳。前次福康安自崇武澳放洋，前抵鹿子港，千里洋面，一昼夜即已遄达，皆仰赖天后助顺，灵应垂庥，实深欣感，节经降旨，交

① 禅济布：清朝政府官员，满洲镶蓝旗人，他于1724年接替吴达礼出任巡视台湾监察御史，该官职满汉人各一。

② 修葺：修缮整理。

③ 福康安：（1754—1796），富察氏，字瑶林，号敬斋，满洲镶黄旗人，清朝乾隆年间名将、大臣。大学士傅恒第三子，孝贤纯皇后之侄。历任云贵、四川、闽浙、两广总督，官至武英殿大学士兼军机大臣。

④ 苏楞额：字智堂，清朝满州人。官巡盐御史，以书名家，著作《扬州画舫录》。

李侍尧等修葺天后庙宇，[①] 并亲书联额二分，于厦门、兴化两处悬挂，[②] 以昭灵贶。兹福康安等奏福州驻防官兵，内渡船只在港口被风，遇险获安，叠征灵异。览奏为之额手，现在兵船陆续内渡者，尚多据福康安等奏，海洋三四月间风力平和，四月前尽可全数撤竣。仰赖灵祇默相，官兵安稳遄归，允宜增益褒崇封号，[③] 着于天后旧有封号上加增“显神赞顺”四字，用答神庥，而隆妥侑，并再书匾额一面，交福康安等于沿海口岸庙宇应悬处所，敬谨悬挂，钦此。嘉庆六年内阁中书李鼎元奏称[④]：“臣奉使出琉球，乘风稳渡，往来迅驶。又于六月中飓风大作，击破匪船一百馀只，是皆皇上至诚感格，屡致灵应，自应追封崇祀天后父母，以答天后孝思。当经礼部核议，敬惟天后，诞详宋代，屡著海邦，历代以来载崇祀典，我朝克复全厦，底定台湾，灵祐照垂，叠征显应。自康熙十九年以来，屡晋封号，春秋致祭，历有年所。此次册封，琉球使臣乘风稳渡，往来迅驶。又于六月间飓风大作，击破匪船一百馀只，仰见我皇上诚感所孚，神人协应。而天后之翊灵佑顺，益著神威。谨查，雍正三年，曾经追封关帝先代，制造神牌，安奉后殿，春秋致祭。今天后屡昭神应，功德休隆，允宜追祀所生，以答神贶。应请照该中书所奏，于天后宫后殿崇祀天后父母，凡应行秩祀处所，令地方官安设神牌，以时致祭，其封号字样，交内阁撰拟进呈，恭覆钦定等因奉旨，依议，钦此。”

谨按：乾隆五十三年奉上谕，本日召见德成。据奏，天后神庙向来止系地方私祭，从未春秋官为致祭等语。从来有功德于民，能御大灾，能捍大患者，俱列祀典，沿海处所敕建天后神庙，屡著灵应，而福建湄洲系神原籍。现在台湾大功告成，官兵凯旋，来往遄行安稳，仰荷神庥，叠昭灵贶，允宜特著明禋，用昭崇报。著翰林院撰拟祭文发往，嗣后该督抚于天后本籍祠宇，春秋二季，敬谨蠲洁，读文致祭，以隆祀事而答嘉庥，仍交该部载入祀典。又奉上谕，据李奉翰奏，[⑤] 清口惠济祠天后神庙岁时报祭，未著祀典，请一体颁发祭文，于春秋二季致祭等语，前因派往台湾官兵渡洋稳顺，仰庇神庥，特于天后封号上加“显神赞顺”四字，并令在湄洲本籍祠宇春秋致祭，以昭灵感。今清口惠济祠，供奉天后像，屡著灵应，本年河流顺轨，运道深通，自应一体，特著明禋，以光祀典，著交翰林院撰拟祭文发往，于春秋二季令地方官虔诚致祭，并著李奉翰，将新加封四字，敬谨增入神牌，俾河工永庆安澜，益昭灵贶。嘉庆五年奉

① 李侍尧：（？—1788），字钦斋，清朝乾隆时期大臣，汉军镶黄旗人。乾隆二十一年（1756），被授为擢户部侍郎、两广总督，加太子太保。出征台湾有功，得以入列紫光阁平台湾二十功臣。乾隆五十三年（1788）十月病逝，谥恭毅。

② 兴化：清朝福建省兴化府，在福建省东部。

③ 允宜：确实应该。

④ 李鼎元：清代的官员、学者。作为官员，乾隆三十五年（1770）举于乡，四十三年（1778）成进士，改翰林院庶吉士，散馆，授检讨，改授内阁中书，不久升宗人府主事。清嘉庆五年（1800），李鼎元任内阁中书舍人时，任册封琉球王国副使，奉命随赵文楷出使琉球。著《使琉球记》，以日记体裁详记出使始末。

⑤ 李奉翰：（？—1799），汉军正蓝旗人，清朝大臣，李宏之子。初捐赀授县丞，累迁江苏苏松太道，后历任江南河道总督、河东河道总督、两江总督兼领南河事。

旨，福建湄洲天后神庙于封号上加增“垂慈笃祐”四字。嘉庆六年，议准于天后宫后殿崇祀天后父母。凡应行秩祀处所，令地方官安设神牌，以时致祭。嗣经内阁准奏，封天后父为积庆公，天后母为积庆公夫人。嘉庆九年，议准清口天后庙加应封号，即用福建湄洲天后庙所加“垂慈笃祐”四字，交河道总督于该处神牌敬谨增入。嘉庆二十三年奉旨，御园建庙，春秋致祭。谨按：此录与潭邑神庙所悬匾额无异也。考阅长沙神庙所悬褒封匾额内多三款：顺治三年，封“延庥显应分水龙王”；乾隆五十四年，晋封“天上圣母”；嘉庆十四年，御书“昭佑孚诚”匾额。

自宋至明历朝诏诰

宋光宗绍熙元年，加封“灵惠妃”。诏曰：“古今崇祀岳渎，怀柔百神，礼所不废，至于有功国家，有裨民社者，报当异数，灵慈福利。夫人林氏，灵明丕著，惠泽亶敷，累有御灾捍患之勋，今见救旱恤民之德。参赞既宏，爵宠应尊，兹特进封为‘灵惠妃’，秩视海岳之崇典，叙春秋之重尚，其服兹徽命，以茂鸿庥于勿替，钦哉！”

世祖至元十八年，封“护国明著天妃”。诏曰：“惟昔有国，祀为大事，自有虞望秩而下，海岳之祀，日致崇极。朕恭承天休，奄有四海，粤若稽古，咸秩无文。惟尔有神保护，海道舟师漕运，恃神为命，威灵赫濯，应念昭彰。自混一来，未遑封爵，有司奏请，礼亦宜之。今遣正奉大夫宣慰使、左副都元帅、兼福建道市舶提举莆师文册尔为‘护国明著天妃’。于戏！捍患御灾，功载祀典，辅相之功甚大。追崇之礼宜优尔，其服兹新命，以孚佑我黎民，阴相我国家，则神之享祀有荣，永世无极矣。”

世祖至元二十六年，加封“显佑”。诏曰：“惠泽调雨阳之序，镇四海而保无虞，祥光映风浪之区，护岁漕而克有济。忠贞卫国，慈惠宁民，先朝已著于纶褒，今日宜申其宠命，益旌徽号，允协佥言。元祀报功，独超天极之贵，水行受职，永赞皇运之昌。祗服徽恩，茂宏宠贶，可加封‘显佑’。”

成宗大德三年，加封“辅圣庇民”。诏曰：“利涉洪波，显造化难名之德，尊崇徽号，传神明不朽之功。用锡宠章，亶为殊典。”

仁宗延佑元年，加封“广济”。诏曰：“爱人利物，仁克著于重溟；崇德报功，礼宜崇乎异数。肆颁纶命，用举隆仪，护国明著天妃林氏慈孝聪明，利济好善，当临危履险之际，有转祸为福之方。祥飚迭驭，会闻瞬息危樯出火，屡见神光，有感即通，无远弗届，顾东南之漕运，实左右之凭依。不有褒恩，曷彰圣绩。于戏！爵以驭贵，宜宣徽号之加；海不扬波，尚冀太平之助。加封‘护国庇民、广济明著天妃’。”

文宗天历二年，加封“徽烈”。诏曰：“阴阳不测，惟神克尽燮理之道。河山永定，在国尤资转运之功，故祀典所载，莫重于怀柔，圣绩所彰，当加以崇。奉兹览外廷之奏，允维漕运之艰，不有护持，曷臻浮达；抑且风转舵摧，屡救吾民之厄；火流水净，常全番舶之危。至于暵浸之失时，莫不祷祠而请命其御大灾、捍大患焉，若此则德茂，官功茂赏也宜之。爰极徽称，亶为异数。于戏！褒封二十字，鸿号聿隆，允有无穷之举，庙食亿万年，龙光孔焕，尚其永孚于休，宏关灵慈，益彰宠贶，可封‘护国辅圣庇民、显佑广济、灵感助顺福惠、徽烈明著天妃’。”

天历二年八月己丑朔日，祭直沽庙。文曰：“国家以漕运为重事，漕运以神力为维持。今岁西运，咸藉匡扶，江海无风涛之虞，朝野有盈宁之庆。帝用钦嘉，谨遣使者奉香仰答灵贶，惟亿万年，神永保之。”

十六日甲辰，祭淮安庙。文曰：“转运资于溟海，积贮重乎京师。乘风驾浪，神明是司。裕国足民，朝廷攸赖。命臣诣淮安庙，恭献御香，以报以祈。惟神鉴格，尚其佑之。”

癸丑，祭平江庙。文曰：“至广者，海也；海之大，百川会焉。至正者，神也；神之命，百灵听焉。惟国之本资于食，而岁之运浮于海，既历溟渤之中，常有风波之险。今兹运艘，接舳皆来，微神阴相，将奚致焉。谨洁牲醴，备乐舞，以答明赐。惟神居歆，永保无斁。”

乙卯，祭昆山庙。文曰：“姑苏之滨，太仓之口，运道所繇出也。浮江涉海，冲风而击浪也。怒涛狂澜，鲸吞而鳌掷也。万里澎湃，险不可测也。巍巍圣妃，临下有赫也。望洋不惊，风波以息也。春夏所输，咸达于京，实灵贶也。奉命禋祀，报盛德也。神之保之，长无极也。”

丁巳，祭露漕庙。文曰：“三江控东南之会，春艎夏舶，云集转输。圣神临之，济险拯危。实国家之所式凭，而官民之所仰赖也。今岁漕运，风澜恬然，护国之功著于百世。谨奉香展牲，用申昭谢。尚冀灵爽，垂休无极。”

甲子，祭杭州庙。文曰：“杭为大藩，财赋所聚。国计之重，倚于东南。今兹两运，咸利攸往。长江息浪，万樯云集。大海安澜，永资粒食。神之相之，厥勋炳然。景贶既渥，福禄是绥。巍巍庙庭，牲荐孔硕。用崇盛典，与国咸休。”

丁卯，祭越庙。文曰：“于越之域，外负大海。三江东注，运道所经。惟神眷佑，赫赫显应。宏开慈惠，济我漕艘。万里一息，静无风涛。徽烈茂昭，天地同功。何以报赐，恭献琼浆。自今伊始，岁其清晏，万世无疆。”

壬申，祭庆元庙。文曰：“浙水东郡，襟江带海。漕道远涉，万里波涛。神祀降鉴，丕著宏功。息偃狂飓，迅扫妖氛。转运咸利，国储充盈。永颂懿德，百世扬休。”

己丑，祭台州庙。文曰：“洪惟天妃，自天降临。功侔化育，德配苍穹。瀚海安澜，风帆顺飞。弗惊弗震，是凭是依。惟兹运道，实赖扶持。恭承帝命，报答灵威。佑我邦家，永膺多福。”

甲午，祭永嘉庙。文曰：“国家积贮，海运为重。春秋转输，风波不测。乃凌大海而安澜，涉长江而飞渡，神所以卫之者，厥功宏矣。特遣臣奉香诣祀，惟灵惟圣，其永敷慈惠，以励相我国家。”

辛丑，祭延平庙。文曰：“剑之水兮潺湲，渺长溪兮汪洋。峙灵宫兮在上，镇海岳兮瑶坛。缤纷兮羽旄，氤缊兮天香。海不扬波兮安流，飘祥飚兮引舟。徼大惠兮罔极，济我漕兮无忧。望白云兮天际，乘彩鸾兮悠悠。献琼觞兮，式歌且舞。作神主兮，永镇千秋。”

己巳，祭闽宫。文曰：“朝廷岁遣使奉香灵慈之庙，以答明赐。今春逮夏，漕舟长流，悉达京师，其护国之功，庇民之德，莫盛于此。是用瞻礼闽宫，走蠲荐羞。惟神昭格，佑我皇运，以宏天休。”

丁未，祭莆田白湖庙。文曰：“天开皇元，以海为漕。降神于莆，实司运道。显相王家，宏济兆民。盛烈休光，终古不灭。特遣臣虔修祀事，承兹休命，永锡嘉祉。于万斯年，百禄是宜。”

戊申，祭湄洲庙。文曰：“惟乾坤英淑之气郁积扶舆，以笃生大圣炳灵于湄洲。为天地广覆载之恩，为国家宏治平之化。特命臣恭诣溟岛，虔修岁祀，秩视海岳，光扬今古，于戏！休哉。”

祭泉州庙。文曰：“圣德秉坤极，闽南始发祥，飞升腾玉范，变现蔼天香。海外风涛静，寰中麟凤翔。民生资保锡，帝室藉勋勷。万岁歌清晏，昭格殊未央。”

明太祖高皇帝洪武五年壬子正月，诏封圣妃，遣官貤祭。御制文曰：“国家崇报神功，郊社旅望而外，非有护国庇民、丰功峻德者，弗登春秋之典。明著天妃，林氏毓秀，阴精钟英，水德在历纪。既闻御灾捍患之灵，于今时尚茂出险，持危之绩，有裨朝野，应享明禋。朕临御以来，未及褒奖，兹特遣貤诏，封为‘昭孝纯正、孚济感应圣妃’，其服斯徽命，宏佐休光。俾清晏式观作睹之隆，康阜永著赫濯之赐，钦哉!”

成祖永乐七年，钦差太监郑和往西洋，遇风飚，祷神求庇，遂得全安，归奏，奉旨差官致祭，赏其族孙宝钞各五百贯。本年又差内官张悦、贺庆送渤泥国王，回舟危急，祷神无恙，归奏，奉旨差官致祭。本年又差内官尹璋往榜葛剌国公干，水道多虞，祝祷显应，回朝具奏。上以神功浩大，重裨国家，遣太监郑和、太常寺卿朱焯驰传诣湄山，致祭加封。制曰：“惟昭孝纯正圣妃林氏粹和灵惠，毓秀坤元，德配苍穹，功参元造。江海之大，惟神所司。佑国庇民，夙彰显应。自朕临御以来，屡遣使诸番。及馈运粮饷，经涉水道。赖神之灵，保卫匡扶。飞飚翼送，神光导迎。欻忽感通，捷于影响。往来之际，悉得安康。神之功德，普在天壤。必有褒崇，以答灵贶。兹特加封‘护国庇民、妙灵昭应、宏仁普济天妃’，仍建庙于都城外，赐额曰‘宏仁天妃之宫’。爰遣人以牲醴庶馐致祭，惟神其鉴之。”

永乐十二年，钦差内宫侯显往榜噶喇国，往来危惧，祈祷屡叨显应，奉旨诣庙致祭。十一月又委内宫张源到庙，御祭一坛。

永乐十五年，钦差内官王贵通、莫信、周福率领千户彭祐、百户韩翊并道士诣庙修设，开洋清醮。[1]

---

① 醮：古代的祭礼，是祭祀、祈祷神灵的活动。道教继承并发展醮的祭祀一面，借此法以与神灵相交感。

永乐十六年，钦差内官张谦到庙御祭，着本府官员陪祭。

宣宗宣德五年，钦差太监杨洪等出使诸外国。神功加佑，风波无虞，特遣官致祭。曰：“惟妙灵昭应天妃林氏，嵩岳孕灵，巽坤合体。嘘风吸雨，统江淮河海之宗；佑国庇民，济天地东南之险。适承水德，乃亮元功。海不扬波，维尔嘉绩。朕式钦焉，兹特虔备牲醴，遣官祭告，神其鉴临尚飨。”

宣德六年，钦差正使太监郑和领兴、平二卫指挥、千百户并府县官员，买办木石，修整庙宇，并御祭一坛。制曰：“兹遣郑和等道江海，往返诸番。惟神有灵，默加佑助。俾风波无虞，人船利涉。浮达之际，咸赖庇绥。特以牲醴祭告，神其尚飨。”

卷一终

卷二 显圣录

圣传原序

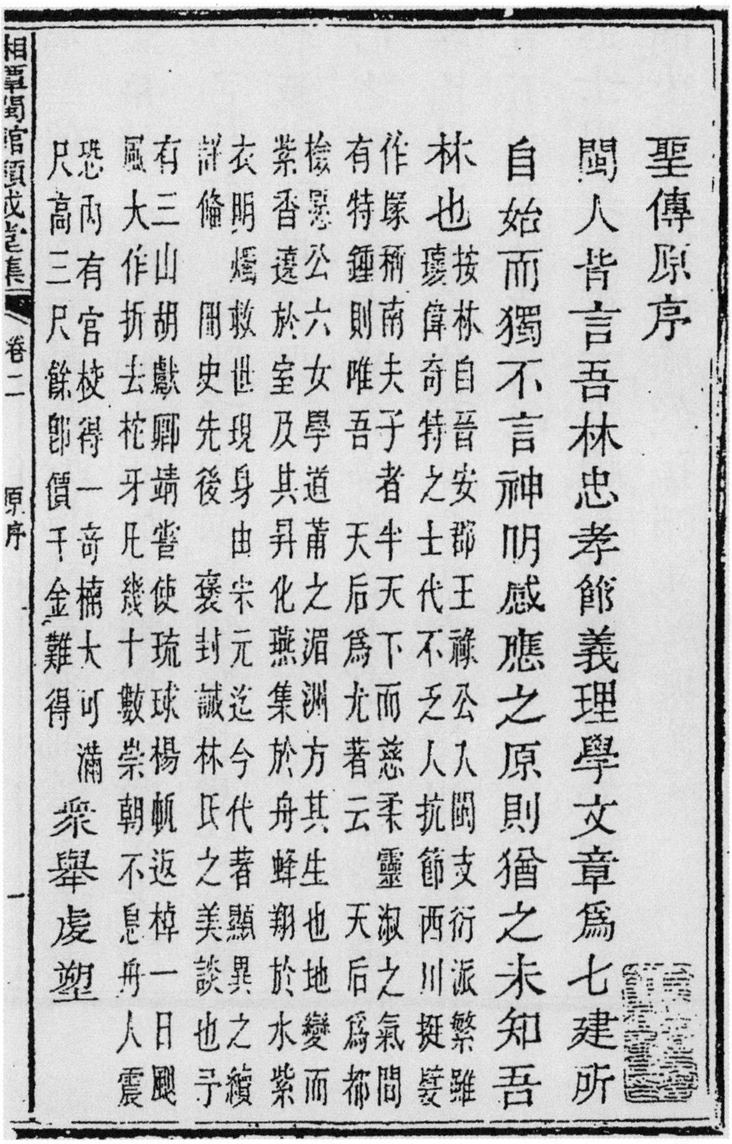

聖傳原序
閩人皆言吾林忠孝節義理學文章爲七建所
自始而獨不言神明感應之原則猶之未知吾
林也按林自晉安郡王祿公入閩支衍派繁雖
瓌偉奇特之士代不乏人抗節西川挺發
作㕁稱南夫子者半天下而慈柔 靈淑之氣間
有特鍾則唯吾 天后爲尤著云 天后爲都
檢愿公六女學道莆之湄洲方其生也地變而
紫香遠於室及其昇化燕集於舟蜂翔於水紫而
衣明 燭救世現身由宋元迄今代著顯異之績
詳倫 闡史先後 褒封誠林氏之美談也予
有三山胡獻卿靖嘗使琉球楊帆返棹一日颶
風大作折去桅牙凡幾十數崇朝不息舟人震
恐丙有官梭得一奇楠大可滿 梁舉虔塑
尺高三尺餘郎價千金難得

相臺蜀館類成堂集 卷二 原序 一

天后聖像俄而奇鳥集於檣杪翠羽龍雲宛若翔鸞舟賴以濟獻卿之所見若斯固不待遠考譜牒而已知　神靈之烜赫矣禦災捍患之烈彰彰載在祀典而況

天后之樹績東南能令海若效順萬里安瀾凡薄海内外罔不瞻依有感必應之機捷如影嚮又豈五嶽四瀆之所能及耶

賜進士出身奉直大夫禮部精膳司員外郎

特簡吏科給事中族姪孫嵋薰沐拜識

揚州　天妃宮碑記引槀城倪中之記曰

神生宋元佑八年一云太平興國四年雍熙四年

上昇一云景德三年一云紹興五年疑莫能明

也兹讀顯聖錄則云生建隆元年端拱元年上

昇是其生年有三而上昇之年有四矣按

后曾祖保吉當周顯德初有戰功棄官而隱下距

建隆元年僅六年耳使　后生是時

后父惟慤年且逾四十后曾祖年至八九十可知

衰耄之人尚能從征戰耶若生太平興國四年

上距顯德初廿六年則其從征時年五十餘於
情事爲少得也謂生元佑八年則後建隆元年
一百卅四年後太平興國四年一百一十四年
不當懸絕如此且宣和四年賜順濟廟額其去
元佑八年只卅六載上昇方數年靈應僅著於
海隅遂能上動朝廷無是事也此生年之可考
者今以太平興國四年推其上昇之時使在端
拱元年甫九歲雍熙四年甫八歲並於事理不
合惟在景德三年則年廿八與錄所載少一歲

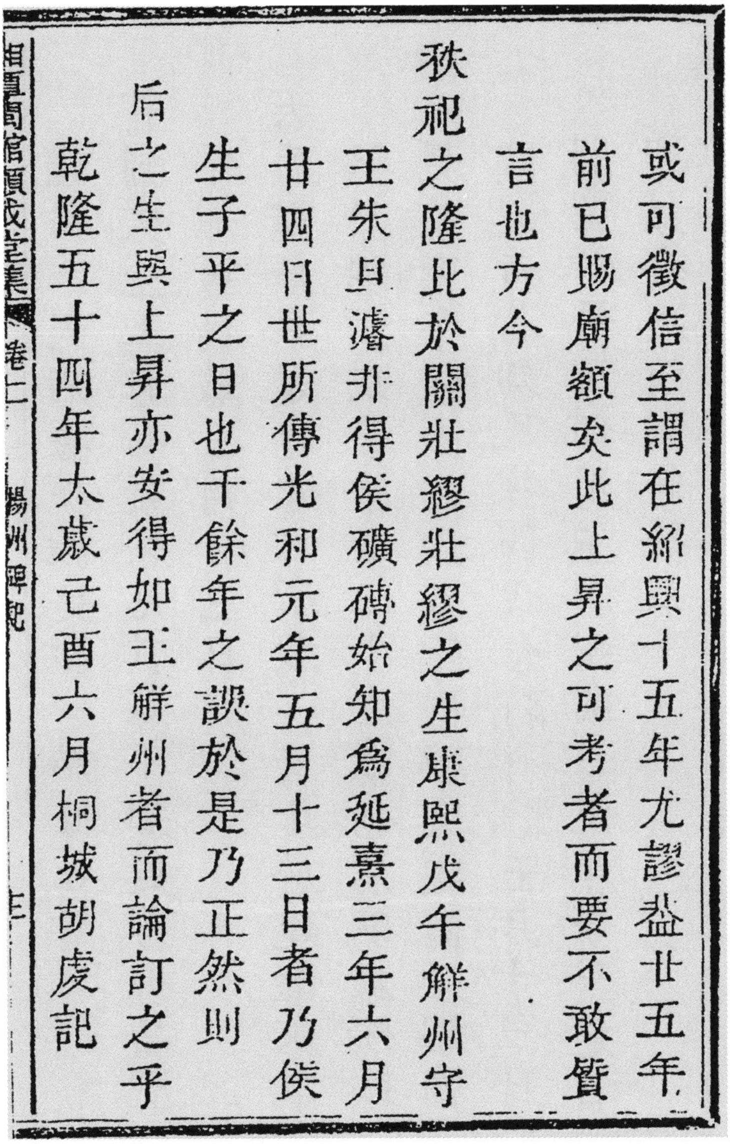

或可徵信至謂在紹興十五年尤誤益廿五年前已賜廟額矣此上昇之可考者而要不敢質言也方今

秩祀之隆比於關壯繆壯繆之生康熙戊午觧州守王朱旦濬井得侯礦碑始知為延熹三年六月廿四日世所傳光和元年五月十三日者乃侯生子平之日也千餘年之誤於是乃正然則

后之生與上昇亦安得如王觧州者而論訂之乎

乾隆五十四年太歲己酉六月桐城胡虔記

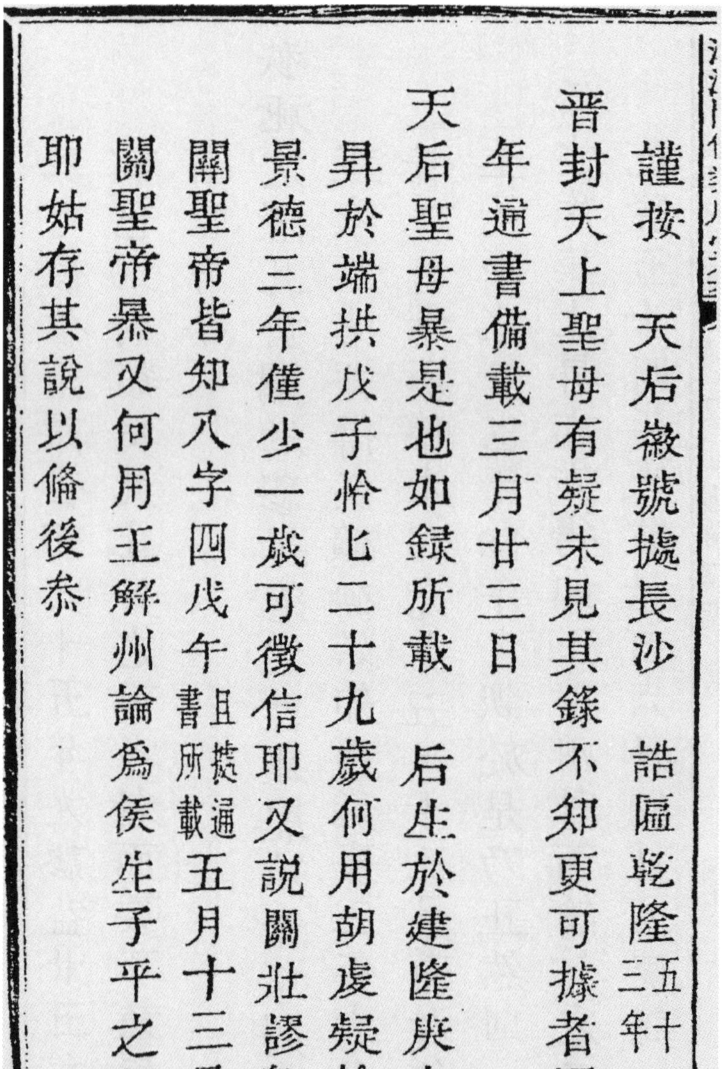

謹按　天后徽號據長沙　誥匾乾隆五十三年
晉封天上聖母有疑未見其錄不知更可據者歷
年通書備載三月廿三日
天后聖母暴是也如錄所載　后生於建隆庚申
昇於端拱戊子恰匕二十九歲何用胡虔疑論
景德三年僅少一歲可徵信耶又説關壯繆卽
關聖帝皆知八字四戊午且據通書所載五月十三日
關聖帝暴又何用王解州論爲侯生于平之日
耶姑存其説以俻後叅

圣传原序

闽人皆言：吾林忠孝节义、理学文章为七建所自始，而独不言神明感应之原，则犹之未知吾林也。

按：林自晋安郡王禄公入闽，支衍派繁。虽瑰伟奇特之士，代不乏人，抗节西川，挺［埏］甓作冢，① 称南夫子者半天下，而慈柔灵淑之气间有特钟，则唯吾天后为尤著云。天后为都检愿公六女，学道莆之湄洲。方其生也，地变而紫，香绕于室；及其升化，燕集于舟，蜂翔于水，紫衣明烛，救世现身。由宋元迄今，代著显异之续［绩］详备册史，先后褒封，诚林氏之美谈也。予有三山胡献卿靖尝使琉球，扬帆返棹。一日飓风大作，折去柁牙凡几十数，崇朝不息。舟人震恐，内有官校得一奇楠，大可满尺，高三尺馀，即价千金难得。

众举虔塑天后圣像。俄而，奇鸟集于樯杪，翠羽笼云，宛若翔鸾，舟赖以济。献卿之所见若斯，固不待远考谱牒而已知神灵之烜赫矣。御灾捍患之烈彰彰，载在祀典，而况天后之树绩东南，能令海若效顺，万里安澜。凡薄海内外，罔不瞻依，有感必应之机，捷如影向。又岂五岳四渎之所能及耶！赐进士出身、奉直大夫、礼部精膳司员外郎、特简吏科给事中，族侄孙嵋薰沐拜识。

《扬州天妃宫碑记》引《藁城倪中之记》曰："神生宋元佑八年，② 一云太平兴国四年。雍熙四年上升。一云景德三年，一云绍兴五年，疑莫能明也。"兹读《显圣录》，则云：生建隆元年，端拱元年上升，是其生年有三，而上升之年有四矣。

按：后曾祖保吉当周显德初有战功，③ 弃官而隐，下距建隆元年仅六年耳。使后生是时，后父惟悫年且逾四十，后曾祖年至八九十，可知衰耄之人尚能从征战耶！若生太平兴国四年，上距显德初廿六年，则其从征时年五十馀，于情事为少得也。谓生元佑八年，则后建隆元年一百卅四年，后太平兴国四年一百一十四年，不当悬绝如此。且宣和四年赐顺济庙额，其去元佑八年，只卅六载。上升方数年，灵应仅著于海隅，

① 挺［埏］甓作冢：原作"挺甓作冢"，应为"埏甓作冢"。唐贞元间莆田义门（今东岩山下拱辰村）林攒任福唐县尉。母年老，未及迎而病，攒闻，弃官还。母亡，自埏甓作冢。唐德宗皇帝诏立双阙，旌表门闾，蠲徭役，时号"阙下林家"。埏为墓道，甓本义是瓦，泛指砖瓦。埏甓指用砖瓦作墓道。

② 神：指天后。

③ 后：指天后。

遂能上动朝廷，无是事也。此生年之可考者。今以太平兴国四年，推其上升之时，使在端拱元年甫九岁、雍熙四年甫八岁，并于事理不合。惟在景德三年则年廿八，与录所载少一岁，或可征信。至谓在绍兴十五年，尤谬。盖廿五年前已赐庙额矣。此上升之可考者，而要不敢质言也。方今秩祀之隆比于关壮缪。[1] 壮缪之生，康熙戊午解州守王朱旦浚井，得侯矿砖，始知为延熹三年六月廿四日。世所传光和元年五月十三日者，乃侯生子平之日也。千馀年之误，于是乃正。然则后之生与上升，亦安得如王解州者而论订之乎！乾隆五十四年太岁己酉六月，桐城胡虔记。

谨按：天后徽号，据长沙诰匾，乾隆五十三年，晋封“天上圣母”。有疑未见其录，不知更可据者。历年通书备载三月廿三日，天后圣母暴，[2] 是也。如录所载，后生于建隆庚申，升于端拱戊子，恰恰二十九岁，何用胡虔疑论。景德三年，仅少一岁，可征信耶！又说关壮谬即关圣帝，皆知八字四戊午，且据通书所载，五月十三日，关圣帝暴，又何用王解州论为侯生子平之日耶！姑存其说，以备后参。

---

① 关壮缪：指三国蜀关羽。壮缪是宋高宗建炎二年（1128）追赠给他的封号。

② 暴：生日。

降诞本传

天后，莆田林氏女也。始祖唐林坡公，生子九，俱贤。当宪宗时，九人各授州刺史，号九牧林氏。曾祖保公，乃邵州刺史蕴公六世孙，州牧圉公子也。五代周显德初，为统军兵马使。时北汉刘承钧嗣立，周世宗命都检点赵匡胤督战于高平山，保吉公与有功焉，弃官而归隐于莆之湄屿。公子孚承袭世勋，为福建总管。孚子惟悫，讳愿，为都巡官，即后父也。娶王氏，生男一，名洪毅。女六，后，其第六乳也。二人阴行善施济，敬祀观音大士。父年四旬馀，每念一子单弱，朝夕焚香祝天，愿得哲嗣为宗支庆，岁癸［己］未夏六月望日，斋戒虔赞大士，当空祷拜，曰："某夫妇兢兢自持，修德好施，非敢妄求，惟冀上天鉴兹至诚，早赐佳儿，以光宗祧。"是夜，后母梦大士，告之曰："尔家世敦善行，上帝式佑。"乃出丸药示之，云："服此当得慈济之贶。"即寤，欣欣然如有所感。二人私喜，曰："天必赐我贤嗣矣。"越次年，宋太祖建隆元年，庚申三月廿三日前夕，见一道红光从西北射室中，晶光夺目，异香馥郁不散。俄而，后母腹震，即诞后于寝室，里邻咸以为异，父母大失所望。然因其生奇，甚爱之。自始生弥月，不闻啼声，因命名曰默。幼而聪颖，不类诸女。甫八岁，从塾师训读，悉解文义。十岁馀，喜净几焚香，诵经礼佛，旦暮未尝少懈。十三岁时，有老上士名元通者，往来其家。后乐舍之，上士曰："若具佛性，因得度入正果。"乃授后秘密妙法，后受，悉悟诸要典。十六岁，窥井得符，遂灵通变化，驱邪救世，屡显神异，常驾云飞渡大海。众号曰："通贤灵女。"越十三载，年廿九岁，道成，白日飞升。时宋太宗端拱元年戊子秋九月重九日也。

谨按：《昭应录》言：雍熙四年丁亥九月九日飞升，与二十九岁甲子不合，当遵《显圣录》言，戊子为是。

窥井得符

姑年十六，与群女游，照妆于井。忽见神捧铜符一双，拥井而上，众女骇奔，归告乡邻。请谈祸福，靡不奇中。自此姑法益进，符咒辟邪，常在室中，神游方外。众号曰“通贤灵女”，又曰“神姑”。

机上救亲

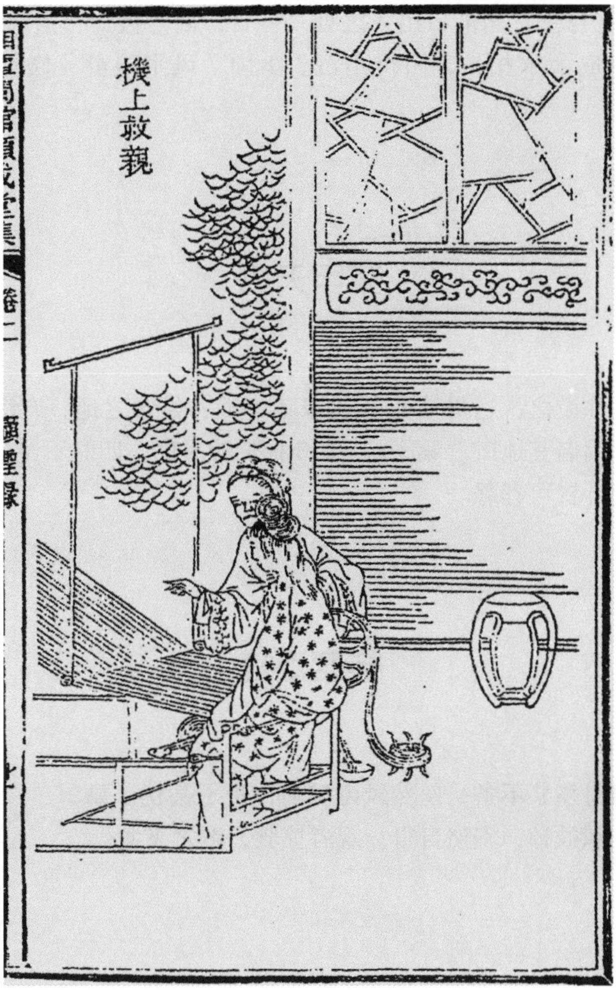

时秋九月，神姑方织，忽于机上闭睫变颜，持梭踏机，若有所挟。母怪，急呼，醒而坠梭，泣曰："海北怒涛，西风大急，阿父无恙，阿兄殁矣。"及后报至，果然。盖姑当时闭睫，足踏者父之舟，手持者兄之舵也。

化草救商

屿之西乡曰“门夹”，当港口出入之处。一日，商舟渡此，遭风冲礁，咸号求救，姑即掷草数根，化成大木相护，因得不沉。少顷，风平浪静，倏见大木漂流，不知所之。

菜甲天成

洲有小屿，姑往游之，适毋［母］遗以菜子油，姑倾之地，布满山塍，忽然解甲抽芽，自生自熟，因名其地曰“菜子屿”。今犹野芳馥郁，四时不绝。乡人采之，谓为仙葩神卉，茎干花叶皆可荐馨。

挂席泛槎

时姑渡江，值舟篷桨不备，忽然风涛汹涌，舟子甚忧。姑曰：“无事。”即以舟中草席悬于桅端，狂飚鼓棹，安然自得。观者惊骇，谓之飞渡。

铁马渡江

时渔民往北采捕，姑欲渡江无舟，遂取檐前悬挂铁马，鞭而策之，跨江迅速，犹若天马腾空。及岸，不见解鞍嘶秣，尤为惊奇。

祷雨济民

姑年廿一，莆邑大旱，农民告困。父老咸曰："此非神姑莫救!"县尹即诣求祷。姑既许之，拟壬子申刻当雨。及期，巳午，烈焰丽空。尹曰："姑殆不足称神乎!"未几，阴霾四起，甘澍沛然，平地水深三尺，西成反获有秋。咸称"神姑功德"，诣谢。

灵符回生

岁祲，疫气盛行，莆尹阖家病笃。吏以湄姑具告，尹即斋戒，亲诣请救。姑曰："此天数也。"尹乃再三哀求，姑念其素称仁，因取菖蒲九节，并书符咒，令贴病者门首，煎蒲饮之，立瘥。尹喜再生之赐，举家造门拜谢。自此神姑名彻寰宇。

伏高里鬼

高里乡有阴怪，含沙侵病，村人苦之，求治。姑知小木精作祟，乃取符贴病室。忽瓦响处飞去，姑迹其所之幻，一小鸟匿树杪。姑将符水一洒，变一撮发坠地。举火焚之，突现本相，兀兀一小鬼子，叩头曰："愿归台下服役。"如是各病皆瘥。

降伏二神，龙王来朝

神姑二十三岁，时有金水之精，一聪而善听，号“顺风耳”；一明而善视，号“千里眼”。居西北为祟，村民苦之。次年六月，神姑演咒，木震石飞，两精拜伏，皈依侍侧。后至东海，浪拥一神，类王子状，鞠躬迎于舟前，舟人大惧。神姑传示免迎，浪即顿息。始知凡遇神姑诞日，龙王率其水族来朝。故今渔人此日不敢施罛下钓。

奉旨锁龙，断桥观风

姑年廿六，雨淋闽浙，上谕所在祈祷。莆人求姑，姑即焚符。忽见神龙荷戟而前曰："曾奉玉旨，罚此一方。"姑曰："民困既极，兹奉圣旨，为民转请天帝赦之。"龙概不听，遂锁白虬，其一青一黄尚腾翻跃。姑乃祭告，金甲神人逐潮而捕。

其后吉蓼城西有石桥跨海，被风扫断桥柱，来往病涉。姑往观焉，知另二孛为祟，[1] 演起灵符，俾其远遁；戒乡人晦冥风雨毋犯之。

---

① 二孛：孛指光芒四射的彗星，此指作祟的鬼怪。

收伏晏公，又收嘉应、嘉佑

神姑二十六岁，时有二魔，一曰嘉应，一曰嘉佑。江中作祟，姑即乘艇奉符，令人焚香斋戒，二嘉拜伏，并收为将，列入水阙仙宫，共十八位。

先有晏公掀髯突眸，绣袍金冠，俨一尊人，能变神龙，挟雾翼云，常于江中嘘风鼓浪。神姑抛掟中流，投下繂索，[1] 晏惧伏罪，收为部下总管，统领水阙仙班。凡舟人值危披发求救者，悉得其默佑。

① 繂索：绳索。

湄洲飞升

宋太宗雍熙四年丁亥，九月初九日，神姑二十九岁，与诸姊登高而告别曰：“今日远游，伤如之何？”众笑慰曰：“游则游耳，何以伤为？”姑遂直上湄峰之巅，但见祥云横岫，瑞气亘天，空中奏管弦之音，迎接神姑飞度。众羡惊叹，归告乡里，即于湄峰建祠，祈祷报赛，殆无虚日。

显梦辟地，祷神起掟

湄洲初建庙宇甚窄，其西有长者之子，得神示梦，乃辟地购金，增厥式廓。继有大贾名三宝，舟泊洲前，掟胶不起。[1] 舟人入水，见一水怪坐掟不动。急报，客惊，遂诣祠祷。恍见灵女优游掟上，鬼怪辟易，乃插香一瓣于祠前石间。迨泛舟海上三载，获荫回航，诣祠见石所插香瓣化为香树。客奇感应，捐金修庙，益增巍峨。

枯楂显圣

宋元佑元年，莆东百里许有墩夜现精光。渔人疑为异宝，视之，乃一枯楂。拾置家中，自还故处，再试复然。神乃梦示墩人曰：“枯楂实吾所凭。”于是墩人募众营基建庙，塑像虔祀，号曰“圣墩”。

铜炉溯流

宋元符元年，水漂一铜炉，宝色烨然，而至枫亭，观者如堵，众即下水，取而藏之。是夕，枫人同得梦曰：[2]“我湄神也，欲为尔乡造福。”爰众备香奉炉至锦屏山下，草构数椽，祀焉。凡祷者无不应。

---

① 掟：同“定”。

② 枫人：枫亭人。

朱衣著灵

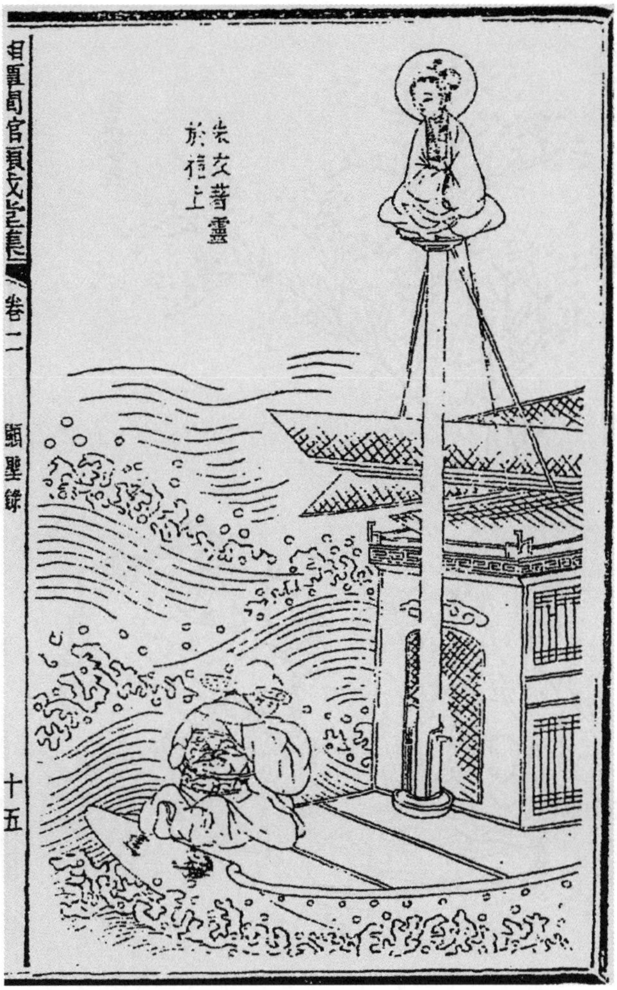

宋宣和四年，给事中允迪路公奉命出使高丽，道经东海，遇风暴，八舟沉七，独存公舟，危荡，祝庇。忽见神姑显于桅上，朱衣端坐，风波顿息，因得往返安然，以告众曰：“父母生我爱育至情，莫能相助，神姑呼吸可通，实再生也。”复命于朝，奉旨蠲祭田税，立庙祀于江口，额曰“顺济”。

圣泉救疫

宋绍兴二十五年春，合郡瘟疫，民不聊生，白湖李氏梦神姑语曰：“我既为郡请于上帝，去湖丈许有泉可瘳。”李即告众，奉命凿之，果有泉涌出，各竞取饮，甘冷若醴。朝饮夕瘥，乃甃为井，号曰“圣泉”。郡守奏闻，诰封“崇福夫人”。

托梦建庙

宋绍兴二十七年，莆邑城东五里许地，名曰“白湖”，章氏、邵氏二族人共梦神指立庙之地。丞相俊卿陈公闻之，[1] 验地，果吉，奉建。戊寅，庙成。三十年，流寇刘巨兴等啸聚，直抵江口。居民虔祷于庙，忽狂风大震，晦冥不见，神现空中，贼惧而退。既而复犯，神又示灵，贼遂为官军所获。奏闻，诏封“灵惠昭应夫人”。

温台剿寇

宋淳熙十年，羌特立奉命征剿温州、台州二府草寇。讵贼蚁集，众甚惧之。官兵祝曰：“海谷神灵，惟神姑夫人威灵显赫，乞垂庇护。”隐隐见神立于云端，軿盖辉煌，[2] 旗幡飞飚。贼骇欲奔，我师乘风腾流，急拨冲击，遂获贼酋，并擒其党，凯奏回朝。奉旨加封“灵慈昭应、崇善福利夫人”。

---

① 陈俊卿：（1113—1186），字应求，莆田（今属福建）人，宋朝官员，年少时突遭大难，苦学不辍，在绍兴八年（1138）登进士第，授以泉州观察推官。孝宗时，除著作佐郎，兼普安郡王教授。累迁尚书右仆射，同中书门下平章事兼枢密使，左丞相。后上章告老，以少师魏国公致仕。

② 軿盖：车的棚顶。軿是有帷盖的车子。

救旱进爵，瓯闽救潦

宋绍熙元年夏，大旱，万民号呼载道。崇福夫人示梦于郡长曰：“旱魃为虐，我既为君民请命于帝，某日甲子当雨。”及期沛然。[1] 郡邑交章条奏，诏进封“灵惠妃”。

庆元四年，瓯闽苦雨，仓禀告匮。妃又为民请命，示梦于祷者曰：“越三日，当大霁。”至期，果晴，奉旨加封“助顺”二字。

① 沛然：充盛貌；盛大貌。沛，盛大、充实、旺盛。

平大奚寇，一家荣封

宋庆元四年，大奚寇作乱，兵遇中流，寇居上风，锐不可当，官即祷于神妃，顷刻神光赫濯，返风旋波，大奚溺溃，凯还奏闻。至六年，朝廷以神妃护国庇民，诏封妃父为“积庆侯”，又封为“威灵侯”，更加封为“灵威嘉祐侯”；封妃母王氏为“显庆夫人”，封妃兄为“灵应仙官”，封妃姊为“慈惠夫人”，以佐神祀。

紫金山助战

宋宁宗改元，金人犯顺，王师北伐，求庇于妃。兵至直隶安丰，神妃示梦于将领毕，再遇后，空中若有车马驰骤，知为神力呵护。鼓兵勇进，碎其酋首。贼遂会战于紫金山，忽见旌旗闪空，将领严令兵士拥敌，获马数百匹，斩馘数千人。凯奏上闻，加封“显卫”。

助擒周六四

宋嘉定改元，草寇周六四哨聚犯境。[①] 其时久旱，乡民亦乘掠劫，阖邑哀祷于神。神示梦曰："六四罪已贯盈，当为尔等歼之。"越四日入境，喊声震地，忽闻空中有剑戟之声，贼众惊逃下船，冲礁搁浅。尉司驾艇追之，遂获其首，馀凶溃散。奏闻朝廷，奉旨加封"护国助顺、嘉应英烈妃"。

钱塘助堤

宋嘉祐元年，浙省钱塘潮翻江堤横溃，都人号救于妃。忽望水波汹涌，若有所限。既而水势倒流，堤防得稳，遂无泛圮之忧。众称神力捍御，有司奏闻于朝，议加封号，以答灵威。

① 哨聚：召集，聚集。贬义词，指召集众人，图谋不轨。

拯兴泉饥

宋宝祐元年，兴、泉二府大旱苦饥，[1] 四处老少朝夕向祠拜祷。梦妃示曰：“无忧，米艘至矣。”时有广客装米往浙，先得神梦：“兴、泉饥苦，米价倍昂。”遂将米载反入兴、泉。不期，南艘辐辏，米价反平。始悟此梦，神姑为二府拯饥救苦也。民感再造，上闻，诏封“助顺嘉应英烈妃”。

① 兴、泉二府：清朝福建省兴化府、泉州府。

火焚陈长五

宋开庆改元，陈长五兄弟纵横海上，去来兴、泉、漳之间，[①] 逞凶劫掠，民不安堵，三郡求治于妃。郡守徐公得妃梦示曰："当殄此贼，以靖地方。"徐公敬信妃示，即率寨官石玉等励兵备之。朝廷督王镕等克期剿。越八月，贼三舟入湄，将掠莆禧，祷神弗允，遂解衣偃卧廊下，悖慢不敬。俄有火焚其身，肉绽皮烂，痛楚哀呼。贼惧，退入舟中。妃起顺风，诱之出港，胶浅沙浦不动。王镕曰："此神使之然也，逆贼当歼灭矣。"挥兵急击，先擒长五。郭敬叔等追至莆禧，擒长五、长六。复追至福清，尽俘其党正法。凯旋奏上，敕议礼典，进封"显济妃"，两司捐修天妃宫殿，以报神贶。

① 兴、泉、漳之间：清朝福建省兴化府、泉州府、漳州府之间。

怒涛济溺

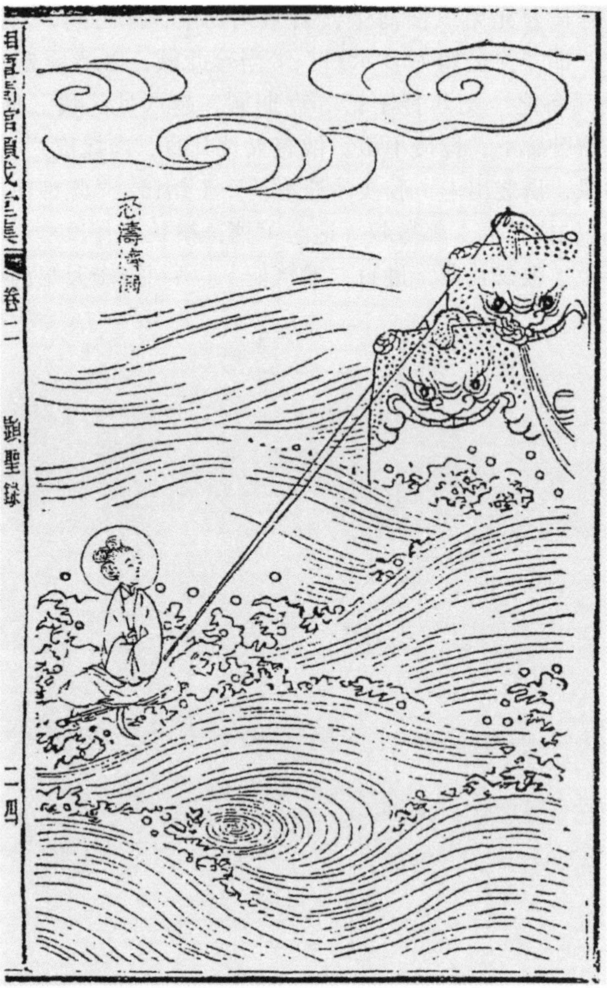

宋天历元年，万户运粮过海，怒涛连天，计七昼夜，运艘几翻，舟人哀号神妃。暮见灯从空下辉煌，觉有异香，巨浪顿息，自此水道无虞。奏闻，钦赍御香，驰驿致祭。嗣后屡籍神祐无失，加封“护国普圣、庇民显佑、广济灵感、助顺福惠、徽烈明著天妃”，遣官黄份等驰传典礼，诣准浙、闽、海等处各天妃庙致祭，共一十八所。

神助漕运[1]

元至顺元年庚午，粮船七百八十号，行至太平江路太仓等处，飚风突起，官吏皆惊，号祷天妃。倏然阴云掩霭，恍见空中朱衣拥盖伫立，旋有火光照着竿头，即风平浪静。无何，船皆四散，舟人且惊且喜。忽闻空中有语曰：“可向东南孤岛暂泊。”各遵神示，概得相慰。中书奏神护相之功，[2] 奉旨赐庙额曰“灵慈宫”。

① 漕运：通过水道（河道和海道，运河）调运粮食（主要是公粮）的一种专业运输。
② 相：帮助。

载木建庙（即拥浪济舟）

明洪武七年甲寅，泉州卫指挥周坐领战船哨捕，忽遇飓风冲泊，舟人环泣，号妃求庇。黑夜倏见神火照空，得全无恙。遂归，立庙奉祀，仍运木赴湄修殿，有未载者，浮水漂流，木上各有“天妃”二字，众皆奇之。自是重建寝殿及香亭、钟鼓楼、山门。又张指挥领兵出海，默祝天妃保佑，果得显应。由泉载木至湄，另构一阁于正殿左，名曰“朝正阁”。

药救吕德

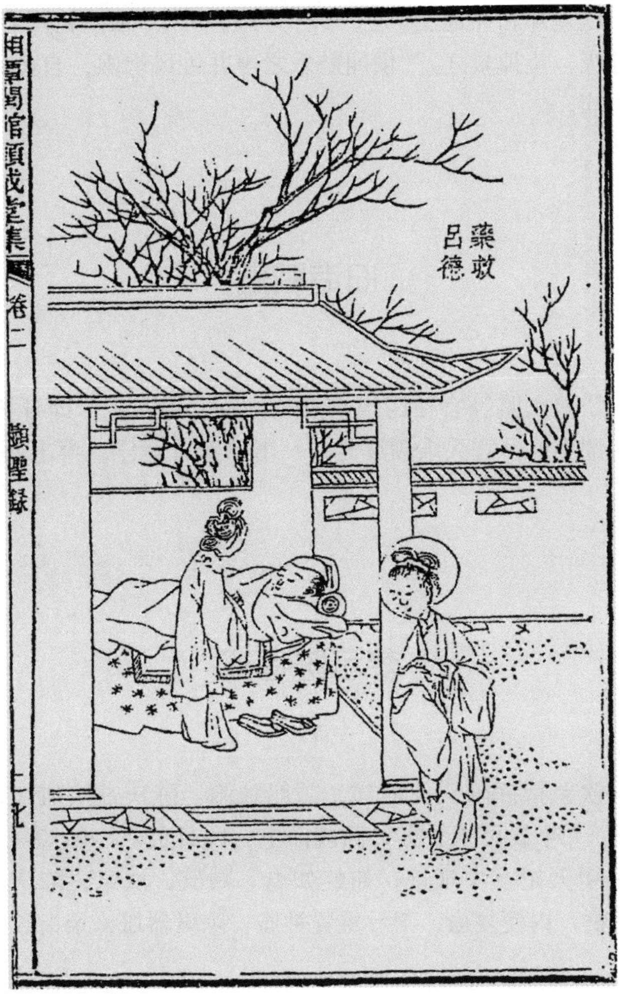

明洪武十八年，兴化卫吕德出海镇守，病笃，求祷天妃。梦寐间见神女命侍持药，示曰："服此当去二竖。"[①] 吕即吞之。既寤，香气犹蔼。渴甚取饮，呕出二物，顿觉疴除。是夜复梦天妃示曰："畴昔救尔者，观世音大士也，当敬事之。"吕即捐金创建观音堂于湄屿。今潭闽馆建观音阁于圣母后殿，殆仿此意。

---

① 二竖：两个小孩。指两个捣蛋的坏小孩。

广州救太监郑和

明永乐元年，钦差郑和往暹逻。至广州，舟遇暴风。依众祷曰：“奉命出使外邦，数百人之命悬于呼吸，望神救之。”俄闻鼓乐之声并香风飒飒，自此风恬浪靖，往返无虞。回奏，奉旨修庙。

旧港戮寇

明永乐三年，钦差太监等官往西洋。舟至旧港，遇贼众，即拜祷天妃。忽见空中旌旗蔽日，贼艘逆潮不前。官兵乘潮逐之，一击而贼首就俘，再击而馀孽远溃。回奏，奉旨整盖神庙。

梦示陈指挥

明永乐七年，钦差指挥陈庆往西洋，贼船蚁附。陈庆欲决雌雄，众劝拜祷天妃，庆从之。得神梦曰：“今夜可乘昏雾，溯流而上，明日佐尔一帆顺风。”庆依神示，次日，励兵奔冲，遥望天妃空中现迹，如虹如电。贼骇，风急，陈庆越舟，贼首投水，钩而俘之，馀悉就擒。内使复命，奉旨重置神庙，陈设器皿，亲诣致祭。

助战破蛮

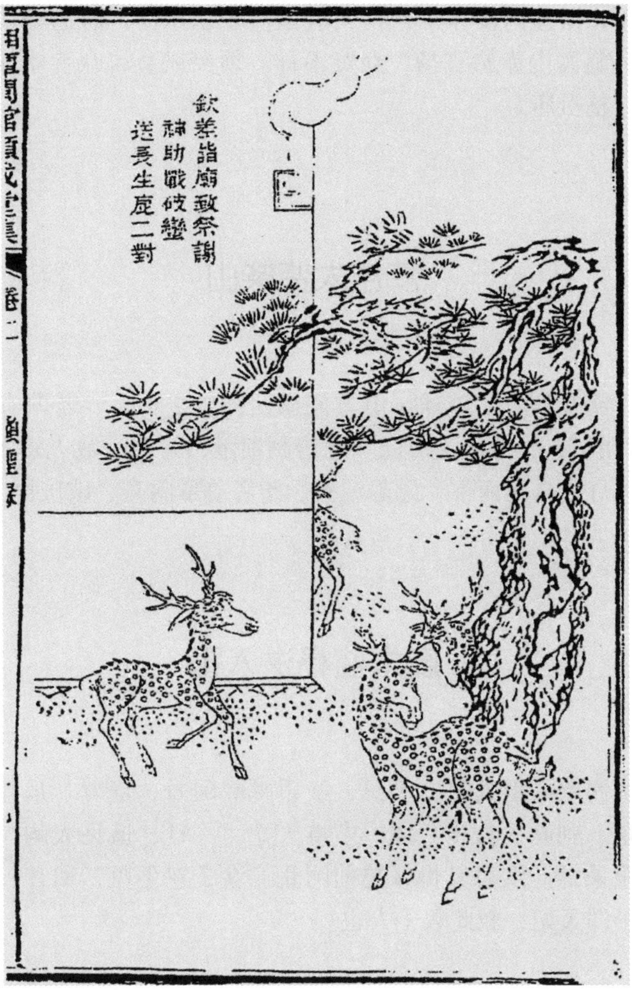

明永乐十八年，钦差郑和、朱焯驰传诣湄致祭，仍建庙于都城外，赐庙额曰“宏仁普济天妃之宫”。十八年，倭寇哨众渡海，钦差都指挥张翥统领浙江定海卫水军防御，兵士困甚，求祷天妃。忽然波心撼激，贼舟荡漾，翥发令曰：“此神使也，先登者赏。”于是各奋勇冲杀，擒获甚多，凯旋，奏闻。钦差御史刘麟、孔用、唐贞等诣庙致祭，送长生鹿二对。

东海护太监张源

明永乐十九年，钦差内使张源往榜葛剌国。于镇东洋，舟遇飓风。将溺，源急叩祷天妃。忽见狂风旋舞中赤旆飞扬，众疑不祥。须臾风息，众皆欢忭，诣庙拜谢。上闻，遣官致祭，修整祖庙。

梦告太监柴山

明洪熙元年，钦差柴山往琉球。山方假寐，神告之曰：“若辈有水厄，吾将为汝解。”及寤，不敢明言，惟戒舵工加谨。忽涛翻浪滚，舟坠，数人攀木，随波上下，哀声呼救。迨暮，见灯光自天而下，风静波平，堕者争攀附舟，咸庆再生之赐。

庇太监杨洪入番

明宣德五年，钦差杨洪驾舟三十只，载币赏赐阿丹、暹罗、爪哇、满剌加、苏门答剌、木骨都、东卜剌哇、竹步八国，虔事天妃。一日，遥见大屿，各登舒怀。旁有小矶，一女子携筐采螺。洪恐其慢，趋前呵止。女子忽不见，回首，大屿已没。方知大屿即巨鳌，女子即天妃，救此数十人也。

托梦除奸

明嘉靖间，奸臣当道。御史林润拟奏，犹豫沉思几间寐，得天妃示梦曰：“公以忠诚，当不负厥梗直。”寤而叹曰：“奸虐忠良，神人共妒，天妃果有除奸之灵，当另庙祀血食。”遂将草章上奏，帝果允俞。林即建庙于涵江东皋地面，以答英光。

妆楼谢过

明天启乙丑，草寇李魁奇出没南溟，结伙入吉了抄掠，复迤逦贤良港。港人拥天妃神像江头，冀免扰害。神显梦于酋长曰：“焚掠了城，为祸已甚，今尚欲困吾父母之邦，若不速退，将歼尔类。”寇仍啸聚弗去。俄而狂飚跃浪，荡散其舟，始知悔罪乞宥，风犹不息。愿起盖梳妆楼，并塑圣像谢过，乃得风靖。遂移舟去港，虔备牲醴、香仪，并运木料到湄建造，俯伏叩拜。

谨按：以上《昭应》所录，历朝圣迹四十六回。迨我皇朝顺治、康熙、雍正、乾隆、嘉庆，又显圣迹十回。兹绘图说，仅得二十有四，非不欲绘全也。因内助战，建庙居多，绘来殊属重复，是可不必全矣。然而其中事述仍照次序补入，以便参览。惟查奏折已备，及《一统志》内尚未补修者，暂勿录耳。

助顺加封，起盖钟鼓二楼

康熙十九年，将军万正色师征金、厦两岛，驻扎崇武。夜梦天妃告曰：“吾佐尔一帆上风。”次日，果得北风骤起，取捷。自此海宇清平。具奏，敕封“妙灵昭应、宏仁普济天妃”。廿一年，钦差到湄许愿，俾不负征剿，即重修宫殿。二十二年，特委兴化府苏到湄致祭。随带各匠估料，起盖钟鼓二楼及山门一座。

大辟宫殿，托梦护舟

康熙二十二年七月，总督姚启圣奉命征克台，[①] 获神助顺破逆，捧颁恩赦。亲至湄庙，虔祷顺风，愿辟宫殿。舟尚未开，夜见船上放光，深感神赫。即捐金付海防厅张

---

① 姚启圣：（1624—1683），字熙止，号忧庵，浙江会稽（今绍兴）人。清朝康熙年间政治家、军事家，收复台湾的决定性人物之一。康熙二年（1663）举人，授广东香山知县。三藩之乱起，投康亲王爱新觉罗・杰书麾下，署浙江诸暨知县，擢浙江温处道佥事。至康熙十五年（1676）耿精忠降，升福建布政使。两年后晋为福建总督，专责平台事宜。康熙十九年（1680）率兵克海澄，收金厦，迫使郑经退至澎湖，因功加封兵部尚书、太子太保。康熙二十一年（1682），促水师提督施琅进攻台湾，年底病逝于福州。

仝、同知林昇买办木料，如愿起造。九月，林昇同总兵游澎奉委往抚台湾，夜梦四人从水仙门来，问之，答曰：“舟船有厄，将为尔护。”次日，舵折将溺，倏见天妃现身保护，乃得无虞。另有祷疏一策。

祈祷疏文[①]

福建总督姚启圣上请天妃主裁，而言曰：“四海广阔，惟神是凭；风涛顺逆，亦惟神是主，是神之权足侔天地而并日月也。今者，荷神有灵，助除六十年猖狂之大寇，竟停五、六月台飓之大风，除生灵之大害，立朝廷之殊功。启圣得以安享太平，皆尊神之默佑也。今启圣亲总舟师，遴福宁州总兵黄大来、参政道刘仔捧颁恩赦，前至台湾，因尚少西北正风，是以越庙求神，冀借一帆，早到台地。启圣百叩稽首之下，见庙貌未妥，寸心不安；况正殿朝南，而朝天楼、山门各俱西向，亦非宜于神灵之所凭依也。今启圣议以正殿既朝南，则朝天楼、钟鼓楼、山门俱宜开辟朝南。此为一议。如神意定于朝西，则山门、钟鼓楼止须盖完，惟将朝天楼升高，改为正殿，而以原庙为神寝宫。此又为一议。若神意不准二议，原欲仍旧向，启圣亦惟神是听，不敢有违。启圣敬陈三议，分列三阄，惟神裁定！”

① 祈祷疏文：原作“祈祷数文”，据原目录统一。

涌泉给师

康熙二十一年十月，靖海将军侯施琅奉命征剿澎、台海寇，大师云屯于平海。此地斥卤，樵汲维艰。只有神宫前小井一口，甚浅，当炎天旱，尤为枯竭，数万军取给弗继。将军侯施琅祝藉神力，源源而来。祷毕，清泉沸溢，取用不竭。爰勒石额曰“师泉井”，作《师泉志》以著神庥。

师泉井记

皇上御极之二十一载,① 施以奉命统率舟师，徂征台湾。貔虎之校，犀象之士,② 简阅而从者三万有馀。众驻集平海之澳，俟长风，破巨浪，以靖扫鲛窟。缘际天时旸亢，泉流殚竭，军中取汲之道，遥遥难致。而平故迁徙之壤,③ 介在海陬，昔之井廛，尽成湮废。始得一井于天妃行宫之前，距海不盈数十武，溃卤浸润，厥味咸苦，且未达广源，其流亦复易罄。询诸土人，咸称："是井，曩仅可供百家之需，至隆冬泽愆水涸，用益不赡。"允若兹，则三军之士所藉以朝饔夕飧者果奚恃欤?

施乃殚摅诚悃，祈吁神聪。拜祷之馀，不崇朝而泉流斯扩，味转甘和。绠汲挹取之声，昼夜靡间，喷涌滋溉，略不显其亏盈之迹。凡三军之众，咸资饮沃，而无呼癸之虑焉。④ 自非重光幽赞，佐佑我师，歼殄妖氛，翼卫王室，未有弘阐嘉祥，湛泽汪濊，若斯之渥者也。因镌石纪异，名曰"师泉"，昭神贶也。在《易》，地中有水曰师。师之行于天下，犹水之行于地中；既有容民畜众之义，必协行险而顺之德。是知师以众正，乃克副大君讨贰，抚顺怀柔万邦之命，而扬旌海外，发轫涯涘，神异初彰，闿惠覃布，诞惟圣天子赫濯之威，以致百灵效顺，山海征奇，亶其然乎！昔贰师剑刺大宛之山,⑤ 而流水溢出；耿恭拜祷疏勒之境,⑥ 而飞泉奔涌，并能拯军士于渴乏，著万里之奇功。乃今井养不穷，三军获福，施之不敏，曷以答兹鸿嘉之赐哉！是用勒之贞珉,⑦ 以志不朽云。康熙壬戌岁孟冬月，靖海将军侯施谨撰。⑧

---

① 御极：登基。

② 貔虎之校，犀象之士：力大无比的勇猛之士。

③ 平故：平海之故。

④ 呼癸之虑：呼癸即呼庚癸，指缺少粮食，向人借贷。此指缺淡水。癸主北方，主水。

⑤ 贰师：指西汉贰师将军李广利，汉武帝命他到大宛国的贰师城（现吉尔吉斯斯坦的奥什城）取良马，所以委任他为贰师将军。贰师将军就是一种杂号将军，即在"将军"前冠以一个名号以作为他的官职，这种名号也是因事而立，并无一定，名号之间也无上下级关系。

⑥ 耿恭：字伯宗，扶风茂陵（今陕西兴平东北）人，东汉官员、将领。永平十七年（74），担任司马，跟随骑都尉刘张、奉车都尉窦固、驸马都尉耿秉等打败车师，并将车师纳入东汉版图，于是朝廷任命耿恭为戊己校尉，屯兵金蒲城。永平十八年（75）五月（《资治通鉴》作六月），耿恭因疏勒城（今新疆喀什）边有溪流可以固守，便率军占据该城。七月，北匈奴再次前来进攻耿恭，耿恭招募先锋几千人直奔北匈奴，北匈奴骑兵逃散，在城下堵绝溪流。耿恭在城中掘井十五丈，仍不出水。官兵焦渴困乏，甚至挤榨马粪汁来饮用。耿恭亲自带领士兵挖井运土，不久，泉水涌出，众人齐呼万岁。耿恭便命官兵在城上泼水给北匈奴人看。北匈奴人感到意外，以为有神明在帮助汉军，于是领兵撤退。

⑦ 勒之贞珉：刻题在石碑上，传扬永远。贞珉，石刻碑铭的美称。勒，刻。

⑧ 靖海将军侯施谨撰：施指清朝施琅，他因收复台湾有功受封为靖海侯。

灯光引护舟人

康熙二十一年腊月，风狂浪涌，舟难一存，惟施将军战船无恙，众曰：“昨夜灯光引护，乃天妃默佑也。”施即重修梳妆楼及朝天阁。

澎湖神助得捷

康熙廿二年六月，施将军奉命征台。其澎湖，系贼出没要道，将军整奋大师，恍见天妃如在，遂皆鼓勇向前，杀贼无数。未克澎湖时，左营刘春梦天妃示曰：“廿一日可得澎湖，七月可得台湾。”皆应。又是日交战，乡人入宫，咸见天妃衣袍透湿，左右两神双手起泡。将军奏闻，敕赍御香烛帛，到湄致祭。

琉球阴护册使

康熙廿二年六月，册使汪楫、林焻自福往琉球。才三昼夜即到马齿山，飞渡回时，遇风浪急，势难得全。汪即祷妃，忽见两灯笼悬于竿上，致舟无损。使官深感神功，复命奏准春秋祀典。

两请封赠

雍正十一年，闽浙总督郝玉麟疏请，奉旨依议，钦此。查各省府州县，地方设有天后神祠，令该地方官春秋致祭，造册报部开销，正项钱粮一例举行。

乾隆五十三年，福康安等奏请，奉旨于天后旧封号上加“显神赞顺”四字。沿海庙宇，敬谨悬挂，钦此。

异鸟翔集

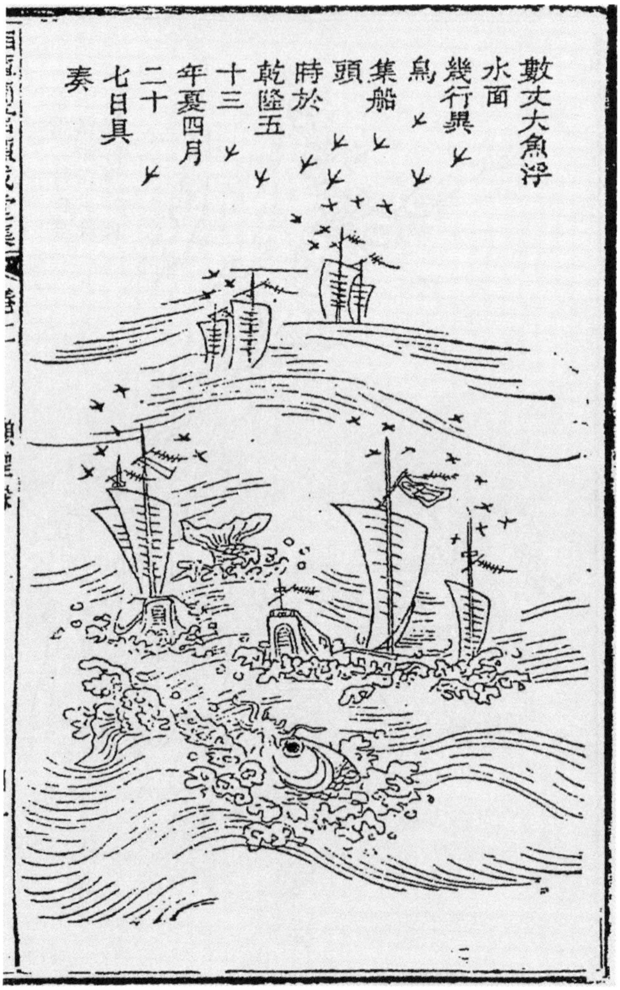

乾隆五十三年夏，奉上谕，据福康安等奏，称官兵在鹿仔港更换大船，苏楞额等坐哨尚在渡口，陡起暴风。正在危急，忽有异鸟飞集船头。始不覆溺，兵丁遂将军装搬毕，见出数丈大鱼浮于水面，坐哨登时沉没，此皆天后助顺所致。交李侍尧等修庙，以昭灵贶。

议准崇祀

嘉庆六年，议准于天后宫后殿，崇祀天后父母。凡应行秩祀处所，令地方官安设神牌，以时致祭。嗣经内阁准奏，封天后父为积庆公，封天后母为积庆夫人。

谨按：宋庆元六年，业既一家荣封，但无如我朝之盛典，更令以时致祭。

钦定礼部则例（摘录）

祀典要用，该处地方官员奉旨致祭，天后庙每岁春秋祭期，由长、善两县选期详期。①

陈设：祝版一，有架；帛一，白色；爵三；铏一；簠一；簋一；笾四；豆四；羊一；豕一；酒樽一；灯二；炉一；香盘一。

仪注

前祭一日，地方官净庙设次。委员省牲，② 监视宰牲，委员着补服至庙封帛毕，礼生引至省牲所省牲，礼生接毛血供香案上，省牲官行一跪三叩首，礼毕，退。祭之日五鼓，各官俱朝服诣庙门外，下舆马步行。升次序坐，陪祭官知县以下皆侍立。茶二巡毕，阴阳官报声鼓，唱：“鼓初严。”③ 鼓初徐后疾，以百桴为节。④ 在庙胥役及各官从人等俱出，赴巡警牌外，司巡人役各就牌下立，禁止闲人。

少选唱：“鼓再严。”主祭官、陪祭官俱起立，整衣带敛容出幄次。⑤ 唱赞者先入就位，各执事生以次俱入。序立丹墀下。⑥

少选唱：“鼓三严。”引赞生引主祭官以下鱼贯入二门，就拜位旁立。

唱：“诣盥洗所，濯水，进巾。”

唱：“执事者各执其事。”司罇者就派所立，助献生分东西阶上进殿左右门，各就派所立。

唱：“主祭官就位。”

俟立定，唱：“陪祭官各就位。”

俟各立定，唱：“上香。”引主祭官自东阶进殿，诣香案前上香三炷。

赞：“复位。”引主祭官自殿右门出，由西阶下。

唱：“迎神，跪。”主祭官以下皆跪。

赞：“三跪九叩首。”

赞：“兴。”⑦

唱：“行初献礼。”赞：“诣醴罇所。”司罇者举幕酌醴，执帛者捧帛，执爵者捧

---

① 长、善两县：长沙县、善化县。

② 省牲：古代祭祀前，主祭及助祭者须审察祭祀用的牲畜，以示虔诚。

③ 严：紧密，指节奏快。

④ 百桴：击鼓一百下。桴，鼓槌。

⑤ 幄次：古代帝王休憩或祀神用的帷帐。

⑥ 丹墀：古时宫殿前的石阶，因其以红色涂饰，故名丹墀。

⑦ 兴：起立。

爵，引主祭官自东阶上进殿左门。

赞："诣天后神位前。"

赞："跪。"左右助献皆跪，献帛。右助献举帛篚授主祭官，主祭官举拱授。左助献奠神位前献爵，如献帛仪。

赞："叩首。"赞："兴。"

赞："诣读祝位。"跪引主祭官，诣祝案前跪。读祝者举祝版旁跪。唱："陪祭官皆跪。"

赞："读祝文。"读毕，仍安原位。

赞："三叩首，兴。"

赞："复位。"引主祭官西阶下。

唱："行亚献礼如前仪。"

亚献礼毕，赞："复位。"

唱："行终献礼如前仪。"

终献礼毕，赞："复位。"

唱："彻馔助献。"[①] 二名举馔出殿左右门，由东西阶下。

唱："送神，跪。"主祭官以下皆跪。

唱："三跪九叩首。"

赞："兴。"

唱："读祝者捧祝，司帛者捧帛，各诣燎所。"[②] 左右列炷各一人，举祝帛燎炉望燎。主祭官以下望燎毕，唱："复位。"礼毕。

祝文

致祭于敕封"护国庇民、妙灵昭应、宏仁普济、福佑群生天后"尊神，曰："惟神菩萨化身，至圣至诚。主宰四渎，统御百灵。海不扬波，浪静风平。舟航稳载，悉伏慈仁。奉旨崇祀，永享尝蒸。兹届仲春秋，敢荐豆馨。希神默佑，海晏河清。尚飨。"

兹将陈设礼器列左：

簠者，盛黍稷之器。簋者，盛稻粱之器。笾者，盛白饼、黑饼、形盐、[③] 薨鱼、鹿脯、枣栗、榛、菱、芡之器。

以上十品，惟文庙全用，别庙各有多少不等。

豆者，盛脾肵豚胉、鹿醢兔醢、鱼醢醓醢、韭菁芹笋之器。以上十品亦各庙不能全用。

登者，似豆而高大，用荐大羹。铏者，用荐和羹。炉即鼎也，用以焚香。篚以竹为，奠爵以承食膳，以置玉帛。爵者，著饮酒器。陆氏曰："爵有承盘，坫与丰是也。"

---

① 彻馔：撤去食物。

② 燎所：焚烧之处。

③ 形盐：特制成虎形的盐，供祭祀用。

尊者，贮酒之器，有云雷尊（初献）、象尊（亚献）、牺尊（终献）之别；又有大尊、壶尊、山尊、著尊之异。

谨按：簠方簋圆。有虞氏曰：“敦，夏曰瑚，商曰琏，周曰簠簋。”刻木为之，古用陶器，后世范金为之。笾，按：古今皆用竹制。惟豆制不同。夏楬豆，殷玉豆，周甗豆。又鲁玉豆，雕纂。《尔雅》及郑氏说以木，《周礼》瓬人说以瓦，吕氏《考古图》说及政和近制以铜，《郊特牲》曰：“鼎俎奇而笾豆偶，阴阳之义也。”笾豆之实，水土之品也。

爵，按礼书，禽小者名爵，火细者名爝。其义取小为贵，因著饮戒云。洪氏曰：“太常爵制：两柱、三足、只耳、侈口。”《明堂位》曰：“夏以浅，商以斝，周以爵。”《尔雅》钟小者为栈，栈卑而浅。故栈象盏，而爵象雀，而斝有耳焉，再将各图列下：①

爵

斝

铏

簠

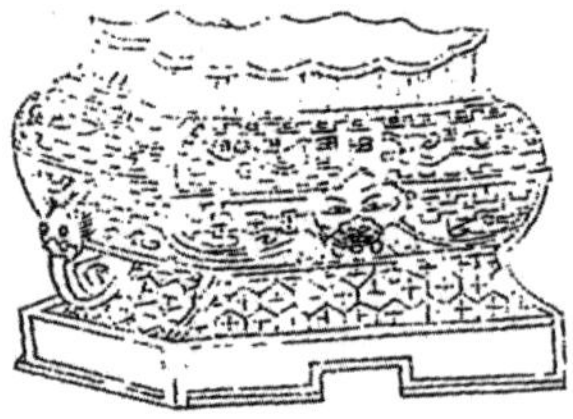

簋

籩

登

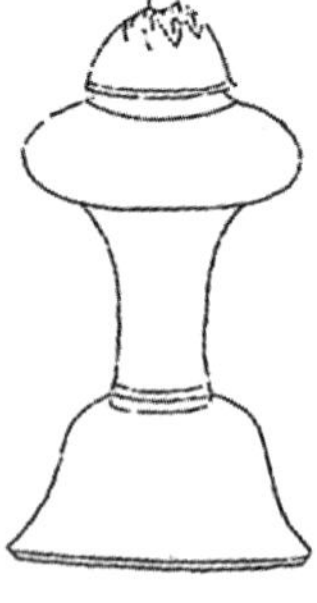

豆

① 列下：原作“列左”，依文字横排改，全书统一。

盘 馔

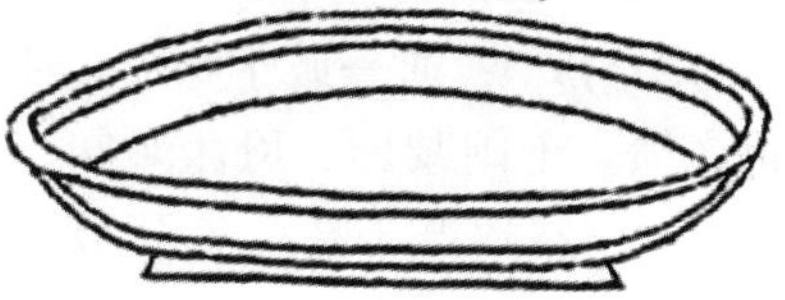

瓮

盘牲

锹瘗 燎庭 燎义

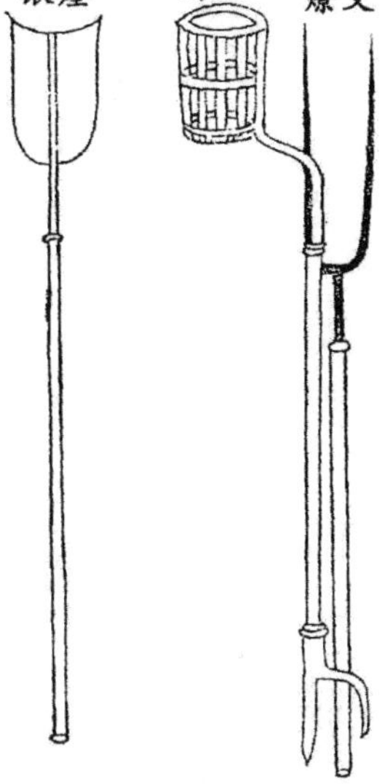

俎

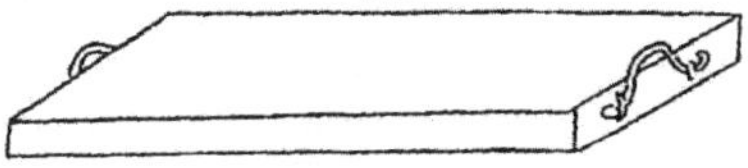

篚

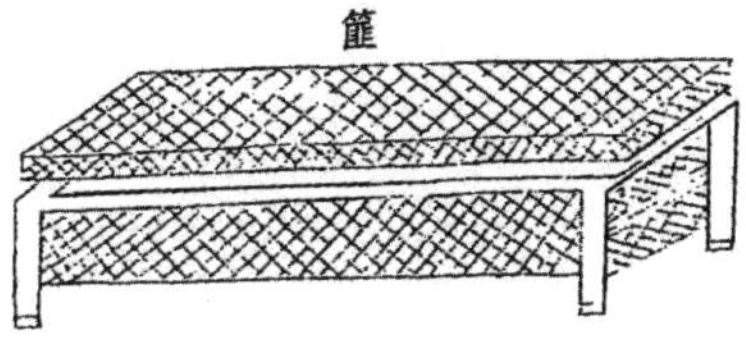

帨

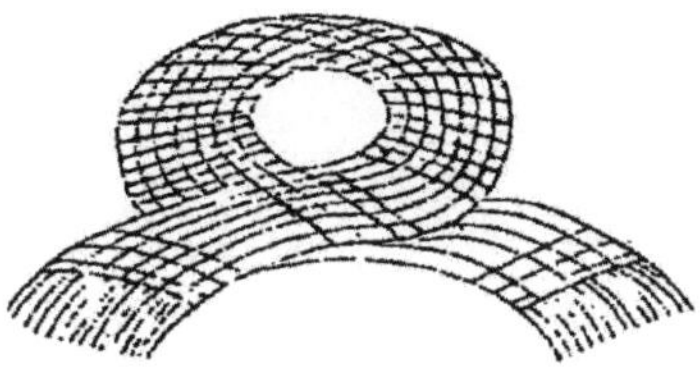

罍

碟血毛

兹将乡人致祭春秋二季祝文列下，照长沙式。

三月二十三日瑞诞

维道光某年岁次某某季春月某某朔，越祭日，某某官衔，谨以刚鬣柔毛、粢盛庶馐之仪，致祭于册封护国庇民、妙灵昭应、宏仁普济、福佑群生、天无极圣母元君。尊神位前，曰：伏维神功广被，普四海以清宁；圣德覃敷，① 通一诚于呼吸。荷熙朝之享祀，聿宏默相之奇膺。锡命之褒崇，爰溥安澜之绩。十闽黎庶，夙沐鸿庥。三楚衿商，尤叨福荫。欣逢圣诞，咸恪荐乎牲醪；肃洁葵忱，益致严于登［簦］豆。伏冀慈灵不昧，鉴此馨香，神听匪遥，歆兹明德。谨告。

九月初九日飞升

维照上改月日

后绩懋江淮，神昭海表。孝思不匮，冲龄著应感之奇；灵迹无方，寤寐叶升腾之兆。精诚既庇乎桑梓，呵护尤叨于湖湘。惟重九之佳辰，适圣躬之羽化。橙黄橘绿，露白枫丹，同申拜献之忱。尊明元醴，聿隆享祀之典；豆洁苹羹，伏冀神鉴于昭，共庆安澜于奕叶。慈灵永奠，咸歌清晏于无疆。神听匪遥，歆兹明德。谨告。

请乡官主祭帖式

乡祠司事某姓名同顿首拜，三月廿三、九月初九日黎明，恭迎宪文驾致祭天后，光增祀典，如请礼生，用赞襄祀典。

卷二终

① 覃敷：广布。

卷三

圣生于湄序

聖生於湄序

嘗聞天下名山大川之勝每多精華發越之奇蓋地靈所鍾非生聖人以興道致治而居京師之任則生神人以理陽治陰而宏天地之化此理之常有必然者吾莆之外島有湄洲大海中一孤嶼也浩浩滂滂吞吐日月山峯奐以浮青石嵯峨而耿紫而

天后薰修於其間豈非山川之精華所發越者乎

考諸譜載 天后吾宗都巡愿公之女也誕降於 宋建隆元年生而靈異少而穎慧長而神

湄洲嶼宮類成堂集 卷三 湄序 一

化湄上自日飛昇相傳謂大士轉身其救世利
人拯危濟阨之靈慈航寶筏度一切苦厄均屬
慈悲至性得無大士
之遷現於人間乎自宋興以來威靈昭赫有
禱必應歷世彌遠聖德彌彰而神功廣大尤著
於江淮河海之中上為國家保衛轉輸下為生
民拯扶陷溺于是外國之艤上運之艇賈舸朝
泛漁舟晚渡凌海國而無波泊天涯而若路即
有危瀑驚飈顛連呼吸舟人望空號祝
天后閃忽遙臨或香聞座次或火耀桅頭則萬
疊狂濤一葦飛渡帖若安瀾使東南澤國之以

圣生于湄序

尝闻天下名山大川之胜，每多精华发越之奇。盖地灵所钟，非生圣人以兴道致治，而居京师之任，则生神人以理阳治阴，而宏天地之化，此理之常有必然者。吾莆之外岛有湄洲，大海中一孤屿也。浩浩漭漭，吞吐日月，山萃突以浮青，石嵯峨而映紫。而天后薰修于其间，岂非山川之精华所发越者乎？

考诸谱载：天后，吾宗都巡愿公之女也，诞降于宋建隆元年。生而灵异，少而颖慧，长而神化。湄上白日飞升，相传谓大士转身。其救世利人，扶危济险之灵，慈航宝筏，度一切苦厄，均属慈悲至性，得无大士之递现于人间乎？

自宋兴以来，威灵昭赫，有祷必应。历世弥远，圣德弥彰。而神功广大，尤著于江淮河海之中，上为国家保卫转输，下为生民拯扶陷溺。于是外国之舣，上运之艇，贾舸朝泛，渔舟晚渡，凌海国而无波，泊天涯而若路。即有危瀑惊飚，颠连呼吸，舟人望空号祝，天后闪忽遥临，或香闻座次，或火耀桅头，则万叠狂涛，一苇飞渡，帖若安澜。使东南泽国之以海为田者，得与中州沃壤之民并较桑麻，同游化日。神之功大矣，著矣！亘古今不再觏矣！故累代锡命宠颁褒封洊锡，湄山宫殿皆奉天朝遣官创建。迄今璇宫壮丽,[①] 宝树披离。[②] 梳楼指旭日以迎曦,[③] 天阁干云霄而直上。[④] 噫！异矣！夫上古有功德在国家者皆登祀典，况天后秉坤仪，司水德，辅国庇民之功，著于百川，则谓神之灵爽直与经天之日月，行地之江河，运乾坤而不息可也。余自京师归，偶于案头得《显圣录》一编，捧而读之，不觉悚然而起。曰：天后之英灵昭著有如是乎！余忝列秩宗，三礼是司。异日肇举祀典，望秩山川，奉灌鬯以祀神庥，佐我国家亿万年无疆之治，余将有厚望焉。惜乎《显圣》一录尚多阙略。爰盥手而为之序，以俟后之采辑而梓传。赐进士第、荣禄大夫、太子太保、礼部尚书、兼翰林院学士、裔侄孙尧俞薰沐拜题。

---

① 璇宫：玉饰的宫殿。多指王宫，此指天后宫。

② 披离：分披，分散；散乱貌。

③ 梳楼：梳妆楼。

④ 天阁：朝天阁。璇宫、梳楼、天阁均为施琅奏修。

兴化府莆田县湄洲全图

（此照梓里稿本所绘）

眉州全圖
中山
顯鏡寺
上英宮

觀音堂
上林鄉

卷二
中軍廟
土地祠

升天古跡
松柏樓
正殿
江上山
佛堂

天妃行宫
平海城
阿猫山
朝天閣

本馆虔事诸神佛瑞诞

（敬谨注明月日）

诸神记

天后圣母，每逢三月廿三日、九月初九日瑞诞。

谨按：《降诞本传》、祀典仪注，概详于前录内。兹所述者，谨照民祭旧规，连日演戏庆祝。届期值事预备猪、羊各二，及香烛等仪，于前一日未刻省牲，正日黎明致祭，礼毕。

值年司事，[①] 各胙肉贰斤。主祭者，胙肉四斤、胙羊贰斤。生监、执事者，各胙肉贰斤。邑侯胙肉十贰斤，胙羊六斤，面六斤，衡酒贰坛，挂号钱四十文，送礼包封二个，每钱四十文。

总府胙肉七斤，胙羊四斤，面四斤，衡酒贰坛，挂号钱三十二文，送礼包封二个，每三十二文。

两学、分司、左堂、外委各位老爷，各胙肉五斤，胙羊四斤，面贰斤，衡酒贰埕[坛]，挂号钱三十二文，送礼包封二个，每卅二文。

新议：各堂每逢捐资帮公用者，各胙肉贰斤。既领胙者不得不捐帮公。

计给各面筹：

县衙门壹百六十枝，总府衙门壹百二十枝，东西斋衙门各四十枝，分司右堂衙门各给八十枝，外委各衙门各四十枝，吹手六名共四十八枝，班子共给一百枝，炮手一十六枝。

总上牌栅，若演堂戏，各总给八枝。后街牌栅不给。如无堂戏，不用伺候，概勿给发。

计开杂用

佃户送羊，每只力钱廿四文，上表利市八十文，[②] 宰猪利市每只六十四文，守门工钱二百文，宰羊利市每只四十八文，小工每名卅二文，吹手一日工钱壹千二百文，丐头伺候钱二百文，每班八仙钱壹百二十文，每声炮钱七文。

另计，三月，正堂告示钱八百文，送示力钱四十八文，总府告示钱四百文，送示力钱二十四文，保正规礼钱叁百廿文，给和尚收份金钱四百文。每年三月廿二夜，赴

① 值年：会馆的董事按年轮流负责管理，叫值年，董事称值年董事，或叫值年总理。所以有兴府值年、汀永值年、漳府值年等说法。

② 利市：节日、喜庆所赏的喜钱。

席宴庆者，非在生监之列，各派份金钱壹百廿文，以佐上列所费。

金大王爷，七月二十五日瑞诞。(《类编》既错，兹当敬谨照此改正)

柳大王爷，二月二十二日瑞诞。

每逢届期，值年具仪，演戏庆祝。《显圣录》曰：“一明而善视，一聪而善听，出没西北，金水生天长侍。”

圣母左右愿归正教，舟人危急，悉赖默佑。

关圣帝君，五月十三日、九月十三日瑞诞。

每逢届期，值事预备羊一，豕一，于前一日未刻省牲，正日黎明致祭，演戏庆祝。

钦定祀典要用祭文

某年某月日致祭忠义神武灵佑仁勇威显关圣大帝，曰：“惟帝浩气凌霄，丹心贯日。扶正统而彰信义，威镇九州；完大节以笃忠贞，名高三国。神明如在，遍祠宇于寰区；灵应丕昭，荐馨香于历代。屡征异绩，显佑群生。恭值嘉辰，遵行祀典。筵陈笾豆，几奠牲醪。尚飨。”

上元天官大帝，正月十五日瑞诞。

中元地官大帝，七月十五日瑞诞。

下元水官大帝，十月十五日瑞诞。

祝融火官大帝，四月十五日瑞诞。

正一财神菩萨，三月十五日瑞诞。

五显灵官大帝，九月廿八日瑞诞。

福德土地菩萨，六月初六日瑞诞。

谨按：上中下元三官，即天地人三才也。上古既有，莫穷其说。兹据《通书》所载，十月十五日下元水官瑞诞。是与火官并列，载入春秋祀典。今人概以四官并祀者，想即“天地阴阳”四字之意。

财神菩萨，传载姓赵，讳公明。素居峨眉山罗浮洞内修行，其道显于殷周之世，封为“正一龙虎玄坛赵公元帅”。

灵官菩萨，《宋志》绍兴初年，五人驾舟渡高宗避寇，敕封五显灵官大帝。

土地菩萨，名誉甚众，难以悉录，仅将各瑞诞期书此，以布司事，届期办仪、演戏庆祝。

诸佛记

观音菩萨，南海即心，若隐若现。始于少昊金天之世。一名自在，一名圆通。惟以化身说法，非真女佛。《释典》：南无大慈大悲观世音菩萨，二月十九日、六月十九日、九月十九日瑞诞。

韦驮菩萨，七劫化身，原自西天妙道，而为观音大士之师。《课诵经》曰：“三洲感应护法韦驮尊天菩萨”，六月初四日瑞诞。

地藏王菩萨，乃光牧女，以孝感化成男，道成九华山。《说法金天世焰口经》曰：“幽冥教主，本尊地藏王菩萨摩诃萨”，七月廿九日瑞诞。

谨按：佛道设教，渺茫无边，未必真有真无，以故典诰不录。每年值事惟知届诞，忏礼讽经，演戏庆祝。至考本馆何时供奉，惟据乾隆八年癸亥所立《灯田堂碑》内有“观音”二字。乾隆十四年己巳，修建韦驮佛殿，有碑。再修闽中佛地，始有地藏王，以主旅衬之说，其碑系嘉庆九年甲子所立也。查阅老契，并无“佛”字，足证诸佛宝座悉自乾隆八年为始。

三宝菩萨，四月初八日瑞诞。
释迦佛祖，腊月初八日瑞诞。

谨按：僧谱，三宝即佛祖一气化三身也。《释迦方志》曰：“佛有六姓，四曰释迦，号牟尼。生而能言，年寿九千。四月八日入灵山修行，六年成佛。”《周书异记》：“周昭王廿四年丙寅，天竺迦维卫国净饭王妃摩耶氏梦天降金人，有孕。四月八日生太子于右胁，名悉达多。年十九入檀特山修行。至穆王三年成佛，号世尊。衣传大迦叶，为第一祖，是为释迦牟尼，姓刹利。续传二十七祖，均在西天。至第二十八祖，号达磨神僧。”传曰：“梁武帝普通七年庚子，达磨至金陵说法。知机不契，遂折芦渡江而归嵩山，止少林寺，面壁九年始悟，复来东土而为祖师。单传至第六祖慧能，授以衣钵。慧能双传二支，一曰青原思分派，曹洞、云门、法眼是也。一曰南岳让分派，沩仰、临济是也。”僧有五家之说即此。本馆所事佛祖诸像，前志未载何时，但睹匾额“大雄宝殿”四字，系十闽堂于乾隆四十年丁酉始立。佛前古钟，系乾隆五十五年庚戌方铸。讹传佛殿最老陈设预全，据此匾钟，当不足信，详后《记事录》书梁款内。

定光古佛，正月初六日、九月十三日瑞诞。
惠宽大佛，十月十三日瑞诞。

汀宁邑志[①]

定光古佛，泉州同安人也。姓郑，讳自严。年十七，游豫章，除蛟患。宋乾德二年来汀武南岩，摄衣趺坐，大蟒偈虎。郡守胡咸秩来谢。兴利除害，护国庇民，神通不可胜计。淳化八年，寿八十二，正月初六日申时，荼［荼］毗。[②] 历神宗、哲宗、高宗，累封至“定光圆应普通慈济”。绍定庚寅，佛阴御磜寇，奉旨赐额曰：“定光”。又易“普通”曰“通圣”。今汀武平南岩狮子山狮头之石，玲珑奇伟，天成佛座，与太郎之女何仙姑并祀仙佛楼。黄山谷赞曰：“卧像出家，西峰参道，亦俗亦真，一体三

① 汀宁：清朝福建省汀州府宁化县。
② 荼毗：梵语，又作荼昆，本为燃烧之意，通常指焚烧遗体，埋其遗骨，即所谓火葬。此指佛教徒圆寂。

宝。驱使草木，教诲蛇虎。愁霖出日，枯旱下雨。令君威恕，免我伽梨，[1] 既而释之，遂终白衣。”

惠宽大佛，宁之拾得叶岭人也。父叶千益，母曹氏。诞日，天为雨花。髫年，克尽孝道。出家，州有白虎为害。佛入山中设法，虎伏受戒，州人遂呼为“伏虎禅师”。众因建庵。黾峰苦水，佛即卓锡泉涌。南唐保泰七年，汀旱，佛令焚躯，而雨倾盆，是岁大有。宋建隆元年十月十三日圆寂，历绍兴、乾道、淳熙显异，累封“威济灵应普惠禅师”。熙宁间，赐庵额曰“寿圣院”。乾道间改封“广福院”。绍定间礤寇犯郡守者，每夜见二佛巡城，寇退，加号曰“妙显”。明嘉靖间，沙寇薄汀，两佛伸足濯岩，寇见骇遁。我朝顺治三年，兵初临汀，传有两僧迎主帅于新桥铺献茶，戒勿妄杀，俄不见。主帅疑，问城中有何寺院，或以定光寺对。主帅往谒，即献茶僧也。于是出示安民，合郡皆赖普济，故于宾馆塑像恭事。每逢瑞诞，诵经忏礼，演戏庆祝。

南无护法诸天菩萨，二十四位法号（本馆配事［祀］）：功德尊天，大辩才天，大梵尊天，帝释尊天，持国尊天，增长尊天，广目尊天，多闻尊天，日宫尊天，月宫尊天，星宫尊天，菩提树天，散脂尊天，诃唎啼喃尊天，摩醯首罗尊天，密迹尊天，摩利支天，韦驮尊天，坚牢地天，焰魔尊天，娑羯罗王，紧那罗王，虎伽罗王，鬼子母天。

僧传：[2] 鬼子母最后方来，[3] 乃女菩萨，生千子，诸子皆常食人，其末犹甚。诸天收置盆内，[4] 鬼母痛，往到处寻而得知，无如法力不及，只得皈依正教，乞放末子侍座。今内一位携子是也。

附录：

关帝志

帝姓关，名羽，字云长，本字长生，河东解州人也。（今解州、荆州、洛阳三处有博士世袭）。有义子曰平（从父荆、襄御寇，后随父于临沮，遇害。宋崇宁元年，封武灵侯。庆元初，加威显，今称威显武灵侯）。生少子曰兴，字安国（随昭烈在蜀，嗣汉寿亭侯爵，弱冠，为侍中监军，数岁阵亡）。兴子曰统，（嗣封，尚公主，官至虎贲中郎将）。兴庶子曰彝（以统卒，无子嗣封，成都失守死之）。彝子曰朗（能推百年治统属唐）。朗子曰康之（善《左氏春秋》），康之子曰播（唐德宗建中时，为平章政事，《通志》称为解州关帝后裔）。

部将周仓（平陆人，去张保而从帝，水擒庞德，义死麦城。明神宗封为武烈侯）、

---

① 伽梨：又作“伽黎”，即袈裟。

② 僧传：佛教徒传记类书籍。

③ 鬼子母：佛教中的菩萨。

④ 诸天：巴利语 devatà，为轮回流转中的善趣之一。其果报比人类殊胜，他们寿命长久，身体清净光明，能飞行虚空，变化自在，常享胜妙快乐。通俗理解，即指佛教护法众天神。

王甫（从帝为司马，多谋，义死麦城）、赵累（从帝任前将军督粮，于麦城外阵亡）、廖化，字元俭，名淳。（襄阳人，为帝主簿。后归蜀，官至右车骑将军，封中乡侯，以果烈称。）杨义，字威公。（襄阳人，为荆州刺史传群主簿。寻诣帝，命为功曹，后归蜀，历官中军师。）

汉孝灵帝中平末，黄巾贼乱，帝自解至涿，与涿人张飞并事中山靖王。之后，昭烈于涿郡御寇，礼分君臣，义同兄弟。

庚午，汉孝献皇帝初平元年，昭烈依中郎将公孙瓒，瓒使领平原相。帝与张飞并为别部司马。

辛未，初平二年至甲戌，兴平元年，帝在平原。

乙亥，兴平二年，曹操攻徐州，昭烈往救陶谦，病笃，以州让。昭烈遂领徐州牧，帝随在徐州。

丙子，建安元年，袁术攻昭烈，拒于盱眙。吕布乘虚袭下邳，议和时，帝在下邳。

丁丑，二年秋，帝随昭烈击杨奉等。

戊寅，三年，帝随昭烈依曹操，东征吕布，战于梁国界中。

己卯，四年，曹既破布，帝与昭烈随操还许昌。十二月，袁术欲从下邳北救袁谭，曹令昭烈与朱灵邀之。昭烈至下邳，杀徐州刺史车胄，举兵屯沛，帝复守下邳。

庚辰，五年春，操击昭烈，破之。进拔下邳，昭烈奔冀州。帝受操屈，操使张辽说降。帝表三约，以明己志。操从之，封帝为寿亭侯。时昭烈二妻甘、糜夫人亦被操获，操欲乱其臣主之义，使帝与二夫人共室。帝避嫌，秉烛立，待至天明。昭烈奔青州，归袁绍，绍去邺百里迎之。驻月馀，亡卒稍归。操与绍相拒于黎阳。夏四月，操与绍战于官渡，帝破绍军，斩其将颜良，仍留官渡。秋七月，帝辞操去，从昭烈于河北。

辛巳，六年，昭烈说绍，南连荆州牧刘表，因往依表。表使屯新野，帝随在新野。

壬午，七年至十一年，并随昭烈在新野、襄樊间。

丁亥，十二年，帝随昭烈三顾诸葛亮于隆中。

戊子，十三年，帝随昭烈屯樊。九月，操下荆州。十月，昭烈自樊口渡江南，与帝船会于江陵，因俱至夏口。冬，与周瑜等其击操于赤壁，大破之。

己丑，十四年，昭烈领荆州牧。以帝为襄阳太守、荡冠将军，驻军江北。

庚寅，十五年，帝屯江北。

辛卯，十六年，昭烈入益州，留帝与诸葛亮镇荆州。

壬辰，十七年十二月，与操将乐进拒于青泥。

癸巳，十八年，帝独镇荆州。

甲午，十九年，昭烈拜帝董督荆州事。

乙未，二十年五月，帝与孙权将鲁肃相拒于益阳。

丙申，二十一年至二十二、三年，并镇荆州。

己亥，二十四年七月，昭烈称“汉中王”，拜帝为前将军，假节钺。八月，帝大破操兵于樊城，又遣别将田吕常于襄阳，拔之。十月，操使徐晃救樊，权将吕蒙袭江陵。十一月，自樊解兵，引还当阳，保麦城，走临沮。权将潘璋、马忠邀击于章乡，帝及其子平皆遇害。权具闻于操，操与诸侯礼葬之，时帝年五十有八。

汉后皇帝景耀三年九月，进封故前将军壮缪侯。

宋徽宗崇宁元年，加封“忠惠公”。大封二年，加封“武安王”。宣和五年，加封“义勇安王”。高宗建炎二年，加封“壮缪义勇武安王”。孝宗淳熙十四年，加封“壮缪义勇武安英济王”。

元文宗天历元年，晋封“显灵义勇武安英济王”。

明太祖洪武元年，复原封“汉前将军寿亭侯”。

宪宗成化十七年，颁祭。武宗正德十四年，赐庙额曰“忠武”。世宗嘉靖十年，仍封“汉将军寿亭侯”。神宗万历四十二年十月，加封“三界伏魔大帝神威远震天尊关圣帝君”。遣官奉九旒冠一，玉带一，四蟠龙袍一，黄牌一，面上书封号十六字，至都城正阳门庙供讫建醮。

国朝顺治九年四月，礼部奏准关帝封号宜有加崇，请如万历旧典晋称，奉敕封“忠义神武大帝”。雍正三年，给事中李兰奏请追封关帝三代，曾祖光昭公，祖裕昌公，父成忠公。按：初卢湛所缉《圣绩图志》指关帝曾祖考并有名字，因以上请部议，尊崇正神，关系大典，理宜详慎，所载名字，无足凭信。查文庙配享，惟孟子之父未详名讳，止称先贤孟孙氏。所以阙疑也。应照此例，止书封号，不著名讳。于是撰拟封号，制牌供奉焉。

谨按：世称三圣，有功德于民者，文圣孔子，武圣关帝，女圣天后是也。文圣前后封号与武圣、女圣自后加封，查阅诸书，略亦异同，恐见有所未逮，无敢妄录。兹据此志所载，武圣得受赐额一次，崇封十有一次矣。女圣得受赐额三次，奉旨修庙十次，崇封二十有七次矣。如查《显圣录》内未齐，须参各奏札内始备，然有漏载。天后徽号，应照府志补录者：宋宝佑元年，加封“协正”。三年，加“慈济”。四年，加“善庆”。元至元十八年，加封“护国明著显佑天妃”。大德三年，加“辅圣庇民”。延佑元年，加“广济”。天历二年，加“灵感助顺、福惠徽烈”。明洪武五年，加封“昭孝顺正孚济感圣妃”。永乐七年，加“妙灵昭应宏仁普济”。宣德六年，遣官修庙。国朝康熙十九年，加封“护国庇民、妙灵昭应、宏仁普济天妃”。后之复修，当为照此补入志内。

类编堂序

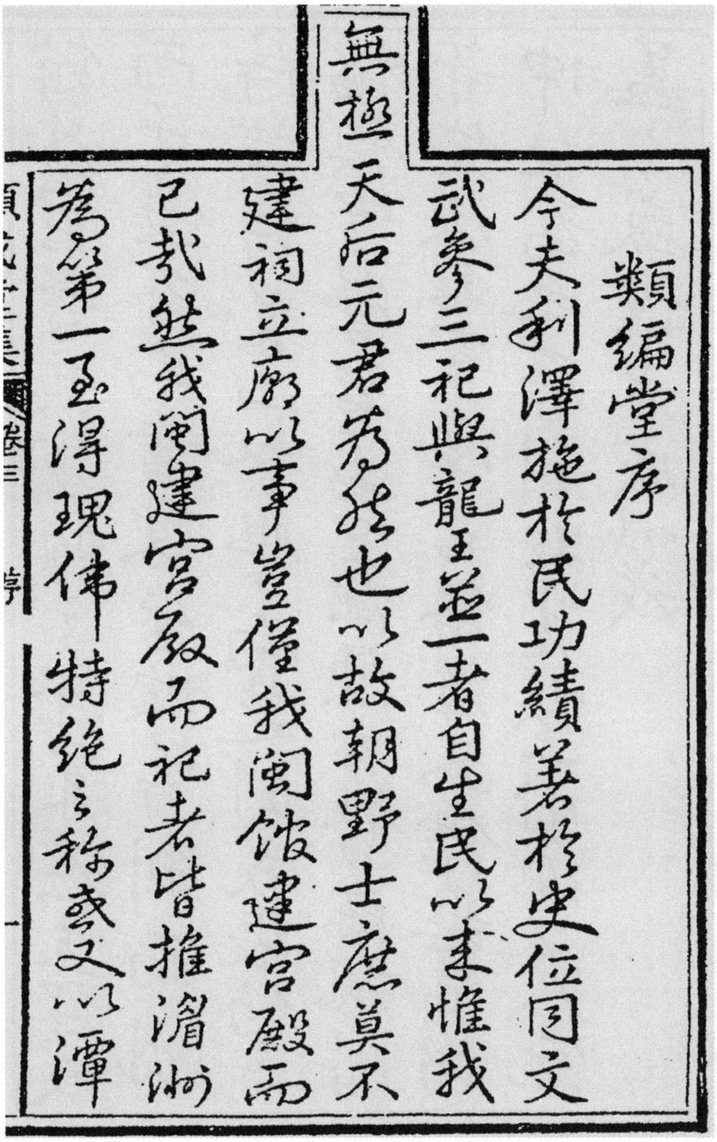
類編堂序

今夫利澤施於民功績著於史位同文武參三祀與龍王並一者自生民以來惟我無極天后元君爲然也以故朝野士庶莫不建祠立廟以事豈僅我閩饒建宮殿而已哉然我閩建宮殿而祀者皆推湄洲爲第一至得瑰偉特絕之稱或又以潭

類成堂集 卷三 序 一

館爲最當其重修之際秉在嘉慶
丙子適有尚書陳望坡節制兩湖
侍講許筠山督學南楚副戎張約齋
協鎮中營登孝廉陳聿修陳楓階
等先後來潭邑絡繹入館懸扁謁
神楔爲之序列於卷帙一時鄉人冠
蓋之盛說者咸以我

元君之靈有以致之然其未修之前及
至既修之後冠蓋相望或益勝於昔
時否固不可得而數焉夫何館現有
業計田弍百有餘畝山嶺竹木房屋
地基不下數十處雖亂無章惟推了
責凡司其事者亦不得詳至要焉
爰始查核古碑參考契約及簿歷

年所載出入動用交撥章程同類相
彙編分六卷賴有同志樂助告成遂
將修貲立爲堂業原議每逢屆祭
之日赴宴慶祝者在此以待補修正
殿神龕者亦在此是烏可不以當
而記之歲戊子之冬何命行序
道光甲午年秋月汀杭鴈洲何詞賓書

类编堂序

今夫利泽施于民，功绩著于史，位同文武，参三祀与龙王并一者，① 自生民以来，惟我无极天后元君为然也。以故朝野士庶莫不建祠立庙以事。岂仅我闽馆建宫殿而已哉！然我闽建宫殿而祀者，皆推湄洲为第一；至得瑰伟特绝之称，或又以潭馆为最。当其重修之际，岁在嘉庆丙子，适有尚书陈望坡节制两湖、侍讲许莱山督学南楚，副戎张约斋协镇中营，暨孝廉陈聿修、陈枫阶等先后来宰潭邑，络绎入馆，悬匾谒神，概为之序，列于卷帙。一时乡人冠盖之盛，说者咸以我元君之灵有以致之，然其未修之前及其既修之后，冠盖相望，或益胜于斯时否，固不可得而数焉。夫何馆现有业计田贰百有馀亩，山岭竹木房屋地基不下数十处，杂乱无章，惟推了责，凡司其事者，亦不得详其要焉。爰始查核古碑，参考契约及簿，历年所载，出入动用，交接章程，同类相求，编分六卷，赖有同志乐助告成，遂将馀赀立为堂业。原议每逢届祭之日，赴晏庆祝者在此；以待补修正殿神龛者，亦在此，是不可不以其由而记之。岁戊子之冬，何命行序。②

道光甲午年秋月汀杭雁洲何词宾书。

---

① 三祀：古代春季三种祭礼的合称，即大祀、中祀、小祀。《周礼·春官·大宗伯》："以禋祀祀昊天上帝，以实柴祀日月星辰，以槱燎祀司中、司命、飌师、雨师。"大祀用玉帛牲全，次祀用牲币，小祀用牲。

② 何命行：十闽堂值年董事，汀州府人，参与《类编堂记》《成言堂记》的编纂工作。

通省馆堂总记

宫之别号曰馆（宫对神称，馆以人言），馆之各业曰堂，堂之兴必有所自，馆之创岂毋其因？此吾人建馆立堂者，不可不使先知以觉后知也。今特为之记曰：在昔吾闽前辈，姓龙名处者于顺治十八年辛丑，契买徽人程君选等所卖潭十八总庵场地基一所，程即协僧临济（系南岳让一派，先有和尚即此而去。）迁居指南庵（风筝街新安公馆），任吾闽人创建宾馆，聚族于斯，诚可谓善作善始者也。

康熙廿年辛酉，吾闽又买欧阳曙东所卖地基一所（同处合建于是宾馆），告成，谨事天后圣母元君为福主，故名宫曰“建福”。康熙廿八年己巳，合闽众姓契买虾公塘、白洋塘田，照契四十亩（佃约四拾七亩七分）。同日，又买下杉冲田，照契廿亩（佃约孔树塘壹拾九亩叁分）。康熙卅一年壬申，合闽众买下铁家坝何必山田，照契卅四亩四分（佃约叁拾伍亩）。乾隆六年辛酉，四府（汀、兴、漳、邵）合买虾公塘田，[①] 照契廿叁亩（佃约贰拾陆亩）。系上十七都（六九）甲所属（照契共百壹拾七亩四分，[②] 志载壹百叁拾亩，当照佃约，壹百贰拾八亩，方合历年收租数。）以供福主香灯，名曰“灯田堂”。堂有张彩，出家为僧，易名净鉴。引曹洞赞闻入馆（青原思一派，后和尚即此来。）代供香火，致将堂内契约寄存，讵僧四慧（净鉴之后）盗卖所寄契田壹百二十八亩（此时灯田堂既有名无业矣）。众或莫有知者（犹曰：“吾有灯田堂。”），即知亦莫敢言（此时不逐僧，实侥幸），查阅乾隆八年癸亥《追刊灯田堂碑记》。（有田三处，无亩数多少。有年月，无坐落地名。）并核复契（原契二张，书众姓等买，系康熙时印红契。另契二张，书杨、廖等买，系乾隆时印红契。）概可知矣。乾隆四十五年庚子，华光斗等实觉其事。与之讼胜，倍价赎回。原契田壹百廿八亩，皆出十闽所输，故更名曰“十闽堂”。嘉庆十九年甲戌，赖邦富等抽众厘头银，契买细屋冲田廿五亩。（在上十七都六甲，与佃约同）并将康熙辛丑、辛酉所置馀地建馆左右铺面及金家围屋（每年收租而为十闽以供祀典者，即此堂也）。[③] 志载汀、漳两府共置祀田壹百卅亩（即佃约壹百廿八亩），各亦附和其说，盖谓首士彩五杨公，漳人也，瑞章廖公、光斗华公与邦富赖公，皆汀人也。孰知四公肯为神人出力，不肯为神人要功。察契所书众姓等字，即足以白四公之心矣。是以乾隆五十四年己酉，仍举华光斗等将众所抽之厘，契买下五都九甲仙峰岭田，[④] 照契五十五亩（佃约并开荒，计田共陆拾七亩）。嘉庆十八年癸酉，明德堂买十八总正街河岸河街老岸房屋，照契七间，名曰“厘头堂业”（每

① 汀、兴、漳、邵：清朝汀州府、兴化府、漳州府、邵武府。

② 上十七都：清代湘潭县划为十八都，上十七都在县之西，今白坨、乌石一带。

③ 金家围：金家围子，在十八总。

④ 下五都：清代湘潭县划为十八都，上五都在县之北，今南谷、响塘一带。

年收租而为本馆岁修者，即此堂也）。两堂另有无租之业，如置镶本馆屋基与细屋冲属十闽，仙峰岭属厘头等（山林塘屋及昔买茶山、烟山、营盘岭义山，契详录后）。嘉庆廿一年丙子，赖又荣（邦富）、杨经典、林跃云等易馆旧制，更建维新，并改建福寺曰“建福宫”。[①] 盖谓本馆虽奉本省定光（泉州人氏）、惠宽（汀州人氏）两佛当尊天后元君（兴化人氏）为福主，额名不可不正也。

谨按：汉明帝时，白马驼经，创立白马寺于雍门外。后人遂以寺属佛。汉武帝以仙好楼居，筑蜚廉挂观，后人遂以观属仙。秦始定为至尊者居宫，凡有功德于民者居祠庙。天后之所居者，雍正四年曰“神祠”，乾隆五十三年曰“神庙”，至嘉庆六年，曰“神宫”，故今皆遵额之。

其时捐赀四万六千有奇，志之石曰：“此乃同人慷慨之力（不肯居功），然用犹不足敷（不能立碑），因故而内自讼（详下《记事录》）。遂塞厘头之路，致馆历年屡空，诚足叹也。爰起两堂，聊续于后，一曰“类编”，系道光八年戊子，公举汀府何命行等，将馆各类等因编付梓石。一曰“成言”，仍举何命行等，于道光十一年辛卯，代刊捐修之碑（丙子兴修，至辛卯既十五年矣）。皆另有记便览。道光十三年癸巳，公举汀府值事陈梅英、何命行等清理上年数目，补刊济公碑记。同公立定馆规，转换、霸欠租佃，或讼或评，妥然后止。余因有所感焉。方其时之盛也，曾几其人以一念之诚，欣欣穰穰，能输重资，建馆立堂，而为后世之源本。及其微也，现契莫管，现数莫问，任用任垫，虚而为盈，售业邀捐（详于碑注），尚不能缝其阙。当其复也，馆虽朽而能新，业既去而犹复，二难竟并，百废具兴，此或时事之推移，其理有固然耶？抑其人力之所致也。昔季主论卜有言曰：“一昼一夜，花开者谢；一春一冬，物故者新。”信斯言也。后之览者，亦将有感于斯记。

谨按：碑内董事曩择钱势重者当先，此堂记内惟以功力大者居首。故其次序略殊，并非与碑迥异。

---

① 建福宫：又称天后宫，供奉闽商崇信的妈祖，实际也是福建会馆，建在湘潭县城十八总正街，闽商顺治十八年（1661）畴备，康熙二十年（1681）建成。清朝闽商在湖南湘江、资江、沅江、澧江及洞庭湖沿岸重要市镇先后建了21多个闽商会馆，其中，湘潭建福宫是湖南境内建得最早的一座闽商会馆。

通省宾馆田山屋图

（皆系一处一境，并无间杂，到去一望了然，最易认识）

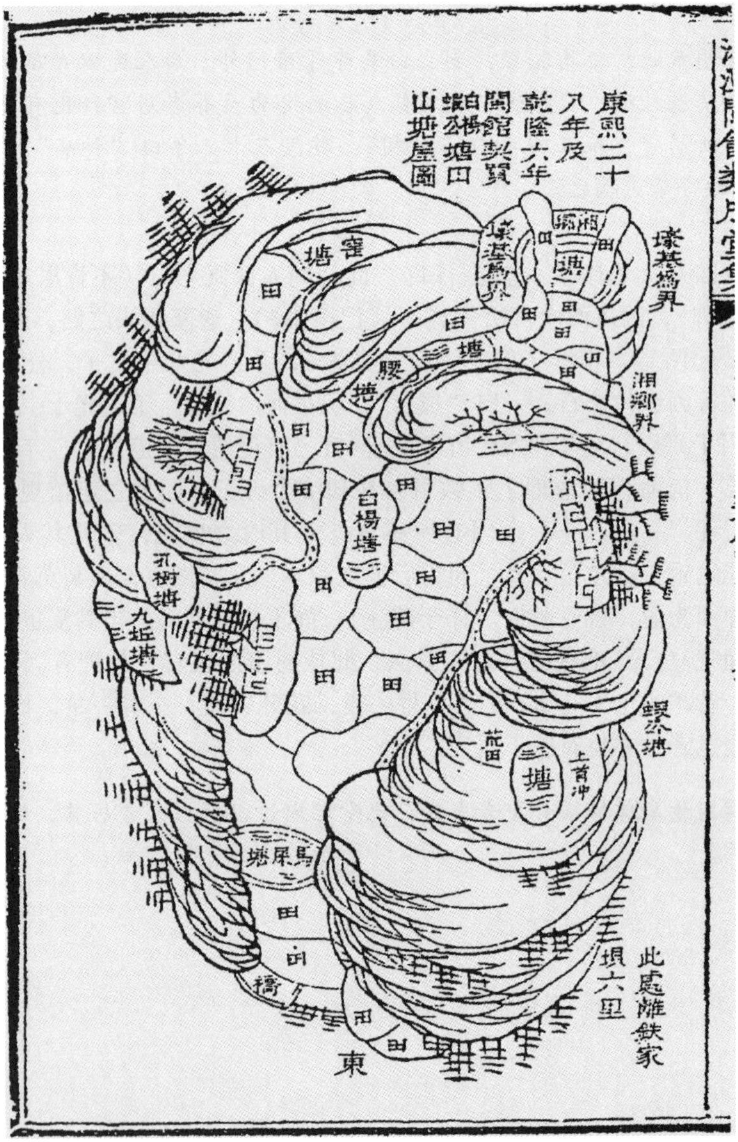

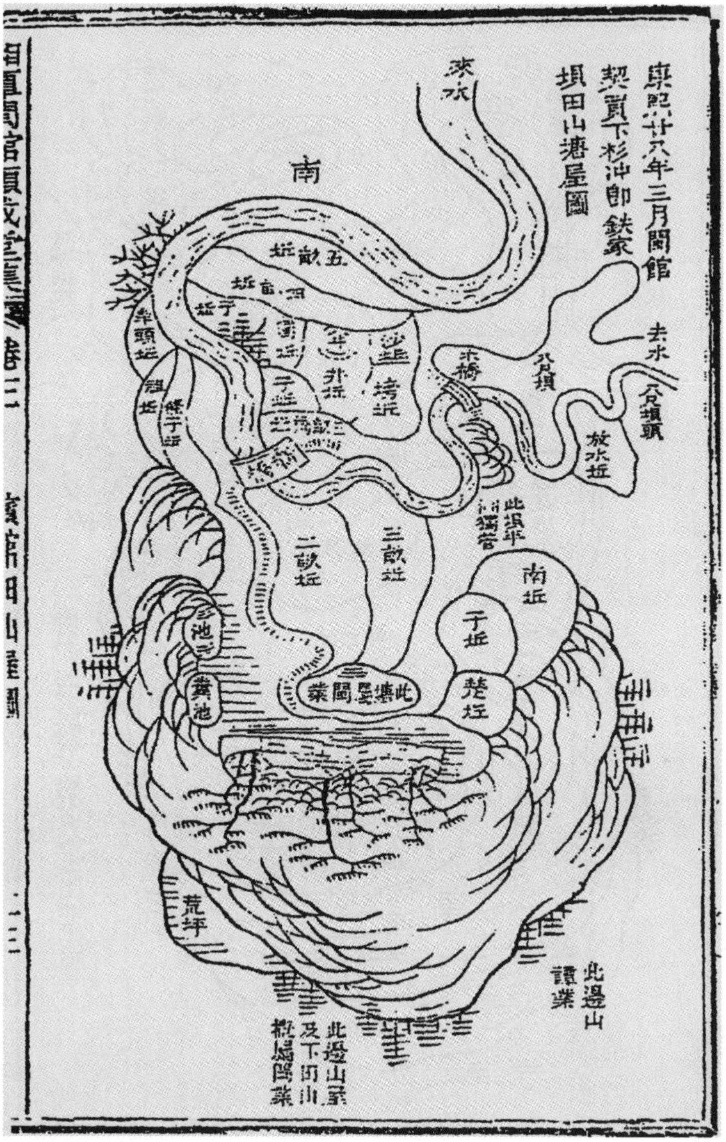
康熙廿六年三月閻館
契買下杉冲郎鉄家
垻田山塘屋圖
來水
南
去水
木橋
放水坵
五畝坵
二畝坵
三畝坵
南坵
子坵
此塘屋閻業
荒坪

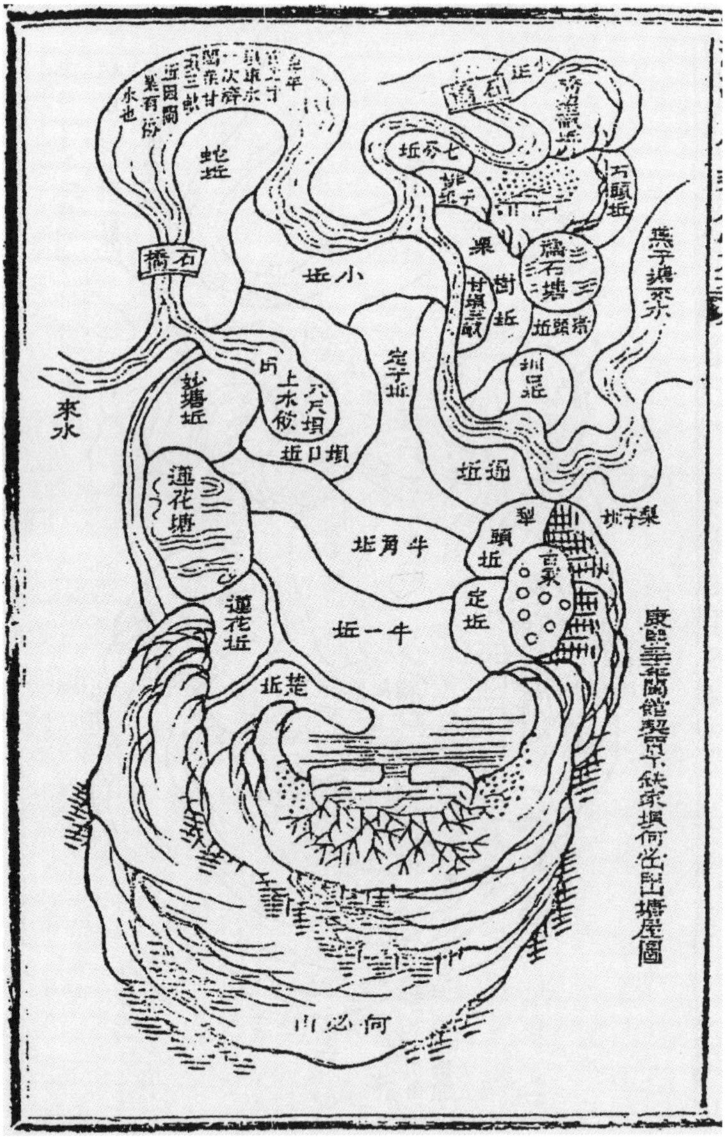
來水
石橋
蛇垸
小垸
妙塘垸
蓮花塘
牛角垸
蓮花垸
牛一垸
定垸
何必山

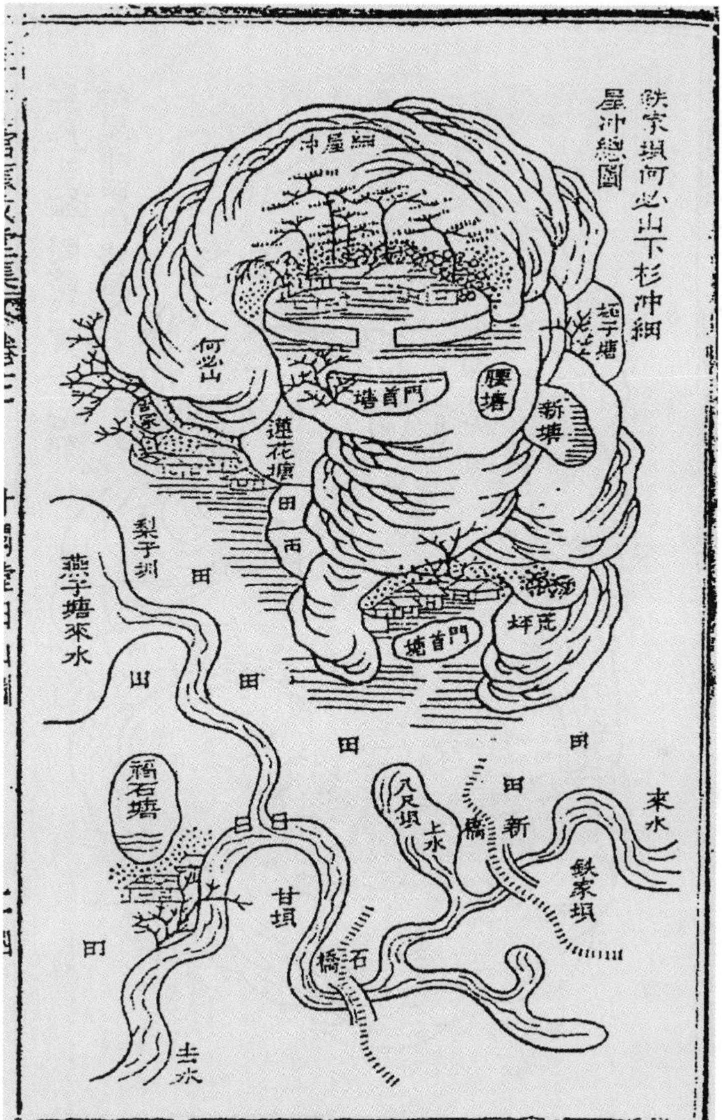
鉄家壩何凼山下杉冲細屋冲總圖
細屋冲
何凼山
門首塘
腰塘
新塘
蓮花塘
燕子塘來水
門首塘
福石塘
甘壩
石橋
上水
新橋
鉄家壩
来水
去水

嘉慶十九年閩館契買上十七都
細屋冲田山塘屋圖
南
北
新塘
腰塘
門首塘
下分蓮花塘
細屋冲

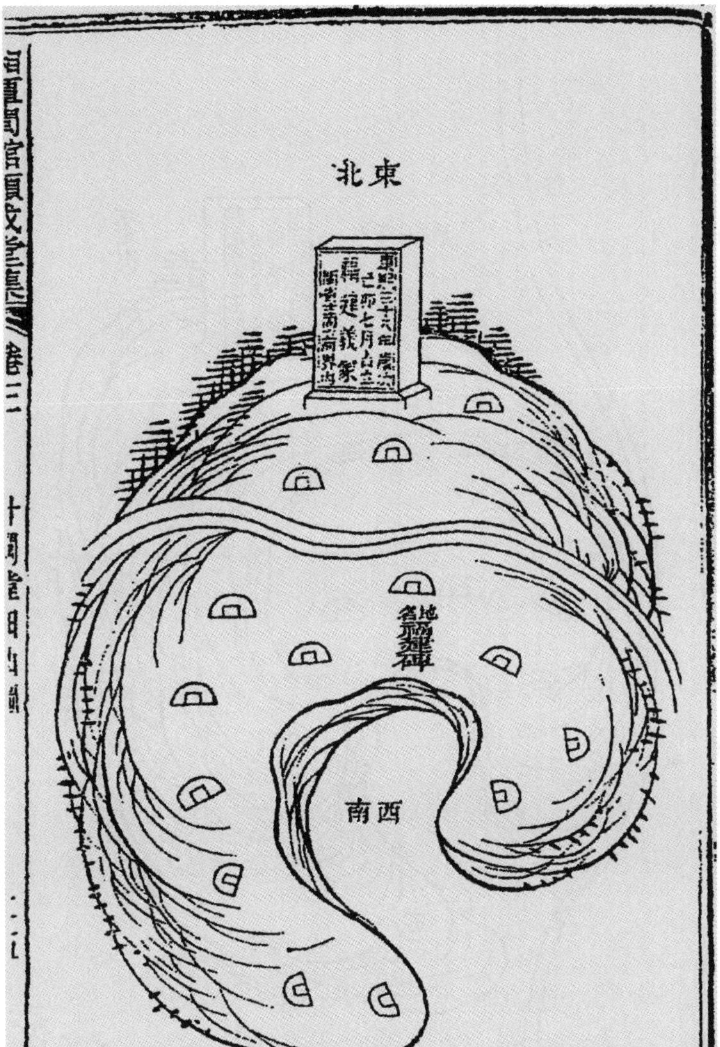
東北
福建義冢
西南

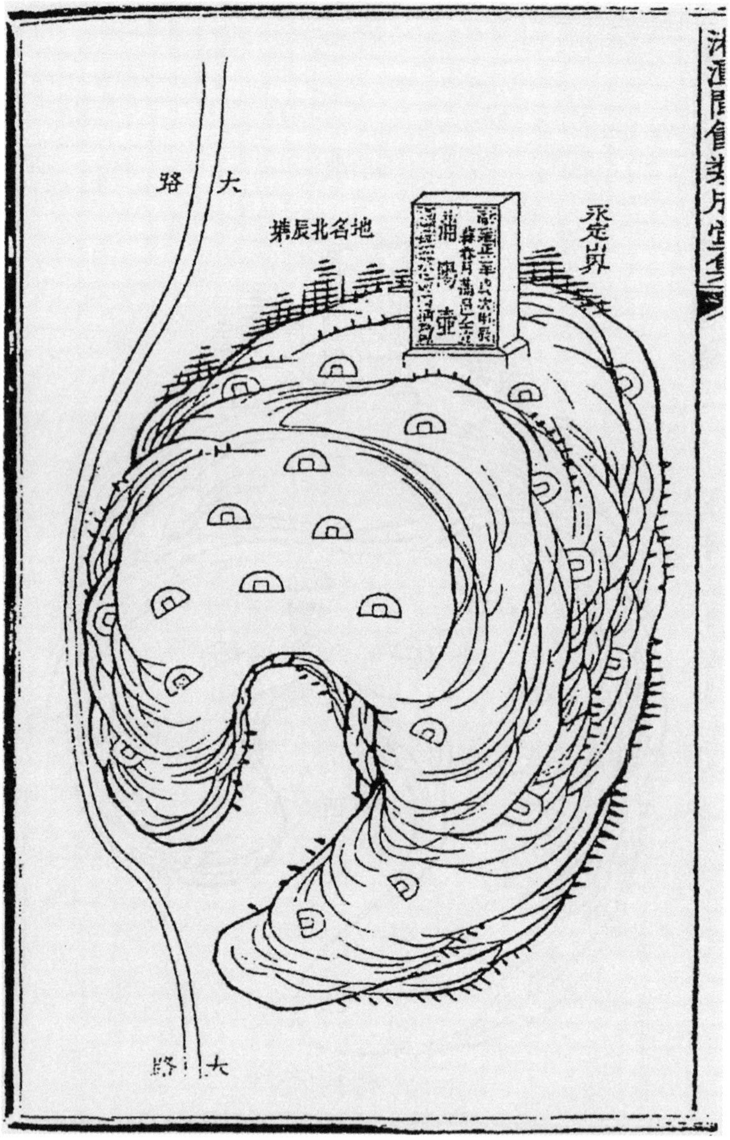
大路
大路

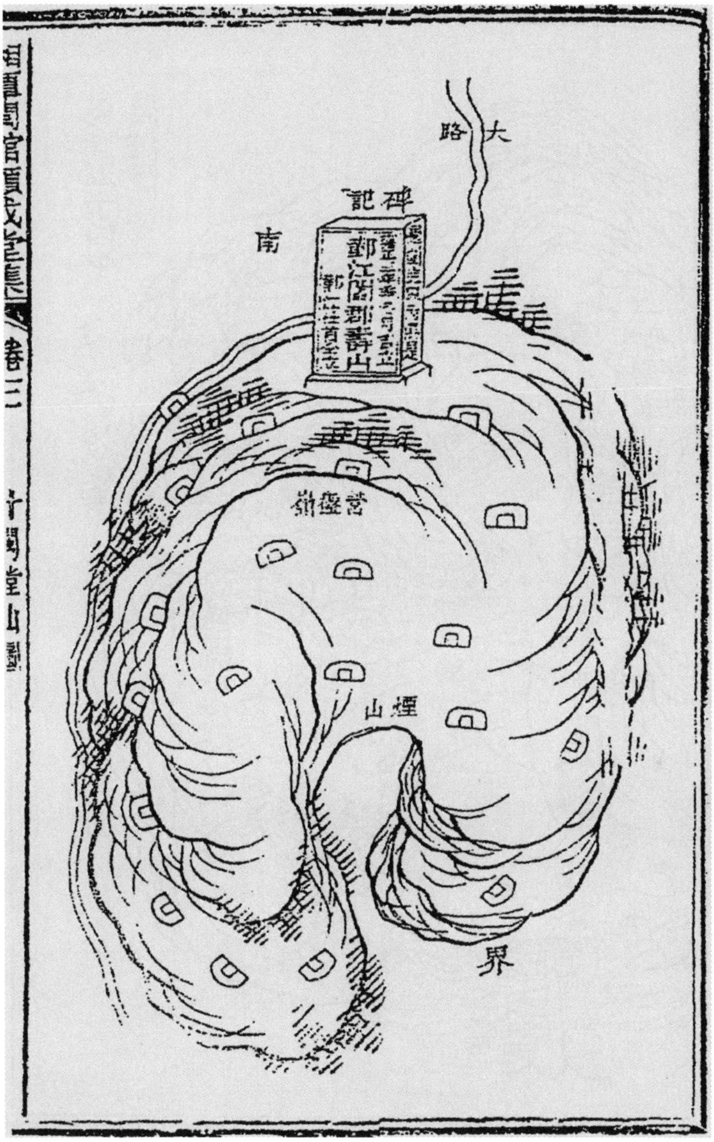
大路
碑記
南
鄧江閣郡壽山
營盤嶺
煙山
界

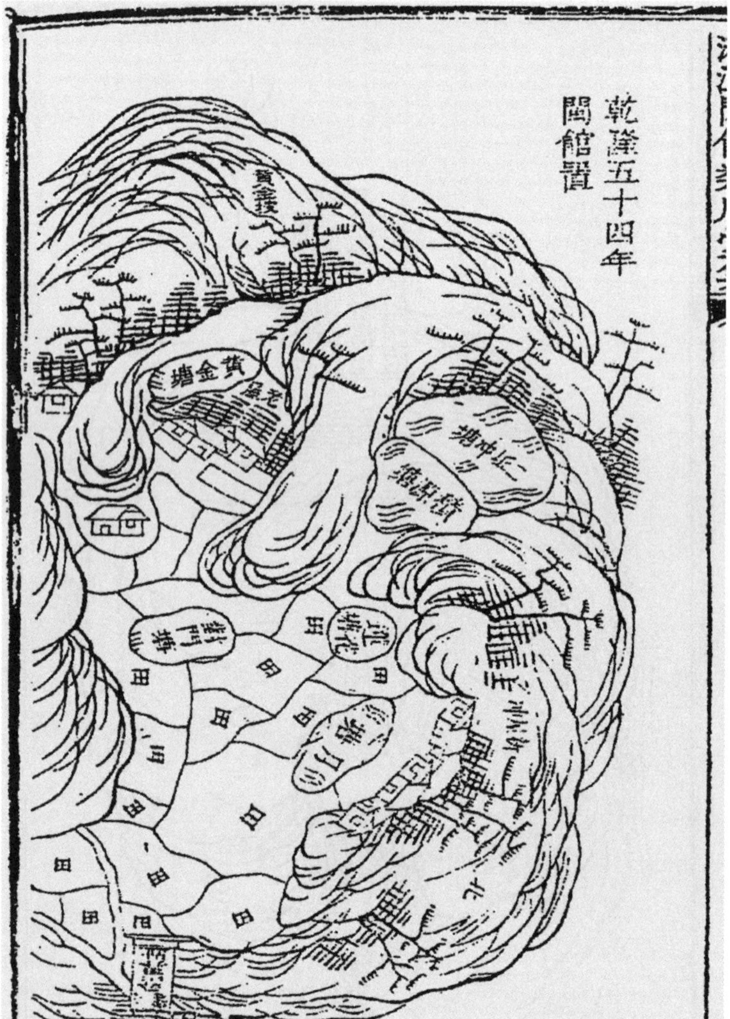
乾隆五十四年
闔館置

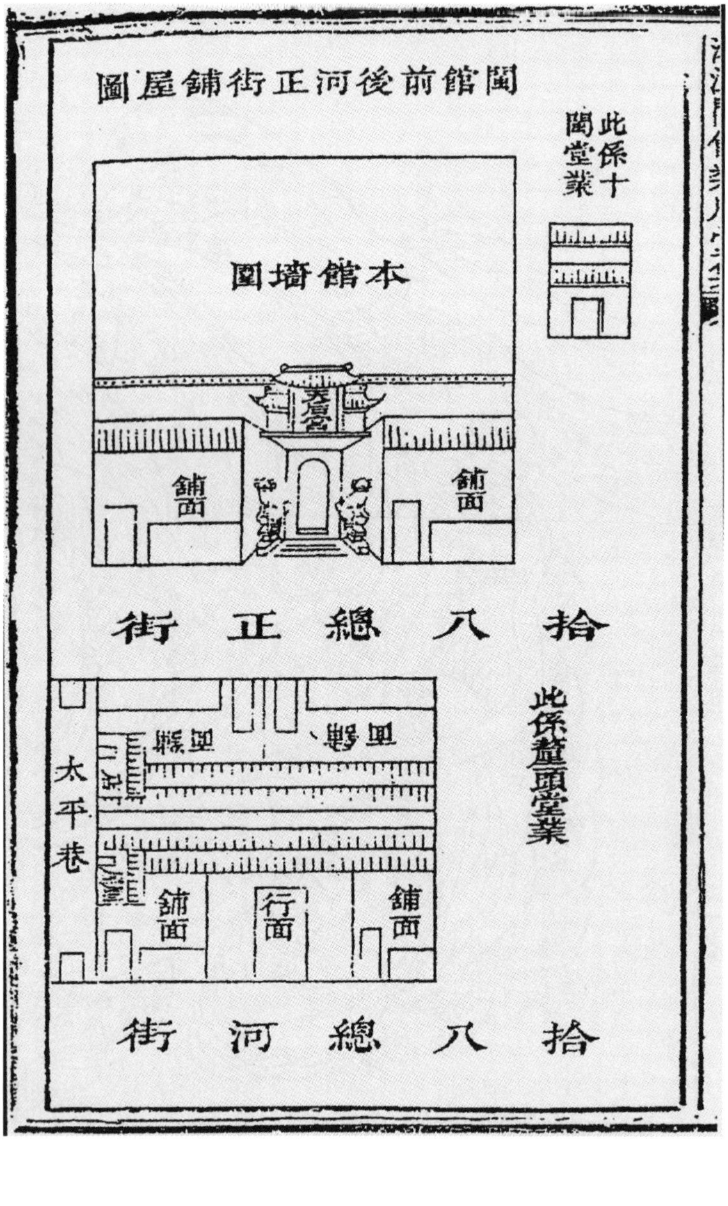
閩館前後河正街鋪屋圖
此係十閩堂業
本館墻圖
鋪面
鋪面
拾八總正街
太平巷
鋪面
行面
鋪面
拾八總河街

通省宾馆契约单票

（上首老契、兑契，限议悔字，详于《类编前记》，故不再录）

十闽堂买田山契摘略列下：

康熙廿八年己巳三月初八日，建福寺众姓买吴乔清所卖白洋塘田四十亩并山，骑仑分水为界，以及屋基园林，皆入建福寺，为万年灯田。原粮贰石六斗，系康熙年间硃印红契。

谨按：此契另有一张，值事轮管，乃康熙廿八年二月十九日杨彩五、廖瑞章、众姓等买吴乔清卖白洋塘田四十亩，租谷四十石，入建福寺万年灯租，系乾隆硃印红契。乾隆五十四年，即照此契刊碑，类编堂内照碑誊刻。愚谓此契年号、地名、田亩、契价虽同，而日月不对，当遵康熙硃印一契为是。

康熙廿八年三月初八日，建福寺众姓契买卢乔浦所卖下杉冲田贰十亩，子谷壹石四斗壹升六合。内有屋塘山照分水单约为界，皆入建福寺为万年灯田，系康熙年间硃印红契。

谨按：此契亦另有一张，值年轮管，乃康熙廿八年三月廿八日杨彩五、廖瑞章，众姓等买卢乔浦卖下杉坑田廿一亩六分，租谷二十石，子谷一石四斗一升六合，入建福寺为万年灯租，系一夥紫印。乾隆五十四年，即照此契刊碑，类编照碑附刻。愚谓此契年月虽同而日不对，子谷契价虽同而亩数、地名不对，当遵康熙硃印一契为是。且前契曰“灯田”，合平时呼后契曰“灯租”，意同字异。

康熙卅一年壬申三月十六日，福建杨彩五等契买张书山所卖下铁家坝荷必山荒孰田共叁十四亩四分并山，骑仑分水为界，以及茅屋塘园，皆入建福寺，为万年灯田，老额粮一石五斗，熟原荒粮七斗七升五合。

谨按：以上三处契田，后人讹传观音灯田。细阅契内并无“观音”两字，查阅上首收租薄据，亦无“观音”字面，可知讹传之说终不足信。

乾隆六年辛酉十二月初三日，建福宫四府等买潘旭升所卖，上十七都九甲虾公塘田廿三亩并山，骑仑分水为界，以及塘园屋基，皆入建福宫永远管业，饷银肆钱三分三厘。

谨按：以上田契四张，即志所载汀、漳两府置买祀田一百三十亩，现后一张有四府等买字面，是亦志时失其检点。

嘉庆十九年甲戌八月廿五日，建福宫向前承买冯光明所卖上十七都六甲细屋冲田贰十五亩，大小水塘四口，具系独管独注；茅屋一栋，屋后松山果树及上首荒山，骑仑分水为界，[1] 一概俱全，皆入建福宫永远管业。

谨按：此即邑志所载，公又买田廿五亩。并上四契，皆由司事掌管者。

兹将各田分水单列下：

计铁家门口壹丘二亩，秧田旁壹丘二亩，独壹丘一亩，犁头丘半分，条子丘三分，秧田贰丘一亩，蓝田壹丘七分，俱是坝水注荫。

计茶盘丘二分，沙丘一亩七分，滂田一丘三分，井丘二亩。又独一丘一亩，木匠丘分为二丘三亩，撑港丘分为三丘四亩，俱是铁家坝水注荫。

计虾公塘十三丘四亩二分半，界牌丘五丘贰亩，俱是虾公塘、白洋塘水注荫。

计马屎塘十一丘七亩，俱是白洋塘、马屎塘注荫。

计孔树塘住屋门口四丘一亩，又八丘一亩七分，马屎塘五丘二亩，又八丘中七亩，扛丘二丘一亩七分，俱是孔树塘、白洋塘水注荫。

计虾公塘六丘二亩，系虾公塘、烟土塘水注荫。

计何必山土丘二亩，庙渡二丘三亩，蛇丘湾六丘半亩，俱是石头塘水注荫。

计栗树丘二亩，猪头丘一亩，石头丘二亩，俱是莲花塘铁家坝水注荫。

计梨子树丘一亩，系燕子塘水注荫。

计通开丘三亩，排子丘二丘一亩，台子丘一亩，桥当头丘二丘二亩，俱是下铁家坝莲花塘、鹅公塘水注荫。

计下杉冲谭建实与建福寺分水约：谭人门首水塘一口，鱼系两家共放，塘内之水注荫建福寺上分二十四亩七分之田，其水与谭田二十四亩无相干涉，谭人不得放阻。其屋山地与香火堂中为界，上系建福寺管业，下系谭人管业，上首塘边小池让与谭人放粪，止有六尺之地，馀外之地谭人不得争占。

计开以上各都粮饷串票。[2]

上十七都地名虾公塘，上忙银贰钱贰分，下忙银贰钱壹分五厘，漕米一斗九合，[3] 南米八升四合，[4] 又银六分五厘。

上十七都地名细屋冲，上忙银壹钱正，下忙银九分五厘，漕米四升九合，南米叁升八合，又银三分。

① 骑仑分水：山岭顶部、岭脊的分水线、分界线。

② 串票：旧时缴纳钱粮的收据。一般为一式两联或三联，故名。《清文献通考·田赋一》：“截票之法：开列实征地丁钱粮数目，分为十限，每月限完一分。其票用印钤盖，就印字中分而为两，一给纳户为凭，一留库柜存验，即所谓串票也。”

③ 漕米：又称漕粮，指漕运米粮。

④ 南米：南方各省漕粮的总名，是一种实物税。自南方征得粮米，漕运至京师等地，供官军食用。

茶左五地名白洋塘，上忙银四钱五分，下忙银四钱五分，加津银二钱二分七厘。[①]

茶左五地名铁家坝，上忙银五钱五分，下忙银五钱五分，加津银二钱七分五厘。

茶左五地名下杉冲，上忙银叁钱二分，下忙银叁钱壹分九厘，加津银一钱六分一厘。

十闽堂各户分耕佃约列下：

计一约，佃九甲孔树塘田壹十九亩三分半，进庄银壹百拾六两贰钱五分，[②] 每年纳租谷叁拾石零九斗六升。

计一约，佃九甲虾公塘田拾壹亩五分，进庄银陆十九两，每年纳租谷壹拾捌石四斗。

计一同约，佃九甲虾公塘田叁拾六亩壹分半，进庄银二百十六两七钱五分，每年纳租谷伍十七石八斗四升。

计一约，佃六甲下铁家坝何必山田壹拾亩，进庄银陆拾两正，每年纳租谷壹拾陆石。

计一约，佃六甲下铁家坝何必山下杉冲田廿五亩，进庄银壹百六十贰两，每年纳租谷肆拾石。

计一约，佃六甲上铁家坝田廿六亩，进庄银壹百六十两，每年纳租谷四十一石六斗。

以上共田壹百贰十八亩，每亩计租一石六斗，共谷二百零四石八斗。

计一约，佃六甲细屋冲田廿五亩，进庄银壹百五十两，每亩计租一石一斗五升，每年共纳谷二十八石七斗五升。

谨按：以上之田，因后挖塘开荒加租，共有壹百五十三亩，每年共纳租谷照约贰佰叁十三石五斗五升，近年以来俱依此数纳交十闽堂收用。倘后进庄租谷或有增减，不得谓此数目先后不符。以上佃户每年共纳祭羊五只，详见《本馆旧规》。

十闽堂买山岭树木契摘略列下：

乾隆廿六年辛巳九月初三日，福建首士吴中砥等契买朱万咸所卖营盘岭山地一大所，前抵江义冢郑宅田塘为界，后抵壕基为界，左抵江西义冢为界，右抵福建义山为界。

谨按：曩来公上置买田山屋宇等业，轮着某府值年，即书某名首士等承买。如此契内吴中砥批曰：此契内之山原系十闽公项所卖，今因兴府管年经理未曾通知各府名

---

① 津银：漕政名，亦称“津贴银”。清代拨给各卫所屯田，除征收津租银外，并加征津贴银，给军济运。如，凤阳正卫头帮、前卫二帮、后卫三帮，每亩加征津贴银二分五厘，各归各帮支领等。其江西省称为余租银，湖北省称为帮费银，湖南省称为运费银。

② 进庄银：承租田地时，佃户按契约交付的押金。

姓等语，[1] 今人不知，惟见某人名姓，即曰某人之业。更为设言，某人将业捐入公内，乱人心目，致生事端，实属妄谈，害公昧己。

嘉庆十二年丁卯六月十三日，建福宫首士等契买谭家祠堂所卖上十七都细屋冲山地一所，树木俱全，上抵陈张两姓山，骑仑分水为界，下抵冯人塘边为界，[2] 左抵陈坟下田以挖塅为界，右抵白洋树套冯山占坑为界。一批白洋树套陈姓童坟一冢，只有挂扫，并无进葬。

谨按：吾闽义山，除上两契外，有山三处，不知契存谁家。兹将其山所立古碑录出。福建义冢，康熙卅八年己卯七月，闽省士商立。蒲阳壶，[3] 雍正二年甲辰暮春月蒲邑同立。鄞江阁郡寿山，雍正三年乙巳季冬月，鄞江士商同立。曩修类编之时，[4] 曾绘图说，茶山即烟山，烟山即营盘山。及考碑契不符，始知前后之误。

十闽堂所买屋宇基地契约摘略列下：

顺治十八年辛丑六月二十六日，福建首士龙处契买程君选等所卖十八总正街大屋地基一所，四至载明契内，为闽创建宾馆。

康熙二十年辛酉十一月十五日，福建首士龙处契买欧阳曙东所卖十八总建福寺后门首地基一所，四至载明契内，而为建馆后屋。

乾隆四十八年癸卯六月初六日，福建公馆契买张植三所卖方家围屋地基一所，四至载明契内，为馆造观音阁处。

嘉庆三年戊午六月廿四日，福建公馆契买罗廷槐所卖方家围菜地屋基一所，四至载明契内，为宾馆所建佛殿。

嘉庆二十一年丙子七月十八日，建福宫首士等契买许金榜所卖十八总后街瓦屋九间，四至载明契内，为馆造享堂等屋。

道光五年乙酉五月初四日，建福宫契买金紫荣所卖十八总后街瓦屋五间，四至载明契内，为馆造长生亭，前后并金家围等屋。

谨按：十闽堂内之屋俱系买来，建馆之馀另造铺屋而为每年收租，兹将租约开列。

计租本馆头山门内铺屋约一张，押租银壹百两正，每年纳租银捌拾四两。

计租本馆头山门外左边铺屋约一张，押租银陆十五两，每年纳租银六十六两。

计租本馆头山门外右边铺屋约一张，押租银壹百两，每年纳租银壹百零六两五钱正。

计租本馆长生亭头前金家围内屋约一张，押租银壹拾贰两正，每年纳租银拾二

---

① 兴府：福建省兴化府。

② 冯人：冯姓人。

③ 蒲阳壶：蒲阳义冢。

④ 曩：昔日。

两正。

谨按：以上各租多少，系照近年所收，所录至后之增减又不可得而知焉。

厘头堂买田山屋契约：

乾隆五十四年己酉十二月十八日，建福宫明德堂众姓等契买梁芝圃所卖下五都九甲仙峰岭荒熟民田，共五十五亩，水塘共九口，庄屋一所。① 又屋门口塘二口，田九丘，又界嘴下田壹丘，又莲花塘庄屋一所，塘三口，大小虎坑塘贰口，菖蒲塘二口，四至田山俱系骑仑分水为界，塘水均系独管，正饷银壹两叁钱八分，南漕照派，② 既照原契刊碑于馆。

谨按：此处骑仑分水之山周围岗原，今既成合闽之义山矣。

嘉庆十八年癸酉四月十五日，建福宫众姓等契买颜南洲所卖十八总正街河岸铺屋二所，河街老岸铺屋二所，行屋一所，太平巷内栈房一所，③ 厮屋一所，④ 俱系砖墙瓦屋，一连七间，宫内永远管业。

计开串票：

下五都地名仙峰岭，上忙银六钱九分，⑤ 下忙银六钱九分。南米二斗六升，又银二钱八厘。

下五都地名十八总，正饷银壹分二厘，漕米三合，南米三合，又银二厘。

厘头堂各佃分耕纳谷约列下：

计一约，佃仙峰岭田贰拾陆亩，进庄银壹百捌拾壹两，每年纳租谷叁拾四石。

计一约，佃仙峰岭田壹拾亩，进庄银壹百两正，每年纳租谷壹拾五石。

计一约，佃仙峰岭田廿八亩，荒田三亩，进庄银贰百肆拾两，转佃加谷一石七斗，每年纳租谷卅叁石。

以上共荒熟水田六十七亩，共租谷捌拾贰石，均照近年所收并加在内。

厘头堂各户行店纳租银约列下：

计租十八总正街河岸店一约，押租银叁拾两，每年纳租银三拾两。

计租十八总正街河岸店面一间，按此屋押租与每年租银系与太平巷栈房共约共纳。

---

① 庄屋：在远离居地的田地间修建的房屋，农忙时临时居住或安排庄户居住打理农田。

② 南漕：又称为南粮，明清时从江苏、浙江等南方数省征集并由水道运至京师的粮食。

③ 栈房：存放货物的仓房屋。

④ 厮屋：又称茅厮屋，即今厕所。

⑤ 上忙银：就是人头税，清代康熙晚期实行“摊丁入地”后，统称为“地丁钱粮”，也就是“地丁银两”。雍正十三年（1735）规定，地丁银两上半年在二月开征，五月截止，名曰“上忙”；下半年在八月开征，十一月截止，名曰“下忙”。在“上忙”和“下忙”所征收的地丁银两，称为“忙银”。

计租十八总太平巷内栈房壹间，并正街店面壹间，共立租约一张，押租银共陆拾两，每年纳租银四十六两五钱。

计租十八总太平巷内断屋一间，原无押租，每年额于正月先纳上期租银肆十五两正。

计租十八总河街老岸行屋二栋约一张，押租银伍拾两正，每年纳租银四十两正。

计租十八总河街老岸行屋左手房屋约一张，押租钱拾千文正，每年纳租钱拾千文正。

计租十八总河街老岸行屋右手店屋约一张，押租钱拾千文，每年纳租钱拾贰千文正。

谨按：以上各户租银押租，不无日后增减，暂兹录出，以征近年所收者如此。

各堂田山屋契（摘录）

（先置业者先列，不计其堂大小）

永盛堂（并管龙岗）

乾隆廿二年七月廿日，永盛堂契买汪开臣所卖拾二总正街河岸砖屋楼房二进。

乾隆四十六年七月十八日，永盛堂契买张元清等所卖黄龙巷内指南庵巷口铺屋一所。

嘉庆十七年十月十六日，永盛堂契买何泰岳等所卖毛公奢山塘荒熟水田廿八亩。

道光四年十二月十八日，永盛堂契买易谨颐所卖十八总正街老岸铺屋共六间。

道光七年十月十九日，永盛堂契买谢文度所卖长春塘荒田五丘，山一所，屋一所，塘一口。

道光十四年三月吉日，永盛堂契买李成肇所卖十八总正街老岸房屋一所，有铺面三间。

鄞江堂（旧名汀庆）

乾隆廿三年十一月廿五日，汀庆堂契买赖姓所卖十八总居仁巷内仁皇祠对门铺屋一所。

道光十四年八月初三日，鄞江堂契买陈修鼎等所卖仓门前左侧瞻箓街铺屋一进两栋。

恭圣堂（兹与定福堂合管）

乾隆三十二年八月十三日，恭圣堂内各靛客抽篓口银契买刘文彩所卖西塘冲民田四处，[①] 共四拾五亩，并内庄屋、水塘、义山。

乾隆四十年五月廿六日，定福堂内汀杭靛行八家契买张锦文等所卖西塘冲田五处，[②] 共十五亩五分，并内山塘、屋宇。

享圣堂（兹与上祝堂合管）

乾隆卅九年三月廿四日，享圣堂契买唐正煦所卖黄龙巷内铺屋二间，并地基前后四栋。

乾隆四十六年三月廿四日，享圣堂契买汪崇霞所卖十四总黄龙巷房屋一所，内封

---

① 靛：蓝靛。恭圣堂、定福堂多经营蓝靛。

② 汀杭靛行八家：靛行，是经营蓝靛的商行，共有八家。后与经营烟丝者合称烟靛行。

墙厅屋一进，外铺屋四间。

兴安堂

乾隆四十五年二月初十日，兴安堂契买朱源顺所卖十八总鼓楼门下首朱宅地基一所。

嘉庆十五年十一月初八日，兴安堂契买谭廷槐所卖十四总黄龙巷上首铺屋二间。

咸吉堂

乾隆四十六年十月初十日，咸吉堂契买朱世林所卖十八总鼓楼门下首铺屋二进。

乾隆四十七年三月廿八日，咸吉堂契买曾益清所卖十八总曲尺街瓦屋贰进。

乾隆四十九年又三月十九日，咸吉堂契买伍秀轩所卖鼓楼门下首瓦屋一进。

乾隆六十年十一月十九日，咸吉堂契买胡紫垣所卖十八总曲尺街砖墙瓦屋贰间。

嘉庆十年又六月十七日，咸吉堂契买赖容照所卖十七总鄢家巷墙屋一栋，厢房二间。

兴圣堂

乾隆五十六年五月初三日，兴圣堂契买吴鉴湖所卖十四总正街河岸铺屋三栋。

开源堂

乾隆五十八年八月十三日，开源堂契买蔡殿扬所卖十四总正街黄龙巷铺屋横直二间。

连株堂

乾隆五十九年三月十八日，连株堂契买张廷松所卖大码头正街河岸楼房铺屋一间。

福圣堂

嘉庆十六年五月初六日，福圣堂契买赵传扬所卖十七总正街老岸房屋四进，铺面一间。

咸吉、正一两堂

嘉庆十九年五月十六日，咸吉、正一两堂契买熊联茂所卖十七总后双塘坡上瓦屋一栋。

龙丰、仁圣两堂

嘉庆廿四年四月廿一日，龙丰、仁圣两堂契买万常炽所卖十八总正街河岸铺面一栋，厢房一间，腰墙一道，正屋一栋，披厦二间。

龙丰堂

道光三年九月初六日，龙丰堂契买阳俊位所卖十八总正街河岸房屋一栋，铺面一间。

福庆堂

道光六年十一月初六日，福庆堂契买林曲江所卖下五都一甲躬耕芦民熟水田四十六亩，庄屋一所，水塘一口，独管注荫。

道光九年三月二十日，类编堂承典十二总蔡天吉堂店一所。

道光十一年腊月十二日，成言堂承典十八总杨致和店一所。（道光十五年闰六月初六日，成言堂契买潭邑十八总河街河岸陈万馀出卖铺面木架房屋一所，一间三进。）

谨按：凡堂有业而未捐赀，及既捐而不付赀者，其契概于此处不录。

卷三终

卷四

重修潭邑闽馆序

重修潭邑閩館序

我

天后聖母生當宋世幼即通神自宋高宗紹興間

得膺封典歷元明及我

朝屢著靈異

列聖相承頻

加徽號疊

錫崇封顧　神生於閩吾閩人事之維謹凡散處四

方者必奉　神爲福主道光辛巳余奉

湘潭閩館貢文彙集　卷四　修館序　一

湘潭閩館類成堂集

天子命節制兩湖越明壬午巡閱來湘適余弟增
德甫卸湘潭縣篆邀余至賓館謁
神本館董事卽出類編請序於余余檢閱之竊羨
吾鄉人急公好義崇奉
天后聖母爲獨至也夫事艱於創始而尤難於繼
興潭有賓館久矣乃自
國初逮今百數十年積歲既深剝蝕已甚非得有
力者擴其址而重新之終無以歷久遠而不敝
嘉慶丙子汀郡賴又榮漳府楊經典興府林躍

雲暨各府同鄉人等鳩工庀材與匠石均艱苦
閱七寒暑而工成其宮殿之巍峩臺榭之宏敞
垣墉之鞏固丹漆之輝煌靡不經營盡善而吾
閩人之誼篤桑梓崇奉
神靈誠非一舉手投足之功所可擬矣夫
天后聖母之靈如日月經天江河行地凡戴高履
厚者皆虔奉勿懈矧吾閩人食德飲和慨邀
神貺是區區者豈遽足以答
神庥也方今

卷四 修館序 二

聖天子在上四海歸誠百川效順我

天后聖母之享祀直與

國祚億萬千年共綿延於勿替則吾閩人賓館之

設其烏可已哉是爲序

賜進士出身

誥授資政大夫兵部尚書兼都察院右都御史總督

湖廣等處地方軍務兼理糧餉加三級紀錄十

次閩縣陳若霖撰

重修潭邑闽馆序

我天后圣母，生当宋世，幼即通神。自宋高宗绍兴间得膺封典，历元、明及我朝，屡著灵异，列圣相承，频加徽号，叠锡崇封。顾神生于闽，吾闽人事之维谨，凡散处四方者，必奉神为福主。道光辛巳，余奉天子命，节制两湖。越明壬午，巡阅来湘，适余弟增德甫卸湘潭县篆，[1] 邀余至宾馆谒神。本馆董事即出《类编》请序于余。余检阅之，窃羡吾乡人急公好义，崇奉天后圣母为独至也。夫事艰于创始而尤难于继兴，潭有宾馆久矣，乃自国初逮今百数十年，积岁既深，剥蚀已甚，非得有力者扩其址而重新之，终无以历久远而不敝。嘉庆丙子，汀郡赖又荣、漳府杨经典、兴府林跃云暨各府同乡人等鸠工庀材，与匠石均艰苦，阅七寒暑而工成。其宫殿巍峨，台榭之宏厰，垣墉之巩固，丹漆之辉煌，靡不经营尽善，而吾闽人之谊笃桑梓，崇奉神灵，诚非一举手投足之功所可拟矣。夫天后圣母之灵如日月经天，江河行地。凡戴高履厚者，皆虔奉勿懈，矧吾闽人食德饮和，慨邀神贶，是区区者岂遽足以答神庥也。方今圣天子在上，四海归诚，百川效顺，我天后圣母之享祀，直与国祚亿万千年共绵延于勿替，则吾闽人宾馆之设，其乌可已哉！是为序。

赐进士出身、诰授资政大夫、兵部尚书兼都察院右都御史、总督湖广等处地方军务、兼理粮饷，加三级纪录十次，闽县陈若霖撰。[2]

---

① 增德甫：即陈增德，福建闽县举人，道光二十五年（1845）任湘潭县令。甫，父，古代男子美称。

② 陈若霖：（1759—1832），字宗觐，号望坡，福建闽县（今福州）人。乾隆五十二年（1787）进士。初授庶吉士，历任主事、员外郎、郎中、按察使、布政使、巡抚、总督等职，道光初期官至刑部尚书。

重建宾馆天地全图

（附山向日课）

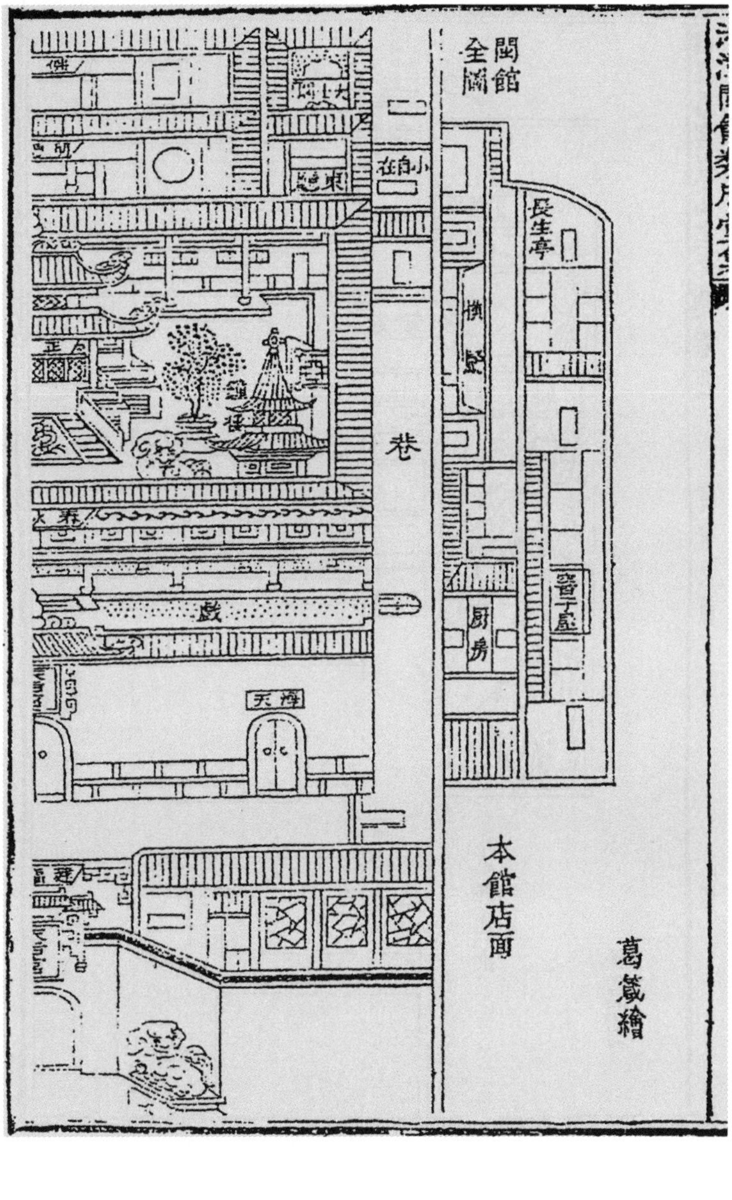

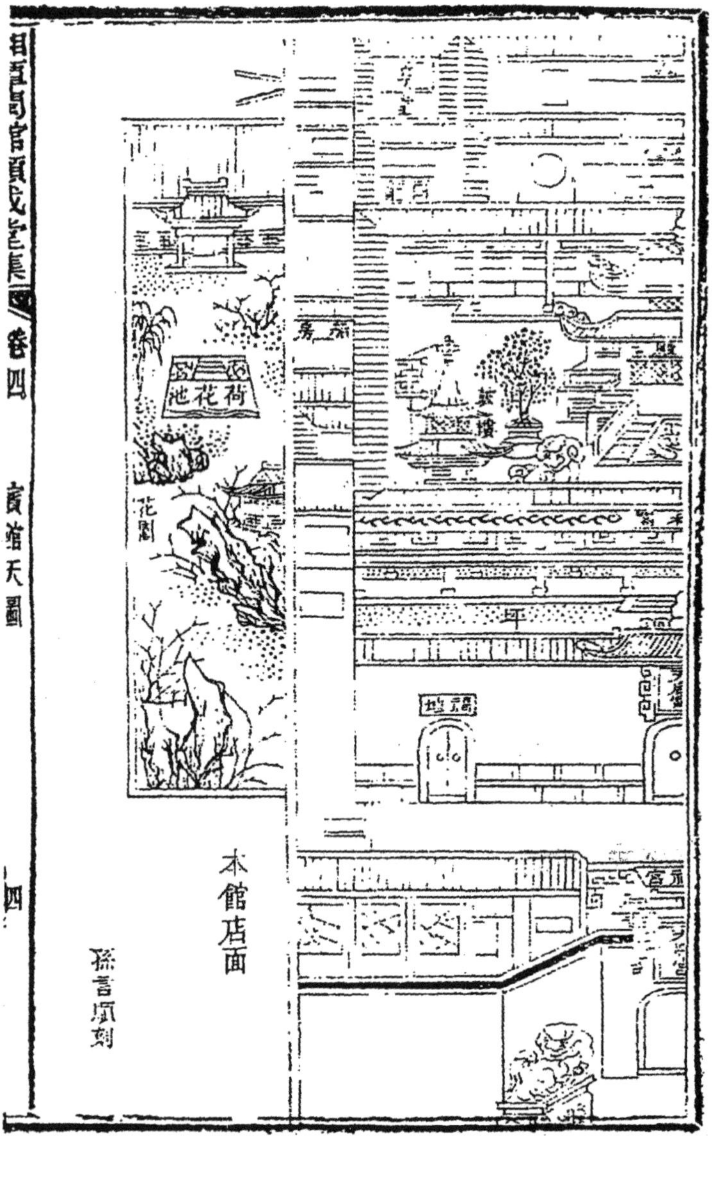
湘潭司官廨女子宅集 卷四
賓館天圖
四
荷花池
花園
本館店面
孫言原刻

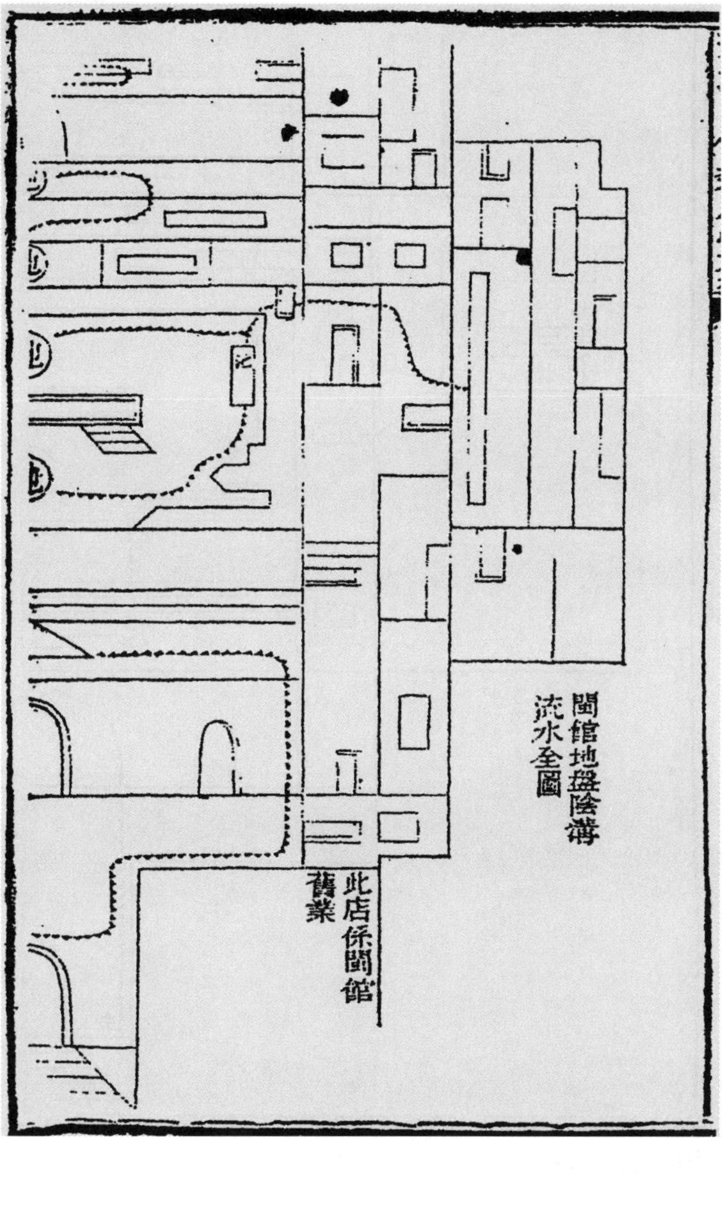
閩館地盤陰溝流水全圖
此店係閩館舊業

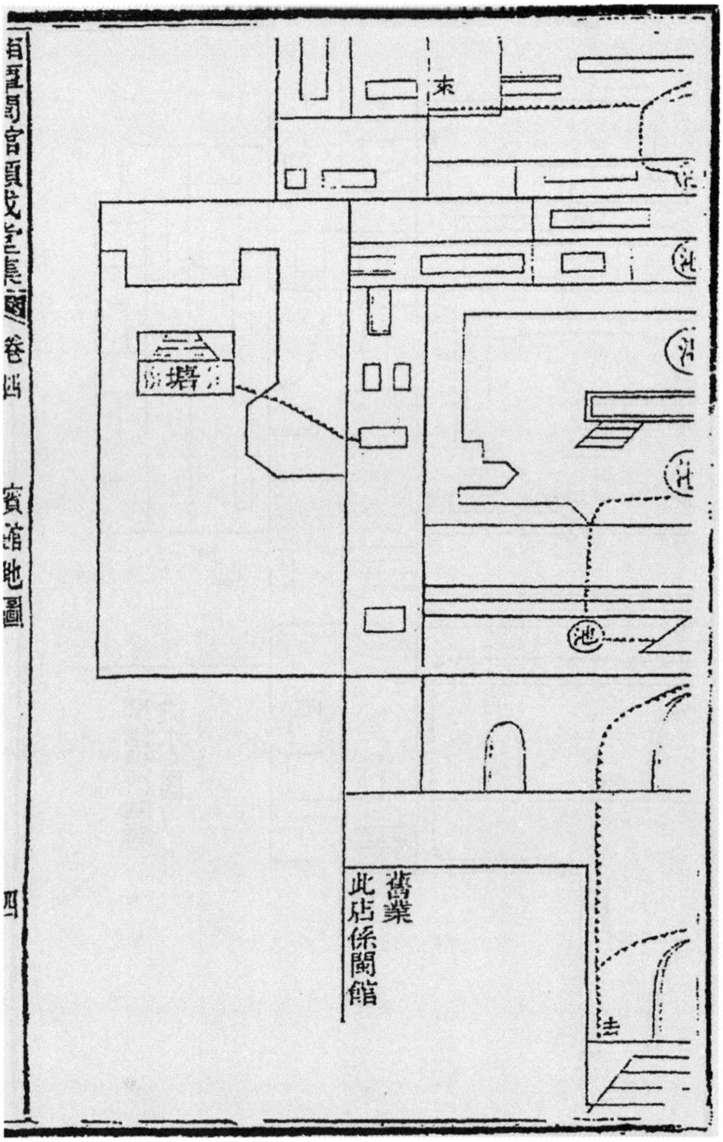

天后宫亥山巳向兼壬丙。

嘉庆二十一年丙子七月初六日吉时兴功动土。

嘉庆二十二年丁丑九月初十日卯时上梁。

嘉庆二十四年己卯九月初一日吉时敬迎天后圣母出案升座。

嘉庆二十五年庚辰三月初八日吉时开台演戏。

成言堂记

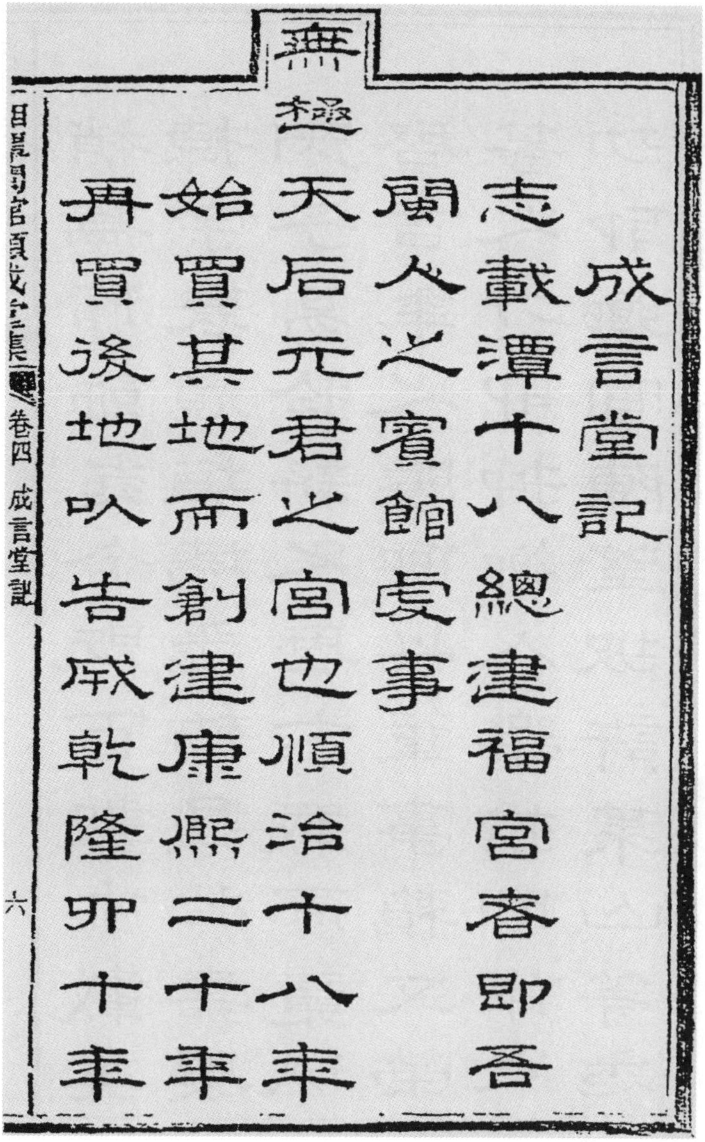

無極

成言堂記

志載潭十八總建福宮春即吾閩人之賓館處事天后元君之宮也順治十八年始買其地而創建康熙二十年再買後地以告成乾隆卯十年

卷四 成言堂記 六

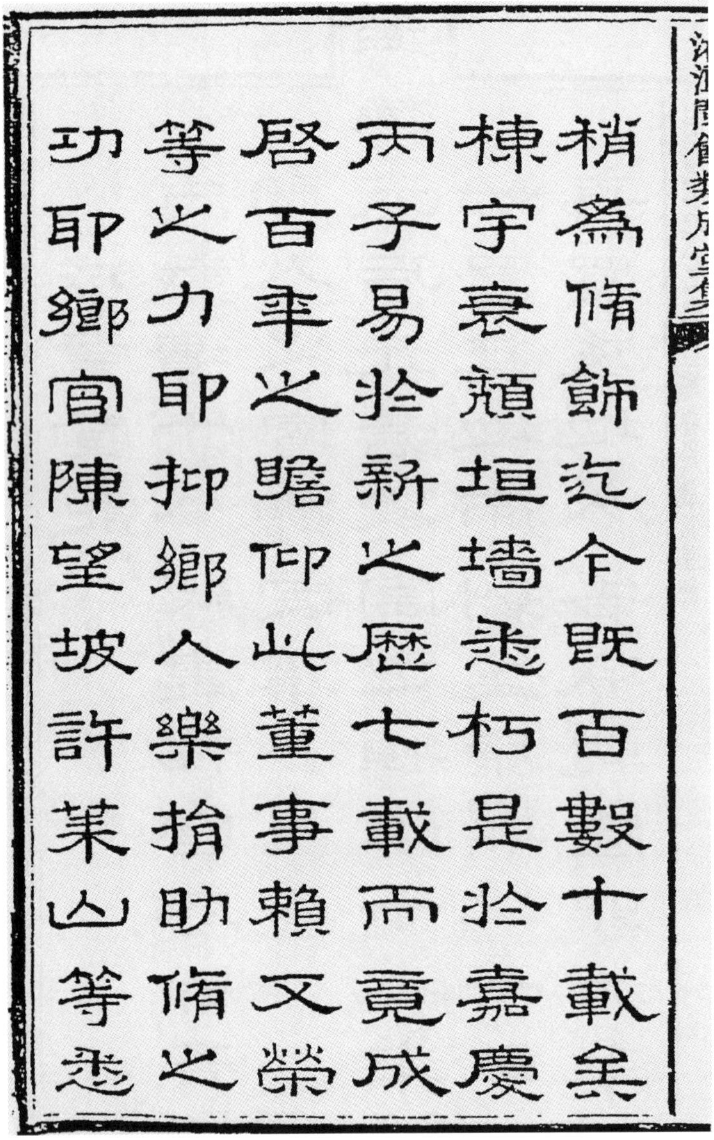

稍為脩飾迄今既百數十載矣棟宇衰頹垣墻悉朽是於嘉慶丙子易於新之歷七載而竟成啓百年之瞻仰此董事賴文榮等之力耶抑鄉人樂捐助脩之功耶鄉宦陳望坡許茱山等悉

為之序夫何其碑而猶未立即
董事曰欲待抽釐以補之鄉人
曰得毋慮其過久名隱數歷咸
謂善作者而不講成即爰立式
堂先附梓刻不朞堂有餘積碑
亦隨為勒成彝侈旅人無廢後

卷四 成言堂記 七

覽以徵起堂之力邑補捐脩之
功易曰成言子民萬物之所成
終而所咸始者其斯之謂歟因
名之曰成言堂是歲辛开汀杭
向命行謹記
道光十卯年甲午歲向詞賓書

成言堂记

志载：潭十八总建福宫者，即吾闽人之宾馆，虔事无极天后元君之宫也。顺治十八年始买其地而创建，康熙二十年再买后地以告成。乾隆四十年稍为修饰，迄今既百数十载矣。栋宇衰颓，垣墙悉朽，是于嘉庆丙子易于新之［处］，历七载而竟成。启百年之瞻仰，此董事赖又荣等之力耶？抑乡人乐捐助修之功耶？乡官陈望坡、许莱山等悉为之序。夫何其碑而犹未立耶？董事曰："欲待抽釐以补之。"乡人曰："得毋虑其过久，名隐数匿，咸谓善作者而不善成耶。"爰立一堂，先附梓刻，不期堂有馀积，碑亦随为勒成。无侈前人，无废后览，以征起堂之力，以补捐修之功。《易》曰"成言乎艮，万物之所成。"终而所成始者，其斯之谓欤！因名之曰"成言堂"。是岁辛卯汀杭何命行谨记。

道光十四年甲午岁何词宾书。

历年宾馆碑记

（共计新旧竖立三十二块）

谨按：本馆失去康熙年间创修馆碑一块。询既碎断，埋在观音岩下。因虑未碎断者将来石崩字塌，亦难以描其迹，兹故一一录下：

乾隆八年癸亥，公追刊立康熙卅一年壬申灯田碑一块，计内四十四名，并无银两。

按：碑内未载某府所输。相传汀、漳所立，有田叁处，无亩数、地名，且交僧管供奉。观音香灯与馆祀田无涉，不应竖此，以免后驳。

乾隆十四年己巳，公立十二年丁卯捐修拜亭与修关帝殿后韦驮佛座碑四块，计内四百九十名，共捐银四百廿七两九钱。时有汀、兴、漳、福、延、建、邵、泉八府在此。[1]

乾隆四十年乙未，公立修饰宫墙楹桷碑四块，计一百八十七名，共捐银九百二十两。

此时泉府已无名字。

乾隆五十四年己酉，代立祀田碑一块。

按：此碑内田契叁张，载明亩数、地名以为供奉。《圣母香灯邑志》所载“汀、漳两府置买祀田”，是可征也。然其兴府能代立碑，而曰“皆系十闽之业”，尤为征信。类编即照此碑刻记，不知十闽箱内藏有真老田契二张，内书建福众姓所买亩数、地名皆同，所以照此老契补入。

乾隆五十五年庚戌，修理神座，公立老厘头堂碑三块，计一千零零六名，共抽厘银壹千六百拾三两。内刊乾隆五十四年公买梁芝圃所卖仙峰岭田契一张，又刊乾隆五十年公买帅宗观屋契一张。

谨按：此屋衰朽，屡欠租银。嘉庆廿二年公同售出典买赖晖吉屋壹所。道光六年吴某刷碑契文，具控害公。道光十二年林某收晖吉屋银，扣还所垫。今屋两无一存，碑尚不注明白，不已琐渎，免后效尤。

乾隆六十年乙卯，公立修整关圣殿墙垣碑二块，计六十五名，捐银壹千五百四十八两二钱。

此非野庙，用僧募化，现本各堂捐赀，何无董事名字，幸兹改建，不与此碑语同。

---

① 汀、兴、漳、福、延、建、邵、泉八府：清朝福建省汀州府、兴化府、漳州府、福州府、延平府、建宁府、邵武府、泉州府八府。

嘉庆九年甲子，公立建修闽中佛地碑一块，计六十三名，捐银三千五百九十六两。

按：此地甚窄，曷能消得如此多金，如上老厘头碑，入少用多，都不能使人无疑。兹亦改建，不与此碑语同。

嘉庆廿一年丙子，公立新厘头碑三块，计五百六十六名，共抽厘银二千六百四十二两。（内刊嘉庆十九年买上十七都田一处，入十闽堂。又刊嘉庆十八年买十八总房屋七间，入新厘头堂。）

道光六年丙戌，公修观音岩，立碑一块。

按：此碑内余亦捐赀，目击董事劝输，并非僧代募化，且僧未捐半厘，夫何多列僧字代表住持，以贻后论。

道光八年戊子，公立类编堂碑一块。

另有堂记百策，议将原碑磨刊，删除前捐，不付增入。近来新捐，每逢宴庆，芳名惟照十五年立新碑为整。

道光九年己丑，汀永连株堂用石修整宫后大路，[1] 即于路旁立碑一块。（不肯书银多少。）

道光十一年辛卯，公立成言堂碑一块（一切等事与类编同）。

道光十一年辛卯，成言堂代立修馆碑八块。

计各堂卅名，捐四千九百零三两。

兴府百五十四名，捐壹万七千三百一十七两。

汀府四百七十三名，捐九千四百卅两。

延府四十二名，捐七千二百九十七两。

邵府十二名，捐贰千七百八十六两。

建府十八名，捐贰千一百一十两。

漳府一百六十二名，捐一千九百卅七两。

福府六名，捐三百零四两。

以上七府八百九十七名，共银四万六千零八十四两正。

道光十三年癸巳，值事立济公碑一块，计一百廿五名，捐银壹千四百零七两五钱。将各历年所输庆祝帮务、捡盖整弊等赀汇总而刊。

谨按：凡有各堂寄碑于馆竖立，其银未入馆用者不得籍录此集。

① 汀永：清朝福建省汀州府的永定县，简称汀永。

本馆各悬匾额

（不计其职大小，皆照年号编列）

乾隆十四年己巳季春月，赐进士出身、钦命湖南布政使司布政事许嵩吉悬匾“群生慈母”。

乾隆十四年己巳仲冬月，通政使司通政使、翰林院侍讲学士充《一统志》纂修里人雷鋐悬匾“碧海荣光”。①

乾隆五十八年孟夏月，赐进士出身、诰授光禄大夫经筵讲官、文华殿大学士、吏部尚书晋加太子太师漳浦蔡新悬匾“海国风恬”。②

乾隆五十二年癸巳仲春月，赐进士出身，通政大夫特简黔南督学使者前奉旨册封琉球，赐蟒玉正一品服、莆阳林麟焻题悬匾额曰“天生仁孝”。③

乾隆五十二年仲夏月，赐进士出身，中宪大夫分守陕西、西乾鄜等处地方兼管水利驿传事务、督粮道翁燿悬匾“得一以灵”。

嘉庆五年庚申季春月，兵部侍郎兼都察院右副都御史、巡抚湖南等处地方提督军务、兼理粮饷，加五级祖之望悬匾“后德配天”。④

嘉庆二十二年九月，原任湖南长沙协中营都督府、加十级纪录七次军功、加一级赏戴花翎连城张观文来潭接制宪，⑤ 晋宫谒神祀梁。嘉庆廿五年庚辰二月悬匾“泽国慈航”。

嘉庆廿四年己卯五月，敕授文林郎、知湖南长沙府湘潭县事、加五级纪录十次，闽县陈增德上任，晋馆谒神。嘉庆廿五年庚辰三月，悬匾“湄云远荫”。

---

① 雷鋐：(1696—1760 年)，字贯一，号翠庭，生于宁化城关。17 岁补县学生，肄业于鳌峰书院。其时，主持鳌峰书院的是乾隆皇帝在藩邸时的专职老师、笃信程朱理学的著名理学家蔡世远。雷鋐为蔡世远的得意弟子。推崇和继承程朱理学思想，主张穷理致知，躬行实践。著《象山禅学考》《阳明禅学考》等。雍正元年（1723），考取举人。雍正十一年（1733），中进士，授予庶吉士。雍正十三年（1835），命直上书房。乾隆元年（1736），授予翰林院编修，入侍皇子讲读。乾隆十年（1745），擢升为通政使。

② 蔡新：(1707—1799)，字次明，号葛山，别号缉斋，福建省漳浦（今漳浦县大南坂下楼村林西墘）人，清朝大臣。乾隆元年（1736）进士，授庶吉士、翰林院编修、直上书房、翰林院侍讲，累官内廷总师傅、兼理兵部尚书兼管国子监事务、礼部尚书兼理兵部尚书、吏部尚书兼国子监事务、文华殿大学士兼吏部尚书、加授太子太师。漳浦：清朝福建省漳州府南部的漳浦县。

③ 林麟焻：字石来，号玉岩，清代永积仓（今城厢区英龙街东山巷）人，生卒年未详。康熙八年（1669）举乡试，九年（1670）成进士，授中书舍人。康熙二十一年（1682），册封琉球国王，翰林检讨汪楫为正使，麟焻为副使。康熙二十六年（1687），麟焻充四川乡试副主考，迁礼部郎中。三十三年（1694），出为贵州提学佥事。康熙四十三年（1704），福建巡抚梅鋗奉命修纂《莆田县志》，聘麟焻任总裁。

④ 祖之望：(1763—1813)，字舫斋，福建浦城人。乾隆四十三年（1778）进士，选庶吉士，散馆授刑部主事，洊升郎中。五十八年（1793），出为山西按察使。六十年（1795），迁云南布政使。嘉庆元年（1796），总督巡抚皆统师出，之望一人留武昌治事。四年（1799），授刑部侍郎。五年（1800），授湖南巡抚。七年（1802），授山东巡抚。

⑤ 制宪：对知府以上官员的尊称。后面文章中的某宪，如王宪、卫宪，则是称县令。

谨按： 凡宪，奉旨入宫，春秋致祭，各省府县历来皆然，惟潭邑本馆行此礼者，系此［从］陈公始，迄今成为定例。

嘉庆二十五年庚辰三月，日讲起居官詹事府、右春方［坊］、右中允教习、庶吉士、提督湖南全省学政、加三级纪录十次，晋江许邦光开考宝庆越此，[①] 入宫谒神，悬匾额“播液发灵”。

道光元年辛巳三月，敕授文林郎、知澧州慈利县事、署湘潭县知县、加五级纪录十次、闽邑陈宸书上任，晋宫谒神。道光二年壬午，花亭挂额“湄月印湘”。

道光二年壬午四月，敕授文林郎、知湖南直隶郴州桂东县署宝庆府、邵阳县事、提升郴州知州、加三级纪录十次、惠安曾钰越此，晋宫谒神，悬匾额“泽流湘浦”。

道光二年壬午三月，诰授资政大夫、兵部尚书兼都察院右都御史、总督湖广等处地方、提督军务、兼理粮饷、闽县陈若霖巡边来此，晋宫谒神，悬匾额“福荫闽湘”。

谨按： 宫内敬谨悬挂御书匾额于神龛顶，暨敬谨悬挂历朝褒封匾额于神殿前，概照前辈旧式，无敢增减厘毫，更不敢另注年月姓名，恭立至各所挂对联匾式，敬神而可以注名姓者，又不便录于此集。

---

① 许邦光：（1781—1833），字汝韬，号策山，泉州三朝铺人。清嘉庆十三年（1808）乡试中举，十六年（1811）与林则徐同榜进士，选为翰林院庶吉士。散馆后，授翰林院编修，长期在翰林院供职，先后任庶吉士教司、会试主考官、湖南学政，官至光禄寺卿。编修《大清一统志》时，任福建卷编修官。

合闽公议馆规

（明德堂内照此悬立卧牌）

十閩公議館規列左
一祀有常典本館遵奉
欽頒禮制儀注陳設犧牲品物均有確守歷來省牲
之後脩辦慶壽酒戲用項酌照存蓄時宜詰朝
在任文武各憲及鄉帮紳士詣館行禮分別欵
待務期精潔隆重其分班各衙及鄉帮福胙悉
照舊額其有新捐入公一體派給所以均
神惠崇禮儀也
一規有定額十閩堂內所有租穀租銀額爲每年

供給祀典戲酒雜用等費如果豐儉得宜又能照額用剩載明總簿照數歸公如任意奢華所入不敷所出雖經墊用實屬違規公上斷無還補其老匣頭堂內所有租穀租銀原存以備歲修毋得索入墊用更不以兩堂公業售典彌空致斷租息設有義不容辭之事需銀至叁十兩以上者邀集各堂公議是否可行別爲籌畫所以厚積貯也

一用有應否如另置業或在本業開墾築塘修屋

湘潭閩館券序堂集

及爲公事應酬雖出祀典之外悉在應用之列
其用公項固宜至各私自相與餽送厚薄混稱
爲館來往此皆不應用者不得牽動公銀所以
杜虛靡也
一事有責成館內租穀租銀統由值年總理執倉
他人不得攙入冒名案收所有兌換銀錢不得
輕重出入混稱時價暗裏侵公所以徵誠實也
一本館值年總理每年各府公擇殷實誠慤之人
交接之日公同撿查田屋山地新老各契字約

倘有遺失互混及數重複漏載等情公同徹底
跟查果有情弊賠後加罰所以昭慎重也
一本館田屋如遇各佃私頂私賃藉端踞庄霸耕
等因理宜稟究押追倘有私受賄囑武斷公項
獎給一經查出照數賠罰所以防侵冐也
一本館舊章凡有鄉誼榮登仕版現任各省府縣
因公經過詣館行禮值年致敬迎送以敦鄉情
如非現任紳官又無同鄉認識即係來歷不明
不得任其居停館內所以重桑梓杜冐詐也

[illegible]全集 卷四 公議章規 十七

一本館義山凡同鄉覔地安葬者務同帮認識之人先為值年領票照票註定丈尺安厝每逢春秋祭掃值年偏視崗原一有崩塌立即飭佃修築所以安旅櫬也

一本館供奉龕前香燈務宜晝夜不熄殿前正門不得擅開遇演戲日不許欄殿門踞坐嬉笑觸犯一切淫邪穢齣不許點演所以昭誠敬也

謹按以上館規十條重在經理款用兩款癸巳司事依議遵行業既彌空有餘不牵厘頭条用遂悉非久多變難料壞於何時當必有記之者日自某府始而為後世罵名慎之

十闽公议馆规列下

一、祀有常典。本宾馆遵奉《钦颁礼制仪注》，陈设牺牲品物，均有确守。历来省牲之后，备办庆寿酒戏用项，酌照存蓄时宜。诘朝在任文武各宪及乡帮绅士诣馆行礼，[①] 分别款待，务期精洁隆重。其分班各衙及乡帮福胙，悉照旧额。其有新捐入公，一体派给，所以均神惠，崇礼仪也。

一、规有定额。十闽堂内所有租谷租银额为每年供给祀典戏酒杂用等赀，如果丰俭得宜，又能照额用剩，载明总簿，照数归公。如任意奢华，所入不敷所出，虽经垫用，实属违规，公上断无还补。其老厘头堂内所有租谷租银，原存以备岁修，毋得紊入垫用，更不以两堂公业售典弥空，[②] 致断租息。设有义不容辞之事，需银至叁十两以上者，邀集各堂公议，是否可行，别为筹画，所以厚积贮也。

一、用有应否。如另置业，或在本业开垦、筑塘、修屋，及为公事应酬，虽出祀典之外，悉在应用之列，其用公项固宜。至各私自相与馈送，厚薄混称，为馆来往，此皆不应用者，不得牵连动公银，所以杜虚靡也。

一、事有责成。馆内租谷租银统由值年总理执管，他人不得掺入，冒名紊收。所有兑换银钱不得轻重出入，混称时价，暗里侵公，所以征诚实也。

一、本馆值年总理，每年各府公择殷实诚悫之人，[③] 交接之日，公同检查田屋山地，新老各契字约，倘有违失互混，及数重复漏载等情，公同彻底跟查，果有情弊，赔后加罚，所以昭慎重也。

一、本馆田屋如遇各佃私顶私赁，藉端踞［据］庄霸耕等因，理宜禀究押追，倘有私受贿嘱，武断公项弊给，一经查出，照数赔罚，所以防侵冒也。

一、本馆旧章，凡有乡谊荣登仕版，[④] 现任各省府县因公经过，诣馆行礼，值年致敬迎送，以敦乡情。如非现任绅官，又无同乡认识，即系来历不明，不得任其居停馆内，所以重桑梓，杜冒诈也。

一、本馆义山，凡同乡觅地安葬者，务同帮认识之人先为值年领票，照票注定丈尺安厝。每逢春秋祭扫，值年偏视岗原，一有崩塌，立即饬佃修筑，所以安旅榇也。

一、本馆供奉龛前香灯，务宜昼夜不熄，殿前正门不得擅开。遇演戏日，不许栏［拦］殿门踞坐嬉笑。触犯一切淫邪秽出，不许点演，所以昭诚敬也。

---

① 诘朝：第二天早晨。

② 弥空：弥补亏空。

③ 殷实诚悫：家境殷实，为人诚实，恪守规定。

④ 仕版：旧指记载官吏名籍的簿册。亦借指仕途，官场。

谨按：以上馆规十条，重在收租敷用两款。癸巳司事依议遵行，业既弥空有馀，不牵厘头斋用，惟恐事久多变，难料坏于何时，当必有记之者，曰自某府始，而为后世骂名，慎之。

曩来宾馆旧规并附演戏祭期

其一

凡我鄉人上達自遊泮至科甲翰院晋館拜謁

天后元君者必恭敬止公具餽程勿拘原籍客籍上

府下府無分彼此一體施行苐須熟識行店同

來免其假冐等弊至各行店所餽原與公項無

干若遇官員掛匾或辦酒席等禮臨期裁奪

其二

本館所置燈綵字畫棹椅古玩等物不拘新舊

大小不准私借出館違則照舊懸牌公罰

其三

每歲收穀秋後爲期各處佃戶先行通知將所

應納之穀佃戶自送至館過風乾净制斛量交

值年總理領收遞公照市發售

一蝦公白洋孔樹塘田六十七畝納穀壹百零七石貳斗

一上鐵家垻田貳十六畝納穀四十壹石六斗正

一下鐵家垻與何必山田三十五畝納穀五十六石正

一細屋冲田貳十五畝納穀貳十八石七斗五升

以上四處皆屬上十七都送穀來時館內給飯一餐十閱帮貼佃戶每石船錢壹十五文

卷四 舊規 十九

另賞各船共酒錢二百五十文佃戶應於屆期納羊來館列左

三月廿三日納祭羊貳隻

五月十三日納祭羊壹隻

九月初九日納祭羊貳隻

以上祭羊皆各佃戶輪派照納來館千閗筲飯三餐每隻二十斤爲度如多一斤十閗貼佃戶錢八十文如少一斤佃戶貼十閗錢一百廿文雖未均平無壞舊例如各處之穀若肯折錢不須入會佃戶照時市每担另加價銀一錢幾分免得盤繳惟候司事公定

一仙峯嶺田荒熟六十七畝納穀八十二石厘頭堂內偹飯一餐此穀最高每催上價交納亦早且送穀來館一切雜力錢費皆佃戶認數故免納羊

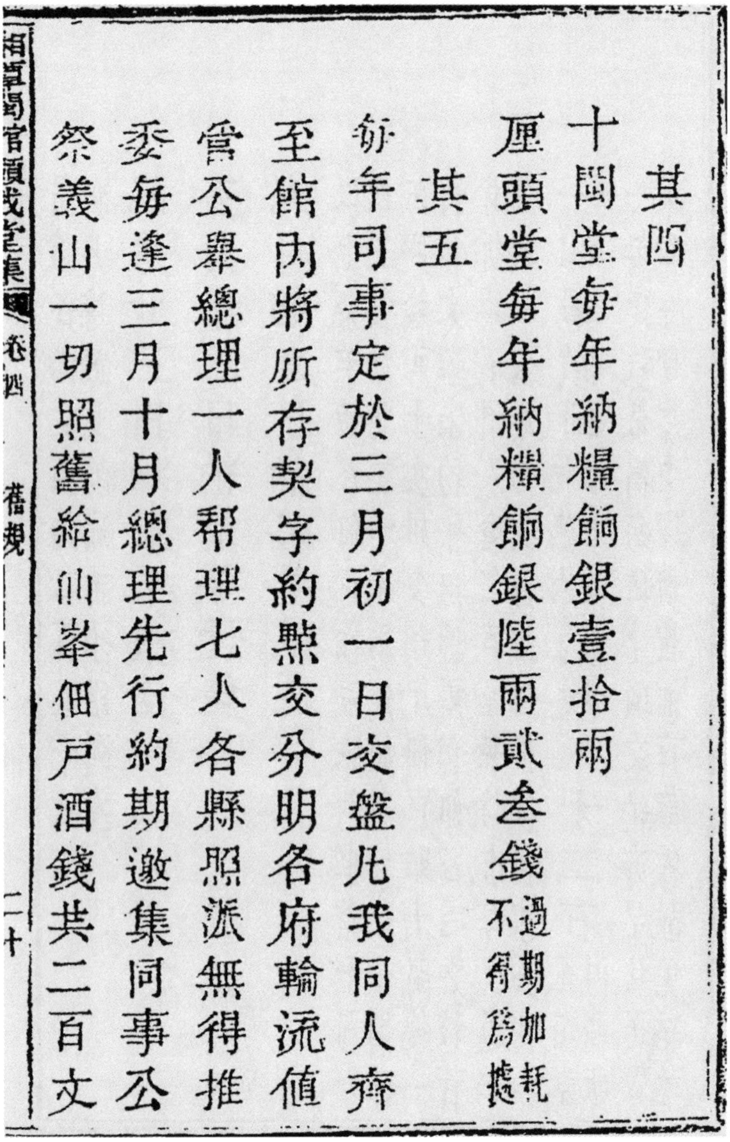

湘潭閩官頂戲堂集　卷四　舊規　二十

其四

十闘堂每年納糧餉銀壹拾兩

壓頭堂每年納糧餉銀陸兩貳叁錢過期加耗不得爲據

其五

每年司事定於三月初一日交盤凡我同人齊

至館内將所存契字約照交分明各府輪流値

會公舉總理一人帮理七人各縣照派無得推

委每逢三月十月總理先行約期邀集同事公

祭義山一切照舊給山峯佃戶酒錢共二百文

其六

本館僱僧代供香火恪守清規議有給發列左

每月茶油五十斤　每朔望蠟燭二斤

每年穀五十三石　端節元銀六兩正（條繇弍包）

中秋元銀六兩正（條繇弍包）年底元銀八兩正（條繇弍包）

天后元君瑞誕三月二十三日給諷經銀壹兩九月

初九日給諷經銀壹兩正

觀音大士瑞誕二月十九日六月十九日九月十九

日原額每次給諷經銀壹兩自道光六年增多

諷經兩日亦增經費銀貳兩正

盂蘭勝會懺禮設壇諷經放燄十閏堂給銀拾六兩包皮紙壹細原頭堂給錢紙四百斤金銀錠貳萬凡遇公事設席貼僧米炭酌量隨宜

其七皆各堂演戲祭祀有定期列左

每逢正月

初五日祝聖堂演戲　初六日明德堂演戲

初八日永盛堂演戲　初九日定福堂演戲

十三日咸吉堂演戲　十四日興安堂演戲

湘西閩館賓成堂集　卷四　舊規演戲祭期　三

其一

凡我乡人，上达自游泮至科甲翰院，晋馆拜谒天后元君者，必恭敬止；公具馈程，勿拘原籍客籍，上府下府，无分彼此，一体施行。第须熟识行店同来，免其假冒等弊。至各行店所馈，原与公项无干。若遇官员挂匾，或办酒席等礼，临期裁夺。

其二

本馆所置灯彩、字画、桌椅、古玩等物，不拘新旧大小，不准私借出馆，违则照旧悬牌公罚。

其三

每岁收谷，秋后为期。各处佃户，先行通知将所应纳之谷，佃户自送至馆，过风干净，制斛量交值年总理领收，[①] 凭公照市发售。

一、虾公、白洋、孔树塘田六十七亩，纳谷壹百零七石贰斗。

一、上铁家坝田贰十六亩，纳谷四十壹石六斗正。

一、下铁家坝与何必山田三十五亩，纳谷五十六石正。

一、细屋冲田贰十五亩，纳谷贰十八石七斗五升。

以上四处皆属上十七都，送谷来时，馆内给饭一餐，十闽帮贴佃户每石船钱壹十五文，另偿各船共酒钱二百五十文。

佃户应于届期纳羊来馆列下：

三月廿三日纳祭羊贰只。

五月十三日纳祭羊壹只。

九月初九时纳祭羊贰只。

以上祭羊皆各佃户输派，照纳来馆，十闽备饭三餐。每只二十斤为度，如多一斤，十闽贴佃户钱八十文；如少一斤，佃户贴十闽钱一百廿文。虽未均平，无坏旧例。如各处之谷若肯折钱，不须入仓，佃户须照时市每担另加价银一钱几分，免得盘缴，惟候司事公定。

一、仙峰岭田，荒、熟六十七亩，[②] 纳谷八十二石，厘头堂内备饭一餐，此谷最高每值上价交纳亦早，且送谷来馆一切船力耗费，皆佃户认数，故免纳羊。

其四

十闽堂每年纳粮饷银壹拾两。

厘头堂每年纳粮饷银陆两贰叁钱（过期加耗，不得为据）。

---

① 斛：量器，方形，口小，底大，容量原为十斗，后来改为五斗。

② 荒、熟：即荒田、熟田。

其五

每年司事定于三月初一日交盘，凡我同人，齐至馆内将所存契字约点交分明，各府轮流值管，公举总理一人，帮理七人，各县照派，无得推委。每逢三月十月，总理先行约期，邀集同事公祭义山，一切照旧。给仙峰佃户酒钱共二百文。

其六

本馆雇僧代供香火，恪守清规，议有给发列下：

每月茶油五十斤，每朔望蜡烛二斤。

每年谷五十三石，端节元银六两正，条丝贰包。①

中秋元银六两正，条丝贰包。年底元银八两正，条丝贰包。

天后元君瑞诞三月二十三日给讽经银壹两，九月初九日给讽经银壹两正。②

观音大士瑞诞，二月十九日、六月十九日、九月十九日，原额每次给讽经银壹两，自道光六年增多，讽经两日，亦增经赀银贰两正。

盂兰胜醮，③ 忏礼设坛，讽经放焰，十闽堂给银拾六两，包皮纸壹捆，厘头堂给钱纸四百斤，金银锭贰万。凡遇公事设席贴僧米炭，酌量随宜。

其七

各堂演戏、祭祀，皆有定期，列下：

每逢正月

初五日祝圣堂演戏。初六日明德堂演戏。初八日永盛堂演戏，初九日定福堂演戏，十三日咸吉堂演戏，十四日兴安堂演戏。十五日十闽堂演戏，十六日永盛堂演戏，

二月

十九日明德堂演戏，二十日恭圣堂演戏，廿二日灯田堂演戏。

三月

三月初二日鄞江堂演戏，初三日连庆堂演戏，初七日福田堂演戏，初八日兴圣堂演戏，十二日源忠堂演戏，十三日西川堂演戏，十四日仁圣堂演戏，十五日十闽堂演戏，十五日永源堂演戏。十六日福庆堂演戏，十七日连株堂演戏，十七夜咸吉堂演戏、省牲，十八日咸吉堂演戏、致祭，十九日恭圣堂演戏，二十夜永盛堂演戏、省牲，廿一日永盛堂演戏、致祭，廿一日天圣堂演戏，廿一夜上祝堂演戏、省牲，廿二日享圣堂演戏、致祭，廿二日兴安堂演戏，廿二夜十闽堂演戏、省牲，廿三日明德堂演戏、致祭，廿三夜永盛堂演戏、省牲，廿四日龙丰堂演戏、致祭，廿五日普庆堂演戏，廿

---

① 条丝：条丝烟，产于福建的香烟品牌。

② 讽经：即诵经。

③ 盂兰胜醮：每年农历七月十五日为“盂兰盆节”，“盂兰盆会”，也称“中元节”（一定意义上讲，中元节归属道教，盂兰盆节归属佛教），有些地方俗称“鬼节”“施孤”，又称亡人节、七月半。

六日宝树堂演戏，廿七日永盛堂演戏，廿九日祝圣堂演戏。

四月

初一日开源堂演戏，初六日灯田堂演戏。

五月

初十日咸吉堂演戏，十一日永盛堂演戏，十二日兴安堂演戏，十三日明德堂演戏、致祭，十四日恭圣堂演戏，十七日十闽堂演戏。

六月

十七日十闽堂演戏，十九日灯田堂演戏。

七月

十五日明堂演戏，廿五日十闽堂演戏。

九月

初一日开源堂演戏，初三日连株堂演戏，初四日十闽堂演戏，初五日祝圣堂演戏，初六日兴安堂演戏，初七日仁圣堂演戏，初七夜上祝堂演戏、省牲，初八日享圣堂演戏、致祭，初八日恭圣堂演戏，初八夜十闽堂演戏、省牲，初九日明德堂演戏、致祭，初九夜永盛堂演戏、省牲，初十日永盛堂演戏、致祭，十一日龙丰堂演戏、致祭，十一夜咸吉堂演戏、省牲，十二日咸吉堂演戏、致祭，十三日十闽堂演戏，十三日兴圣堂演戏，十五日福庆堂演戏，十六日和兴堂演戏，十九日明德堂演戏，廿八日十闽堂演戏。

十月

十五日明德堂演戏，逢吉日类编堂演戏、宴庆，逢吉日成言堂演戏、晏庆。

凡各行店字号演戏庆祝，原未定期，故不悉录。

本馆宾馆记事录

（记其善者，录其名姓；否则仅记其姓，不录其名）

本馆事奉诸神佛原由

天后圣母新像系嘉庆二十二年乡人于漳府敬谨塑就迎来，其时一路天旱，圣母所过之处，河道为之顺遂，客舟随行沾恩者不知胜数。

嘉庆二十四年九月初一日，恭迎圣母神驾出案升座，叠显灵异，莫可名言，圣母老像既于道光三年乡人迎往樊城新建宫内虔事。

其时装过腑藏，敬阅神腹，以前并无，止有文章三篇，令人莫解。

关圣帝君，志载河东解良人也。建宁四年于涿郡起义，秉忠扶汉。建安廿四年，于临沮飞升为神。相传本馆奉事圣像系兴府林将军出师一路祀奉之神，凯旋越潭，恭迎入宫而为合闽共事。

按：今悬唐兴寺匾“潭州佛地”四字是其遗迹，款书“康熙十八年钦命将军林兴旺题”。

三宝菩萨右边一位系铁身弥容，建佛殿时，于佛座下土中挖起，因配两位并座。

土地菩萨，本馆未重修时，业已改塑神像，其祠原在宫二门外，因恐无知亵慢，故于道光九年请移朝楼上座谨事。

按：《神佛瑞诞》脚下注明者，兹不于此复渎。

本馆位置

先年，宾馆同一山门有二庙焉，同一戏坪有二台焉。左为关圣殿，殿后佛堂奉立三宝财神、定光、惠宽、韦驮宝座。右为天后宫，宫后为明德堂，其堂楼上为大士阁，此乃旧馆之规模也。

嘉庆丙子改建戏台，归一坪内高建朝楼，列事天地阴阳四官，财神、关圣、五显、土地诸神。馆之中央特建天后圣母正殿，殿后为明德堂，堂左为东厅，厅左为闲舍，舍后长生亭，堂右为西厅，厅前为船房，房左为花园亭阁。明德堂后为佛殿，左为大士岩，右为闽中享堂。此乃添买基地，始有如此之铺式也。安知将来重修，不异于今所云。故特琐录于斯，以待后之视今，亦犹今之视昔，不无先后异同，至仍旧贯不改作者，亦列于下：

阶前盘龙石面一块，系康熙十三年甲寅既备，石底有字。

左廊楼上所悬古钟一口，系乾隆十二年汀杭众姓所铸，面上有字。

戏坪石板，多半系乾隆四十年乙未汀永众姓所捐，石背有字。

宫门石狮一对，系乾隆十三年戊辰汀杭邱姓粤西署内带来。其馀修馆后置者，另有簿据，并详类编前记。

谨按：重修之始，因前两年倒塌左边馆墙数十丈，公议重修。林玉峰曰："此非千金不可，何不加捐万金，重新建造?"有某者曰："未生其人。"赖又荣曰："余试任之，遂访笋帮肯输贰千金，烟帮肯输千金，还有各帮可输数千。"爰邀杨经典等先买大木壹百零四株，其时玉峰谢世，[①] 予弟林跃云代之。于是请客开捐，公举赖又荣为董事之首。后捐不敷，莫能中止。又荣流泪，不仅其几次已也。

又按：当重建时，嘱匠拆砌戏台坪内墙宇，右邻杨恒昇言：系伊之屋墙。于是两家呈契验，各考据。爰议将墙前后拆进，若是一气砌者，便是宫里之墙，遂依此议。杨即随邀数人看匠再拆，果系前后一气所砌。杨便无言，亦以征杨之厚道。今墙下节厚砖印有我"建福宫"三字，以免后论。

又按：当重建时，挖看圣母正殿脚下，尽是虚上乌泥。嘱匠再挖，竟至五丈有奇，方得黄泥实地。于是立桩，用石四十船，去钱四百千文，至今鲜有知者。堆砌殿脚，其时几十人在比车水运泥，恰遇众起用饭，其土倾刻崩塌，未伤一人，足征神灵默佑。后有被石压者几人，随祷随愈。

又按：湘潭宫庙用瓷器黄瓦张盖者，自我天后圣宫于嘉庆二十三年为始，创建《宫殿实录》。

始修此集，惟据古契。顺治十八年龙处始买基地。想我宾馆，康熙初年而创造也。(馆堂总记照此）及访前辈，概不得详。忽夜梦神示，余登楼便悉。次早即遵神示，仰见圣母殿上栋梁左书"顺治十八年辛丑岁福建阁合省士商鼎建"，右书"嘉庆廿二年丁丑岁福建阁合省重建"。因阅佛殿栋梁，左书"康熙乙丑年阁合省鼎立"，右书"嘉庆己卯年阁合省重建"，此皆可为实据，故特笔之于斯。

谨按：康熙廿四年即乙丑，此集年号均照甲子所推，兹特琐录备考。顺治元年甲申，康熙元年壬寅，雍正元年癸卯，乾隆元年丙辰，嘉庆元年丙辰，道光元年辛巳。

为馆董事

余阅长沙、常德等处宾馆，凡为董事之首者即于本馆设位配享。再阅邑志，凡立祠庙寺观，亦必注明系某创建、重建、改建、重修、建修、募修字面。今我潭邑宾馆，创建宫宇者系龙公处也，继兴馆业者华公光斗也，重建宫宇者赖公又荣也，俱有大功

① 玉峰：即林玉峰。

于馆，不惟邑志无载，即馆亦缺禄位，加以乌有公俸，未尝见各追念。天之报施善人，其何如哉？睹下邑志，僧护便宜，尤为可叹。

潭邑张志

天后宫旧名“建福寺”，在下十八总正街，庙宇园地、义冢、烟山、茶山皆闽商公置，汀、漳两府置祀田壹百卅亩。乾隆五十一年公置田五十五亩，嘉庆十八年公买十八总河正两街铺屋四栋，又买田廿五亩。由司事掌管，自住持僧赞闻，流传迄今十代。

谨按：僧有五家：曰法眼，曰云门，曰曹洞，曰沩仰，曰临济。本馆所僱代奉香灯者，系曹洞一派。传下字配曰明，曰净，曰智，曰德，曰行。其府行章至富，[①] 谋获十代，字面树后，不思不守清规，即代二十，亦当见逐。及其成事，觉非行愿，罚银百两修馆，董事赖又荣拒之，所以自后刊碑，概不准附僧某名字。查阅顺治十六年己亥史志，[②] 康熙三年甲辰郑志，[③] 康熙二十四年乙丑姜志，[④] 乾隆二十一年丙子吕志，[⑤] 乾隆四十五年庚子白志，[⑥] 馆末概未附有僧字，惟嘉庆二十二年丁丑张志有之，[⑦] 兹特录出，以待复修改正。

本馆抽厘头数

远年所抽厘头相传三厘、四厘而已，但失簿据，无庸追录，至修宾馆，不款所抽，概以每两八厘，各亦乐从，今即照簿录下：

嘉庆廿三年共收厘头银壹千八百七十八两。

嘉庆廿四年共收厘头银壹千七百零八两正。

嘉庆廿五年共收厘头银壹千五百七十七两。

道光元年共收厘头银壹千七百零五两。

道光二年共收厘头银贰千零三十六两。

道光三年共收厘头银壹千六百廿七两。

道光四年共收厘头银壹千九百八十贰两。

道光五年共收厘头银壹千七百五十九两。

道光六年共收厘头银壹千壹百四十五两。

谨按：劝捐抽厘董事皆赖邦富也，即赖又荣。至公无私，业经九载，各无异言。

---

① 行章：即行业规章，行规。

② 史志：史宗尧刊《湘潭县志》。

③ 郑志：郑有成志。

④ 姜志：姜修仁志。

⑤ 吕志：吕正著志。

⑥ 白志：白璟志。

⑦ 张志：张云璈志。

道光六年有吴某者，骗捐妄控。昔乐毅曰："善作者不必善成，善始者不必善终。"邦富成事不退，希图裕后，安得不惹人妬其功而招妄控之累？王宪依妄断结，[1] 赖遂流泪，以病告辞。将厘随交林某收管，众心不服，合省止厘。若不其然，多抽数载，则馆既为富有，又何有历年亏空之说哉。

本馆止厘后，历年用数。（以前失簿，无可据者，不得悉录。）

道光六年，兴府值年，馆内亏空银叁百七十两零六钱。

道光七年，汀永值年，馆内亏空银壹百七十七两六钱。

道光八年，兴府值年，馆内亏空银贰百五十两九钱。

道光九年，漳府值年，馆内亏空银九十八两贰钱。

道光十年，汀杭值年，馆内亏空银贰百四十两八钱。

道光十一年，兴府值年，馆内亏空银陆百七十两九钱。

道光十二年，漳府值年，馆内亏空银贰百九十八两六钱。

道光十三年，汀永值年，馆内长馀银壹拾六两四钱。

谨按：道光十二年林某收赖晖吉赎屋契银捌百伍拾两，以还上年各垫外，馆仍亏空银肆百九十捌两。十三年陈梅英等邀各堂内奏成会银，还清本馆所有亏空，加以本年节用，故交盘日有馀，后当法此。

本馆各事条款列下

道光二年三月，方宪宰潭，[2] 迎接制宪陈望坡，由观湘门上岸，直至本宫内谒神，通邑皆曰：从来制宪巡边皆由对河驿路，未有由总正街过身者，此重乡谊所致也。于前一年，学宪许莱山业已先由正街入馆谒神，此赴宝考，便由之路，言未为奇。是冬，本馆退还细屋冲佃户进庄银伍拾两正。

道光三年腊月，本馆邀各堂十名，凑成苏接半会银壹千贰百两，[3] 即将此项典买赖行一所，有馀以贴兴府值年用空，原议每年抽厘布会，因后厘止，即以厘头堂银代布，自乙酉年起至癸巳年完。

道光七年八月，本馆安龙谢土，施烧孤衣，诵经，放焰，建醮，七日共用费银四百有奇。

道光八年十月，上十七都佃户前来请馆司事同往彼处修整庄屋，挖塘开垦，点清田亩，绘山田图五张，详上卷三。

道光九年，记花园内曩来有大葡萄树贰株，荫浓可爱，珠子胜常，时有人来采览，赖某恶而伐之，诚为可惜。又有杨某私将仙峰义山借与本地陈某紊葬，众知莫使起扦，

① 王宪：即王渭，江苏无锡人，道光五年（1825）任湘潭知县。

② 方宪：方为霖，安徽桐城人，道光二年（1822）任湘潭知县。

③ 苏接半会：兼具储蓄和信贷作用的民间钱会的一种，曾在湖南潭、桃源、慈利、大庸等地广泛存在。

尤为可叹，此时本馆章程概可知矣。

道光十年与十一年，各堂各号行店共捐银贰百五拾贰两正，仅付养济院银贰百两正。

道光十一年各堂共捐银叁百七十一两八钱，庆祝万寿，[①] 各捐灯彩不录。

道光十二年，各堂各号行店共捐银贰百廿二两八钱，捡盖明德堂与东西厅瓦漏。

道光十二年，乡宦某者求暂寄棺于馆，其时棺至馆门，众各阻住，方由后门抬入，众议于理不合，其保荐人遵罚演戏一台，敬神诵经三日谢土，后即据此成矩。

道光十二年，师克猺匪，路经潭邑，其时周宪在任。本馆各堂捐银二百两帮差，令人疑议。

道光十二年，户部尚书禧恩大人偕盛京将军瑚松额大人凯旋越此，[②] 于闰九月十三日晋宫谒神，礼毕散观，赞羡不已。

道光十二年腊月，某乘堂内司事外出，私将正殿神龛拆下金漆，用去类编堂钱捌拾千文，查安放日值犯官符等煞。按：赖又荣不择月日，私将神座放低，伊后不利，奈何不以为戒。

道光十三年三月十三日巳刻，陡起飓风，吹破正殿后簷鳌头瓷器瓦桷，概怨本馆开坏西门，遂将西门塞住连年于花池内溺死沙弥，且馆兴讼不已，虽说无干煞碍神龛，亦宜选吉议修后殿簷瓦为妥。

道光十三年七月，本馆邀各堂十一名凑成独脚银会肆百四十两，还清上年所垫亏空之项，原议于厘头堂内每年布银贰百廿两，分交十一码均收，自丙申年布起，至于丁酉、戊戌三年布清。

道光十三年，有世袭守备赖某进京，稽扰多端，灵宪莫奈。九月九日，复入本馆，闹祭不成，遂以被殴，控各司事。幸逢叶宪莅任，片言折赖，逾限例应扣除，势扰地方，法所不恕，姑限五日不走，定行详究。赖服即遁，本馆讼息。

谨按：叶宪枚生，浙江处州人氏。原任兴宁县正堂，冬月调知湘潭县事。才莅数月，恩遍乡城，宿案尽结，贼盗远遁。未满半年，泽及邻邑。上湘绅士来潭挂匾，[③] 咸歌何来暮也。忽闻叶宪患病，四民为之请祷者，莫可胜数。相传先年卫宪际可亦有善政，无以过之。道光十四年五月大水，十七八日船通正街，叶宪僱艇祭江救生，一面给送难民钱米。及水退日，仍自捐廉赈济，各省为之感动。六月初旬，本馆捐米叁拾

---

① 万寿：皇帝生日。

② 禧恩：爱新觉罗·禧恩（1784—1852），字仲蕃，隶正蓝旗，睿亲王淳颖之子，清朝大臣。自道光初年被恩眷，及孝全皇后被选入宫，家故寒素，赖其资助，遂益用事。遍膺禁近要职，兼摄诸部，凌轹同列，人皆侧目。嘉庆六年（1801），赐头品顶戴，授头等侍卫，乾清门行走。嘉庆十年（1805），晋御前侍卫，兼副都统、銮仪使、上驷院卿，转奉宸院卿，迁内阁学士。嘉庆十八年（1813），擢理藩院侍郎。嘉庆二十年（1815），授内务府大臣，调户部侍郎。瑚松额：（？—1847）巴岳忒氏，满洲正黄旗人，西安驻防，清朝将领。嘉庆初，以前锋从将军恒瑞剿湖北教匪，后隶那彦成、德楞泰部下，积功擢协领。十八年（1813），滑县教匪起，瑚松额率马队从副都统富僧德战道口及滑县城下，屡有功，赐花翎。二十三年（1818），擢福州副都统，署福州将军。

③ 上湘：今湘乡市。

石。内计汀府十三石，兴府十二石，延建邵府共四石，[①] 漳岩捐一石。[②] 是秋大有，皆言叶宪德感所致。

道光十四年正月，公议本馆长生亭内寄囤血柩一事，如其原有佳城，[③] 或因山向不利，[④] 暂囤数月，便即迁移，犹可。然自有屋行店，并有子孙守丧者，都不应此，其必自无行店房屋，或有子孙远离，不得不待其来扶榇，因以暂寄，庶乎近情。若其乌有子孙可待，现有义山不葬，保人为之省费藉囤，不惟无多地，且恐久放朽棺，秽招神怒，断不准行，违则当处保人重罚，再议，不计施主僧人，虽是善终，照馆老规，其棺应由后门抬出，不准由馆前门出棺，设其毙在二山门外，是又不得不由头山门出，当断不准抬入馆内殓殡，此皆免秽神祇之至论者。

道光十四年，盂兰胜醮，遵照旧规，于宫门外放焰一台，宫后放焰一台。十四夜放河焰一台。上年本僱渡船架游渡户另僱筏子随着，共放河灯一藏，计五千四百八十盏。是岁自僱筏子架台，渡户黄某挟嫌邀集多人拦住，藉言旧规，勒索钱纸贰拾捆，互相口角，竟将禀官，当经保正处断其渡，[⑤] 遵罚炮烛、演戏陪礼。此亦足以整将来之恶俗也。至于上年醮赀多少，难以悉录。今仅以本年所捐列下：

十闽堂银拾陆两，连株堂银肆两正，咸吉堂银拾贰两，仁圣堂银肆两正，永盛堂银壹拾两，源忠堂银肆两正，兴安堂银捌两正，连庆堂银贰两正，福庆堂银捌两正，西川堂银贰两正，兴圣堂银捌两正，鄞江堂银壹两正，享圣堂银陆两正，祝圣堂银壹两正，恭圣堂银伍两正，龙丰堂银壹两正，开源堂银肆两正，和声堂银壹两正。

按：各行店号捐赀随宜，原未定额，故概不录。

道光十四年八月，宾馆修整花园、池塘并石栏杆。

兹将各府乐捐芳名列下：

汀永永盛堂钱柒千文，汀永永源堂钱壹千文，兴府咸吉堂钱陆千文，汀杭源忠堂钱壹千文，汀杭享圣堂钱伍千文，汀杭恭圣堂钱壹千文，汀永仁圣堂钱叁千文，汀府祝圣堂钱壹千文，汀杭黄集凤钱叁千文，烟店和声堂钱壹千文，汀杭黄凌云钱叁千文，汀永卢松茂钱壹千文，延建邵福庆堂钱叁千文，漳岩吴广成钱壹千文，合闽类编堂钱贰千文，汀杭张聚顺钱壹千文，合闽成言堂钱贰千文，兴府林清廉钱壹千文，汀府鄞江堂钱贰千文，汀永赖恒泰钱壹千文，汀永龙丰堂钱贰千文，汀永赖泰来钱壹千文，汀杭上祝堂钱贰千文，汀永赖义兴钱壹千文，汀连连庆堂钱贰千文，[⑥] 汀永赖元兴钱壹千文，兴府兴圣堂钱贰千文，汀永廖福盛钱壹千文，兴府福圣堂钱贰千文，汀杭邱永

---

① 延建邵府：清朝福建省延平府、建宁府、邵武府的合称简称。

② 漳岩：清朝福建省漳州府、龙岩府的合称简称。

③ 佳城：坟墓。

④ 山向不利：依风水说法，坟墓的朝向不吉利。

⑤ 渡：渡户。

⑥ 汀连：清朝汀州府连城县的简称，连城县在汀州府中部。

茂钱壹千文，漳岩开源堂钱贰千文，汀杭张怡大钱壹千文，汀永连株堂钱贰千文，汀杭邱思章钱壹千文，兴府兴安堂钱贰千文，汀杭永亨坊钱壹千文，汀永西川堂钱壹千文，兴府翁兴记钱壹千文，兴府瑞记号钱贰千文，汀永卢永泰钱壹千文，兴府吴世珍钱贰千文，兴府陈信记钱壹千文，汀永赖集祥钱壹千文，汀永杨庆兴钱壹千文。

兹将董事乐捐芳名列下：

汀杭何命行钱叁千文，漳岩杨西堂钱壹千文，兴府林品陆钱贰千文，汀杭黄仑山钱壹千文，兴府宋立成钱壹千文，建府胡于祥钱壹千文，汀永陈梅英钱壹千文，漳府王长春钱壹千文。

谨按：以上各捐铜钱，其所不列卷三一类者，因尚未曾勒碑，故暂记此，以待后刊。

道光十四年八月，本馆清点灯彩、器皿等物，被僧盗去典当十有馀件。因其不受清规，非为作胆所致，除追赔外，一面贴出革条，公同逐出，永不准复入馆充僧。爰议本馆各物，自后概归一房，用锁三把异匙，分交三府司事收管，凡遇公用，协同开阖，不惟免僧效尤，且可以戒乡人埋借。

道光十四年九月，圣母殿前左右栽桂树双株。

本馆内事记毕，聊将外事附录

近年火灾

嘉庆十五年五月初二日，十四总河街失火。

嘉庆十九年五月初三日，十五总河街失火。

嘉庆廿五年五月十五日，十五总正街失火。

道光五年六月廿八日，十五总正街失火。

道光五年十一月廿一日，窑湾失火。

道光七年七月廿九日，十七总河街失火。

道光九年七月廿三日，十六总河街失火。

谨按：以上所录俱伤百数十家，本馆初不闻伤多少，闻有此事必先击鼓鸣钟，并开山门，以便难人搬移寄物。①

近年水患

嘉庆六年四月廿外大水。

嘉庆廿一年四月廿外大水。

① 难人：遭灾人户。

道光五年六月初旬大水。

道光六年六月廿外大水。

道光十三年五月中旬大水。

道光十四年五月中旬大水。

谨按： 潭邑大水，通流河街，每岁一二三回，目为常事，其必正街流水，众方惊而为寄。上所录者，悉动人惊，然又无如十四年为最。本馆明德堂内业既水深三尺。

近来客帮

潭有客帮，称为六省者，旧立福善局（本潭、江西、江苏、北省、江南、福建）是也。① 新立谦吉堂（江西、江苏、江南、北省、广东、福建）是也。② 故凡科派、置业、济众等情，本馆无不在列。

近来久雪

潭有旱潦，难以悉录，兹仅记其雪之久者。道光十二年九月十七日起连绵雨雪，大细不齐，竟至道光十三年三月初二日方止。本馆瓦揄碎颓，即由此始。

曩来地理

潭邑街道形名琵琶，③ 本馆位置正在琵琶头上按指之处，故凡迁客骚人先会于此。

---

① 福善局：即福善堂，系本帮、江西、江苏、北省、江南、福建、北五省的总会馆。

② 谦吉堂：系江西、江苏、江南、北五省、广东、福建在湘潭的客帮总会馆。

③ 形名琵琶：街市形状如名琵琶，故名。

类成两堂同人姓氏

（不计老少新旧，惟以其赀多者先列）

类编堂内

前捐壹百一十六名，今捐三十七名。并前后董事十九名。计共壹百七十二名。

成言堂内

前捐壹百二十一名，今捐三十二名，并前后董事十九名。计共壹百七十二名。

道光八年戊子岁公修《类编堂记》，董事芳名开列于下：

兴莆林品陆劝捐，[①] 延顺王和兴劝捐，[②] 兴莆卢宗馀劝捐、管银，兴仙何亨安劝捐、管钱，[③] 汀杭何命行较编、管总，[④] 汀杭何命杨劝捐，兴莆宋竹咸劝捐，兴莆宋竹方誊抄、管数，兴莆林润堂对读，邵建邱庆志劝捐，[⑤] 延顺吴师澍劝捐，汀永赖义兴劝捐，汀永杨天培劝捐，汀宁赖绪芳劝捐，[⑥] 汀宁高能任查考年月，漳浦周雨湖绘山田图。

共十六名，每岁与类编堂友一同宴庆。

道光十一年辛卯岁公修《成言堂记》，董事芳名开列于下：

汀连李有庆劝捐，兴莆林品陆劝捐，汀杭何命行考订、管总，建浦黄仑山劝捐，[⑦] 兴莆李薵亭劝捐，汀宁赖绪芳劝捐，延顺梁君聘劝捐，汀宁赖胜孚对读，汀永赖德英劝捐，汀永陈梅英劝捐，漳岩吴广成劝捐，兴莆宋立成劝捐，汀杭张旭堂劝捐，漳岩杨光铭劝捐，兴莆宋竹方誊抄、书碑，汀宁高能任呈数、誊录。

共十六名，每岁与成言堂友一同宴庆。

道光十四年甲午岁重修《类成堂集》，董事芳名开列于下：

汀杭心田何字恕著辑、劝捐，汀永庚亭陈舒征合参、劝捐，汀杭雁洲何词宾对读并书。

---

① 兴莆：清朝福建省兴化府莆田县的简称。

② 延顺：清朝福建省延平府顺昌县的简称。

③ 兴仙：清朝福建省兴化府仙游县的简称。劝捐，指管理类编堂捐银。管钱，指管理类编堂捐钱。

④ 较编、管总：较编，校对、编辑。管总，负责全面管理。

⑤ 邵建：清朝福建省邵武府建宁县的简称。

⑥ 汀宁：清朝汀州府宁化县的简称，宁化县在汀州府北部。

⑦ 建浦：清朝建宁府浦城县的简称。

共三名，每岁与类编、成言堂友一同宴庆。

谨按：《类成堂集》，兹刻一百七十策［册］，因其新捐求览，始将两记合订。其老名字，既领前记，无庸加集；惟新名字，兹各领集一策［册］。集内名数与记略殊者，如何利仁。今加捐银贰两，邱福兴今改邱思章，永源坊今改，何朝嵩、黄金发除欠只来银十壹两一钱。至其弘顺、祝圣欠捐除名，即契亦削。若补前捐，如张国诩等虽后收楚，[1] 不另加名。现今新捐尚未收齐，将来有欠，志石依旧扣除。因特留碑洗磨缓刻，嗣后新捐多少，尚未可知，须待明年勒碑，方能定数。每逢十月演戏，敬神饮福，惟照碑名具帖。原议碑记刊定，不得求情再入，更不得藉端出堂。并议类成两堂之银，系各乐捐，虽曰合闽之堂，非若厘头。合闽诸公，无不捐抽，所以不得紊入十闽堂内。同理，照碑点名宴庆者，亦以劝后之乐善而成美举也。

今将类编堂内乐捐芳名开列于下：

兴化府莆仙

林光裕银伍拾两正，咸吉堂银拾两正，潮利谦记银拾两正，瑞记号银拾两正，何祥记银六两正，福全彰记银六两正，陈政章银五两正。

林清廉银叁两正，林廷俊银叁两正，兴安堂银贰两正，福田堂银贰两正，兴隆堂银贰两正，林陶成银贰两正，林章成银贰两正，林有成银贰两正。

陈信记银五两正，朱衡源银五两正，卢宗馀银五两正，关孔弁银四两正，福圣堂银叁两正，兴圣堂银叁两正，翁攀桂银叁两正，佘万祥银叁两正。

林德成银贰两正，吴世珍银贰两正，张弼记银贰两正，瑞琳铺银贰两正，陈德振银贰两正，王永朝银贰两正，林肇成银贰两正，林玉成银贰两正。

汀州府上杭

何利仁银廿两正，恭圣堂银捌两正，邱永茂银四两正，永亨坊银四两正，怡大坊银四两正，张聚顺银四两正，黄集凤银四两正，赖雅斋银四两正，邱思章银四两正。

刘隆庆银叁两正，黄凌云银叁两正，邱学全银叁两正，何效谦银叁两正，何圣宠银贰两五钱正，源忠堂银贰两正，何世清银贰两正，刘万昌银贰两正，何信春银贰两正。

亨圣堂银叁两正，上祝堂银叁两正，何命传银叁两正，曾起秀银叁两正，张双福银叁两正。

何富春银贰两正，何贵春银贰两正，邱隆孚银贰两正，谢光银贰两正，罗洲瀛银贰两正。

汀州府永定

永盛堂银拾两正，杨垒培银拾两正，赖集祥银拾两正。

---

① 收楚：收讫，接收交代清楚。

赖长庚银叁两正，赖集忠银叁两正，郑汉拔银叁两正。

赖辉斗银拾两正，赖泰来银陆两正，张馨元银五两正，赖恒泰银五两正，黄长茂银五两正，连株堂银四两正，卢遴春银四两正，范永泰银四两正，李隆兴银三两四钱正。

卢龙福银叁两正，卢干元银叁两正，黄德茂银叁两正，李德丰银叁两正，龙丰堂银贰两正，永源堂银贰两正，西川堂银贰两正，张瑞昌银贰两正，陈梅英银贰两正。

卢荣茂银叁两正，赖义兴银叁两正，卢开泰银叁两正，赖秉铎银叁两正，廖福盛银叁两正，廖钦翰银叁两正，卢福庆银叁两正，赖鹏应银叁两正。

张德隆银贰两正，吴德春银贰两正，严廷超银贰两正，卢标记银贰两正，黄万鹏银贰两正，黄招庆银贰两正，张明瑞银贰两正。

汀州府宁化

赖珠泉银五两正，林祥兴银四两正。

汀州府连城

李有庆银贰两正，李仰南银贰两正。

汀州府通郡

鄞江堂银贰两正。

汀州府长汀

曹宗良银贰两正。

延平府顺昌

王和兴银叁拾两正，吴恒泰银拾陆两正，王庆行银捌两正。

吴永兴三成银四两正，吴师澍银叁两正，徐卿云银叁两正。

王丰龙银陆两正，王宏成银陆两正，开源集义号银五两正，吴依典银五两正，梁克昌银四两正，王祥丰银四两正，王永利银四两正。

吴明慎银叁两正，王高锫银叁两正，梁远英银叁两正，吴大顺银叁两正，王三兴银叁两正，吴绍琳银叁两正，王邵仁银叁两正。

邵武府邵建[①]

廖瑞兴银叁拾两正，唐世兴银叁两正，吴吉元银五两正，黄永兴银叁两正，黄本中银叁两正，邱庆志银贰两正，胡永龄银贰两正。

---

① 邵武府邵建：清朝福建省邵武府建宁县的简称。

建宁府阳浦崇[1]

曾旺才银陆两正，李和昌银陆两正，王永昇银六两正，吴元泰银五两正，张永顺寿记银叁两正，胡于祥银贰两正。

延建邵三府，福州府

福庆堂银五两正，林三兴银贰两正。

漳州府岩南平[2]

开源堂银叁两正，杨光鍎银叁两正，吴广成银叁两正，翁西堂银叁两正，广泰南银叁两正，王广福银叁两正，益昌号银叁两正，长春店银叁两正，谢寿山银叁两正，林万亿银叁两正，杨光铭银贰两正，曾漳和银贰两正。

十闽

正一堂银贰两正。

通烟店

和声堂银贰两正。

今将成言堂内乐捐芳名开列于下：

兴化府莆仙[3]

咸吉堂银叁拾两正，林品陆银拾两正，荣顺琮记银捌两正，瑞记号银五两正，福圣堂银四两正，兴圣堂银四两正，文顺成记银四两正。

兴安堂银贰两正，文顺鉴记银贰两正，林广记银贰两正，璜兴号银贰两正，吴世珍银贰两正，陈政记银贰两正，芦溪义兴银贰两正。

潮利谦记银四两正，陈信记银叁两正，朱衡源银叁两正，翁洽记银贰两正，林廷俊银贰两正。

陈振泰银贰两正，德隆号银贰两正，何吉祥银贰两正，林清廉银贰两正，林绍汉银贰两正。

汀州府永定

永盛堂银廿贰两正，仁圣堂银拾两正，龙丰堂银拾两正。

黄万利银叁两正，廖钦翰银叁两正，卢福庆银叁两正，张馨元银叁两正。

赖辉斗银拾两正，黄长茂银五两正，连珠堂银四两正，卢遴春银四两正，杨垒培

---

① 建宁府阳浦崇：清朝福建省建宁府建阳县、浦城县、崇安县的合称简称。

② 漳州府岩南平：清朝福建省漳州府龙岩州、南靖县、平和县的简称合称。

③ 兴化府莆仙：清朝福建省莆田县、仙游县的合称简称。

银四两正，赖恒泰银叁两正，赖义兴银叁两正，卢瑞香银叁两正，赖泰来银叁两正。

李瑗林银叁两正，陈梅英银贰两正，永源堂银贰两正，黄德茂银贰两正，李隆兴银贰两正，廖福盛银贰两正，范永泰银贰两正，卢开泰银贰两正，陈恒益银贰两正。

黄永昌银叁两正，郑汉拔银叁两正，卢龙福银叁两正，卢干元银叁两正，赖福泰银叁两正，吴利有银叁两正。

赖长庚银贰两正，赖奏搏银贰两正，李德丰银贰两正，赖集祥银贰两正，张日兆银贰两正，孔凤岐银贰两正。

汀州府上杭

享圣堂银廿两正，恭圣堂银拾两正。

赖敦古银贰两正，赖尚栋银贰两正。

黄启滨银五两正，源忠堂银四两正，何利仁银四两正，邱永茂银四两正，赖怡生银四两正，钟灿琳银叁两正，曾起秀银叁两正，张旭堂银叁两正，何命传银叁两正。

永亨坊银贰两正，张华中银贰两正，邱廷才银贰两正，邱集善银贰两正，邱怀诚银贰两正，邱炳英银贰两正，邱焕初银贰两正，何圣宠银贰两正，何信春银贰两正。

何荣兴银叁两正，江裕珍银叁两正，江裕澜银叁两正，邱思章银叁两正，刘文爵银叁两正，邱兰高银叁两正，张维扬银贰两正，张聚顺银贰两正。

何富春银贰两正，何贵春银贰两正，何朝嵩银贰两正，曾永发银贰两正，邱观行银贰两正，李贵和银贰两正，李玉和银贰两正。

汀州府宁化

林祥兴银贰两正，张国诩银贰两正。

汀州府连城

连庆堂银贰两正，李仰南银贰两正。

汀州府通郡

鄞江堂银陆两正。

延平府顺昌

孟言号银叁拾五两正，王道廪银五两正，张益三银四两正。

吴怀仁银叁两正，王丰龄银贰两正，王仁泰银贰两正。

吴永兴三成银四两正，梁大生银叁两正，王义盛银叁两正，王仁盛银叁两正，吴大顺银叁两正，吴绍琳银叁两正，王三兴银叁两正。

王仁丰银贰两正，江德利银贰两正，梁远大银贰两正，王道行银贰两正，王高赐银贰两正，王永利银贰两正，徐光忠银贰两正。

邵武府邵建

黄金发银拾壹两壹钱正，黄本中银贰两正，胡长兴银叁两正，黄永兴银叁两正，廖瑞兴银贰两正，唐世兴银贰两正。

建宁府浦崇瓯潭阳[①]

黄集凤银四两正，黄凌云银叁两正，张永顺寿记银叁两正，李元信银叁两正。

黄国涵银贰两正，曾旺才银贰两正，胡于祥银贰两正，谢厚德银贰两正。

延建邵三府

福庆堂银卅两正。

福州府闽县

泰昌号银贰两正。

漳州府岩南平

吴广成银叁两正，广泰南记银叁两正，瑞昌号银叁两正，曾漳和银贰两伍钱正，开源堂银贰两正。

太和公记银贰两正，杨光錡银贰两正，谢元泰银贰两正，林万亿银贰两正，长春店银贰两正，王庆福银贰两正。

合闽

十闽堂银陆两正，类编堂银五两五钱正。

通烟店

和声堂银叁两正。

类编堂加捐

漳岩谢红云银拾两正,[②] 闽县林进德银肆两正,[③] 建阳张恒兴银伍两正,[④] 延顺冯广利银叁两正，汀永赖辉彩银叁两正，汀杭邱京泰银叁两正，汀杭邱炳英银叁两正，汀杭邱观行银叁两正，汀长陈竹君银贰两正。[⑤]

---

① 建宁府浦崇瓯潭阳：福建省建宁府浦城县、崇安县、瓯宁县、建阳县的合称简称，“潭”不知何指。

② 漳岩：福建省漳州府龙岩州的简称。

③ 闽县：清朝福建省福州府闽县。

④ 建阳：清朝福建省建宁府建阳县。

⑤ 汀长：清朝福建省汀州府长汀县的简称，长汀县在汀州府西部。

成言堂加捐

漳岩谢红云银拾两正，闽县林进德银陆两正，建阳张恒兴银伍两正，延顺冯广利银叁两正，汀永熊凝光银叁两正，汀杭邱迪豪银叁两正，汀杭邱纶元银叁两正，延顺吴吉元银叁两正，汀永张联辉银叁两正。

后　记

《明清时期“金湘潭”研究》课题由湘潭市商务局主办，湘潭市文化与发展研究会承办。2014—2015年，湘潭市文化与发展研究会组织湘潭长期从事本土文化研究的专家学者进行广泛调查研究，撰写了长达三万余字的《商业的力量——“金湘潭”课题调研》的调研报告，并在此基础上向社会征集研究“金湘潭”的学术文章，于2016年成功召开有国内知名专家学者参加的“明清时期‘金湘潭’现象学术研讨会”。为了更好地全面研究“金湘潭”现象，尤其是在建设中国特色社会主义的新时代，为了同筑中国梦，再造“金湘潭”，我们组织部分专家学者再次进行深入系统研究。经过两年多时间的努力，终于形成了现在付梓的《明清时期“金湘潭”研究》专著。

本书由王龙林统筹，陈准策划、统稿。各章撰稿：第一章，何歌劲、周黎民；第二章，尹铁凡；第三章，周黎民；第四章，尹铁凡；第五章，尹铁凡；第六章，周黎民；第七章，何歌劲；第八章，张作奇；第九章，唐徽；附录，金身佳。冯国志参与校稿。

“金湘潭”现象研究博大精深，限于时间和资料原因，本书难免有研究不全或差错之处，望各位专家学者、热心研究人士和广大读者不吝赐教。

谨向支持本书写作和出版的湘潭市商务局、湘潭市社会科学界联合会、湘潭市文化与发展研究会及各界同仁表示衷心的感谢！

编者
2018年11月

图书在版编目（CIP）数据

明清时期“金湘潭”研究 / 陈准，金身佳编著. -- 湘潭 : 湘潭大学出版社，2019.4
ISBN 978-7-5687-0303-1

Ⅰ. ①明… Ⅱ. ①陈… ②金… Ⅲ. ①商业史一研究一湘潭一明清时代 Ⅳ. ①F729

中国版本图书馆 CIP 数据核字（2019）第 062897 号

明清时期“金湘潭”研究
MINGQING SHIQI JINXIANGTAN YANJIU
陈准　金身佳　编著

责任编辑：李志红
装帧设计：崔　婷
出版发行：湘潭大学出版社
社　　址：湖南省湘潭大学工程训练中心
电　　话：0731-58298960 0731-58298966（传真）
邮　　编：411105
网　　址：http://press.xtu.edu.cn/
印　　刷：长沙鸿发印务有限公司
经　　销：湖南省新华书店
开　　本：787 mm×1092 mm 1/16
印　　张：20.25
字　　数：456 千字
版　　次：2019 年 4 月第 1 版
印　　次：2019 年 4 月第 1 次印刷
书　　号：ISBN 978-7-5687-0303-1
定　　价：98.00 元

ISBN 978-7-5687-0303-1
9 787568 703031 >